创新驱动发展

效率评价与路径选择

INNOVATION DRIVEN DEVELOPMENT

EFFICIENCY EVALUATION AND PATH SELECTION

王珍珍　著

社会科学文献出版社
SOCIAL SCIENCES ACADEMIC PRESS (CHINA)

　　本书是国家社会科学基金青年项目（项目编号：14CJL001）资助的最终研究成果

　　本书是福建省软科学一般项目（项目编号：2018R033）资助的阶段性研究成果

前　言

在全球竞争与合作日益紧密的大背景下，世界各国都在加紧抢抓新科技革命的战略机遇，争取把握在全球创新竞争中的主动权。尤其是2008年以来国际金融危机以及欧洲主权债务危机爆发之后，全球经济增长受到严重冲击，以市场、人才、技术、标准为中心的竞争愈加激烈，由此新一轮科技革命和产业变革逐渐孕育兴起。为迎合时代发展需求、应对国际激烈竞争，世界各国纷纷将创新能力的提升上升到国家战略规划层面。党的十八大以来，习近平同志把创新摆在国家发展全局的核心位置，高度重视科技创新，围绕实施创新驱动发展战略、加快推进以科技创新为核心的全面创新，提出一系列新思想、新论断和新要求，强调"科技创新是提高社会生产力和综合国力的战略支撑，必须摆在国家发展全局的核心位置，要坚持走中国特色自主创新道路，深化科技体制改革，着力构建以企业为主体，市场为导向，产学研相结合的技术创新体系，促进创新资源高效配置和综合集成，把全社会智慧和力量凝聚到创新发展上来"。国内区域由此转入以创新为竞争核心的发展阶段。党的十九大吹响了加快建设创新型国家的强劲号角。十三届全国人大一次会议的政府工作报告50余次提到科技，强调创新，其中特别指出"加快建设创新型国家""把握世界新一轮科技革命和产业变革大势，深入实施创新驱动发展战略"。这是党和政府审时度势做出的重大战略部署，是当前和今后一个时期我国经济社会发展的根本要求和重要遵循，凸显了我国将科技创新摆在国家发展全局的核心位置，以及以科技创新驱动国家全局发展的必然性。

笔者自2011年入职福建师范大学经济学院以来，有幸能够加入全国经济综合竞争力研究中心。该中心主要致力于中国省域经济综合竞争力、环境竞争力、国家创新竞争力、低碳经济竞争力、创意经济竞争力以及其他竞争力问题的研究。尤其是在参与省域经济综合竞争力的研究过程中，笔者长期承担了与科技创新、创新驱动相关的专题的写作，在国家创新竞争力研究中对二十国集团的国家创新竞争力有了较为深入的分析，也发表了一系列相应的阶段性成果。自 2015 年学院成立福建师范大学福建自贸区综合研究院以来，笔者一直关注自贸区制度创新方面的研究，并且将自贸区的成果与创新驱动紧密联系起来。这些成果已经引起了各级政府、学术界和新闻界的广泛关注，产生了积极的社会反响。

由于有了前文提及的科研经历和学术积累，2014 年，笔者主持申报的国家社会科学基金青年项目"我国省域创新驱动发展的效率评价与路径选择研究"（项目编号：14CJL001）获得立项资助。项目的成功申报，激发了笔者继续深化对创新驱动发展问题研究的意愿。在三年多的时间里，笔者和课题组成员在借鉴国内外研究者相关研究成果的基础上，紧跟竞争力研究的前沿动态，对创新驱动的研究趋势进行了预判，对创新驱动的理论演进脉络进行了系统的梳理，同时深入地分析了我国省域创新驱动实施的效率及实践。终于，在 2017 年的 6 月份形成了该项目的最终成果《我国省域创新驱动发展的效率评价与路径选择研究》（即本书稿），并提交给国家社科规划办公室申请结题。由于阶段性成果丰硕，部分阶段性成果获得了省领导的肯定性批示，最终获得了免于鉴定的结题许可。

本书遵循着"理论演进脉络—效率评价—路径选择"的研究思路，探讨创新驱动发展战略的理论演进脉络，构建创新驱动发展战略网络系统的投入产出回馈模型。同时，诊断、评估、反馈我国省域创新驱动发展战略实施的效率、发展模式以及影响因素，借鉴发达国家创新驱动发展战略实施的先进经验，以案例研究的方式比较分析我国东南沿海六省（市）、福建省九个地级市的创新驱动战略实践，提出完善我国创新驱动发展战略的政策措施、制度安排，以期最终促进我国创新驱动发展战略系统的优化和目标的实现。本书包括四大部分共十一章，基本框架如下：第一部分包含第一章和第二章，重点介绍创新驱动发展的研究背景、意义以及创新驱动发展的研究文献。第二部分包含第三章和第四章，为本书的理论研究部分，高度概括总结了创新驱动发展的内涵及要义以及创新驱动发展的理论演进脉络及哲学思想。第三部分包含第五章、第六章和第七章，为本书的实证研究部分，首先分析了我国省域创新驱动发展战略的实施现状，其次基于链式网络 SBM-DEA 模型进行了区域创新驱动效率评价，再次基于Tobit 模型对创新驱动发展效率的影响因素进行了分析。第四部分包含第八章至十一章，为本书的深入研究部分，和第三部分不一样的地方在于，此部分分别从国际、东南沿海六省（市）、福建省九个地级市的视角出发来探讨创新驱动发展战略实施的实践，最后基于该实践提出了我国省域创新驱动发展战略实施的路径选择。

　　本书是2014年笔者主持的国家社会科学基金青年项目（项目编号：14CJL001）的最终研究成果，在此，笔者由衷感谢全国哲学社会科学规划办公室给予的资助和大力支持。多年来，笔者致力于将创新驱动、物流、自贸区等相关领域的研究问题打通，力图在创新驱动的理论和方法研究上取得一些创新和突破，但受到本人研究能力和占有资源等因素的制约，对一些方面的认识和研究仍然不够深入和全面，需要进一步深化。笔者愿与关注这些问题的研究者一起，不断深化对创新驱动理论和方法的研究，为中国创新驱动发展战略的实施做出应有的贡献。

目　录

表目录

图目录

第一章 绪论

党的十八大以来，习近平同志把创新摆在国家发展全局的核心位置，高度重视科技创新，围绕实施创新驱动发展战略、加快推进以科技创新为核心的全面创新，[①] 提出了一系列新思想、新论断和新要求，强调"科技创新是提高社会生产力和综合国力的战略支撑，必须摆在国家发展全局的核心位置，要坚持走中国特色自主创新道路，深化科技体制改革，着力构建以企业为主体，市场为导向，产学研相结合的技术创新体系，促进创新资源高效配置和综合集成，把全社会智慧和力量凝聚到创新发展上来"。[②] 国内区域由此转入以创新为竞争核心的发展阶段。十八届三中全会报告44次提及创新，共涉及29个领域和方面，其中就包括创新驱动。2014年5月27日，在全球研究理事会北京大会上李克强总理强调：（要）让创新成为实现中国经济升级的强大动力。[③] 2014年6月9日在两院院士大会上总书记习近平指出"我国科技发展的方向是创新、创新、再创新""要坚定不移走中国特色自主创新道路，坚持自主创新、重点跨越、支撑发展、引领未来的方针，加快创新型国家建设步伐"。[④] 2014年8月18日中央财经领导小组第七次会议召开时强调，要加快实施创新驱动发展战略，加快推动经济发展方

---

① 习近平：《推进以科技创新为核心的全面创新》，新华网，2016年2月27日，http://news. xinhuanet. com/politics/2016-02/26/c_ 128752342. htm。

② 习近平：《科技创新是提高社会生产力和综合国力的战略支撑》，新华网，2016年2月27日，http://news. xinhuanet. com/politics/2016-02/27/c_ 128754760. htm。

③ 李克强：《让创新成为实现中国经济升级的强大动力》，新华网，2014年5月27日，http://news. xinhuanet. com/politics/2014-05/27/c_ 1110886214. htm。

④ 习近平：《我国科技发展方向是创新创新再创新》，新华网，2014年6月9日，http://news. xinhuanet. com/politics/2014-06/09/c_ 1111056325. htm。

式转变，紧紧抓住机遇，全面增强自主创新能力，掌握新一轮全球科技竞争的战略主动。① 2015 年 3 月 23 日发布的《中共中央、国务院关于深化体制机制改革加快实施创新驱动发展战略的若干意见》指出："把科技创新摆在国家发展全局的核心位置，统筹科技体制改革和经济社会领域改革，统筹推进科技、管理、品牌、组织、商业模式创新，统筹推进军民融合创新，统筹推进引进来与走出去合作创新，实现科技创新、制度创新、开放创新的有机统一和协同发展。"② 十八届五中全会提出当前我国要按照新的目标要求来推进全面建成小康社会：经济保持中高速增长，在提高发展平衡性、包容性、可持续性的基础上，到 2020 年国内生产总值和城乡居民人均收入比 2010 年翻一番，产业迈向中高端水平，消费对经济增长贡献明显加大，户籍人口城镇化率加快提高。③ 而要实现这一目标要求，最为关键的就是要坚持创新发展，"十三五"规划建议提出我国应将创新发展列为五大发展理念之首，把创新摆在国家发展全局的核心位置，不断推进理论创新、制度创新、科技创新、文化创新等各方面的创新。④ "十三五"期间是我国经济发展模式实现从要素驱动向创新驱动转变的关键阶段，创新驱动经济内生增长要求更多地依靠技术进步、劳动者素质提高、管理创新驱动等。⑤ 在"十九大"报告中，创新驱动发展战略的提出有其深刻的历史背景和现实意义。十三届全国人大一次会议的政府工作报告 50 余次提到科技、强调创新，其中特别指出要"加快建设创新型

---

① 习近平：《掌握新一轮全球科技竞争的战略主动》，大河网-大河报，2014 年 8 月 19 日，http://news.163.com/14/0819/03/A3VTG25O00014Q4P.html.

② 《中共中央国务院关于深化体制机制改革加快实施创新驱动发展战略的若干意见》，中央政府门户网站，新华社，2015 年 3 月 23 日，http://www.gov.cn/xinwen/2015-03/23/content_2837629.htm.

③ 《十八届五中全会提出新的发展目标 创新摆在核心位置》，中国网，2015 年 10 月 31 日，http://www.china.com.cn/news/txt/2015-10/31/content_36941529.htm.

④ 《"十三五"规划开编，创新领衔五大理念》，搜狐网，2015 年 11 月 5 日，http://news.sohu.com/20151105/n425304018.shtml.

⑤ 洪银兴：《关于创新驱动和协同创新的若干重要概念》，《经济理论与经济管理》2013 年第 5 期。

国家""把握世界新一轮科技革命和产业变革大势，深入实施创新驱动发展战略"。这是党和政府审时度势做出的重大战略部署，是当前和今后一个时期我国经济社会发展的根本要求和重要遵循，凸显了我国将科技创新摆在国家发展全局的核心位置，以及以科技创新驱动国家全局发展的必然性。

一　研究背景

1. 国际背景——创新驱动是世界大势所趋

在全球竞争与合作日益紧密的大背景下，世界各国都在加紧抢抓新科技革命的战略机遇，争取把握在全球创新竞争中的主动权。[①] 尤其是 2008 年以来国际金融危机以及欧洲主权债务危机爆发之后，全球经济增长受到严重冲击，以市场、人才、技术、标准为中心的竞争愈加激烈，由此新一轮科技革命和产业变革逐渐孕育兴起。为迎合时代发展需求、应对国际激烈竞争，世界各国纷纷将创新能力的提升上升到国家战略规划层面。如美国政府在 2011 年提出了激发创新活力的纲领性文件：《美国创新战略：确保我们的经济增长和繁荣》；[②] 英国政府发布了《增长计划》，提出要加强新兴技术的商业化能力；[③] 德国通过了《纳米技术 2015 行动计划》、"生物经济 2030 国家研究战略"、《可再生能源法》等一系列科技计划；[④] 日本通过了"第四期科学技术基本计划"，把灾后重建、绿色创新和民主创新作为三大任务。[⑤] 韩国政府以自身信息技术优势为基础制定产业发展战略并

---

① 李建平、李闽榕、赵新力主编《世界创新竞争力发展报告（2011～2012）》，社会科学文献出版社，2013，第 1 页。

② 唐家龙、马虎兆：《美国 2011 年创新战略报告评析及其启示》，《中国科技论坛》2011 年第 12 期。

③ 程如烟：《全球创新报告》，《光明日报》2012 年 3 月 31 日，http://epaper.gmw.cn/gmrb/html/2012-03/31/nw. D110000gmrb_ 20120331_ 1-05. htm? div=-1。

④ 今科：《2011 年世界科技发展回顾》，《科技日报》2012 年 1 月 5 日。

⑤ 程如烟：《全球创新报告：国际竞争愈益激烈　未来走向更加多极》，《光明日报》2012 年 4 月 1 日。

同时提出了云计算发展战略；① 俄罗斯发布了《俄罗斯联邦 2020 年前创新发展战略》，② 将提高国家创新能力确立为重要战略目标，意图通过"预算战略""能源战略""运输战略"等实现"全系统创新"；印度把 2010 ~ 2020 年确定为"创新十年"，希望通过低成本包容性创新将印度打造成创新热地。③ 金融危机后全球主要国家和经济体所推出的科技创新战略举措如表 1-1 所示，创新驱动发展战略已经成为各国提高国际竞争力和谋求跨越式发展的核心战略。

表 1-1　金融危机后主要国家和经济体的科技创新战略举措④

主要国家和经济体	金融危机后主要科技创新战略举措
加拿大	1. 2010 年创造竞争和有活力的商业环境，着力加强 4 个优先发展领域，提高私营企业的创新能力 2. 2011 年继续实施国家中长期科技发展战略，明确了加拿大的三大核心优势——创新、知识、人才，并确定了四个国家重点发展领域 3. 加拿大联邦政府通过了 2012 年经济振兴计划中有关科技创新的内容，帮助企业成为创新的领跑者 4. 2014 年宣布了创业资本行动计划，运用 4 亿加币吸引民间资本，加大对信息技术和空间科技产业的投资 5. 2014 年 12 月出台战略文件《抓住契机：向科学技术和创新迈进》，利用高等院校、产业界和政府的专业知识和资源，促进经济增长，增加就业机会 6. 加拿大政府宣布实施了一系列有针对性的补充措施，如支持先进技术的研究和创新，减少审批环节，帮助加拿大企业在全球范围内增强竞争力 7. 2015 年，安大略省与 IBM 加拿大公司及安大略卓越中心（Ontario Centres of Excellence）展开合作，帮助多达 500 家中小企业开发下一代高新科技，走向国际市场 8. 2015 年，加拿大政府提出"2015 经济行动计划"（EAP2015）——旨在支持就业、增长与安全的平衡预算与低税收计划

---

① 《2011 年世界科技发展回顾》，搜狐网，2012 年 1 月 1 日，http：//roll.sohu.com/20120101/n330928961.shtml。

② 《俄罗斯推出创新发展战略新版本》，科学技术部网站，2011 年 11 月 14 日，http：//www.most.gov.cn/gnwkjdt/201111/t20111110_ 90790.htm。

③ 《印度把 2010 到 2020 年定为创新十年》，科学技术部网站，.http：//www.most.gov.cn/gnwkjdt/201103/t20110317_ 85475.htm。

④ 本表格的部分内容以及此段文字的表述已经发表在本课题组所在团队出版的著作中，详细信息如下：李建平等：《二十国集团（G20）国家创新竞争力发展报告》，社会科学文献出版社，2016。

续表

主要国家和经济体	金融危机后主要科技创新战略举措
法国	1. 2008 年注重尖端技术领域投入，科技政策向环保倾斜，公布发展可再生能源计划 2. 2009 年法国政府运用新能源和科技创新迎接挑战，公布了一揽子旨在发展可再生能源的计划 3. 2009 年首次编制《科研与创新国家战略（2009-2012）》（SNRI），确立了"科技创新在法国社会和经济中的中心地位" 4. 2011 年投资发展风能，签署《获取与惠益分享名古屋议定书》 5. 2013 年制定新一轮《国家科研战略（2015-2020）》，承诺《法国—欧洲 2020》战略议程，继续将法国的首要任务确定为创造知识和学问，通过科技创新巩固科研在法国国家复兴中的决定性作用 6. 2013 年，法国政府成立"科研战略委员会"（CSR）和"执行委员会"（ComOp），进一步强化政府决策功能。科研战略委员会主要负责研究和确定国家科技创新优先发展领域，制定支持措施，并开展绩效评价。执行委员会主要负责有关具体事务，成员涵盖政府各部门、相关部际机构、五大"优先领域科研联盟"、大学联合会、国家科研署和主要的公共科研机构，以及"竞争极"、法国公共投资银行（Bpifrance）、卡诺研究所等企业界和创新媒介的成员①
德国	1. 2010 年推出《思想·创新·增长——德国 2020 高科技战略》；制定可持续发展研究新框架计划；通过《国家可再生能源行动计划》；发布《信息与通信技术战略：2015 数字化德国》 2. 2011 年，德国推出了《纳米技术 2015 行动计划》、"生物经济 2030 国家研究战略"、《可再生能源法》 3. 2012 年推出《高科技战略行动计划》，并通过《科学自由法》 4. 2013 年通过《联邦政府航空战略》，并推出《德国工业 4.0 战略计划实施建议》 5. 2014 年德国内阁通过了"创新为德国"新高科技战略，改善创新的整体环境，将科研成果快速转移为具有经济效益的产品、工艺和服务② 6. 2015 年，出台了"能源转型的哥白尼克斯计划"、IT 安全研究计划、"基因组编辑新方法对社会的影响"研究计划、建立新的工业 4.0 合作平台等一系列支持研究和创新的计划 7. 2016 年，德国政府还出台《数字化战略 2025》。根据这一新战略，德国将投入 1000 亿欧元，在 2025 年前建成覆盖全国的千兆光纤网络
意大利	1. 2010 年公布了《国家研究计划 2010~2012 草案》，确定了以加强基础科学研究和增加研发投入为核心的两大发展主题 2. 2012 年意大利通过法案促进科技创新节能 3. 2012 年，意大利政府推出旨在鼓励和支持科技创新的"初创企业专项签证" 4. 2016 年意大利初创型企业投资额度降低，最低仅需 5 万欧元投资就可移民意大利

① 陈强、石成、金爱民：《拒绝创新排名下滑，法国重构创新治理体系》，法中商通，2016年 5 月 31 日。
② 恒丰资本研究院：《揭秘德国高科技创新战略》，后互联网，2016 年 10 月 11 日。

续表

主要国家 和经济体	金融危机后主要科技创新战略举措
日本	1. 2009 年 3 月日本出台为期 3 年的信息技术发展计划，侧重于促进信息技术在医疗、行政等领域的应用；2009 年 4 月提出了"新增长战略"，将未来产业重点发展方向锁定在节能汽车、低碳经济、医疗护理、清洁能源发电等方面；2009 年 12 月，日本出台了到 2020 年的中长期发展战略方针，将六大领域作为保增长的重点对象，包括环境资源、医疗护理、文化旅游、科技创新、促进就业和人才培养，试图以科技创新赢得未来发展的先机① 2. 2010 年日本政府公布了"第四期科学技术基本计划"，把灾后重建、绿色创新和民主创新作为三大任务 3. 2010 年加强科技重点领域的投入，培养年轻和女性科研人员，吸引国外优秀研究人员 4. 2011 年，329 项最尖端研究开发支援项目围绕着"绿色创新"和"生活创新"的主题，民众对政府的核能政策产生怀疑 5. 2013 年 6 月，制定了"科学技术创新综合战略——对于划时代日本创造的挑战"，提出应该站在智能化、系统化、全球化的视角上推动日本的科学技术创新 6. 2014 年 6 月出台日本《科学技术创新综合战略 2014——为了创造未来的创新之桥》，聚集三大跨领域技术，打造全球领先创新中心 7. 2015 年，日本政府出台了《科学技术创新综合战略 2015》，制定了"推动连锁创新的环境整顿工作"与"解决经济、社会问题的重要举措"两大措施，力图以科技创新带动科技进步和经济发展 8. 2015 年 9 月日本公布《展望日本中长期科技创新政策——第四期科学技术基本规划》，确定了实现日本以及世界可持续发展的三大发展理念，确定了 2015 科技创新全面战略，作为国家科技相关政策的指导性文件
英国	1. 2008 年出台了《创新与研究战略》和一系列《产业发展战略》 2. 2010 年底发布了《国家基础设施计划》，宣布投资 2000 亿英镑，重点推动低碳经济、数字通信、高速交通系统和科学基础研究方面的科技基础设施建设 3. 2010 年推出《科学的世纪：确保未来经济增长》，明确指出英国需要将科学与创新置于经济长期发展战略的核心 4. 2011 年 3 月，英国政府宣布投入 5100 万英镑，在工程和物理科学研究理事会下建立 9 个创新制造研究中心，并资助未来先驱制造计划；10 月，英政府宣布首个技术创新中心（TIC）成立，该中心将致力于在制造业领域降低创新的风险，将科学成果经过进一步的研发转化为真正的产品，以推动英国制造业的发展并吸引国际企业②

① 秦海林：《日本支持战略性新兴产业发展的经验及启示》，《中国经济时报》2014 年 2 月 14 日。

② 《2011 年世界科技发展回顾（一）：科技政策》，《科技日报》2012 年 1 月 4 日，新华网，http://news.xinhuanet.com/tech/2012-01/04/c_ 122533820_ 2. htm。

续表

主要国家 和经济体	金融危机后主要科技创新战略举措
英国	5. 2011 年发布了《促进增长的创新和研究战略》，提出要加强新兴技术的商业化能力，立志成为世界科技创新的领导者 6. 2012 年 9 月发布了《英国产业发展战略：产业分析报告》，指出政府要与产业界建立长久的战略伙伴关系，共同培育商业发展机会 7. 2013 年英国技术战略委员会发布《2013～2014 年度执行计划》，宣布未来一年对英国创新企业的资助金额提高到 4.4 亿英镑 8. 2014 年 12 月 17 日发布《我们的增长计划：科学和创新》战略文件，以卓越、敏捷、合作、地点和开放为原则，指出优先重点、人才培养、科研设施、一流研究、刺激创新和国际化这 6 项战略要素
美国	1. 2009 年提出了《美国创新战略：推动可持续增长和高质量就业》，突出了创新生态系统从基础到引领的三个层次："投资于美国的创新基石，促进刺激有效创业的竞争市场，加强国家优先事项的突破" 2. 2011 年《美国创新战略：确保我们的经济增长与繁荣》指出，为维护创新生态系统，美国应当更新其"国家创新支柱"投资战略 3. 2012 年奥巴马政府宣布出资 10 亿美元，打造一个全国制造业创新网络，首批包括 15 个制造业创新研究所 4. 2012 年，《崛起的挑战：美国应对全球经济的创新政策》指出，企业与大学之间密切的合作，公共和私人的风险性投资以及鼓励研究者创办公司的技术，构成了美国创新生态体系的主要特征① 5. 2013 年 OSTP 提出"21 大挑战计划"，确定了包括政府、高校、风险资本家等在内的五大实施主体，并对能源、教育、环保、卫生、信息技术、制造业、国家安全及太空科技等 8 大领域提出了具体的创新目标 6. 2013 年，在美国科学院发布的《国家与区域创新系统的最佳实践：在 21 世纪的竞争》将创新生态系统看作构筑国家竞争力的重点所在 7. 2014 年美国先进制造业联盟（AMP）指导委员会出台《振兴美国先进制造业报告》2.0 版，提出加快创新、保证人才输送管道、改善商业环境是振兴美国制造业的三大支柱 8. 2015 年 12 月美国国家经济委员会、国家科学与技术政策办公室联合发布 2015 版《美国创新新战略》，详细论述了未来美国在科技创新方面的新战略，政府确定了额外的政策支撑创新生态系统 9. 2016 年，在继续推进脑计划、精准医疗、智慧城市和美国制造等重大科技战略计划的同时，奥巴马总统在任期最后一年又陆续推出几项重大科技战略，以确保美国头号科技强国地位

---

① 张慧颖：《美国发布新版国家创新战略》，中华人民共和国国家知识产权局，2015 年 12 月 25 日。

续表

主要国家和经济体	金融危机后主要科技创新战略举措
澳大利亚	1. 金融危机后澳大利亚将新兴产业纳入国家创新体系，通过管理创新、政策创新、规划创新大力推进新兴产业的发展 2. 2008 年澳大利亚成立专家组，开展国家创新体系的评估工作，希望通过评估制定促进创新的政策，改善国家创新体系的管理，提高国家创新体系的效率 3. 2015 年宣布了澳大利亚国家科学创新发展计划，旨在利用创新拉动澳大利亚经济新增长 4. 2015 年底发布了《国家创新和科学计划》，旨在促进研究成果转化成商业产出，并将澳大利亚的税收制度和商业法规与创业和创新文化整合起来 5. 2016 年鼓励金融科技创新，积极奖励金融科技产业的发展，增加各主要城市周边的公路及铁路建设支出，以吸引住宅开发投资
韩国	1. 2008 年，韩国政府实施《政府科学技术基本计划》，重点培育七大技术领域，重视科技创新，对关键领域进行了大规模改革和调整，提出并开始实施"低碳绿色增长战略" 2. 制定了云计算发展战略和建立在信息技术优势基础上的产业发展战略 3. 2010 年 10 月批准公布了原韩国教育科学技术部制定的面向 2040 年的《大韩民国的梦想与挑战：科学技术未来愿景与战略》，提出到 2040 年使韩国跻身于全球 5 大科技强国的科技发展长期愿景与目标 4. 2010 年绿色成长成为韩国科技政策的主轴，重点发展 7 大领域，构筑 7 大科技人才培养体系 5. 2011 年，延续绿色经济增长战略，制定云计算发展战略和建立在信息技术优势基础上的产业发展战略 6. 2013 年拟定《2013 年创新事业的发展计划》，投入 10 亿韩元开发基础科学创新事业，公布了《第六次产业技术创新计划（2014~2018 年）》，建设良性循环的产业技术生态系统 7. 2013 年，制定《创造型经济落实计划——营造创造型经济生态系统的方案》，旨在将国民创意与科技信息通信技术相结合，创造新产业和新市场，鼓励国民创业，提供优质就业机会 8. 2013 年，公布《第六次产业技术创新计划（2014-2018 年）》，打造良性产业技术生态系统，引领韩国迈入产业强国行列① 9. 2014 年韩国国家科技审议会通过《支持中小企业技术革新的中长期规划（2014~2018 年）》；未来创造科学部发布了《2014 信息通信广播技术振兴实施规划》，拟投入 11.764 亿美元促进信息通信技术领域 10 大技术的发展 10. 2014 年 12 月韩国通商产业资源部提出《第三次能源技术开发计划》

---

① 樊继达、石建国：《韩国创新战略的七大着力点与日本创新战略的八大措施》，《强国知识产权》2016 年 3 月 30 日。

续表

主要国家和经济体	金融危机后主要科技创新战略举措
中国	1. 2008 年六部委联合发布关于推动产业技术创新战略联盟构建的指导意见 2. 十八大、十八届三中全会多次突出强调了创新驱动发展战略对转变经济发展方式的重大战略意义 3. 2015 年 6 月 16 日，国务院发布推进大众创业、万众创新政策措施 4. 2015 年中国政府颁布实施制造强国战略第一个十年的行动纲领《中国制造 2025》 5.《国民经济和社会发展第十三个五年规划纲要（草案）》提出，把发展基点放在创新上，以科技创新为核心，以人才发展为支撑，推动科技创新与大众创业、万众创新的有机结合 6. 2016 年 5 月党中央确定我国科技面向 2030 年的长远战略，决定实施一批重大科技项目和工程 7. 2016 年中共中央国务院印发《国家创新驱动发展战略纲要》
印度	1. 2009 年成立国家创新委员会，用创新帮助印度实现更广泛的经济增长 2. 把 2010~2020 年确定为"创新十年"，希望通过低成本包容性创新将印度打造成创新热地 3. 印度"十二五"规划（2012~2017）明确科技创新的具体目标和指标 4. 2013 年辛格总理在第 100 次印度科学大会上宣布了新的科学、技术和创新政策（STI 政策），重申"以科技主导的创新是发展的关键所在"，颁布了"印度第四套科学技术和创新政策"
巴西	1. 2008 年继续贯彻执行《2007~2010 年全国科学、技术和创新计划》，提高科技创新投资，加强人力资源投入 2. 2010 年加强国家科技创新体系建设，促进国家科技创新政策实施，为科学研究奠定了具有竞争力的基础 3. 2011 年政府宣布以加强科技创新为主要内容的科技政策，提出"创新产生竞争力，竞争力促进增长"的科技政策指导思想 4. 巴西《国际科技创新战略规划 2012~2015》明确了科技创新优先领域 5. 巴西政府于 2013 年 10 月宣布向主营移动互联和信息安全的巴西中小企业加大政府补贴，以鼓励这些企业的研发 6. 2014 巴西科技创新政策聚焦于以移动互联网和云为平台的信息产业发展，投入 1.78 亿美元资助技术研究的基础设施，创建四个战略技术中心，推进巴西空间技术领域，支持巴西教育、创新和创业的融合发展① 7. 2014 年，巴西成立"巴西科学未来委员会"作为国家科技咨询机构 8. 推出"国家知识平台计划"

───────────────

① 封颖：《巴西鼓足干劲要搞科技创新》，《光明日报》2014 年 7 月 20 日。

续表

主要国家 和经济体	金融危机后主要科技创新战略举措
巴西	9. 2015 年，巴西政府坚持通过创新确保国家经济增长和繁荣的战略，宣布了以加强科技创新为主要内容的科技政策，从指导思想、机构建设、资金投入、网络架构、咨询指导等五方面强化了对科技创新的管理① 10. 巴西政府还大力推动中小企业和小微企业的技术创新和转型升级，为开展科技创新研发的本国企业设立特别基金，鼓励企业加大技术创新投入
俄罗斯	1. 2008 年进一步加大对科技领域的支持力度 2. 2010 年推进"全球经济框架"战略，建立创新科研中心，推进产学研结合等计划措施 3. 2011 年出台《俄罗斯联邦 2020 年前创新发展战略》将提高国家创新能力确立为重要战略目标，通过"预算战略""能源战略""运输战略"等实现"全系统创新" 4. 2012 年 12 月出台《俄罗斯 2013～2020 年国家科技发展纲要》，意图保持科技政策的稳定性和延续性；提出俄教育、科学和社会发展领域的新任务；调整科技管理机制，成立总统科学与教育委员会 5. 2013 年批准了一系列科技领域新项目，包括《俄罗斯 2020 年前科技发展》国家计划 6. 2016 年，普京签署了第 642 号总统令，正式批准《俄罗斯联邦科学技术发展战略》
墨西哥	1. 2011 年欧盟委员会与墨西哥签署协议，实施竞争力与创新规划（PROCEI），支持墨西哥中小企业通过使用技术增强竞争力和必要的创新进入欧洲市场 2. 2013 年 1 月在经济部内成立专门负责创新和创业相关工作的机构——国家创业局 3. 2015 年墨工业年会上，墨西哥政府指出将以创新为基础的促进政策作为其"工业政策"五大核心之首，认为创新是 21 世纪制造业和生产链形成的关键因素 4. 2015 年 4 月墨西哥参议院通过《促进国民经济生产力和竞争力持续增长法》 5. 2015 年 11 月墨西哥国家创业局举办 2015 全球最佳科技新创公司竞赛
以色列	1. 2010 年围绕加强基础研究推出了一系列新的举措 2. 2014 年以色列正式加入欧洲"地平线 2020"战略科研规划，成为参加该计划的唯一非欧盟国家，科技部设立 1.5 亿谢克国家科研基金，专门资助应用科技和工程学术研究

---

① 《2015 年世界科技发展回顾（科技政策）》2016 年 1 月 2 日，http://keji.sdau.edu.cn/s/20/t/86/0c/f8/info68856.htm。

续表

主要国家和经济体	金融危机后主要科技创新战略举措
以色列	3. 2015 年 4 月，以色列经济部首席科学家办公室发布首份国家创新报告。首度清晰描绘了以色列国家创新生态体系，指出了构成以色列创新生态体系至关重要的五个要素。7 月，以色列国家研究和发展委员会向议会提交"以色列国家机器人计划"，强调要在国家层面推动机器人发展，打造经济增长和科技发展新引擎。以色列将在医疗、个人服务、交通、工业自动化、安全等 5 个领域推出应用研究项目，通过合作、创新、国际交流、人才培养等方式，推动以色列机器人科研和产业发展。7 月，以色列议会还通过了《鼓励产业研究与开发法》第七修正案，成立以色列国家技术创新局，负责落实关于国家鼓励和促进产业科技创新的政策。11 月，以色列新任科技部长奥菲·阿库尼斯向议会提出 2016 工作计划，重点是打破科技领域数字鸿沟，集中预算，深化国际合作等 4. 新成立国家技术创新局，加强产业科技创新
欧盟	1. 2010 年欧盟正式批准了《欧盟 2020 年战略——为实现灵巧增长、可持续增长和包容性增长的战略》 2. 2011 年提出"欧盟地平线 2020"计划，知识和创新成为未来经济发展的主要推动力① 3. 2011 年 6 月"面向精明专业化的研究和创新战略"正式成为一项针对欧盟所有 28 个成员国的政策方案 4. 2014 年正式启动"地平线 2020"计划

资料来源：根据网络上相关报道整理汇总而得。

2. 国内背景——创新驱动是发展形势所迫

自 1978 年至 2010 年，中国经济以年均 9.8% 左右的超高速增长领先全球，1979~1994 年潜在增长率为 9.66%，1995~2010 年潜在增长率为 10.34%，尤其是 2007 年 GDP 增速更是创 1995 年后新高，达到 14.2%，这在很大程度上得益于"以供给侧改革实现经济增长"的思路。但 2008 年国际经济危机爆发后，中国经济增速自 2010 年以来逐年下滑。如图 1-1 所示，2010 年 GDP 增速为 10.6%，到 2016 年 GDP 增速逐渐降至 6.7%，经济发展从原先的高速增长状态步入中高速增长状态。面对中国经济发展进入新常态的现状，我国制定并实施了一系列需求管理政策，如央行自

---

① 周武英：《欧盟：借全球外脑绘创新蓝图》，《经济参考报》2014 年 3 月 14 日。

2015 年以来 5 次降息降准；发改委新批基建项目规模超过 2 万亿；国家将财政赤字率提高到历史新高的 3%，全国财政赤字高达 21800 亿元，比 2015 年新增 5600 亿元，主要用于减税清费；① 同时，在扩大内需、保持经济以较快速度稳定增长等方面推出 "四万亿计划"，但效果不佳。这些经验表明要想使我国的经济平稳探底并保持较快的增长态势，就必须继续坚持供给侧改革思维，通过供给侧改革来培育新的经济增长点，而新经济增长点的培育必须依赖创新驱动发展战略来实现。

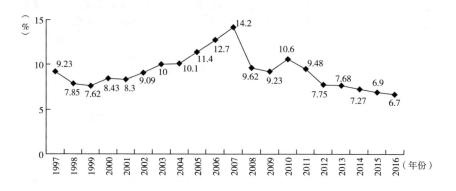

图 1-1　1997~2016 年中国 GDP 增速

此外，我国消费需求逐渐向 "个性化" "多样化" 转变，传统产业的投资需求不足与产能过剩的矛盾日益凸显，以低成本为比较优势的出口模式和以生产要素规模为驱动力的发展模式难以为继，资源环境对传统经济增长模式的约束不断加强，经济进入 "新常态"，"新常态" 的核心要义之一就是大力推进以科技创新为核心的全面创新，为经济增长提供新动力。② 习近平也指出新常态背景下拉动经济增长要更多地依靠人才和科技进步，使创新成为驱动经济发展的重要引擎。李克强总理也强调，我国经济发展进入新常态，既要保持中高速增长，又要向中高端水平迈进，必须依靠创新支撑。③ 经济发展面临着速度与驱动力转变、结构调整的挑战，

① 《G20 习奥会成果清单公布，中方重申继续实施积极财政政策》，2016 年 9 月 5 日，第一财经网站。
② 《为创新驱动发展提供机制保障》，《经济日报》2015 年 12 月 21 日，http://theory.people.com.cn/n1/2015/1221/c49154-27954444.html。
③ 林朗：《新常态呼唤创新》，《光明日报》2015 年 2 月 4 日第 07 版。

由以要素驱动和投资驱动为主的经济增长模式亟待转为依靠创新驱动的经济增长模式。创新驱动发展战略已经成为我国"十三五"期间能否完成产业结构调整升级的关键因素；已经成为促进我国战略性新兴产业发展的中心环节；已经成为能够打破我国在全球价值链"底端"的利器；已经成为我国进一步激发创新活力、推动经济社会科学跨越发展的核心战略。①

二 研究意义

1. 创新驱动发展战略是打破我国处于全球价值链底端的利器

我国在全球价值链分工中长期扮演着"世界工厂"的角色，处于"微笑曲线"价值链的底端，一些产业的关键设备和核心技术对外依存度居高不下。亚洲开发银行的一项研究表明，一部苹果手机的出厂价为178.96美元，为其制造相关零件的日、德、韩三个国家分别享有出厂价的34%、17%、13%的收益分配比例，而负责组装的中国最后只能享有3.6%的收益分配比例。② 这种分工定位模式使我国在全球价值链中所获得的利润少之又少，若不实现转变的话，很容易被锁定在产业链的"底端环节"。另外，随着欧美等发达国家产业结构水平的不断提升和技术进步以及发展中国家纷纷加入争夺外资、技术的队伍，国际产业转移和承接的整体层次不断提高，产业转移主体力量越来越大，中国承接国外先进技术和产业转移的难度不断上升，技术引进受到越来越多的限制。要调整未来发展方向，唯有从我国在价值链中所处地位的提升入手，提高产品附加值，依靠高质量和高效益的产品与服务来促进长远发展，而要做到这些必须以创新驱动发展战略的实施为根本方式。③

2. 创新驱动发展战略是我国转变经济发展方式的切入点

改革开放30多年来的发展表明，我国"创造了人类经济增长历史上

① 王珍珍:《"十二五"以来我国省域创新驱动发展战略实施成效分析》,《经济研究参考》2014年第58期。
② 崔鹏、刘裕国、马冰一:《现行统计方法造成我贸易顺差严重夸大》,《人民日报》2011年10月21日。
③ 李江江:《基于创新驱动的青海科技金融发展战略研究》,青海大学硕士学位论文,2015。

前所未有的奇迹"，①制造业总量和经济总量分别跃居世界第一、第二位，这主要得益于劳动力、资源方面的低成本优势以及各种优惠政策优势。然而，随着各种生产要素资源成本的逐步上升，人口、资源和环境约束日益强化，可持续发展面临严峻的考验。这种依靠"高要素投入，高能源消耗，高污染排放以及低技术含量"的增长方式已经不利于效率的提升，经济发展进入速度放缓的"新常态"阶段，经济结构和经济发展动力亟待优化与转换。与过去的发展方式相比，创新驱动战略所倡导的技术创新和科技创新具有不可比拟的显著优势。首先，技术创新活动难以模仿且产出成果附加值高，以此为基础可以创造长期性的竞争优势。其次利用科技创新，可以通过其科技渗透作用，推动集成创新以及协同创新，将各要素资源的生产力放大，从而发挥"乘数效应"，提高社会整体生产率。实施创新驱动发展战略，有利于全面提升我国经济发展的质量和效益，是转变我国经济发展方式的切入点。

3. 创新驱动发展战略是创新型国家建设浪潮的必然趋势

在全球化背景下，国家间的竞争关键已经由传统的资源和劳动力的多少转变为创新能力的大小。随着生产模式的创新和生产效率的提升，单纯依赖生产要素建立国际竞争优势已经难以为继，而以创新为驱动力提高科技实力成为时代趋势。决策者的战略创新能力已经成为各国建立国际竞争优势的必备法宝。世界各国都在积极布局科技创新战略：美国通过《创新战略》，推进创新体系形成；欧盟制定《欧洲 2020 战略》，以创新和知识创造作为提高国家联合体长远竞争力的关键路径；②日本先后推出《创新立国战略》、《数字日本创新计划》以及《科学技术创新综合战略》，开始强调自主型创新并进入技术立国阶段；德国启动《主动创新战略》及《研究和创新协定》，力图成为世界创新领导者；韩国通过制定《2025 年构想》加速科技研究开发进程；③巴西出台《国际科技创新战略规划 2012 ~ 2015》，以重点领域发展推动未来经济增长。而当前我国的现实状况是各

① 林毅夫、蔡昉、李周：《中国的奇迹：发展战略与经济改革》，三联书店、上海人民出版社，1999，第 2~3 页。
② 《创新驱动发展战略——习近平与"十三五"十四大战略》，2015 年 11 月 22 日，新华网，http://news.xinhuanet.com/2015-11/22/c_ 1117221776.htm。
③ 庞景云：《让创新这驾马车跑得更快》，《中国有色金属》2015 年第 17 期。

项创新指标的水平距离创新型国家的标准仍有较大差距。由此可见，面对发达国家与新兴经济体的超前部署，国际竞争加剧，实施创新驱动发展战略已是大势所趋。

4. 创新驱动发展战略是提升科技实力的核心主线

科技实力在综合国力中的地位越来越突出，而创新是推动科技进步的重要引擎。相较于其他发达国家，我国各项科技实力指标还处在较低水平，创新能力仍然较为落后。在基础研究投入占 R&D 经费比例方面，我国仅为 4.8%，分别只达到瑞士、美国和日本等国家的 17%、25% 和 37%。① 尽管在创新成果产出方面，我国专利申请量增速明显加快，专利产出总量已经远远赶超美国与日本，发明专利申请数量跃居世界第一，然而专利质量、专利含金量却难以与发达国家相比较，尤其是在核心技术领域，仍然存在较大差距。专利质量与资源配置问题使专利的实施率与转化率低下，从而导致了大量"垃圾专利"，科研成果不能产业化的问题十分突出。2008~2012 年我国专利实施许可合同数仅占专利申请受理数的 1.48%；科技成果转化率仅为发达国家的 25%。② 此外，我国自主品牌出口量占高技术产品出口总量的比重不足 10%。种种迹象表明，我国的自主创新能力已经难以有效支撑经济的高速发展。因此要提高科技实力，唯有以创新驱动为主线进行布局，才能抢占科技革命的制高点。

5. 创新驱动发展战略是推动"美丽中国"建设的重要牵引力

"美丽中国"的核心观念是推动实现人、社会与自然三者之间的和谐以及共存共赢，其本质是对生态文明建设概念的一种具体化表达。纵观美国、澳大利亚等国家的现代化过程，"以资为本，黑色发展"的发展模式使其在取得科技进步和物质成就、社会民主发展的同时，也造成生态系统退化、道德观念塌陷、社会经济发展受到制约等问题。从我国自身经验来看，改革开放以来，我国在经济发展速度方面已经卓有成效，但也面临"规模大而不强，速度快而不优"的现实矛盾。③ 与此同时，长期以来严重

① 《补短板要寻根溯源聚焦问题》，新华网，http://news.xinhuanet.com/politics/2016-01/25/c_128665434.htm。

② 《"创新驱动"发展战略的几点思考》，人民网-理论，http://theory.people.com.cn/n/2014/1120/c40537-26061968.html。

③ 林祥：《何为中国特色自主创新道路之"特色"》，《科学学研究》2015 年第 6 期。

依赖资源、劳动力等生产要素投入的粗放型发展方式，导致当前我国资源能源过度消耗、环境污染日趋严重。无论是西方发达国家还是自身经验都表明，传统的"征服自然"的关系已经难以为继，必须以生态文明新理念打造现代化新境界。为此，我国必须吸取经验教训，加快"美丽中国"建设进程，以创新驱动作为新牵引力，构建现代产业发展新体系，培育未来经济发展新增长点，推进绿色发展、低碳发展、循环发展，走绿色创新的复兴之路，① 为全球的生态环境安全承担应有的责任和义务。

三 研究目标

本书遵循"理论演进脉络—效率评价—路径选择"的研究思路，探讨创新驱动发展战略的理论演进脉络，构建创新驱动发展战略网络系统的投入产出回馈模型。同时，诊断、评估、反馈我国省域创新驱动发展战略实施的效率、发展模式以及影响因素，借鉴发达国家创新驱动发展战略实施的先进经验，以案例研究的方式比较分析我国东南沿海六省（市）、福建省九个地级市的创新驱动战略实践，提出完善我国创新驱动发展战略的政策措施、制度安排，以期最终促进我国创新驱动发展战略系统的优化和目标的实现。

四 研究框架及内容

本书的研究框架如图 1-2 所示，具体研究内容包括如下几个部分。

1. 绪论

本章主要介绍创新驱动发展战略实施的国内外背景，阐述研究的意义，并对本课题研究的目标、框架、内容、方法、创新点等展开分析。

2. 我国创新驱动战略的研究现状及趋势分析

本章将主要运用文献计量学和社会网络分析方法对当前创新驱动发展的热点问题和趋势做出判断。我国对创新驱动发展的研究处于逐步升温的

---

① 杨多贵、周志田：《创新驱动发展的战略选择、动力支撑与红利挖掘》，《经济研究参考》2014 年第 64 期。

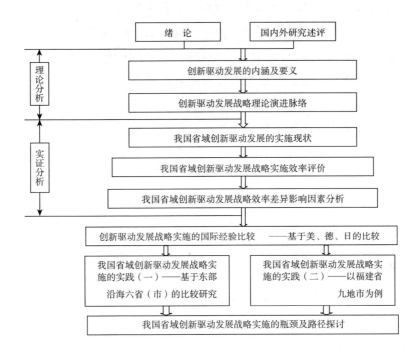

图 1-2　本书研究的技术路线图

阶段，当前对创新驱动的研究主要集中于探讨创新驱动的路径选择、新常态背景下创新驱动战略的实施、创新驱动与产业升级、经济发展方式转变以及对不同创新驱动模式的分析。

3. 创新驱动发展的内涵及要义

本章主要围绕全面创新驱动发展的理念，重点分析创新驱动发展的内涵和内容体系，并且构建创新驱动发展系统维度。创新驱动发展战略是以自主创新能力为支撑、以科技创新为核心要素的全面创新和协同创新推动经济社会科学高效发展的战略指导思想。创新驱动发展具有动态性、复杂性、长远性、时代性和实践性等特征。从内容维度而言，创新驱动就是创新成为引领发展的第一动力。其中科技创新、管理创新和需求创新为驱动经济增长提供动力和方向，制度创新、金融创新、文化创新以及人才创新等为驱动经济增长提供条件保障。创新驱动系统是一个以科技创新为核心，包含体制创新、管理创新、文化创新、服务创新以及商业模式创新等的复合系统。

4. 创新驱动发展战略理论演进脉络及其哲学探讨

本章主要分国外和国内两个维度分析创新驱动发展战略的演进脉络，其中国外演进脉络包括马克思、恩格斯的创新思想史，列宁的创新思想史，熊彼特的创新理论，彼得·德鲁克的创新新概念，技术创新学派，制度创新学派，区域创新系统理论以及增长理论；国内演进脉络重点分析了毛泽东、邓小平、江泽民、胡锦涛和习近平的创新思想史，并从哲学层面入手探讨创新驱动发展战略的实践观、运动观、矛盾观和物质意识观。

5. 我国省域创新驱动发展实施现状

本章主要结合在第 3 章所构建起来的创新驱动发展系统分析我国省域创新驱动发展战略的实施现状。本章的数据主要来源于《中国统计年鉴》《中国科技统计年鉴》，分析了我国创新驱动发展的投入产出系统、创新支撑子系统、创新环境子系统的相关指标。

6. 基于链式网络 SBM-DEA 模型的区域创新驱动效率评价

本章主要在第 5 章的基础上，运用 DEA 两阶段模型实证分析我国省域创新驱动发展战略的实施效率，分别包括科技研发阶段和经济社会转化阶段的效率评价。经分析得出，我国创新驱动效率还有很大的改善空间。如果以 0.6 以上作为创新驱动效率及格的标准，我国只有天津、上海、广东、海南、重庆、青海等地区达到此标准，而海南、青海为经济较为落后的地区，这说明创新驱动效率是一个相对值，经济投入大的地区经济效率并不一定就高。

7. 基于 Tobit 模型的我国省域创新驱动效率的影响因素分析

本章主要基于 Tobit 模型分析我国省域创新驱动发展实施效率差异的影响因素。经研究得出，在创新驱动系统中，高校长期单纯以科技论文和科技专利的多寡来衡量科研绩效，忽略了论文和专利的实用性及成果转化，导致了高校与企业联系较差，抑制了创新驱动效率。我国在国际贸易中处于"微笑曲线"底端，只负责贴牌、加工和代工生产，通过国际贸易的国际技术溢出抑制了我国自主创新能力的提升。而在创新支撑子系统中，金融机构贷款没有流向需要资金的中小企业，加上一定程度的地方政府不正当干预，抑制了创新驱动效率的提升。因此，既要积极引导金融机构灵活运用信贷、融资租赁等方式加大对风险投资的支持力度，又要推进金融体系的市场化运作，减少政府的不正当干预，以此解决前沿科技项目和中小型科技企业融资难的问题。而我国邮电业务费用较高，科技信息流动受阻，也阻碍了科技研发效率的提升。此外，还要积极发挥政府财政支撑和产业集聚对创新整体效率和经济社会转化效率的促进作用。政府除了继续加大地方财政对科技的支持力度外，还要注意做好科技投入的后期管理工作，提高资源的配置效率。

8. E-PMP 分析框架下创新驱动发展的国际比较

本章构建了以创新驱动发展战略演变历程为中心，创新驱动基本格局、创新驱动发展机制、创新驱动发展平台为基本维度的 E-PMP 分析框架，并对美、德、日三国创新驱动发展战略实施的经验进行比较，总结出三国创新驱动发展的模式以及对我国的启示。

9. 我国省域创新驱动发展战略实施的实践（一）——基于东部沿海六省（市）的比较研究

本章依据区域创新体系的基本原理，基于结构、功能和效率的 SFE 分析框架，建立评价指标体系，结合比较分析法评定了东南沿海六省（市）的区域创新体系的主体结构，并运用相关分析法测算了各创新组织单元对区域创新系统运行功能的影响，进而指出提高福建省区域创新能力应坚持以企业为主体，推动用户主导紧密型产学研合作；加强对高校与科研机构的有效投入，优化区域创新体系结构；通过强化特色区域创新高地，增强区域创新体系的功能，整合全省科技资源，提升区域创新体系的效率。

10. 我国省域创新驱动发展战略实施的实践（二）——以福建省九地市为例

本章从创新驱动的内涵出发，构建了包括创新驱动投入、创新驱动支撑和创新驱动绩效 3 个一级指标和 30 个三级指标的区域创新驱动发展能力评价指标体系，运用综合熵值法对福建省九地市的创新驱动发展能力进行了评估和综合比较。结果表明，福建省九地市的创新驱动发展能力存在明显差异，经济发展水平、人口整体素质和企业创新能力是造成差异的重要原因。要实现科技和人才对经济发展的驱动，要因地制宜地发展区域经济，培养创新型企业，提高人力资本水平，促进对外交流，最后逐步过渡到创新驱动阶段。

11. 我国省域创新驱动发展战略实施的制约因素及路径选择

本章结合实际调研情况分析了当前制约我国省域创新驱动发展战略实施的短板。具体来说主要包括：科技资源分散现象严重，区域之间的协调平衡发展仍需进一步加强；科技投入有待于进一步增强，研发结构仍需大力改善；科学研究过于急功近利，科技成果转化率偏低；关键技术设备依赖进口，自主创新能力仍然处于较低水平；体制机制相对滞后，相关法律有待健全。结合所存在的问题分析了省域创新驱动发展战略实施的路径。具体来说包括：整合创新资源，提高创新系统整体效能；优化科技创新投向，推进科技创新与产业结构优化升级紧密结合；鼓励产学研政合作，提高科技成果转化率；增加财政科技投入，优化科技投入结构；强化企业在技术创新中的主体地位，激发技术创新的内源动力；深化科技体制改革，增强自主科技创新活力；构建科技中介服务体系，营造良好的科技创新环境；优化创新创业生态环境，激发创新创造活力等。

五　研究创新点

1. 本书从全面创新系统的维度出发对创新驱动发展战略的内涵进行深入分析，指出科技是创新驱动经济增长的关键、管理是创新驱动经济增长的引擎、需求是创新驱动经济增长的导向、制度是创新驱动经济增长的保障、金融是创新驱动经济增长的支撑、文化是创新驱动经济增长的灵魂、人才是创新驱动经济增长的根本。

2. 本书系统梳理了创新驱动发展的理论演进脉络，包括国内外创新驱动的思想史的梳理，并从哲学的视角出发对现有的创新驱动发展的理论演进脉络展开了深入的分析。

3. 本书将创新驱动发展战略的实施分为两个阶段，包括创新产出阶段和社会成果转化阶段，分阶段探讨省域创新驱动效率的差异，并运用 Tobit 模型进行分析，所得出的结论更加具有针对性。

4. 本书结合现有的研究成果构建了 E-PMP 分析框架，即以创新驱动发展战略演变历程为中心，以创新驱动基本格局、创新驱动发展机制、创新驱动发展平台为基本维度的 E-PMP 分析框架。

5. 本课题在实证研究方面遵循"解剖麻雀、逐步细化"的原则，在对 30 个省份的创新驱动效率和影响因素进行分析的基础上，充分结合当前国家宏观经济的热点问题——中国自贸试验区建设，以中国自贸试验区的创新实践为例分析了当前创新驱动中国自贸试验区建设的情况，进一步选择福建省为分析对象，分析了福建省九个地级市在实施创新驱动战略方面的差异。

六　研究方法

1. 文献分析法

本书借助维普、CNKI 等网络数据库及学校图书馆等丰富的资源，全面搜索国内外与本研究有关的各类文献，全面、系统地梳理创新驱动的文本资料，总结了目前的研究进展及相关研究成果，为本研究做好了铺垫。现有国内外对创新驱动发展战略研究的文献资料尚少，只能通过对国内的政策、分析文本进行解释性研读。只有对相关文献材料的分析、比较和综合，才能使读者的视野得到极大拓宽，并使创新驱动发展的哲学层次的思考和解读更全面、更深入。

2. 理论研究法

本书系统分析了创新驱动发展的理论演进脉络，构建创新驱动战略网络系统，对创新驱动的规律和动力进行了理论分析。

3. 数据包络法

本书运用数据包络法对各省域创新驱动发展战略的实施效率进行了实证研究，并运用 DEA 两阶段模型探讨了省域间创新驱动发展战略实施模式的差异。

4. 计量经济学

本书运用计量经济学中的 Tobit 面板数据模型探讨了省域间创新驱动发展战略实施绩效的影响因素。

5. 比较研究法

本书运用比较研究法对不同国家的创新驱动发展战略的实践和模式进行比较，同时运用比较研究法对上海、天津、广东、福建四个自贸试验区的创新实践、福建省九个地级市的创新实践展开了深入分析。

6. 调查研究法

本书在研究开展过程中，结合了大量的实证调查，实地考察了上海、福建自贸试验区建设的情况、存在的问题，从企业需求的角度出发指出了当前自贸试验区在创新发展过程中存在的问题。

第二章 我国创新驱动战略的研究现状及趋势分析

——基于文献计量与社会网络分析的视角

本章拟在系统阅读国内关于创新驱动文献的基础上，运用文献计量、共词分析以及社会网络分析方法，对目前我国创新驱动研究现状做高度的概括和总结，并指出未来研究的趋势和方向。

一 数据来源与研究方法

1. 数据来源及处理

笔者于 2017 年 2 月 16 日以 CNKI（中国学术文献网络出版总库）作为数据来源库，设置检索字段为关键词"创新驱动"，策略为"精确"，时间跨度不限，期刊来源类别选择 CSSCI 和核心期刊，匹配设置为精确匹配，检索到论文 570 篇。剔除会议通知、报道、征稿以及无关键词文献与重复文献，共计得到论文 568 篇，并从 CNKI 数据库中导出参考文献格式为 Notefirst 的论文作为研究样本。在关键词统计方面，发现部分关键词意思相同，如供给侧改革与供给侧结构性改革，转型发展与转型、转型升级、经济转型等，技术创新与科技创新，发展战略与战略举措、战略路径，发展对策与对策研究、路径分析、措施等。进行样本核对后，运用书目共现分析系统 Bicomb 左下角的"提取"中的"修改"功能对这些有相同意思的关键词进行了合并处理。关键词出现的次数越多，可以在一定程度上表明其受到关注的程度越高，也能够在一定程度上反映出当前该领域的研究动态。经过处理后总共获得关键词 1179 个，出现总频次 2335 次，也就是说平均每篇文章有 1.98 个关键词。

2. 研究方法

（1）文献计量分析

文献计量分析（Bibliometrics Analysis）是情报学独有的分析方法，在科学与科技管理、科学评价与预测等学科领域及定量管理等领域得到了广泛应用。[①] 其中，共词分析法可以追溯到文献计量学中所阐述的引文耦合和共被引两个概念，其本质是如果两个专业术语可以代表某个研究领域的主题或方向并同时被包含在同一篇文献中，即表明这两个术语之间存在一定程度上的相关关系，同时被包含的频率越高，表明两者相关关系程度越高，两者之间的距离也越小。[②] 本书选取能浓缩文章主题内容的关键词作为共词分析对象，利用中国医科大学医学信息学系开发的书目共现分析系统进行信息的提取、统计并最终形成共词矩阵。

（2）社会网络分析

社会网络分析（Social Network Analysis，SNA）中的社会网络是指由多个点（社会行动者）和各点之间的连线（代表行动者之间的关系）组成的集合，现已被广泛应用于经济学、社会学和管理学等学科中。社会网络分析从"关系"的角度出发研究社会现象与社会结构，[③] 常用到的分析指标包括网络密度、中心性、凝聚子群和核心边缘分析等。其中，网络密度用来衡量网络中各主体之间关联关系的疏密程度，等于网络中"实际存在的关系总数"除以"理论上最多可能存在的关系总数"，即所有可能存在的关系的平均值。网络中心性包括度数中心度（Nrmdegree）、接近中心性（nCloseness）和中介中心性（nBetweeness），其中，度数中心度又称为点度中心性，是指在网络中与该节点有直接关系并存在相连直线的节点总数，该指标越大，表明该节点存在越频繁的交流活动，在

---

① 邱均平、缪雯婷：《文献计量学在人才评价中应用的新探索——以"h 指数"为方法》，《评价与管理》2007 年第 2 期。

② 张勤、徐绪松：《共词分析法与可视化技术的结合：揭示国外知识管理研究结构》，《管理工程学报》2008 年第 22（4）期。

③ Felmlee D, Faris R. Interaction in Social Networks. *Handbook of Social Psychology*. Springer Netherlands, 2013: 439-464.

网络中的地位也越重要；接近中心性采用距离来衡量一个节点在所处网络中的中心程度，也就是计算出该点到其他所有节点的最短距离并将其加总，所得出的总和数即表示其中心程度，该指标越小，说明相比于其他节点该节点可以越快速地与其他所有点建立联系，同时也意味着其信息中转的时间和成本耗费越少；[①] 中介中心性又称为间距中心性，是测量网络中某个关键词影响其他关键词共同出现在一篇文献中的能力大小的指标，[②] 该指标越大，说明该关键词对其他关键词发生联系的影响能力越大。凝聚子群属于聚类分析，通过将子群从网络中划分出来从而了解和掌握该子群对整个网络的影响。计算方法不同，凝聚子群的定义和分析方法也存在差异，主要包括以下类型：派系、n-派系、n-宗派、k-丛及凝聚子群密度。[③] 核心-边缘分析根据网络中节点之间发生联系的紧密程度，将其分别划分在核心区域和边缘区域，若节点处于核心区域，则表明该节点在网络中具有较为重要的地位。[④] 本研究运用到的软件工具包括 Microsoft Excel、Bicomb、Ucinet，并运用 Netdraw 进行了知识图谱可视化分析。

二　我国创新驱动研究的文献计量分析

将从 CNKI 导出的 Notefirst 格式数据导入 Bicomb 系统后，分别按照年份、期刊、作者、关键词等进行提取与统计，然后将相关数据分别导入 Excel 表中，进行统计分析。

1. 文献时间分布规律

从创新驱动研究的时间分布来看，2011 年以来对创新驱动方面的研究和关注度在大幅度地提升。2016 年（含 2017 年的 6 篇文章）涵盖

---

① 黄攸立、熊宇：《基于社会网络分析法的区域创新环境关键要素识别》，《北京邮电大学学报》（社会科学版）2010 年第 12（2）期。

② 魏瑞斌：《社会网络分析在关键词网络分析中的实证研究》，《情报杂志》2009 年第 28（9）期。

③ 李亮、朱庆华：《社会网络分析方法在合著分析中的实证研究》，《情报科学》2008 年第 4 期。

④ 李亮、朱庆华：《社会网络分析方法在合著分析中的实证研究》，《情报科学》2008 年第 4 期。

"创新驱动"关键词的 CSSCI 来源期刊和核心期刊的文章达到 217 篇，是 2011 年的近 10 倍（如图 2-1 所示）。从近年来出台的一系列文件政策报告中也可以看出，国家和政府不断强调创新驱动的重要性，愈来愈重视创新驱动发展，同时也带动了整个社会科学领域对创新驱动发展的研究热潮。2015 年 3 月 23 日发布的《中共中央、国务院关于深化体制机制改革加快实施创新驱动发展战略的若干意见》指出："把科技创新摆在国家发展全局的核心位置，统筹科技体制改革和经济社会领域改革，统筹推进科技、管理、品牌、组织、商业模式创新，统筹推进军民融合创新，统筹推进引进来与走出去合作创新，实现科技创新、制度创新、开放创新的有机统一和协同发展。"① 新近出台的《中华人民共和国国民经济和社会发展第十三个五年规划纲要》明确提出实施创新驱动发展战略，"把发展基点放在创新上，以科技创新为核心，以人才发展为支撑，推动科技创新与大众创业万众创新有机结合，塑造更多依靠创新驱动、更多发挥先发优势的引领型发展"。②

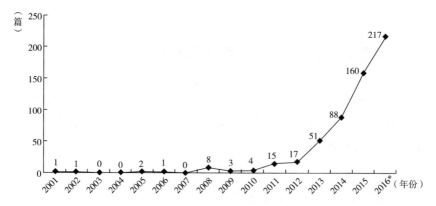

图 2-1　2001~2017 年 CSSCI 和核心期刊以"创新驱动"为关键词发表的文章数
注：2016* 指代的是 2016 年和 2017 年的篇数总和。

---

① 《中共中央、国务院关于深化体制机制改革　加快实施创新驱动发展战略的若干意见》，中国社会科学网，2015 年 4 月 22 日，http：//www.cssn.cn/zt/zt_ xkzt/zt_ zzxzt/zcdpd/cxqdfzzldrgyj/201504/t20150422_ 1597418. shtml。
② 《中华人民共和国国民经济和社会发展第十三个五年规划纲要》，人民日报网站，2016 年 3 月 18 日，http：//paper. people. com. cn/rmrb/html/2016 - 03/18/nw. D110000renmrb _ 20160318_ 1-01. htm。

2. 文章被引用情况分析

从文章被引用情况来看，位居前 10 位的第一作者分别是金蓓、张来武、辜胜阻、刘志彪、曾国屏、齐建国、任保平、黄群慧、陈曦和洪银兴等。具体的文章被引用次数及情况如表 2-1 所示。现有发文数量超过 3 篇的作者包括张向前（6 篇），吴建南、辜胜阻（各 5 篇），洪银兴（4 篇），张泽一、杨朝辉、顾晓燕、黄剑、刘焕、李洪斌、张来武、张银银、任保平、郑烨等（各 3 篇）。

表 2-1 CSSCI 和核心期刊中"创新驱动"文献被引情况排名

序号	篇名	作者	刊名	年（期）	被引次数
1	中国经济发展新常态研究	金蓓	中国工业经济	2015（1）	136
2	论创新驱动发展	张来武	中国软科学	2013（1）	121
3	城镇化要从"要素驱动"走向"创新驱动"	辜胜阻、刘江日	人口研究	2012（6）	118
4	从后发到先发：关于实施创新驱动战略的理论思考	刘志彪	产业经济研究	2011（4）	106
5	从"创新系统"到"创新生态系统"	曾国屏、苟尤钊、刘磊	科学学研究	2013（1）	94
6	中国经济"新常态"的语境解析	齐建国	西部论坛	2015（1）	92
7	经济发展方式转变的创新驱动机制	任保平、郭晗	学术研究	2013（2）	82
8	"新常态"、工业化后期与工业增长新动力	黄群慧	中国工业经济	2014（10）	81
9	创新驱动发展战略的路径选择	陈曦	经济问题	2013（3）	77
10	关于创新驱动和协同创新的若干概念	洪银兴	经济理论与经济管理	2013（5）	68

3. 文献发表的期刊分析

从现有文献发表所集中的期刊来看，排名前 5 位的分别是《科技进步与对策》、《科技管理研究》、《科学管理研究》、《中国科技论坛》以及《改革与战略》，如表 2-2 所示。

表 2-2 "创新驱动"文献发表排名前 10 位的 CSSCI 和核心期刊

序号	关键字段	出现频次	百分比（%）
1	科技进步与对策	53	9.2982
2	科技管理研究	31	5.4386
3	科学管理研究	16	2.8070
4	中国科技论坛	15	2.6316
5	改革与战略	15	2.6316
6	经济纵横	13	2.2807
7	中国软科学	11	1.9298
8	技术经济与管理研究	10	1.7544
9	经济研究参考	10	1.7544
10	经济体制改革	9	1.5789

4. 关键词分析

取词频大于等于 5 的关键词作为当前研究热点的标志，得到关键词出现频次以及所占比例，如表 2-3 所示。从中可以看出当前在创新驱动领域关注的热点集中于创新驱动与转型升级、创新驱动战略举措、经济新常态下创新驱动发展、创新驱动与科技创新、创新驱动与供给侧结构性改革、创新驱动与经济增长、创新驱动与经济发展方式转变等。

基于表 2-3 中的 37 个关键词在 568 篇文献中两两共现的频率，笔者构建了 37×37 的关键词共词矩阵，如表 2-4 所示。从中可以看出各个不同关键词在文章中出现的相关程度的大小，以下将以共词矩阵为基础，运用社会网络分析方法对当前创新驱动领域研究的热点问题进行分析。

表 2-3　词频大于等于 5 的关键词基本信息

序号	关键字段	出现频次	百分比%	序号	关键字段	出现频次	百分比%
1	创新驱动	568	24.3255	20	制度创新	6	0.2570
2	转型升级	50	2.1413	21	创新政策	6	0.2570
3	战略举措	47	2.0128	22	科技成果转化	6	0.2570
4	新常态	37	1.5846	23	可持续发展	6	0.2570
5	科技创新	33	1.4133	24	改革	6	0.2570
6	供给侧结构性改革	19	0.8137	25	经济发展	6	0.2570
7	经济增长	16	0.6852	26	区域创新	5	0.2141
8	经济发展方式转变	15	0.6424	27	区域经济	5	0.2141
9	自主创新	13	0.5567	28	创新型城市	5	0.2141
10	协同创新	11	0.4711	29	高新区	5	0.2141
11	战略性新兴产业	9	0.3854	30	创新生态系统	5	0.2141
12	要素驱动	9	0.3854	31	知识产权	5	0.2141
13	投资驱动	8	0.3426	32	价值链	5	0.2141
14	制造业	8	0.3426	33	中国	5	0.2141
15	结构调整	8	0.3426	34	高校	5	0.2141
16	全要素生产率	8	0.3426	35	创新机制	5	0.2141
17	创新	7	0.2998	36	经济结构	5	0.2141
18	产业结构	7	0.2998	37	创新能力	5	0.2141
19	科技人才	6	0.2570				

表 2-4 关键词所形成的共词矩阵（部分）

关键词	创新驱动	转型升级	战略举措	新常态	科技创新	供给侧结构性改革	经济增长	经济发展方式转变	自主创新	协同创新
创新驱动	568	50	47	37	33	19	16	15	13	11
转型升级	50	50	2	1	4	3	1	1	2	0
战略举措	47	2	47	2	3	0	0	0	0	0
新常态	37	1	2	37	0	0	3	1	0	1
科技创新	33	4	3	0	33	1	1	2	0	0
供给侧结构性改革	19	3	0	0	1	19	0	0	0	0
经济增长	16	1	0	3	1	0	16	0	0	0
经济发展方式转变	15	1	0	1	2	0	0	15	0	0
自主创新	13	2	0	0	0	0	0	0	13	0
协同创新	11	0	0	1	0	0	0	0	0	11

三 我国创新驱动研究的社会网络分析

1. 整体网络分析

将共词矩阵表 2-4 导入 Ucinet 软件中并保存，在计算的过程中运用
Netdraw 中 Transform>Dichotomize，将该矩阵转变为二值关系矩阵作为输入
矩阵，选择 Ucinet 软件中的 Network>Cohesion>Density，可知共词网络的密
度为 0.1862，标准差为 0.3893，其密度水平一般，目前关于创新驱动方面
的研究尚处于一个新兴的领域，后期有待进一步加强。利用 Ucinet6.0 的
绘图软件 Netdraw，选择 Netdraw>Analysis>K-core 分析，即可得到共词网
络图，如图 2-2 所示。图中每个节点表示一个关键词，连线表示关键词之
间的共现关系，线条的粗细表示关系强弱，节点之间较粗的线条表示关系
更为紧密，节点的大小表示其在网络中的重要性程度，空心表示节点在整
个网络中处于核心位置。从图 2-2 中可以看出，"创新驱动"关键词毫无
疑问处于整个网络中最为核心的位置，在其外层与它联系比较紧密、连线

也较多较粗的关键词有经济结构、转型升级、经济增长、科技创新与经济新常态等，说明这些词是当前创新驱动领域研究的热点问题；而战略转型、科技金融、制度红利、政府、中小企业、协同创新、创新发展、改革等关键词与其他关键词的联系较少，说明它们处于该图的边缘位置，在后期的研究中仍然存在进一步拓展的空间。

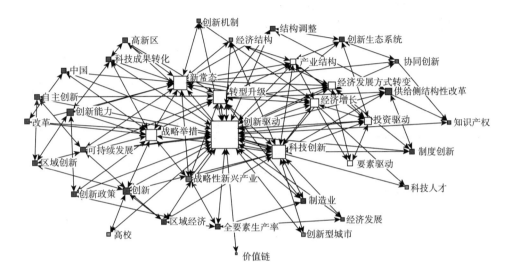

图 2-2　创新驱动关键词共词网络图

2. 小世界效应

通过 Ucinet 软件中的 Network > Cohesion > Distance，可知网络平均路径长度（Average distance）为 1.814，根据 Watss 提出的平均路径长度不超过 6 的网络存在小世界效应，说明目前的共词网络存在小世界效应现象，[①] 当前创新驱动是一个相对活跃的研究领域。由软件运算可知，网络聚集度（Distance-based cohesion）为 0.593，其值越靠近 1，说明整个网络越紧密，[②] 说明共词网络集聚度处于中等偏上水平，未来可进一步探讨创新驱动研究的主题划分。

---

① 罗云、武建鑫：《我国高等教育研究学术群体可视化知识图谱构建与分析》，《高教探索》2015 年第 3 期。

② 袁润、王慧：《基于社会网络分析的图书馆学论文合著现象研究》，《图书情报研究》2010 年第 3 期。

3. 网络中心性分析

结合点度中心度可知（见表2-5），经济新常态、经济结构、转型升级、科技创新、经济增长、路径选择、发展战略、经济发展方式转变、评价等是这一领域当前研究的热点问题。从表2-5中还可以看出科技创新、经济结构、经济新常态、经济增长、转型升级等的亲近中心性数值基本接近，在网络中到其他节点的距离总和最短，即这些关键词与其他关键词的关系更为紧密，这是当前研究的落脚点。通过计算可知中介中心性较高的关键词有科技创新、新常态、转型升级、经济增长等，它们充当了创新驱动研究中的中间媒介，在创新驱动研究中具有较大的影响力。

表2-5 关键词的点度中心度、亲近中心性和中介中心性分析

关键词	点度中心度 NrmDegree	亲近中心性 nCloseness	中介中心性 nBetweenness
创新驱动	100	100	58.595
新常态	47.222	65.455	6.320
科技创新	47.222	65.455	6.269
转型升级	44.444	64.286	4.787
战略举措	38.889	62.069	3.796
经济增长	25	57.143	1.085
经济发展方式转变	22.222	56.250	0.548
投资驱动	22.222	56.250	0.521
产业结构	19.444	55.385	0.185
供给侧结构性改革	16.667	54.545	0.489
创新能力	16.667	54.545	0.357
要素驱动	16.667	54.545	0.079
战略性新兴产业	16.667	54.545	0.245
创新	16.667	54.545	0.491
可持续发展	13.889	53.731	0.265
全要素生产率	13.889	53.731	0.357
结构调整	13.889	53.731	0.146
经济结构	13.889	53.731	0.046

续表

关键词	点度中心度 NrmDegree	亲近中心性 nCloseness	中介中心性 nBetweenness
创新生态系统	13.889	53.731	0.287
区域创新	13.889	53.731	0.265
协同创新	11.111	52.941	0.198
制度创新	11.111	52.941	0.04
制造业	11.111	52.941	0.093
改革	11.111	52.941	0
高新区	11.111	52.941	0.04
科技成果转化	11.111	52.941	0
自主创新	11.111	52.941	0.132
区域经济	11.111	52.941	0.132
中国	11.111	52.941	0
创新政策	11.111	52.941	0.132
知识产权	8.333	52.174	0.079
经济发展	8.333	52.174	0.04
创新机制	8.333	52.174	0
创新型城市	5.556	51.429	0
高校	5.556	51.429	0
科技人才	5.556	51.429	0
价值链	2.778	50.704	0

4. 核心-边缘结构分析

利用 Ucinet 中的连续性核心-边缘模型分析 Network>Core/Periphery>Continous，计算结果显示数据与理想模型之间的相关系数为 0.597，属于中等强度关系。

5. 凝聚子群分析

利用 Ucinet 中的凝聚子群分析 Network > Roles&Positions > Structural > Concor 对创新驱动研究的内部结构进行聚类分析，得到凝聚子群可视图，如图 2-3 所示。

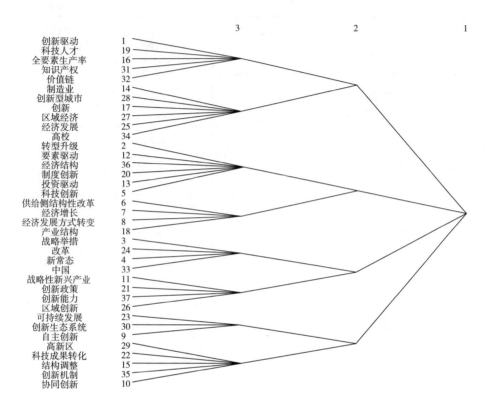

图 2-3　创新驱动高频关键词的凝聚子群图

四　我国创新驱动研究内容分析

结合社会网络分析图谱可知当前关于创新驱动研究的热点问题主要集中于如下几个方面。

1. 创新驱动的历史沿革及内涵

1776 年工业革命之初，亚当·斯密就指出，除了基本的资本、劳动力之外，技术发展也是促进经济增长的重要因素之一，而且是一个新的经济增长要素。19 世纪以亚历山大·汉密尔顿、马修·凯里、弗里德里希·李斯特、亨利·克莱、亨利·凯里、帕申、史密斯、约翰·雷等人为代表的美国学派也提出了有关创新驱动的先驱思想：一国经济发展的源泉是技术创新而非资本积累，是以技术创新为基础的资本理论以及有关国家创新体系的思想。① 尽管马克思和恩格斯没有对创新理论进行明确和系统的论述，但马克思在其著作中的很多概念表达都与现代意义上的"技术创新"密切相关，如《资本论》中对"自然科学在技术进步中的作用"的阐述，以及《剩余价值理论》和《1857－1858 年经济学手稿》中所提及的"发明""技术变革"等。② 国内很多学者（陈宇学③、张泽一④、张蕾⑤、杨朝辉⑥）持有类似的观点。1912 年熊彼特在其著作《经济发展理论》中深入探讨了创新的概念及其特征，将技术作为一种新的要素纳入生产体系中。⑦ 1970 年以后，门施、弗里曼、克拉克等利用现代统计方法对熊彼特的主要观点进行了验证，并将其深入发展为创新理念，也称"泛熊彼特主义"。美国经济学家曼斯菲尔德（E. Mansfield）认为创新是"一项发明的首次应用"，⑧ 厄特巴克（J. M. Utterback）指出"创新不同于技术样品或发明，它是技术的首次采用或应用"。⑨ 20 世纪 50 年代，美国著名管理学家彼得·德鲁克将创新概念引入管理领域，认为创新就是改变资源的产出，或者说改变资源给予消费者的价值或满足的行为。⑩ 弗里曼在《技术与经济绩效：来自日本的教训》中指出技术创新就是指新产品、新过程、新系统和新服务的首次商业性转化，⑪ 其把创新概念扩大到包括发明、创新和创新扩散三重概念，并于 1982 年首次提出"国家创新体系"的概念。⑫ 德国学者奥托·卡尔特霍夫等在《光与影：企

---

① 王晓蓉、孙歌珊：《创新驱动的经济：美国学派的先驱思想与借鉴》，《学习与探索》2011 年第 6 期。

② 张蕾：《创新驱动：马克思主义社会发展动力理论的新阶段》，《东北大学学报》2014 年第 4 期。

③ 陈宇学：《创新驱动发展战略》，新华出版社，2014。

④ 张泽一：《党的创新驱动战略的理论渊源及其现实意义》，《甘肃理论学刊》2013 年第 5 期。

⑤ 张蕾：《创新驱动：马克思主义社会发展动力理论的新阶段》，《东北大学学报》2014 年第 4 期。

⑥ 杨朝辉：《创新经济理论的马克思主义渊源分析》，《青海社会科学》2014 年第 4 期。

⑦ 〔美〕约瑟夫·熊彼特：《经济发展理论》（中译本），邹建平译，商务印书馆，1990。

⑧ 转引自李正风、曾国屏《中国创新系统研究——技术、制度与知识》，山东教育出版社，1999，第 7 页。

⑨ 转引自王殿举、齐二石：《技术创新导论》，天津大学出版社，2003，第 13 页。

⑩ 〔美〕彼得·德鲁克：《创新与企业家精神》，彭志华译，海南出版社，2000，第 3 页。

⑪ Freeman C. *Technology Policy and Economic Performance*：*Lessons from Japan*. London：Pinter Publishers Lts. 1987.

⑫ 〔英〕克利斯·弗里曼、〔英〕罗克·苏特：《工业创新经济学》，华宏勋、华宏慈等译，北京大学出版社，2004，第 5 页。

业创新》一书中讨论认为"创新的本质"并不明确，人们对于创新的确切含义都没有达成一个共识，只是常将其作为一种新技术或者新产品产生过程中所需的技术，认为这些并没有把创新最本质的内涵表现出来，已有的解释太过于狭隘。① Henderson 和 Clark 在《建筑创新》中以创新范围作为分类依据将创新划分为渐进性创新和根本性创新，并表明两者之间具有相互转化的关系。② 卡洛塔·佩蕾斯在《技术革命与金融资本》一书中首次对技术创新与金融资本二者之间的基本经济范式进行了阐明。③ 而美国经济学家索洛以美国 1909~1949 年的经济增长数据为样本对象采用柯布-道格拉斯生产函数对其进行分析之后发现，劳动或资本对美国经济增长做出的贡献量并不是第一位的，认为最大经济贡献量为知识和技术等多种要素共同做出的。④

创新指的是产品（包括商品和服务）、工艺、营销手段实现新的或重大改进，或在商业实践、工作场所、组织或外部关系中采取新的组织方法。⑤ "驱动"则是指推动经济增长，创新驱动就是依赖创新，使生产要素高度整合、集聚、可持续地创造财富，从而驱动经济社会健康、稳步地向前发展。⑥"创新驱动"这一概念最早是由哈佛大学教授迈克尔·波特提出的。⑦ 部分国际组织认为一个国家或地区的发展过程应该是先经历因子驱动阶段，然后进入效率驱动阶段，最后进入创新驱动阶段，社会经济发展在三个阶段中呈现出不同的路径依赖特征。⑧ J. S. Nye 提出，对于 21 世纪的发展，投资驱动型经济已经逐渐走向消亡，资本、原料以及土地不再是完全

① 《马克思恩格斯全集》（第 3 卷），人民出版社，1979。

② Henderson, M, Clark, K. Architectural Innovation: the Reconfiguration of Exiting Product Technologies and the Failure of Established Firms [J]. *Administrative Science Quarterly*, 1990 (1): 9-30.

③ 卡箩塔·佩蕾丝：《技术革命与金融资本——泡沫与黄金时代的动力学》（中文版），中国人民大学出版社，2007。

④ 房汉廷：《STFE 模型：新资本体系驱动的创新经济增长》，《中国软科学》2015 年第 11 期。

⑤ OECD, *Statistical Office of the European Communities*, *Oslo Manual*: *Guidelines for Collecting and Interpreting Innovation Data*, 3rd edition [M]. 10 November, 2005.

⑥ 张珂鸣：《创新驱动发展战略背景下我国文化产业发展研究》，山东大学硕士学位论文，2014。

⑦ 〔美〕迈克尔·波特：《国家竞争优势》，李明轩、邱如美译，天下文化出版公司，1996。

⑧ 王志强、黄兆信、李菲：《"创新驱动"战略下大学变革的内涵、维度与路径》，《全球教育展望》2015 年第 11 期。

确定的财富，社会发展即将进入创新驱动型的新阶段，在此阶段中，需要以知识和科学技术来推动经济增长。刘刚将创新驱动的概念与创新型创业的活动相对应，认为创新驱动的实现主要依赖于知识创造、产品以及技术上的创新。① 洪银兴指出创新驱动是利用新的知识或发明对现有的人力资源、资本资源以及物质资源等有形要素进行介入并对其进行重新组合，在降低资源耗费的基础上促使经济形成内生性增长。② 创新驱动是一项系统工程，从20世纪90年代开始，创新的范畴就已经从产品和工艺创新扩展到商业模式创新和管理创新等。傅家骥认为技术创新是可以为企业家赢取市场潜在利润，涵盖科技、组织、金融和商业等活动的行为过程。为赢取商业利润，企业家通过主动对生产要素及生产条件进行重新组合的途径来建立起更高效的生产经营方式，进而得以获取原材料或半成品供给的新途径、创造出新的产品或工艺并开拓新市场或者建立企业新的组织。③ Grossman 和 Helpman 认为技术创新可以有效提高劳动生产率，产品创新则使企业在竞争日益激烈的环境下得以生存，同时为其带来一定的市场占有率。④ 刁玉柱和白景坤指出商业模式创新要求对组织创新等创新要素的合理利用。⑤ 刘志彪认为创新驱动是应对模仿驱动和学习驱动的发展方式，是实现创新型经济的核心利器，是实施"先发优势"的基本条件。⑥ 张来武认为创新驱动发展是在改革的推动下，最终实现以人为本的发展。⑦ 甘文华认为随着知识经济来临，创新驱动的方法和模式在逐渐转变，由原来具有封闭性、单一性、技术性、人为环境性等封闭式特征的模式向具有资源配置全方位性、扩散和资源共享性、人本化倾向性、自组织性等四重维度的模式过渡。⑧ 任保平基于经

① 刘刚：《经济增长的新来源与中国经济的第二次转型》，《南开学报》2011 年第 5 期。
② 洪银兴：《关于创新驱动和创新型经济的几个重要概念》，《群众》2011 年第 8 期。
③ 傅家骥、洪后其：《我国企业采用新技术的决策行为》，《数量经济技术经济研究》1991 年第 5 期。
④ Grossman, M. Helpman, E. Endogenous Innovation in the Theory of Growth [J]. *Journal of Economic Perspectives*, 1994 (1): 23-24.
⑤ 刁玉柱、白景坤：《商业模式创新的机理分析：一个系统思考框架》，《管理学报》2012 年第 6 期。
⑥ 刘志彪：《从后发到先发：关于实施创新驱动战略的理论思考》，《产业经济研究》2011 年第 4 期。
⑦ 张来武：《论创新驱动发展》，《中国软科学》2013 年第 1 期。
⑧ 甘文华：《创新驱动的四重维度——基于方法论视角的分析》，《党政干部学刊》2013 年第 1 期。

济发展方式转变的视角对创新驱动的内涵进行阐述并将其分类为产品创新、文化创新和产业创新等七大类型。① 施筱勇从全球价值链角度出发，总结出持续型创新驱动经济体的三大特征，即高比例的知识资本投资、活跃的创业、高劳动生产率和全要素生产率。② 洪银兴指出现代化的创新驱动关键取决于两个方面，一是原始性创新成果及其转化，二是产业创新。③ 刘雪芹和张贵指出创新驱动的本质直接体现为创新生态系统的构建和优化，应从构建创新生态系统形成的基础体系、运行支撑体系、演化引导体系三个方面推进创新生态系统建设。④

2. 创新驱动论的战略意义

技术进步（创新）是经济增长的根本动力。⑤ 当前探讨创新驱动的战略意义主要是将其与经济新常态、互联网+、供给侧结构性改革、"十三五"时期等重大历史背景紧密结合起来。创新驱动是适应经济新常态的主要动力，是新常态的重要特征之一，⑥ 是新常态的核心要义之一，⑦ 是实现新常态的标志性特征之一。⑧ 创新驱动发展既是各国优化产业结构升级、保持经济持续增长、不断提升国家竞争力、适应经济社会需求深刻变化的宏观战略，也是各国把握新科技革命、应对全球性挑战和国际金融危机的核心对策。⑨ 创新驱动是进一步激发我国创新的动力，是加快产业转型升级的必由之路。⑩ 实施创新驱动发展战略对我国形成国际竞争新优势、增强发展的长期动力有战略意义，对我国提高经济增长的质量和效益，加快转变经济发展方式具有现实意义，对我国降低资源能源消耗、改善生态环境、建设美丽

---

① 任保平、郭晗：《经济发展方式转变的创新驱动机制》，《学术研究》2013 年第 2 期。

② 施筱勇：《创新驱动经济体的三大特征及其政策启示》，《中国软科学》2015 年第 2 期。

③ 洪银兴：《现代化的创新驱动：理论逻辑与实践路径》，《江海学刊》2013 年第 6 期。

④ 刘雪芹、张贵：《创新生态系统：创新驱动的本质探源与范式转换》，《科技进步与对策》2016 年第 20 期。

⑤ Solow Robert M. Technical Change and the Aggregate Production Function. *Review of Economics and Statistics*, 1957, (39): 312-320.

⑥ 吴春雷：《新常态下创新驱动发展战略中的政府职能定位》，《云南社会科学》2015 年第 6 期。

⑦ 李晓鹏：《新常态条件下中国国家经济战略分析》，《党政研究》2015 年第 3 期。

⑧ 金蓓：《中国经济发展新常态研究》，《中国工业经济》2015 年第 1 期。

⑨ 王志强、黄兆信、李菲：《"创新驱动"战略下大学变革的内涵、维度与路径》，《全球教育展望》2015 年第 11 期。

⑩ 顾飞、黄睿：《创新驱动战略价值解析》，《重庆电子工程职业学院学报》2011 年第 4 期。

中国具有长远意义。[1] 创新驱动是加快转变经济发展方式的最根本和最为关键的力量（卫兴华[2]、陈宇学[3]），是转变经济发展方式的新动力和新方向。[4] 创新驱动发展战略对于转变经济发展方式具有历史必然性和时代适然性（任保平[5]、马克[6]、钞小静[7]）。杨多贵和周志田指出，实施创新驱动战略，挖掘"技术创新红利"、"经济全球化红利"和"生态文明红利"等创新红利，已经成为提升发展质量及竞争能力的根本和关键。[8] 黄剑和黄卫平探讨了创新驱动对于转型调整及经济增长的意义，在此基础上分别从科技创新、外交创新、金融创新三维视角论述了其对转型调整的促进作用。[9] 创新驱动的实施可以助力中国跨越中等收入陷阱。[10] 胡鞍钢等从创新驱动发展等视角阐述了"十三五"时期的经济发展思路。[11] 实施创新驱动对供给侧改革有重要意义。在推进供给侧改革过程中，创新起着重要作用，有利于推进产业结构优化和促进供给与需求平衡，[12] 根据市场需求进行产品创新、技术创新、管理创新，可优化结构，提升效率，通过制度创新，可营造良好的市场环境。[13] 辜胜阻等通过对我国近 40 家央企和金融机构的调研，发现实现央企创新驱动发展是推进供给侧改革的重要引擎。[14]

---

[1] 钟荣丙、欧阳一漪：《创新驱动发展战略：研究综述与历史演进》，《科技和产业》2016年第 7 期。

[2] 卫兴华：《创新驱动与转变发展方式》，《经济纵横》2013 年第 7 期。

[3] 陈宇学：《创新驱动发展战略》，新华出版社，2014。

[4] 辜胜阻、王敏、李洪斌：《转变经济发展方式的新方向与新动力》，《经济纵横》2013 年第 2 期。

[5] 任保平、郭晗：《经济发展方式转变的创新驱动机制》，《学术研究》2013 年第 2 期。

[6] 马克：《创新驱动发展：加快形成新的经济发展方式的必然选择》，《社会科学战线》2013年第 3 期。

[7] 钞小静：《试析经济发展方式转变的创新驱动机制》，《黑龙江社会科学》2013 年第 4 期。

[8] 杨多贵、周志田：《创新驱动发展的战略选择、动力支撑与红利挖掘》，《经济研究参考》2014 年第 64 期。

[9] 黄剑、黄卫平：《中国经济"新常态"下的创新驱动与转型调整》，《江淮论坛》2015 年第 6 期。

[10] 彭刚、李逸浩：《利用创新驱动跨越中等收入陷阱》，《河北经贸大学学报》2015 年第6 期。

[11] 胡鞍钢、周绍杰、鲁钰峰等：《"十三五"：经济结构调整升级与远景目标》，《国家行政学院学报》2015 年第 2 期。

[12] 凌捷：《供给侧改革与中国创新驱动发展战略研究》，《改革与战略》2016 年第 7 期。

[13] 黄剑：《论创新驱动理念下的供给侧改革》，《中国流通经济》2016 年第 5 期。

[14] 辜胜阻、韩龙艳、何静：《供给侧改革需加快推进央企创新驱动战略——来自于央企的调查研究》，《湖北社会科学》2016 年第 7 期。

3. 创新驱动增长的机制

现有文献中对创新驱动增长机制的研究主要集中于如下几个方面。

第一，在创新推力方面，一些研究认为创新推力首先表现在利润动机方面。熊彼特认为创新驱动增长的目的是谋取利润。而谋取利润的具体方式不同，增加产品的多样性、创造出新的产业部门等都是谋取利润的方式。Romer P 和 Grossman G. M 指出，创新驱动经济增长的机制是增加产品的多样性，创造出更多消费体验和市场，提高生产的专业化程度。Saviotti P P 和 Pyka A. [1][2] 也得出了类似的结论，指出创新驱动经济增长的机制是创造出新的产业部门，以创新的产品或服务替代原有的产品或服务，推进生产和消费水平的跃升，带动中间产品部门的发展，以互补性产品或服务延伸和扩大市场空间，强化创新价值的获取能力。王高升和王欣指出，发展中国家在推动经济发展时，一方面应该保持要素驱动型产业的持续发展，而另一方面也要采用自下而上的方法，对驱动型产业中劳动力安排较密集的下游环节进行投资和创新，完善产业基础，逐步发展中上游环节。[3] 部分文献认为创新推力其次表现在创新的投入上，早期的研究主要是用 R&D 支出或者 R&D 人员衡量创新投入，Aghion 和 Howitt 认为 R&D 是驱动经济增长的引擎；[4] Zachariadis 研究发现研发投入强度越高，专利数量越多，经济增长率越高；Laincz 等对美国 R&D 机构的人员就业水平和经济增长率之间的关系进行研究和分析之后，发现两者呈正相关关系。马歇尔在《经济学原理》中指出知识是"经济进步的发动机"。[5] Lucas R E、Zeng J.、Hulten C R. 和 Greenwood J, Hercowitz Z, Krusell P. 指出创新驱动经济增长的模式是提升投入要素的质量和促进要素积累，提高生产率，包括人力资本积累、知识积累、资本积累和技术资

① Saviotti P P, Pyka A. Economic Development, Variety and Employment. *Revue Économique*, 2004, 55（6）：1023–1049.

② Saviotti P P, Pyka A. Product Variety, Competition and Economic Growth. *Journal of Evolutionary Economics*, 2008, 18（3）：323.

③ 王高升、王欣：《从投资、创新产业过度竞争角度看发展中国家竞争力》，《西北理工大学学报》2008 年第 4 期。

④ Aghion P, Howitt P. A Model of Growth through Creative Destruction. National Bureau of Economic Research, 1990

⑤ 〔英〕阿尔弗雷德·马歇尔：《经济学原理》，贾开吉译，万卷出版公司，2012。

本积累。① 王崇峰认为区域创新要素投入、知识溢出会显著影响区域创新能力。② 还有一些研究认为创新推力最后表现在科技金融方面。王来军从创新驱动机制的形成方式出发，认为科技金融是创新驱动升级的核心机制。③ 粟进认为"一带一路"背景下创新驱动的原动力是科技金融。④ 张岭和张胜分析了金融体系对创新驱动发展战略的影响。⑤

第二，在创新拉力方面，一些文献认为创新推力首先表现在创新的市场需求方面，美国宾夕法尼亚大学教授施穆克勒提出技术创新动力主要由市场需求拉动。英国伯明翰大学的罗纳德·阿曼和朱利安·库珀通过对近年来西方工业国家的主要科技创新成果的考察得出结论：需求拉力对于创新来说具有比技术和发明推力更普遍的激励作用，创新的最根本动因来自市场需求。美国麻省理工学院教授马奎斯、迈尔斯抽查和分析了5类产业中的567个创新项目，结果显示34%的创新源于市场需求，15%的创新以技术本身为来源，因而在技术创新动力因素中，市场需求比技术的作用更为重要。⑥ 还有一些研究认为创新推力其次表现在市场结构方面，莫尔顿·卡曼和南赛·施瓦茨认为技术创新主要取决于市场的竞争程度以及企业自身的规模和垄断力量三个因素。⑦ 对于企业规模与技术创新之间的关系，不同的学者所持观点各异。Galbraith（1952，1956）、Kaplan（1954）、Soete⑧ 认为企业规模越大，创新性越好。Horowitz⑨、

① 转引自程郁、陈雪《创新驱动的经济增长——高新区全要素生产率增长的分解》，《中国软科学》2013 年第 11 期。

② 王崇峰：《知识溢出对区域创新效率的调节机制》，《中国人口·资源与环境》2015 年第 7 期。

③ 王来军：《基于创新驱动的产业集群升级研究》，中共中央党校博士学位论文，2011。

④ 粟进：《科技型中小企业技术创新驱动因素的探索性研究》，南开大学博士学位论文，2014。

⑤ 张岭、张胜：《创新驱动发展战略的金融支持体系》，《西安交通大学学报》2015 年第 6 期。

⑥ Mansfield E. Industrial innovation in Japan and the United States. *Science*, 1988, 241（4874）：1769.

⑦ Shinjo K. Morton I. Kamien & Nancy L. Schwartz：Market Structure and Innovation. *Journal of Economics & Business Administration*, 1983, 147：113-117.

⑧ Soete L. L. G. , Firm Size and Innovation Activity. *European Economic Review*, 1979,（12）：319-340.

⑨ Horowitz I. , Firm Size and Research Activity. *Southern Economic Journal*, 1962, 28（1）：298-301.

Hamberg[1] 认为企业规模与 R&D 之间并没有显著的相关关系，Jaffe（1988）证实了企业规模与 R&D 之间具有负相关关系。而 Scherer（1965）、Loeb 和 Lin 则得出了企业规模与创新存在倒 U 形关系。[2] 在市场竞争程度方面，Jefferson 和 Bai 等发现将产业效应作为控制变量之后，市场竞争程度与创新活动之间的关系并不显著。[3] 朱有为和徐康宁则发现市场竞争程度越大，创新效率越高，两者之间存在显著的正相关关系。[4]

第三，在创新条件方面，研究认为其主要体现在创新的政策和制度设计领域。C. Freeman 研究了日本技术政策与经济绩效的关系，认为日本的产业政策推动了相关的技术创新。[5] Romer 认为对技术创新进行直接补贴可以产生最有效的政策效果。[6] Clayton Christensen 认为只有政策环境符合一定条件时新技术才能得以产生和应用。[7] Porter 也认为只有当政策制定合理时，才能对企业的技术创新产生一定的刺激作用。[8] Rudretsch 和 Thurik 指出创新过程中还涉及政治、科技和社会行为，需要政府运用相关的政策工具进行统筹。[9] Lach 发现政府资助能促进小企业的研发投入。[10] Xulia Gonzalez and Consuelo Pazo（2008）指出政府的财政支持是企业进行技术创新活动的必

[1] Hamberg D., Size of Firm, Oligopoly, and Research: The Evidence. *Canadian Journal of Economics and Political Science*, 1964, 30（1）: 62-65. Hamberg D., *R&D*: *Essays on the Economics of Research and Development*. New York: Random House, 1966.

[2] Loeb P. D. and Lin V., Research and Development in the Pharmaceutical Industry - A Specification Error Approach. *Journal of Industrial Economics*, 1977, 26（1）: 45-51.

[3] Jefferson GH., Bai Huamao, Guan Xiaojing, and Yu Xiaoyun. R and D Performance in Chinese Industry. *Economics of Innovation and New Technology*, 2006,（15）: 345-366.

[4] 朱有为、徐康宁：《中国高技术产业研发效率的实证研究》，《中国工业经济》2006 年第 11 期。

[5] Freeman C. *Technology Policy and Economic Performance*: *Lessons from Japan*. London: Pinter Publishers Lts. 1987.

[6] Romer, P. M. Endogenous Technological Change. *Journal of Political Economy*, 1990,（5）: 71-102.

[7] Christensen C M, Rosenbloom R S. Explaining the Attacker's Advantage: Technological Paradigms, Organizational Dynamics, and the Value Networks. *Research Policy*, 1995, 24（2）: 233-257.

[8] Porter M E, Vander Linde C. Toward a New Conception of the Environment Competitiveness Relationship. *Journal of Economic Perspectives*, 1995, 994）: 97-118.

[9] Rudretsch D B, A R Thurik. Capitalism and Democracy in the 21st Century: from the Managed to the Entrepreneurial Economy. *Journal of Evolutionary Economics*, 2000（10）: 17-34.

[10] Lach S. Do R&D Subsidies Stimulate or Displace Private R&D: Evidence from Israel. *Journal of Industrial Economics*, 2002, 50（1）: 369-390.

要条件。Mathews 和 Dong Sung Cho（2009）研究东亚芯片产业的创生及升级之路后发现，国家政策和体制提供的"技术撬动"是其产业兴起的重要因素，且这种政策和体制还可以在其他知识密集型产业中发挥作用。[1]Mayer 研究了美国州政府所推出的科技政策对企业技术创新所带来的正面影响[2]。Boekholt 和 Thuriaux（2012）以制度经济学理论为基础对法国航空航天城的创新驱动发展进行分析之后得出结论，认为合理的科技和经济管理体制可以正向推动创新驱动发展。[3]而在国内研究中也有部分学者认为国有产权对创新活动会产生不利影响，[4]国有企业的创新效率相对于非国有企业来说较低（刘小玄[5]、谢千里和罗斯基等）。葛秋萍和李梅（2013）指出我国创新驱动型产业升级的突破点在于对各种政策工具的综合运用。[6]张志元和李兆友（2015）指出要积极创造有利于创新活动的制度环境，推进制造业价值链创新，构建完善的多维度及多层次的制造业协同创新体系。[7]孙志燕（2013）对以色列以研发支持政策和磁石计划及孵化器为重点的创新政策体系进行分析，并指出其对国家创新战略的实施具有重要的推动作用。[8]马一德（2014）指出创新驱动发展战略的实施必须依靠知识产权制度的不断革故鼎新，创新驱动发展一直引领着知识产权制度的变革。[9]刘群彦和刘艳茹（2015）则认为知识产权对经济发展具有正面和负面双重影响，因此我国应对国家经济和创

① John A Mathews，Don-Sung Cho：《技术撬动战略：21世纪产业升级之路》，刘立译，北京大学出版社，2009。

② Mayer H. Catching up：the Role of State Science and Technology Policy in Open Innovation. *Economic Development Quaterly*，2010，3（24）：195-209.

③ Boekholt，P，Thuriaux. *Public Policies to Facilitate Clusters：Background，Rationale and Policy Practices in International Perspective*. Paris：The Cluster Approach，2012：381-412.

④ 姚洋：《非国有经济成分对我国工业企业技术效率的影响》，《经济研究》1998年第12期。

⑤ 刘小玄：《中国工业企业的所有制结构对效率差异的影响——1995年全国工业企业普查数据的实证分析》，《经济研究》2000年第2期。

⑥ 葛秋萍、李梅：《我国创新驱动型产业升级政策研究》，《科技进步与对策》2013年第16期。

⑦ 张志元、李兆友：《创新驱动制造业转型升级对策研究》，《中国特色社会主义研究》2015年第4期。

⑧ 孙志燕：《以色列以创新驱动经济发展的政策措施及借鉴》，《中国经济时报》2013年3月1日。

⑨ 马一德：《创新驱动发展与知识产权制度变革》，《现代法学》2014年第31期。

新能力发展阶段的实际特征和知识产权保护条约进行综合考虑，以此为基础进一步健全和完善我国的知识产权保护制度。[①] 李丹（2014）指出从改善制度供给入手，完善科技资源配置制度、强化企业技术创新意识和动力、完善协同创新制度等可以为创新驱动发展战略的实施提供制度保障。[②] 徐峰（2014）系统分析了 20 世纪八九十年代美国政府的科技创新驱动战略，包括支持科技发展、制订面向创新的产业政策、推动产学研合作、加强高技术在传统产业中的应用以及人才的培养和培训等方面。[③] 邵传林和徐立新（2015）系统地分析了制度性因素对地区经济创新驱动发展的影响效应。[④] 吴建南和张攀（2015）指出从价值重塑、权力下放、权力制约、能力建设、考核监督五个方面重塑政府是实现创新驱动发展战略的可行路径。[⑤] 王宏伟和李平（2015）分析了深化科技体制改革对创新驱动发展的影响。[⑥]

上述观点还可总结如表 2-6 所示。

表 2-6　创新驱动经济增长机制一览表

创新驱动增长 的机制	代表性作者	主要观点
科技创新驱动	Aghion and Howitt（1990），Zachariadis（2003），Laincz et al（2006），Lucas R E（1988）、Zeng J.（1997）、Hulten C R.（1992）和 Greenwood J, Hercowitz Z, Krusell P.（1997），张秀武和胡日东（2008），王崇峰（2015），毕新华和李建军（2015），洪银兴（2016）	创新投入（R&D 投入、专利数量、知识投入、提升投入要素的质量）、知识扩散、知识溢出

---

① 刘群彦、刘艳茹：《创新驱动视角下我国知识产权保护制度研究》，《中州学刊》2015 年第 12 期。
② 李丹：《辽宁创新驱动发展的制度保障研究》，《东北大学学报》2014 年第 1 期。
③ 徐峰：《创新驱动产业转型：美国政府 20 世纪 80-90 年代的经验与启示》，《世界科技研究与发展》2014 年第 2 期。
④ 邵传林、徐立新：《创新驱动发展的制度性影响因素研究——基于中国省际层面的实证检验》，《北京邮电大学学报》2015 年第 4 期。
⑤ 吴建南、张攀：《发展完善效能建设推进创新驱动发展》，《科技管理研究》2015 年第 18 期。
⑥ 王宏伟、李平：《深化科技体制改革与创新驱动发展》，《求是学刊》2015 年第 5 期。

续表

创新驱动增长的机制	代表性作者	主要观点
制度创新驱动	C. Freeman（1987）、Romer（1990）、Clayton Christensen（1995）、Clayton Christensen（1995）、Porter（1995）、姚洋（1998）、Rudretsch 和 Thurik（2000）、刘小玄（2000）、谢千里和罗斯基等（2001）、Lach（2002）、Xulia Gonzalez and Consuelo Pazo（2008）、Mathews 和 Dong Sung Cho（2009）、Mayer（2010）、Boekholt 和 Thuriaux（2012）、孙志燕（2013）、马一德（2014）、李丹（2014）、陈曦（2013）、徐峰（2014）、张志元和李兆友（2015）、刘群彦和刘艳茹（2015）、邵传林和徐立新（2015）、吴建南和张攀（2015）、王宏伟和李平（2015）	政策体系、国有产权制度、知识产权制度、协同创新制度、科技体制改革
需求创新驱动	施穆克勒（1966）、罗纳德·阿曼和朱利安·库珀、马奎斯、迈尔斯、Galbraith（1952，1956）、Kaplan（1954）、Soete（1979）、Horowitz（1962）、Hamberg（1964，1966）、Jaffe（1988）、Scherer（1965）、Loeb and Lin（1977）、Jefferson and Bai 等（2006）、朱有为和徐康宁（2006）	市场需求、企业规模、竞争程度、垄断力量
其他	王来军（2011）、粟进（2014）、张岭和张胜（2015）、辜胜阻（2015）、胡达沙（2014）、陈建武和张向前（2015）、Hood C（2012）	从金融、文化和人才创新驱动的角度分析其对经济增长的影响
综合	傅家骥（1998）、Furman 和 Hayes（2004）、方健雯（2008）、谢科范等（2009）、Bergsman J，Greenston P 和 Healy R（2011）、李婉红等（2011）、马克（2013）、惠宁（2014）、蒋绚（2015）、潘宏亮（2015）、房汉廷（2015）、张银银和黄彬（2015）、王志标和杨盼盼（2015）、付一凡（2015）、周柯和唐娟莉（2016）、李楠等（2016）	创新经费投入、人力资本投入，创新促进政策、创新基础设施、文化、FDI、新市场拓展、新利润中心发现、行业创新、新行业产生、制度保障、市场培育、自主创新、基础研究、社会资本、技术资本、创新资本和企业家资本、全产业链、贸易水平、对外开放水平、非市场化程度、基础设施、地理区位

但事实上，创新是一个十分复杂的过程，很难将某一因素确定为创新的唯一动力因素（美国斯坦福大学莫厄里和罗斯伯格），现有研究更多从综合的角度探讨了创新驱动发展的机制。傅家骥（1998）认为创新活动的激励有国家宏观层面的激励和企业内部激励两个层次，激励的具体方式包括产权激励、市场激励、政府激励和企业激励等。Furman 和 Hayes 指出创新能力的关键在于不断加大的研发经费和人力资本的投入力度，以及不断发展和完善的创新支持政策以及创新基础设施环境。[①]孙青春认为企业进行可持续创新活动主要是由于瓶颈、政策和文化三个驱动因素。[②] 张秀武和胡日东发现创新驱动的影响因素包括知识生产函数（考虑了 R&D 存量因素）、区域内的产业集群和区域间的知识扩散等。[③] 方健雯等认为政府科技经费支出、FDI、企业 R&D 经费支出等因素对创新驱动具有显著影响。[④] Bergsman J，Greenston P 和 Healy R 将创新驱动发展的影响因素分为新市场拓展、新利润中心发现、行业创新或新行业产生三个方面。[⑤] 李婉红等分析了 IT 进步、IT 设备供应商、政府 IT 政策、IT 范围经济、IT 能力对工艺创新的影响。[⑥] Hood C 发现新产品开发、高层次人才引进对印度班加罗尔信息技术与软件科技产业集聚区具有重要影响。[⑦] 陈曦从创新评价、创新人才、创新政策、创新文化等方面出发，分析了创新驱动的运行机制、动力机制、保障机制及提升机制。[⑧] 马克认为创新驱动发展的基本路径是以单一型创新转换为多类型创新为起点，对创新效应进行模拟，经过创新政策与创新方向调整，最终达到经济

① Furman J L, Hayes R. Catching up or Standing Still National Innovative Productivity among Follower Countries. *Research Policy*, 2004, 33 (9): 1329-1354.
② 孙青春、向刚、孙红兵：《中国企业可持续创新驱动模式探析》，《科技进步与对策》2008 年第 25 (4) 期。
③ 张秀武、胡日东：《区域高技术产业创新驱动力分析——基于产业集群的视角》，《财经研究》2008 年第 4 期。
④ 方健雯、朱学新、张斌：《长江三角洲技术创新驱动机制的比较分析》，《软科学》2008 年第 2 期。
⑤ Bergsman J, Greenston P, Healy R. A Classification of Economic Activities Based on Location Patterns. *Journal of Urban Economics*, 2011, 41 (2): 1-28.
⑥ 李婉红等：《基于 IT 驱动的制造企业工艺创新动力源研究》，《科研管理》2011 年第 12 期。
⑦ Hood C. Public Management for All Seasons. *Public Administration*, 2012, 69 (1): 3-19.
⑧ 陈曦：《创新驱动发展战略的路径选择》，《经济问题》2013 年第 3 期。

发展的目的。[①] 惠宁指出产业创新驱动的实现要从基础研究、自主创新、市场培育和制度保障四个层面出发。[②] 同时，部分学者也指出创新驱动带有明显的区位特征，不同国家、不同区域的创新驱动机制会不一样。栗献忠以中国、印度、巴西为例，探讨了新兴国家的创新驱动模式及其驱动因素，指出中国创新驱动发展的侧重点在于理论创新，巴西的侧重点在于创新氛围的营造，印度的侧重点在于技术的引进及改造。[③] 谢科范等对改革开放以来我国发达城市和地区创新活动的特征进行对比之后发现，各地区提高创新能力的途径各异，沿海发达地域主要通过原始性创新能力带动内生经济的增长，而中西部较发达城市和地区的创新驱动则主要依赖于政策的推动。[④] 蒋绚将国家创新体系分为技术、产业、市场与制度四个子系统，梳理了德国从 18 世纪至今的科技与产业创新政策，分析了政府与市场的作用及宏观制度的影响。[⑤] 潘宏亮从微笑曲线理论的视角出发，以向产业价值链高端攀升为着力点，结合区域发展特征的不同提出了以创新驱动解决我国产业转型升级的建议。[⑥] 房汉廷指出社会资本、技术资本、创新资本和企业家资本是创新经济增长的决定性要素，并以此构建了创新驱动经济增长的"新资本体系"以及新的创新驱动经济增长模型——STFE 模型。[⑦] 张银银和黄彬指出技术轨道、市场轨道、全产业链是创新驱动产业结构升级的三条路径。[⑧] 肖文圣[⑨]、王志标和杨盼盼[⑩]指出创新驱动对经济转型的影响包括硬驱动和软驱动，硬驱动

① 马克：《创新驱动发展：加快形成新的经济发展方式的必然选择》，《社会科学战线》2013 年第 3 期。
② 惠宁：《论产业创新驱动的关联体系、构建内容及实现路径》，《西北大学学报》2014 年第 5 期。
③ 栗献忠：《新兴国家创新驱动模式与比较研究》，《科学管理研究》2014 年第 5 期。
④ 谢科范等：《重点城市创新能力比较分析》，《管理世界》2009 年第 1 期。
⑤ 蒋绚：《政策、市场与制度：德国创新驱动发展研究与启示》，《中国行政管理》2015 年第 11 期。
⑥ 潘宏亮：《创新驱动引领产业转型升级的路径与对策》，《经济纵横》2015 年第 7 期。
⑦ 房汉廷：《STFE 模型：新资本体系驱动的创新经济增长》，《中国软科学》2015 年第 11 期。
⑧ 张银银、黄彬：《创新驱动产业结构升级的路径研究》，《经济问题探索》2015 年第 3 期。
⑨ 肖文圣：《我国创新驱动战略及驱动力研究》，《改革与战略》2014 年第 3 期。
⑩ 王志标、杨盼盼：《创新驱动价值链重构作用机理探究》，《科技进步与对策》2015 年第 11 期。

主要是指技术进步，软驱动则是指辅助技术进步的制度、政策等柔性要素。纪玉俊和李超在考虑地理距离以及信息化水平等影响因素后，采用空间误差模型对地区创新与产业升级关系进行实证分析，发现地区创新与空间溢出效应是产业升级过程中的重要影响因素。[①] 付一凡认为应从科技领域、人才领域以及驱动机制领域着手，刺激创新驱动和经济发展的活力。[②] 曹霞和张路蓬指出统一管理财政科技投入可以显著推动产学研合作。[③] 李丛文通过建立三部门的动态博弈模型结合微观视角和宏观机制分析了金融创新、技术创新以及经济增长的内在关联性。[④] 王海兵和杨蕙馨测算了不同地区创新驱动发展水平的差异性及其影响因素，指出在整体样本区间回归中，对外开放水平、非市场化程度、人力资本等与创新驱动都具有显著的正相关关系。[⑤] 王伟光等分析了高技术产业创新中中低技术产业增长的影响因素，认为我国经济现已进入嵌入驱动阶段，要实现创新驱动需要把握住知识溢出、研发、干中学和知识产权保护等关键性因素，此外，还要平衡 FDI 和企业规模之间的关系。[⑥] 刘骏发现产品组合线、产品价值链重构、新业务渗透、高层次人才引进、人力资本投入、新市场拓展和新利润中心发现对高新区创新驱动发展具有直接影响。[⑦] 唐建荣和石文发现企业管理费用、资本密集程度、企业规模、资本结构、高管年龄、董事会规模、税费返还、高管薪酬 8 项指标是影响企业技术创新的关键因素。[⑧] 新增长理论专家菲利普·阿奇翁

① 纪玉俊、李超：《创新驱动与产业升级——基于我国省际面板数据的空间计量检验》，《科学学研究》2015 年第 11 期。
② 付一凡：《河南创新驱动发展的现状及战略研究》，《改革与战略》2015 年第 9 期。
③ 曹霞、张路蓬：《基于 SD 仿真的政府行为与产学研合作创新的驱动关系研究》，《科技管理研究》2014 年第 24 期。
④ 李丛文：《金融创新、技术创新与经济增长——新常态分析视角》，《现代财经》（天津财经大学学报）2015 年第 2 期。
⑤ 王海兵、杨蕙馨：《创新驱动及其影响因素的实证分析：1979-2012》，《山东大学学报》2015 年第 1 期。
⑥ 王伟光等：《高技术产业创新驱动中低技术产业增长的影响因素研究》，《中国工业经济》2015 年第 3 期。
⑦ 刘骏：《高新区创新驱动发展影响因素及其关系结构研究》，《科技进步与对策》2015 年第 21 期。
⑧ 唐建荣、石文：《基于 BMA 的企业技术创新驱动因素分析》，《财经科学》2015 年第 11 期。

（Philippe Aghion）认为实施投资驱动向创新驱动转变需要六大支柱，包括竞争政策、好的教育和大学、灵活的劳动力市场、多层次的资本市场和金融体系、逆周期宏观经济政策和民主法治环境。[①]

4. 创新驱动的影响因素

在创新系统的影响因素研究上，王焕祥和孙斐提出区域创新系统的动力主要来自竞争合作机制、网络学习机制和知识的外溢机制，强调动态创新系统的开放性。[②] Furman 以内生增长理论、国家创新体系理论以及产业集群理论为基础对国家创新能力的影响因素进行归纳，提出了创新基础设施、科技与产业部门的联系以及产业集群的微观创新环境三个方面的因素。[③] 国内很多学者都采用 Furman 的国家创新能力的分析框架研究国家或区域创新系统问题。[④⑤⑥] 随着经济全球化和信息技术的发展，国家或区域创新能力受国家贸易、外商投资和技术引进的影响越来越大。魏守华等将国际技术溢出作为考虑因素之后对 Furman 的分析框架进行了改进，认为区域创新能力应从创新基础、产业集群环境、产学研联系治理和区域或国际技术溢出等四个维度进行分析。[⑦] 陈凯华等从系统的功能性来量化和分析创新系统，把创新系统分为创新产出、创新收益、外部知识获取、创新环境等 9 个功能块，并分析了每个功能块的运行绩效。[⑧] 刘晖等在对产业创新驱动的影响要素进行分析时，将市场需求、创新投入、发展效率、发展质量作为研究的关键要素，并提出了创新驱动四要素螺旋模型，利用格兰杰因果检验对四要素之间的逻辑关系进行

---

① 转引自吕薇《区域创新驱动发展战略制度与政策》，中国发展出版社，2014。
② 王焕祥、孙斐：《区域创新系统的动力机制分析》，《中国科技论坛》2009 年第 1 期。
③ Furman, J L, Porter, M E, Stern S. The Determinants of National Innovative Capacity. *Research Policy*, 2002 (31)：899-933.
④ 李习保：《中国区域创新能力变迁的实证分析：基于创新系统的观点》，《管理世界》2007 年第 12 期。
⑤ 岳鹄、康继军：《区域创新能力及其制约因素解析——基于 1997~2007 省际面板数据检验》，《管理学报》2009 年第 9 期。
⑥ 郭淡泊：《国家创新体系效率及影响因素研究——基于 DEA-Tobit 两步法的分析》，《清华大学学报》（哲学社会科学版）2012 年第 2 期。
⑦ 魏守华、吴贵生、吕新雷：《区域创新能力的影响因素——兼评我国创新能力的地区差距》，《中国软科学》2010 年第 9 期。
⑧ 陈凯华、寇明婷、官建成：《中国区域创新系统的功能状态检验——基于省域 2007-2011 年的面板数据》，《中国软科学》2013 年第 4 期。

了验证。① 孙东同样以 Furman 的国家创新能力理论为分析框架，对国际技术溢出方面的影响因素进行了拓展，并运用 DEA-Tobit 模型考察了创新基础、微观创新环境、产学研联系和国际技术溢出等四个方面的因素对科技创新整体和分阶段效率的影响。② 周柯和唐娟莉指出贸易水平、对外开放水平、非市场化程度、基础设施、地理区位等因素对区域创新驱动发展能力的差异产生了重要影响。③ 李楠等指出，创新投入、创新环境、创新人才、创新政策和创新载体是区域创新驱动发展的关键影响因素。④

5. 创新驱动的路径与战略选择

关于创新驱动的路径与战略选择的探讨，戴星翼（2012）指出在实现创新驱动的过程中，最大的阻碍就是对于科学怀疑文化没有足够的包容性，因此首先要对思想和政策进行创新，为企业进行研发活动营造平等适宜的制度环境和文化氛围。陈曦（2013）认为在创新驱动基本格局被建立的情况下，搭建平台、完善制度是创新驱动发展的必由之路。惠宁（2014）通过构建产业创新驱动的内容并结合其滞后因素加以分析，指出产业创新驱动的实现路径可以从加强基础研究、坚持自主创新、培育创新市场、创新制度环境等方面出发。辜胜阻（2015）指出通过金融创新可以弥补现有金融体系的缺陷，推进资本市场体系多层次化，构建支持创业创新的市场环境，将金融创新和技术创新有效结合才能推动创新驱动战略顺利实施。毕新华和李建军（2015）指出可以通过协同创新，实现知识创新和技术创新的高度融合，完善产学研一体化的模式，实现微观层面的融合，可以从健全和完善开放的创新体系等层面对创新路径进行制度设计。魏江等（2015）指出可通过优化国家和地方创新驱动政策、推进区域协同创新、内在激发创新主体的动力和活力等来提升创新驱

---

① 刘晖、刘轶芳、乔晗等：《我国战略性新兴产业创新驱动发展路径研究——基于北京市生物医药行业的经验总结》，《管理评论》2014 年第 12 期。

② 孙东：《我国区域创新的效率及影响因素研究》，南京大学博士学位论文，2015。

③ 周柯、唐娟莉：《我国省际创新驱动发展能力测度及影响因素分析》，《经济管理》2016 年第 7 期。

④ 李楠、龚惠玲、张超：《区域创新驱动发展关键影响因素研究》，《科技进步与对策》2016 年第 12 期。

动力。胡长生（2015）指出要为创新驱动发展战略的实施提供体制机制支撑、人才支撑、研发资金支撑、创新合力支撑、法律支撑和创新源头支撑等。付一凡（2015）认为要以科技、人才以及驱动机制为着手点，激发经济活力，促进创新性发展，才能真正发挥创新驱动的效应。高冉晖指出自主创新示范区建设是"新常态"下增强自主创新能力、实施创新驱动发展的重大战略选择。[1] 樊继达指出要加快战略模式由比较优势型向竞争力升级型转变，打破创新驱动的根本性障碍，利用"央+企+地"的协同创新效应，为经济增长发掘新动力。[2] 李良成构建了创新驱动发展战略的政策三维分析框架，即政策工具维度、创新驱动主体维度、创新驱动发展阶段维度。[3] 王俊指出实施创新驱动和绿色发展的关键是体制机制改革。[4] 刘燕华和王文涛指出我国在加快科技与经济融合的进程中，需要重视创新服务体系建设，把发展基点放在创新上，形成促进创新的体制架构。[5] 林平凡指出区域创新驱动发展的关键在于重构区域竞争优势，将创新能力和潜力转化为现实生产力，增强区域创新发展的内在动力和活力。[6] 李俊江和孟勐指出应在强化自主创新的同时，以制度创新保障技术创新，建立二者之间互动互促的关系来掌握未来创新驱动的发展着力点。[7] 洪银兴指出科技创新驱动落脚在产业创新层面上，要提高科技对接经济的程度、创新成果对接产业的程度、创新项目对接现实生产力的程度。新技术实现产业化的过程既与科技创新相关，又与科技创业相关联。对接创新创业不仅需要创新创业集聚的科技园区，还需要建立有效的参与者风险共担机制和创业团队收益共享机制，而"互联网+"为创新创业提供了新的平台。[8]

---

[1] 高冉晖：《"新常态"下苏南国家自主创新示范区建设研究》，《科技进步与对策》2015年第16期。

[2] 樊继达：《"央+企+地"创新驱动模式能否持续?》，《国家行政学院学报》2016年第5期。

[3] 李良成：《政策工具维度的创新驱动发展战略政策分析框架研究》，《科技进步与对策》2016年第2期。

[4] 王俊：《创新驱动和绿色发展的体制机制改革研究》，《经济体制改革》2016年第6期。

[5] 刘燕华、王文涛：《新常态下的创新驱动——对创新服务体系的认识》，《工业技术经济》2016年第1期。

[6] 林平凡：《创新驱动实现区域竞争优势重构的路径选择》，《广东社会科学》2016年第2期。

[7] 李俊江、孟勐：《基于创新驱动的美国"再工业化"与中国制造业转型》，《科技进步与对策》2016年第5期。

[8] 洪银兴：《科技创新体系的完善与协同发展探讨》，《经济学动态》2016年第2期。

五　我国创新驱动论研究方法分析

现有文献在论证创新驱动经济发展过程中常用到的研究方法包括计量经济学、指标体系构建法、效率测算法、案例研究法、系统动力学方法以及比较研究法等。

1. 计量经济学模型

常见的用于分析创新驱动经济发展的计量经济学模型包括回归、协整检验、空间计量模型等。印长副和邝国良使用协整检验分析认为，科技创新与经济结构转型有单向因果关系和长期协整关系。[1] 黄锐等利用回归分析对科技创新、创新绩效和创新环境之间的驱动关系假设进行了定量分析和验证，指出科技创新、创新绩效、创新环境两两之间具有正向的驱动作用。[2] 高建平等将区域创新能力构成要素分为知识创造、知识获取、企业创新、创新环境和创新绩效，运用多元线性回归分析对湖北省区域创新能力影响因素进行了分析。[3] 纪玉俊和李超在考虑了地理距离因素和信息化水平的基础上利用空间误差模型分析了地区创新与我国产业升级的关系。[4] 祝佳以 2003~2012 年中国 31 个省区市的面板数据为样本，采用四阶三角剖分权重矩阵的空间计量模型，实证分析了创新驱动与金融支持的区域协同发展情况。[5] 白俊红和王林东运用空间计量分析方法实证考察了创新驱动对中国地区经济差距的影响。[6] 刘春晖和赵玉林运用演化计量经济学方法分析了创新过程与航空航天装备制造业成长

① 印长副、邝国良：《珠三角自主创新与产业结构优化升级的关系研究》，《科技管理研究》2012 年第 23 期。

② 黄锐、任锦鸾、张殊等：《创新驱动发展机理分析与实证研究》，《中国科技论坛》2016 年第 8 期。

③ 高建平、赵可、查晶晶等：《湖北省创新驱动发展路径研究》，《科技管理研究》2016 年第 7 期。

④ 纪玉俊、李超：《创新驱动与产业升级——基于我国省际面板数据的空间计量检验》，《科学学研究》2015 年第 11 期。

⑤ 祝佳：《创新驱动与金融支持的区域协同发展研究——基于产业结构差异视角》，《中国软科学》2015 年第 9 期。

⑥ 白俊红、王林东：《创新驱动对中国地区经济差距的影响：收敛还是发散?》，《经济科学》2016 年第 2 期。

间的互动共生关系。[①] 周柯和唐娟莉指出贸易水平、对外开放水平、非市场化程度、基础设施、地理区位等可对区域创新能力的差异产生重要影响。[②]

2. 指标体系构建法

不同学者根据创新驱动系统的不同内涵构建了评价指标体系，但总的来说均包括创新投入、创新产出、创新环境。查奇芬和赵丹丹从创新投入、知识创造、成果应用、创新产出以及创新环境五个维度构建了创新驱动能力指标评价体系。[③] 齐秀辉和武志勇分别从投入能力、发明专利数、新产品产值、市场开拓能力、创新环境水平等方面构建了大中型工业企业创新能力的评价指标体系。[④] 吴宇军等构建了包括创新能力、创新支撑、创新贡献和开放水平的四维度评价模型并对全国 4 个直辖市和 15 个副省级城市进行了比较分析。[⑤] 魏亚平和贾志慧分别从创新驱动主体要素、资源要素、效应要素和环境要素四维度对北京、深圳、上海等 20 个城市的创新要素质量水平进行了综合评价。[⑥] 胥小彤从创新投入和创新产出两个方面建立了大中型工业企业技术创新能力动态评价指标体系。[⑦] 张宏丽和袁永从创新链视角出发，构建了包括创新投入、创新主体、创新产出和创新绩效的创新驱动发展战略量化指标体系。[⑧]

[①]　刘春晖、赵玉林：《创新驱动的航空航天装备制造业空间演化——基于演化计量经济学的实证分析》，《宏观经济研究》2016 年第 5 期。

[②]　周柯、唐娟莉：《我国省际创新驱动发展能力测度及影响因素分析》，《经济管理》2016 年第 7 期。

[③]　查奇芬、赵丹丹：《创新驱动对优化上海市经济结构的影响研究》，《中国集体经济》2015 年第 1 期。

[④]　齐秀辉、武志勇：《创新驱动视角下大中型工业企业创新能力动态综合评价》，《科技进步与对策》2015 年第 21 期。

[⑤]　吴宇军、胡树华、代晓晶：《创新型城市创新驱动要素的差异化比较研究》，《中国科技论坛》2011 年第 10 期。

[⑥]　魏亚平、贾志慧：《创新型城市创新驱动要素评价研究》，《科技管理研究》2014 年第 19 期。

[⑦]　胥小彤：《基于差异驱动模型的我国大中型工业企业技术创新能力动态评价》，《西南师范大学学报》2015 年第 11 期。

[⑧]　张宏丽、袁永：《基于 GIS 的创新驱动发展战略量化指标构建及广东实证研究》，《科技管理研究》2016 年第 14 期。

3. 效率测算模型

在创新驱动效率评价方面运用得最多的方法是与 DEA 相关的一系列模型。Chun 等研究发现反映创新信息越多的公司使用的 IT 技术越密集，其TFP 增长率就越高。[1] 陶长琪等基于 Malmquist 指数对中国 28 省区市创新全要素生产率进行测算，并从技术引进、自主研发的角度分析了其影响因素。石冠飞基于随机边界分析和上市公司面板数据探讨了中国制造业创新效率的差异以及驱动因素。[2] 曹霞和于娟基于投影寻踪和随机前沿探讨了创新驱动视角下我国省域研发创新效率的差异性。[3] 程郁和陈雪利用随机前沿生产函数测算和分解了全要素生产率的增长，以此检验创新驱动对经济增长的贡献率。董直庆等（2014）则采用 CES 生产函数分解出全要素生产率增长率，考察了技术进步偏向性对全要素生产率的作用效应。刘建华和姜照华利用 DEA 方法测算要素配置效率，推导出创新等要素在经济增长中贡献率的测算公式。[4] 姚西龙等利用 DEA-RAM 模型，构建了包含环境效率、经济效率以及创新效率的工业经济转型效率的测算模型。[5] 孙东运用 DEA-Tobit 模型考察了创新基础、微观创新环境、产学研联系和国际技术溢出等四个方面的因素对科技创新整体和分阶段效率的影响。[6]

4. 案例研究法

在案例研究方面主要包括产业、企业和区域的案例。John A Mathews 和Dong-Sung Cho 以半导体工业为例，指出亚洲科技进步主要得益于国家通过政策主导下的撬动战略加速了新技术的转移、扩散与快速吸收，促进了产业升级。[7]

① Chun H. , Jung-Wook Kim, Jason Lee and Randall Morck. Information Technology, Creative Destruction, and Firm-Specific Volatility. Working Paper, City University of New York, 2005. Chun H. , Kim J. W. , Morck R. and Yeung B. , Creative Destruction and Firm-Specific Performance Heterogeneity. *Journal of Financial Economics*, 2008, (89): 109-135.

② 石冠飞：《中国制造业创新效率——分解与驱动分析》，暨南大学硕士学位论文，2011。

③ 曹霞、于娟：《创新驱动视角下中国省域研发创新效率研究——机遇投影寻踪和随机前沿的实证分析》，《科学学与科学技术管理》2015 年第 4 期。

④ 刘建华、姜照华：《基于共协理论的创新驱动——投资互动的中国经济转型战略》，《科学学与科学技术管理》2015 年第 2 期。

⑤ 姚西龙、牛冲槐、刘佳：《创新驱动、绿色发展与我国工业经济的转型效率研究》2015 年第 1 期。

⑥ 孙东：《我国区域创新的效率及影响因素研究》，南京大学博士学位论文，2015。

⑦ John A. Matherw, Dong-Sung Cho：《技术撬动战略：21 世纪产业升级之路》，刘立译，中国计划出版社，2009。

Bergsman J，Greenston P 和 Healy R 利用区域发展 S 形曲线理论对美国硅谷近十年的创新驱动历程进行案例分析，认为目前硅谷属于三次创业发展时期，影响创新驱动发展的因素包括新市场拓展、新利润中心发现、行业创新或新行业产生三个方面。[①] 朱华晟等以上海创意设计业为例，探讨了发达地区创新驱动创意产业网络的驱动机理与网络影响。[②] 韩小芳等以企业家驱动型管理创新实施阶段的企业家行为、关键影响因素和遇到的问题为切入点进行探索性分析，构建了企业家驱动型管理创新实施阶段二维度模型。[③] 李宇和张雁鸣以苹果公司为例，探讨了大企业情境下企业家精神驱动的创新成长导向。[④] 李海波等通过对山东省 181 家创新型（试点）企业进行抽样数据调查研究，提出了促进山东省转方式和调结构的路径和对策。[⑤] 姜照华等以中兴通讯为例探讨了创新驱动增长模式的共协理论。[⑥] 朱桂龙和钟自然以广东专业镇为例，探讨了其从要素驱动向创新驱动转型的关键要素。[⑦] 蔡瑞林等通过个案访谈和案例研究的方式，诠释了低成本创新的概念，构建了创新驱动制造业高端化的路径模型。[⑧] 盛垒等以纽约全球科创中心的崛起为例，探讨了其从资本驱动向创新驱动演变的过程及其对上海发展的启示。[⑨] 张新香基于软件业的多案例扎根分析法探讨了商业模式创新驱动技术创新的实现机理。[⑩] 白少君等甄选一些依靠创新推动企业持续稳定发展的案例进行全面分析，总结出了可复制可推广的经验

① BergsmAN J，Greenston P，Healy R. A Classification of Economic Activities Based on Location Patterns. *Journal of Urban Economics*，2011，41（2）：1-28.

② 朱华晟等：《发达地区创意产业网络的驱动机理与创新影响》，《地理学报》2010 年第 10 期。

③ 韩小芳等：《企业家创新型管理创新实施阶段模型的构建与分析》，《科学学与科学技术管理》2011 年第 7 期。

④ 李宇、张雁鸣：《大企业情境下企业家精神驱动的创新成长导向研究——以苹果公司为例》，《科学学与科学技术管理》2013 年第 1 期。

⑤ 李海波等：《自主创新驱动区域发展的路径与对策研究》，《科技进步与对策》2013 年第 2 期。

⑥ 姜照华、刘建华、刘爽：《创新驱动增长模式的共协理论分析：以中兴通讯为例》，《科技管理研究》2014 年第 9 期。

⑦ 朱桂龙、钟自然：《从要素驱动到创新驱动》，《科学学研究》2014 年第 1 期。

⑧ 蔡瑞林、陈万明、陈圻：《低成本创新驱动制造额与高端化的路径研究》，《科学学研究》2014 年第 3 期。

⑨ 盛垒等：《从资本驱动到创新驱动》，《城市发展研究》2015 年第 10 期。

⑩ 张新香：《商业模式创新驱动技术创新的实现机理研究》，《科学学研究》2015 年第 4 期。

与做法。① 董恒敏和李柏洲以河南驼人集团为案例分析了产学研协同创新驱动模式。②

5. 其他

除此之外，在创新驱动经济发展的文献中常用到的方法还包括灰色关联法、内容分析法、结构方程模型、博弈论方法、系统动力学方法和比较研究法等。胡大立、彭永昌和王宏利用灰色关联法研究了区域创新能力和产业结构的内在关系等问题。③ 霍慧智基于内容分析法梳理了京鄂皖苏国内创新先进地区出台的旨在促进创新的各项政策文件，分析了各类基本政策工具的使用情况。④ 李婉红等运用结构方程模型分析了 IT 进步、IT 设备供应商、政府 IT 政策、IT 范围经济、IT 能力对工艺创新的影响等问题。⑤ 黄东兵和刘骏基于企业生态学的视角，分析了中小型高新技术企业创新驱动成长的创新需求机制、创新供给机制、创新竞合机制和创新催化机制，针对全国 197 家中小型高新技术企业数据，构建结构方程模型进行了实证检验。⑥ 刘贻新等基于演化博弈理论，建立了各创新主体资源共享的演化博弈模型和动态决策方程。⑦ 朱立龙、于涛和夏同水基于四阶段 Stackelberg 动态博弈，研究了创新驱动下在三级供应链中如何设计分销渠道策略和如何制定产品质量控制策略的问题。⑧ 朱晓霞运用系统动力学的方法研究了区域创新系统的创新驱动力，发现中小企业创新投入对区域创新系统产出增长的贡献最大。⑨ 曹霞和张路蓬运用系统动力学方法探索政府行为的驱动失灵问题，指出财政科技投入的统一管理、基础设施的进一步优化以及

---

① 白少君等：《中国企业创新驱动典型案例分析》，《科技进步与对策》2015 年第 22 期。

② 董恒敏、李柏洲：《产学研协同创新驱动模式》，《科技进步与对策》2015 年第 5 期。

③ 胡大立、彭永昌、王宏：《区域创新能力与产业结构升级的灰色关联分析》，《江西社会科学》2012 年第 11 期。

④ 霍慧智：《京鄂皖苏等地创新驱动政策分析》，《科技进步与对策》2015 年第 12 期。

⑤ 李婉红等：《基于 IT 驱动的制造企业工艺创新动力源研究》，《科研管理》2011 年第 12 期。

⑥ 黄东兵、刘骏：《中小型高新技术企业创新驱动成长机制研究》，《科技进步与对策》2015 年第 21 期。

⑦ 刘贻新等：《创新驱动战略下创新资源共享机制博弈仿真分析》，《科技管理研究》2014 年第 18 期。

⑧ 朱立龙、于涛、夏同水：《创新驱动下三级供应链分销渠道产品质量控制策略研究》，《系统工程理论与实践》2014 年第 8 期。

⑨ 朱晓霞：《基于 SD 模型的 RIS 创新驱动力研究》，《科学学研究》2008 年第 12 期。

科技金融的发展对产学研合作有显著的驱动作用。[1] 栗献忠以中国、印度、巴西为例，探讨了新兴国家的创新驱动模式及其驱动因素，指出中国更加侧重于理论创新，印度侧重于技术的引进与改造，巴西侧重于创新精神的推广。[2] 周明和喻景采用因子分析法对创新驱动中国五大中心城市产业结构转化的能力、速度和方向进行了对比。[3] 刘姿媚和谢科范建立武汉东湖示范区创新驱动的系统动力学模型，发现创新政策对创新驱动具有较强的推动作用。[4] 季良玉和李廉水分析中美德三国高新技术制造业成长性、结构性以及创新性的特征，比较了三国在创新实力以及转化效益等创新产出方面的差异。[5]

这些研究方法可总结如表 2-7 所示。

表 2-7　创新驱动经济发展研究方法一览表

主要研究方法	代表性作者	运用领域
计量经济学模型（回归、协整检验、空间计量模型）	印长副和邝国良（2012）、黄锐等（2016）、高建平等（2016）、纪玉俊和李超（2015）、祝佳（2015）、白俊红和王林东（2016）、刘春晖和赵玉林（2016）、周柯和唐娟莉（2016）	科技创新与经济结构转型、科技创新、创新绩效与创新环境、区域创新能力影响因素、创新驱动与金融支持的区域协同、创新驱动与区域经济差距
指标体系构建法	吴宇军等（2011）、刘薇（2013）、魏亚平和贾志慧（2014）、查奇芬和赵丹丹（2015）、齐秀辉和武志勇（2015）、胥小彤（2015）、张宏丽和袁永（2016）	创新型城市评价指标体系、绿色产业创新评估系统、创新驱动能力指标评价体系、企业创新能力评价指标体系、创新要素质量水平、大中型工业企业技术创新能力评价模型

① 曹霞、张路蓬：《基于 SD 仿真的政府行为与产学研合作创新的驱动关系研究》，《科技管理研究》2014 年第 24 期。
② 栗献忠：《新兴国家创新驱动模式与比较研究》，《科学管理研究》2014 年第 5 期。
③ 周明、喻景：《创新驱动五大中心城市产业结构转换能力研究》，《中国科技论坛》2015 年第 8 期。
④ 刘姿媚、谢科范：《创新驱动的系统动力学模拟——以武汉东湖国家自主创新示范区为例》，《科技进步与对策》2016 年第 14 期。
⑤ 季良玉、李廉水：《中美德高新技术制造业发展特征及创新产出比较》，《中国科技论坛》2016 年第 6 期。

续表

主要研究方法	代表性作者	运用领域
效率测算（TFP、Malmquist、随机前沿、DEA-RAM）	Chun 等（2005，2008），陶长琪等（2010），石冠飞（2011），程郁和陈雪（2013），董直庆等（2014），曹霞和于娟（2015），姚西龙、牛冲槐和刘佳（2015），孙东（2015）	公司创新能力、区域创新能力、制造业创新效率、省域研发创新效率、创新驱动经济增长、工业经济转型效率
案例研究法	John A Mathews 和 Dong - Sung Cho（2009）、朱华晟等（2010）、Bergsman J，Greenston P 和 Healy R（2011）、韩小芳等（2011）、李宇和张雁鸣（2013）、李海波等（2013）、姜照华等（2014）、朱桂龙和钟自然（2014）、蔡瑞林等（2014）、盛垒等（2015）、张新香（2015）、白少君等（2015）、董恒敏和李柏洲（2015）	亚洲科技进步的影响因素、创新驱动发展历程及影响因素、创意产业发展机理、企业家创新型管理创新实施阶段、企业家精神驱动的创新成长导向、创新驱动增长模式、创新驱动的关键要素、创新驱动制造业高端化、商业模式创新对技术创新的影响
其他（灰色关联法、内容分析法、结构方程模型、博弈论、系统动力学和比较研究法）	朱晓霞（2008），曹霞和张路蓬（2014），霍慧智（2015），刘贻新等（2014），朱立龙、于涛和夏同水（2014），周明和喻景（2015），胡大立、彭永昌和王宏（2012）	产学研合作、中小企业创新、创新政策分析、创新驱动供应链发展、创新主体资源共享、创新驱动产业结构转化能力、区域创新能力与产业结构的关系

六　现有研究存在的不足

这些研究成果为本课题的研究提供了有益的思想资源，但创新驱动发展战略具有明显的区域特色，现有研究中存在的问题主要表现在以下几个方面。

1. 缺乏对创新驱动发展战略理论演进脉络的系统梳理。目前相关的各类研究还处于一个比较分散和凌乱的状态，未能根据历史事件和研究对象的不同对创新驱动发展战略理论进行全面的阐释。

2. 缺乏系统的创新驱动发展战略系统的建构。目前相关的各类研究还基本处于定性研究阶段，尚未从系统论的角度构建创新驱动发展战略的网络系统。

3. 缺乏对创新驱动发展战略效率的评价及对其综合影响因素的分析。现有研究缺乏系统分析创新驱动发展战略的实施效率及其影响因素的内容。

4. 缺乏比较研究的视角。现有研究中缺乏从比较研究的视角对国内外、省内外、省内各个区域之间的创新驱动能力展开的深入分析。

第三章　创新驱动发展的内涵及要义

一　创新驱动发展战略的内涵及属性

创新一词早期在汉语言文字中与"革新"同义，是指对国家政治制度进行变革。经过经济社会的长期发展，创新的含义逐渐延伸到"发明和创造一种新的东西"。最早将创新与经济学相联系的是经济学家熊彼特，他在 1912 年发表的著作《经济发展理论》当中首次将创新定义为"建立一种新的生产函数，把生产要素与生产条件重新进行组合并引入原来的生产体系当中"。[①] 自此创新理论广为传播，并引起学术界的研究热潮，创新理论得到前所未有的拓展和丰富。尽管不同领域对创新的理解各有侧重，但是总的来说，创新包括以下三个层面的含义：一是要素和条件重新组合的过程，二是新事物的出现，三是对新事物进行应用。创新驱动由经济学家迈克尔·波特教授在利用钻石模型分析研究创新对于建立国家竞争力的动力作用时提出。波特将创新驱动一词界定为经济社会发展的阶段之一，其他三个阶段分别是要素驱动阶段、投资驱动阶段和财富驱动阶段。[②] 根据经济发展历程的一般规律，一国首先要经历要素驱动阶段，其次进入投资驱动阶段，然后转入创新驱动阶段，最后进入财富驱动阶段。在第一和第二阶段后期，单纯依赖生产要素和投资的投入建立的竞争优势逐渐消失，此时只能以创新作为经济社会发展的主要动力，以科技进步促进经济稳步与可持续增长和综合国力的提升，积极主动地推动经济发展进入创新驱动阶段。而创新驱动发展战略则是我国在由要素驱动和投资驱动向创新驱动过渡时为转变经济发展方式、促进经济结构转型升级所做出的战略决策。

---

① 约瑟夫·熊彼特：《经济发展理论》，何畏等译，商务印书馆，1990，第 94~98 页。
② 黄锐、任锦鸾、张殊等：《创新驱动发展机理分析与实证研究》，《中国科技论坛》2016年第 8 期。

党的十八大明确提出要实施创新驱动发展战略，并强调"科技创新是提高社会生产力和综合国力的战略支撑，必须摆在国家发展全局的核心位置。要坚持走中国特色自主创新道路，以全球视野谋划和推动创新，提高原始创新、集成创新和引进消化吸收再创新能力，更加注重协同创新"。① 总而言之，创新驱动发展战略是以自主创新能力为支撑、以科技创新为核心要素的全面创新和协同创新推动经济社会科学高效发展的战略，对于加快我国转变经济发展方式的进程、实现创新型国家建设目标和综合国力的提升具有重大战略意义。②

1. 动态性

创新驱动发展战略所具有的动态性不仅体现在其战略本身的形成上，也体现在创新驱动发展战略的实施过程上。首先，创新驱动发展战略的提出并不是对我国以往历史的经济发展战略的盲目模仿和简单照搬，它是在对以往发展战略进行经验总结和归纳的基础上进行辩证地继承和发展，取其精华去其糟粕而形成的；是为了与当前物质与精神需求产生重大变化的新环境相适应而形成的；是在历史的前进历程中，生产力和生产关系不断发展与变化的产物。其次，创新驱动发展是一个推陈出新、不断否定的过程。在战略实施过程中，必须不断否定与当前社会经济发展规律相违抗的事物，不断进行实践活动，在实践中检验创新驱动发展战略所包含具体内容的正确性和可行性，然后再以实践中所获得的深化的认识完善、扩充创新驱动发展战略并指导新的实践，实现认识和实践两者之间的不断循环与深化，从而提高创新驱动发展战略的竞争力与动态环境适应性，准确把握社会经济发展的客观规律，提升我国的经济水平。

2. 复杂性

创新驱动发展并不是一蹴而就的，而是以科学发现为起点，历经转化和应用的一个复杂的社会经济过程。一般而言，可以将其分为以下三个阶段：第一是发现阶段，此阶段初步具备一定的科学发现和知识创新，但仅

---

① 胡锦涛：《坚定不移沿着中国特色社会主义道路前进　为全面建成小康社会而奋斗》，《人民日报》2012 年 11 月 18 日第 001 版。

② 王珍珍：《"十二五"以来我国省域创新驱动发展战略实施成效分析》，《经济研究参考》2014 年第 58 期。

仅停留在新的概念或者新的设想层面上，或者至多表现为初级的实验品。第二是转化阶段，这个阶段开始将初步的科学发现和知识创新两者相结合，进行开发孵化，产生新技术，也就是利用发现阶段的新概念或者新设想，使其转变为实际可用的新技术，或是对初级的实验品着手进行全面改进和完善。第三是应用阶段，此时要将前一阶段所开发出的新技术或新产品投入实际的社会生产和运作当中，使其产业化和商业化，充分发挥其对社会生产系统的震荡作用。创新驱动发展的三个阶段联系密切，环环相扣，有效地将创新主体和市场需求、基础与应用研究、科技成果转化、科技成果商业化和产业化等创新环节联结成一条完整的创新链，从而使创新的各个阶段和环节以及主体相互协调，高效运转，发挥整体的创新功能。

3. 长远性

创新驱动发展是从长远出发、面向全局的核心指导思想。"竞争战略之父"迈克尔·波特将国家的经济发展划分为要素驱动、投资驱动、创新驱动和财富驱动四个阶段。[①] 诸多历史经验也证明，由要素和投资驱动向创新驱动转变是经济发展的必然趋势。德国、美国等西方发达国家在向创新驱动发展转变时都经历了漫长的市场经济自然演化和社会经济发展的过程，最终成为高收入国家。我国属于后发追赶型国家，中等收入陷阱以及发展动力缺乏等问题还严重制约着我国的经济发展，要消除这些障碍因素，转变经济发展方式，仍然需要很长时间。也正是在了解和掌握我国这种现实状况的基础上，我国领导人根据社会发展规律以及其他发达国家的发展经验，提出了创新驱动发展战略这一项具有长远性的发展战略。

4. 时代性

创新驱动发展战略是顺应当前时代潮流的发展战略，也是响应时代诉求的创新产物，其形成和实施具有时代必要性和时代紧迫性。在国际背景下，一方面，金融危机所带来的深层次影响仍然存在，新产业革命潮流正在兴起，以科技创新为利器提升国际竞争力已被各国认可与实施。另一方面，当前我国要素资源优势逐渐消失，传统经济增长方式和经济增长动力亟待转变。创新驱动发展战略是我国在全面考察国内外双重背景的基础

---

① 张述存：《论深入实施创新驱动发展战略的"三引擎"》，《经济体制改革》2016 年第 1 期。

上，对未来发展空间问题进行科学研判所提出的创新战略。知识经济时代的来临，迫使我国不断努力加入创新型国家建设队伍，而要在这个队伍中成为领先者，就需要以创新驱动发展战略作为核心指导战略。同时，创新驱动发展战略是推进中国特色社会主义现代化建设、实现中华民族伟大复兴宏伟蓝图下的重大部署。① 中华人民共和国成立以来，由"自力更生"到"解放思想"到科教兴国战略，再到中国特色自主创新道路，我国的创新思想不断得到发展。创新驱动发展战略正是对中国经济社会发展规律和创新思想的总结和顺承，是对具有中国特色的创新思想的最新发展，也是当今时代的精华和浓缩。

5. 实践性

创新驱动发展战略的落实具有实践性。从本质上看，创新驱动发展战略是对我国指导思想的革新，是一种事关未来发展根本的理论创新。马克思主义认识论认为，认识的唯一来源就是实践，实践是认识的基础。胡锦涛也曾说过实践的发展和理论的创新是永无止境的。② 因此创新驱动发展战略也来源于实践，是中国特色社会主义道路实践的经验总结和升华。另外，实践是检验客观思想的唯一标准。创新驱动战略的提出是出于转变我国经济发展方式、构建与国情相符合的创新体系与机制的目的，它为新的生产关系和经济形式的出现指明了新的发展方向，是今后一段时期里经济社会发展的客观实践的价值导向，对实践具有重要指导意义。因此创新驱动发展战略的实施最终要落实到实践当中：用中国特色社会主义具体实践来不断补充、完善创新驱动发展战略体系的思想，以创新驱动发展战略不断指导动态的经济社会发展，创新驱动战略与实践两者互拉互促，推动经济实现突破式发展。

二　创新驱动的内容维度

从内容维度而言，创新驱动就是将创新作为拉动社会经济发展的首要引擎。其中科技创新、管理创新和需求创新为驱动经济增长提供动力和方

---

① 张利珍：《十八大以来党的创新驱动发展战略研究》，山东大学硕士学位论文，2016。
② 成琪：《创新驱动发展战略的哲学思考》，华南理工大学硕士学位论文，2015。

向，制度创新、金融创新、文化创新以及人才创新等为驱动经济增长提供条件保障。具体如图 3-1 所示，动力层面和条件层面的内容维度相互结合，共同促进经济向形态更高级、分工更精细、结构更合理的阶段演进。

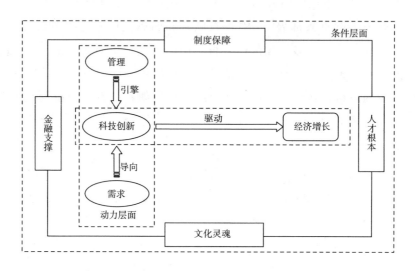

图 3-1　创新驱动的内容维度图

1. 科技是创新驱动经济增长的关键

科技创新即发明和创造新的科学与技术，并将其运用于社会生产，使其发挥市场价值或商业价值。科技创新是对技术创新概念的延伸和深化，包括科学创新和技术创新两个方面。科学创新是发现新知识的行为，其创新主体多以高校和科研院所为主，是指追求和获取基础科学和技术科学等知识领域的新发现或规律的过程，科学创新阶段的成果主要以新理论、新观点或者新思想等形式呈现。而技术创新则与生产实践联系紧密，是指将科学创新成果拓展应用到生产活动中以创造新技术并满足社会商品需求，其成果多以新工艺、新产品等形式呈现。科学创新和技术创新二者相互衔接与渗透，形成了一条涵盖市场需求创新环节、科学研究创新环节、技术创新环节以及市场应用的良性循环的科技创新链条，为社会和经济发展提供关键的生产力，从而实现创新驱动。

科技创新驱动经济增长已经成为一种社会共识，早期的研究主要用 R&D 支出或者 R&D 人员数量作为创新投入的衡量指标，Aghion 和 Howitt

认为 R&D 是驱动经济增长的引擎,[①] Zachariadis（2003）研究发现研发投入强度越高，专利数量越多，经济增长率越高；Laincz et al（2006）发现 R&D 部门就业水平越高，经济增长越快。Lucas R E.（1988）、Zeng J.（1997）、Hulten C R.（1992）和 Greenwood J, Hercowitz Z, Krusell P.（1997）指出创新驱动经济增长的模式是提升投入要素的质量和促进要素积累，提高生产率，包括人力资本积累模式、知识积累模式、资本积累模式和技术资本积累模式。[②] 国内学者中，张秀武和胡日东指出创新驱动经济增长的因素包括知识生产函数（考虑了 R&D 存量因素）、区域内的产业集群和区域间的知识扩散等。[③] 王崇峰认为区域创新的能力受其自身的要素投入和知识溢出的显著影响。[④] 毕新华和李建军指出通过实现知识创新和技术创新的高度融合，完善产学研一体化模式，可以健全和完善开放的创新体系。[⑤]

2. 管理是创新驱动经济增长的引擎

管理创新的概念主要源于管理的概念。国内最早对管理创新进行界定的是常修泽，他指出管理创新是为降低交易成本而引入一种新的管理方式或理念，其本质是组织创新辐射到经营层面上的一种表现。[⑥] 芮明杰对管理创新的定义较为全面，他认为管理创新是企业建立一种新的模式或提出新的思路来对资源进行重新组合以提高企业经营管理效率的全过程式管理，其内容包括以下五个方面：观念创新、组织结构创新、管理制度创新、管理模式创新和方式方法创新。[⑦] 通过管理创新，企业可以改善企业管理方式从而为企业带来更高的经济效益和更稳定更长久的发展，此外，

[①] Aghion P, Howitt P. A Model of Growth through Creative Destruction. National Bureau of Economic Research, 1990.

[②] 转引自程郁、陈雪《创新驱动的经济增长——高新区全要素生产率增长的分解》,《中国软科学》2013 年第 11 期。

[③] 张秀武、胡日东：《区域高技术产业创新驱动力分析——基于产业集群的视角》,《财经研究》2008 年第 4 期。

[④] 王崇峰：《知识溢出对区域创新效率的调节机制》,《中国人口·资源与环境》2015 年第 7 期。

[⑤] 毕新华、李建军：《创新驱动对经济发展的制度设计研究》,《学习与探索》2015 年第 11 期。

[⑥] 常修泽：《现代企业创新论：中国企业制度创新研究》，天津人民出版社，1994。

[⑦] 芮明杰：《现代企业管理创新》，山西经济出版社，1999。

管理创新可以加速企业所处的宏观经济社会环境当中的人力、财力、物力以及信息等科技资源要素的流动并对其进行优化配置，充分拉动科技创新链条运转。以管理创新促进科技资源集成和企业发展是新形势下的必然要求。

丁厚德认为科技管理创新通过科技计划优化社会科技资源配置，决定着科技生产力，是科技创新的有力保证。[①] 杨力指出科技创新与管理创新相互依存，相互推动，应通过不断加强科技研究与科技管理自身的创新，深化科技创新与科技管理创新的理论研究。[②] 杨波指出管理创新是推动科技型小微企业持续健康发展的关键要素，并基于理论分析构建了 TRIZ 对科技型小微企业管理创新影响的概念模型。[③] 张绍刚认为新常态下企业生存和发展的关键在于管理创新。[④] 宋霞认为在创新驱动的时代背景之下矿山企业应该从人力资源管理的视角来推动管理创新。[⑤] 宋保华、陈劲和于飞指出在创新驱动发展战略的实施道路上，企业活动的核心应由传统的投机式发展转变为创新发展，通过改革组织流程和跨职能协同，应对和管理创新风险，进一步提升创新质量与效率。[⑥]

3. 需求是创新驱动经济增长的导向

需求创新是指创新主体通过一定方法充分识别经济市场或社会中所出现的新的需求，进而将这种潜在需求激发和转化为显性需求，并开拓相关市场，拓宽市场边界以满足这种需求的行为活动。从本质上来说，需求创新并不是对市场现有价值的简单转移，而是通过技术创新成果来更新已有市场或创造新市场。需求创新与技术创新和产品创新联系密切，前者是后者的前提和导向，而后者则是前者得以实现的保障，二者相辅相成。当技术创新所产生的产品或工艺流程满足了现有的市场需求之后，新的市场需

① 丁厚德：《科技管理创新是科技创新的保证——试论科技资源宏观层次的配置管理》，《科学学与科学技术管理》2001 年第 5 期。
② 杨力：《科技创新与科技管理创新互动关系论》，《湘潭大学学报》2004 年第 9 期。
③ 杨波：《基于 TRIZ 的科技型小微企业管理创新研究》，《科研管理》2014 年第 8 期。
④ 张绍刚：《以管理创新培育企业发展新动能》，《中国有色金属》2016 年第 3 期。
⑤ 宋霞：《人力资源管理创新问题在新经济时代企业中的分析》，《经营管理者》2016 年第 3 期。
⑥ 宋保华、陈劲、于飞：《创新管理：让创新驱动发展战略落地》，《企业管理》2016 年第 11 期。

求又会产生，推动产品或工艺流程继续进行技术创新，从而推动生产不断发展。

需求创新驱动经济增长是近几年随着市场的逐步完善而被高度强调的，应该说技术创新动力主要是由市场需求拉动的。美国麻省理工学院教授马奎斯、迈尔斯抽查和分析了 5 类产业中的 567 个创新项目，结果显示 34% 的创新源于市场需求，15% 的创新以技术本身为出发点。[①] Jefferson and Bai 等发现在控制了产业效应后，市场竞争程度对创新活动没有显著的影响。[②] 国内学者中，黄恒学深入探讨了技术创新与需求创新之间的关系，认为如果缺乏需求创新，技术创新就毫无目标和方向可言。[③] 朱有为和徐康宁则发现市场竞争程度对创新效率具有显著的正向影响。[④] 王焕祥和孙斐提出竞争合作机制、网络学习机制和知识的外溢机制是区域创新系统的重要来源，强调动态创新系统的开放性。[⑤]

4. 制度是创新驱动经济增长的保障

制度是指涉及社会、政治、经济等活动的行为规则的总和。制度创新是指制度设计者以一种不同于以往的观念来重新安排行为准则，调整约束对象之间的关系，以实现更高的价值和效益。从制度创新理论学派的角度出发，制度创新的出现是由于现存制度的供求处于非均衡状态，新技术、规模经济效应、外部成本效益等外界条件变化所产生新的潜在利益难以顺利实现，从而使创新主体可以通过进行制度变革以实现和获取更大化的潜在利益。制度创新的本质其实就是使制度由均衡状态到非均衡状态再到均衡状态的过程。[⑥] 在这个过程中，经济活动中的交易成本不断降低，新技术得以充分应用，创新者获得潜在的经济收益。

一国政府所出台的相应的创新政策是驱动经济增长的不竭动力。

---

① Mansfield E. Industrial Innovation in Japan and the United States. *Science*, 1988, 241（4874）: 1769.
② Jefferson G H., Bai Huamao, Guan Xiaojing, and Yu Xiaoyun. R and D Performance in Chinese Industry. *Economics of Innovation and New Technology*, 2006,（15）: 345–366.
③ 黄恒学：《论技术创新与需求创新》，《科技进步与对策》1992 年第 5 期。
④ 朱有为、徐康宁：《中国高技术产业研发效率的实证研究》，《中国工业经济》2006 年第 11 期。
⑤ 王焕祥、孙斐：《区域创新系统的动力机制分析》，《中国科技论坛》2009 年第 1 期。
⑥ 李中：《我国经济发展方式转变中的制度创新》，中共中央党校博士学位论文，2012。

C. Freeman 指出日本的产业政策推动了相关技术创新。[①] Romer 认为对技术创新进行直接补贴可以产生最有效的政策效果。[②] Clayton Christensen 认为只有政策环境符合一定条件时新技术才能得以产生和应用。[③] Porter 也认为只有当政策制定合理时，才能对企业技术创新产生一定的刺激作用。[④] Rudretsch 和 Thurik 指出创新过程中还涉及政治、科技和社会行为，需要政府运用相关的政策工具进行统筹。[⑤] Lach 发现政府资助能促进小企业的研发投入。[⑥] Xulia Gonzalez 和 Consuelo Pazo 指出政府的财政支持是企业进行技术创新活动的必要条件。[⑦] Mathews 和 Dong-Sung Cho 研究东亚芯片产业的创生及升级之路后发现，国家政策和体制提供的"技术撬动"是其产业兴起的重要因素，且这种政策和体制还可以在其他知识密集型产业中发挥作用。[⑧] Mayer 研究了美国州政府所推出的科技政策对企业技术创新所带来的正面影响。[⑨] Boekholt，Patries 和 Thuriaux 以制度经济学理论为基础对法国航空航天城的创新驱动发展进行分析之后得出结论，认为合理的科技和经济管理体制可以正向推动创新驱动发展。[⑩] 国内学者中，葛秋萍和李梅指出我国创新驱动型产业升级的突破点在于对各种政策工具

① Freeman C. *Technology Policy and Economic Performance：Lessons from Japan*. London：Pinter Publishers Lts. 1987

② Romer, P. M. Endogenous Technological Change. *Journal of Political Economy*，1990，（5）：71-102.

③ Christensen C M，Rosenbloom R S. Ecplaining the Attacker'S Advantage：Technological Paradigms，Organizational Dynamics，and the Value Networks. *Research Policy*，1995，24 （2）：233-257.

④ Porter M E，Vander Linde C. Toward a New Conception of the Environment Competitiveness Relationship. *Journal of Economic Perspectives*，1995，994）：97-118.

⑤ Rudretsch D B，A R Thurik. Capitalism and Democracy in the 21st Century：from the Managed to the Entrepreneurial Economy. *Journal of Evolutionary Economics*，2000（10）：17-34.

⑥ Lach S. Do R&D Subsidies Stimulate or Displace Private R&D：Evidence from Israel. *Journal of Industrial Economics*，2002，50（1）：369-390.

⑦ Xulia González，Consuelo Pazó. Firms´ R&D Dilemma：to Undertake or not to Undertake R&D. *Applied Economics Letters*，2004，11（1）：55-59.

⑧ Mathews John A，Dong-Sung Cho. :《技术撬动战略：21 世纪产业升级之路》，刘立译，北京大学出版社，2009。

⑨ Mayer H. Catching up：the Role of State Science and Technology Policy in Open Innovation. *Economic Development Quaterly*，2010，3（24）：195-209.

⑩ Boek holt，Patries，Thuriaux. *Public Policies to Facilitate Clusters：Background，Rationale and Policy Practices in International Perspective*. Paris：the cluster approach，2012：381-412.

的综合运用。[①] 马一德指出创新驱动发展战略的实施必须依靠知识产权制度不断革故鼎新，创新驱动发展一直引领着知识产权制度的变革。[②] 张志元和李兆友指出要积极创造有利于创新活动的制度环境，推进制造业价值链创新，构建完善的多维度及多层次的制造业协同创新体系。[③] 李丹认为从改善制度供给入手强化企业的技术创新意识和动力，完善协同创新制度等可以为创新驱动发展战略的实施提供制度保障。[④] 吴建南和张攀指出从价值重塑、权力下放、权力制约、能力建设、考核监督五个方面重塑政府是实现创新驱动发展战略的可行路径。[⑤] 李良成构建了创新驱动发展战略的政策三维分析框架，三维即政策工具维度、创新驱动主体维度、创新驱动发展阶段维度。[⑥] 刘燕华和王文涛指出我国在加快科技与经济融合的进程中，需要重视创新服务体系建设，形成促进创新的体制架构。[⑦]

5. 金融是创新驱动经济增长的支撑

金融创新是指金融行业创新者出于追求利益或规避风险的动机，在市场允许范围内对各种金融要素进行重新组合从而建立新的金融市场运营模式和体系。金融创新的概念包括宏观层面和微观层面两种。微观层面的金融创新仅指对金融工具或者产品进行创新。宏观层面的金融创新进一步延伸到金融组织、金融业务、金融制度以及金融市场等环节和领域的创新。科技创新要驱动经济发展就必须经过研发投入、成果转化、市场应用、产业化和商业化等多个环节才能转化为现实生产力，而所有的环节都存在较大的资金需求，金融创新不仅可以解决资金匮乏问题，还具备提供市场价格和供需信息以及规避风险等功能支撑科技创新从实质上驱动经济增长。

---

① 葛秋萍、李梅：《我国创新驱动型产业升级政策研究》，《科技进步与对策》2013 年第 16 期。

② 马一德：《创新驱动发展与知识产权制度变革》，《现代法学》2014 年第 3 期。

③ 张志元、李兆友：《创新驱动制造业转型升级对策研究》，《中国特色社会主义研究》2015 年第 4 期。

④ 李丹：《辽宁创新驱动发展的制度保障研究》，《东北大学学报》2014 年第 1 期。

⑤ 吴建南、张攀：《发展完善效能建设推进创新驱动发展》，《科技管理研究》2015 年第 18 期。

⑥ 李良成：《政策工具维度的创新驱动发展战略政策分析框架研究》，《科技进步与对策》2016 年第 2 期。

⑦ 刘燕华、王文涛：《新常态下的创新驱动——对创新服务体系的认识》，《工业技术经济》2016 年第 1 期。

王来军从创新驱动机制的形成方式出发，认为科技金融是创新驱动升级的核心机制。[1] 粟进认为"一带一路"创新驱动的主体是企业，科技金融是创新驱动的原动力。[2] 张岭和张胜分析了金融体系对创新驱动发展战略的影响。[3] 辜胜阻指出要利用金融创新来建设金融体系这个薄弱环节，重新构建多层次的资本市场，通过金融创新实现科技成果的产业化，推动创新驱动战略实施。

6. 文化是创新驱动经济增长的灵魂

文化创新是指在理论探索和实践活动中，对旧的传统文化进行批判、继承和发展从而创造出新质文化。主要包括以下三个要素的创新：一是思维和观念文化创新，二是文化制度体系创新，三是文化内容和形式创新。从文化创新的构成要素来看，文化创新不是简单的激活文化内容或形式，而是从根本上对文化模式或文化范式进行革命性的转型。这种革命性转型需要通过科技进步提高文化建设能力及创新能力和传播能力来完成，而科技进步必须以文化创新为灵魂支撑，才能为科技创新提供精神沃土。

科技创新的源头在于人文，文化创新的氛围越好，就越能推动一个民族孕育出优秀的科技创新成果，因此文化与科技创新的有机融合更加符合创新驱动发展战略的时代要求，[4] 发展文化创新产业将加快城市实现创新驱动和转型发展。[5] 戴星翼指出当前实施创新驱动最大的阻碍就是文化难以有效为科学怀疑提供良好的生长环境，因此实施创新驱动需要以思想和政策的创新为起点，为科技研发企业营造平等、良好、包容的氛围与环境。[6] 梁转琴指出科技创新需要以文化来突出灵魂所在，以此为科技创新指引方向、提供动力和良好的制度与社会环境，文化创新是科技创新的内

---

① 王来军：《基于创新驱动的产业集群升级研究》，中共中央党校博士毕业论文，2011。

② 粟进：《科技型中小企业技术创新驱动因素的探索性研究》，南开大学博士毕业论文，2014。

③ 张岭、张胜：《创新驱动发展战略的金融支持体系》，《西安交通大学学报》2015 年第 6 期。

④ 胡达沙、王辉、王智源等：《创新驱动发展战略背景下文化与科技创新有机融合问题研究》，《科技管理研究》2014 年第 22 期。

⑤ 厉无畏：《文化创意产业推进城市实现创新驱动和转型发展》，《福建论坛》2013 年第 2 期。

⑥ 戴星翼：《以创新思维看待战略新兴产业》，《毛泽东邓小平理论研究》2012 年第 8 期。

动力所在。① 马德芳、叶陈刚等认为文化创新可以促进科技创新并发挥导向作用，二者需要协同发展，缺一不可。②

7. 人才是创新驱动经济增长的根本

科技人才是指学术道德和创造能力兼具、从事科技活动并对科技进步具有一定贡献的人。③ 通过内涵可以看出，科技人才具备以下几个基本特征：一是良好的价值观。科技人才进行创新活动的最终目的主要是实现自我价值，获得社会认可，而并非注重物质激励。二是拥有高水平的专业技能，科技人才只有精通专业理论知识和技能才能从事创新活动。三是较强的求知欲和创新能力。创新意识和创新思维是探索未知世界的前提，创新能力则是科技人才区别于其他人的最本质特征。四是产出的创新成果可以转化为现实生产力，提高社会生产率。五是与时俱进，科技人才要与经济社会的发展趋势相契合，在人才数量和质量上满足时代发展需求。科技人才的内涵和特征决定了科技人才创新是创新驱动经济增长的根本，只有以科技人才创新为根本，才能推动创新活动的进行和创新成果的产出，从而推动经济增长。

科技人才是我国实施创新驱动发展战略，建设创新型国家的核心要素，④ Hood C 以印度班加罗尔的信息技术与软件科技产业集聚区为研究对象进行回归分析后发现高层次人才引进是其产业集聚区创新驱动的重要影响因素。⑤ 部分学者从不同角度探讨了提高人才创新绩效进一步推动创新驱动发展的途径。陈建武、张向前提出要构建完善的涵盖政府、企业、高校、科研机构以及社会等多主体参与的人才协同保障机制。⑥ 孔德仪、张向前则认为要适应创新驱动的科技人才激励机制，并发展公平

① 梁转琴：《文化创新是科技创新的内动力》，《价值工程》2012 年第 30 期。

② 马德芳、叶陈刚、王孜：《社会责任视角下企业科技创新与文化创新协同效应研究》，《科技进步与对策》2014 年第 6 期。

③ 赵伟、林芬芬、彭洁等：《创新型科技人才评价理论模型的构建》，《科技管理研究》2012 年第 32（24）期。

④ 陈建武、张向前：《我国"十三五"期间科技人才创新驱动保障机制研究》，《科技进步与对策》2015 年第 32（10）期。

⑤ Hood C. Public Management for All Seasons. *Public Administration*，2012，69（1）：3-19.

⑥ 陈建武、张向前：《我国"十三五"期间科技人才创新驱动保障机制研究》，《科技进步与对策》2015 年第 32（10）期。

竞争、共享合作、合理评估、多元发展和自由流动五种保障机制。[①] 盛楠等认为要构建科学合理的科技人才评价指标体系，优化科技人才管理流程。[②]

创新驱动经济增长机制更多的是一个复合的过程，现有研究更多的是从上述六个维度或将其进行拓展延伸后系统地阐述创新驱动经济增长机制。李钊等（2014）将创新驱动发展的路径划分为五个阶段并指出在每个阶段中都必须注重技术创新、管理创新和制度创新。洪银兴提出在创新驱动增长过程中必须注重知识创新和技术创新，而在创新驱动投入时还要注重制度创新，包括市场创新和政府创新。[③] 惠宁、仇萌和李勃昕构建了包含产品创新、市场创新、概念创新和管理创新四维度的产业创新驱动内容系统。[④] 林兰以中心城区的发展模式和发展优势为基础提出，要加强知识创新、管理创新以及服务创新和商业模式创新。[⑤] 冯之浚等认为创新本质上是一个价值创造的复杂过程，涵盖科学技术创新、商业模式创新、制度创新、管理创新和社会创新以及人才培养机制创新等各个方面。[⑥] 邵律和李国旺以绿色金融创新为背景，指出实现创新、推动产业升级需要八大要素创新协同共促，这八大要素创新分别为资源创新、制度创新、管理创新、技术创新、产品创新、金融创新、市场创新和战略创新。[⑦] 郭铁成将创新驱动经济增长机制的内容分为科技创新和非科技创新两类，其中，非科技创新包括设计创新、服务创新、技能创新、经营创新、组织创新、管理创新、金融创新、政府创新、制度创新等九大创新。[⑧]

---

① 孔德仪、张向前：《我国"十三五"期间适应创新驱动的科技人才激励机制研究》，《科技管理研究》2015 年第 11 期。
② 盛楠等：《创新驱动战略下科技人才评价体系建设研究》，《科研管理》2016 年第 S1 期。
③ 洪银兴：《论创新驱动经济发展战略》，《经济学家》2013 年第 1 期。
④ 惠宁、仇萌、李勃昕：《论产业创新驱动的关联体系、构建内容及实现路径》，《西北大学学报》（哲学社会科学版）2014 年第 5 期。
⑤ 林兰：《中心城区科技创新的功能塑造与机制构建》，《南京社会科学》2016 年第 9 期。
⑥ 冯之浚、刘燕华、方新等：《创新是发展的根本动力》，《科研管理》2015 年第 36（11）期。
⑦ 邵律、李国旺：《绿色金融背景下产业升级路径及政策分析》，《上海经济》2016 年第 5 期。
⑧ 郭铁成：《创新驱动发展战略的基本问题》，《中国科技论坛》2016 年第 12 期。

三　创新驱动系统的构建

实施创新驱动发展战略是一项综合的社会系统工程（习近平，2015），在不同时期，创新系统有不同的内涵和外延。英国学者 Cooke 最早提出区域创新系统的观点，认为它是由地理上临近的生产企业、高校和科研机构等组成的区域性组织体系。[①] Asheim 和 Isaksen 认为区域创新系统包括区域产业集群和制度性的基础设施（如高校、研究机构、技术转移机构等）以及他们之间的互动。[②] Stefan Kuhimann 则认为区域创新系统由区域政治系统、区域教育和研究系统、区域产业系统、区域创新系统四个部分相互联系、相互作用而组成。[③] 国内学者黄鲁成将区域创新系统分解为组织创新系统（企业、高校、科研机构、政府和中介机构）、政策创新系统、制度创新系统、过程创新系统和基础条件创新系统等。[④]

而当前所探讨的创新驱动系统更赋予了其全面创新的含义，既包括科技创新、体制创新、管理创新，又包括文化创新、金融创新以及需求创新等。因此，创新驱动系统是一个以科技创新为核心，包含体制创新、管理创新、文化创新、服务创新以及商业模式创新等的复合系统。基于全面创新理论以及参考区域创新系统的相关文献（黄鲁成[⑤]、郭淡泊[⑥]、陈伟[⑦]），本课题围绕"科技创新"这一核心内容，将创新驱动系统分为从微观到宏观的四个子系统，分别是创新过程子系统、创新主体子系统、创新环境子系统以及创新支撑子系统，具体见图 3-2。要想实现科技创新过程的高效运行，必须做到外围子系统各自发挥促进作用。

[①] Cooke，P. Regional Innovation Systems：Competitive Regulation in the New Europe. *Geoforum*，1992，（23）：365-382.

[②] Asheim，B. and Isaksen，A.. Regional Innovation Systems：the Integration of Local 'Sticky'and Global 'Ubiquitous'Knowledge. *Journal of Technology Transfer*，2002，27（1）：77-86.

[③] Stefan，Kuhimann. European/German Efforts and Policy Evaluation in Regional Innovation. Tokyo：*NISTEP*，2004，25.

[④] 黄鲁成：《宏观区域创新体系的理论模式研究》，《中国软科学》2002 年第 1 期。

[⑤] 黄鲁成：《宏观区域创新体系的理论模式研究》，《中国软科学》2002 年第 1 期。

[⑥] 郭淡泊：《国家创新体系效率及影响因素研究——基于 DEA-Tobit 两步法的分析》，《清华大学学报》（哲学社会科学版）2012 年第 2 期。

[⑦] 陈伟：《区域创新系统绩效评价研究》，华中科技大学博士学位论文，2012。

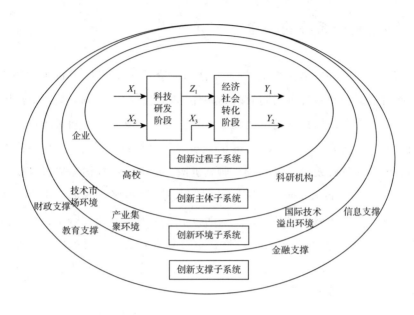

图 3-2　创新驱动系统结构图

1. 创新过程子系统

创新过程子系统是创新驱动系统的核心，本质是从创新投入到创新产出的过程。根据两阶段价值链理论，创新驱动过程可分为两个阶段：第一阶段是从科技投入到科技产出，称为科技研发效率阶段。这个阶段表示社会运用投入的人力、物力和财力取得科技产出，为后一阶段的经济社会转化提供资源基础。第二阶段的投入不仅有第一阶段的科技产出，往往还有中间投入，该阶段是从科技产出和中间投入到经济产出，也称为经济社会转化阶段。这个阶段体现了区域创新过程的完整性和合理性，是企业将科技成果转变为经济效益的过程。

2. 创新主体子系统

创新主体子系统中的企业、高校以及科研机构是直接参与创新的主体，不仅是创新的生产者，还是创新的转化者。高校和科研机构主要从事基础性和应用性研究，为企业的产品创新和工艺创新提供所需的基础知识，而企业直接与市场接触，其研发活动主要集中在科技成果的经济社会转化阶段。但企业也与高校和科研机构合作参与基础性和应用性研究，通过直接资助高校和科研机构的研究、建立联合实验室、购买专利等方式进行合作，而高校和科研机构为企业提供知识支持和科技成果，提高企业的经济效益。因此，该子系统中企业与高校和科研机构的联系质量对创新驱动效率具有重要影响。

3. 创新环境子系统

创新环境子系统主要包含产业集聚环境、技术市场环境和国际技术溢出环境。产业集聚会带来技术溢出效应，促进区域高技术企业的竞争与合作，创新投入和产出都会相应提高。技术市场的繁荣程度反映了技术的提供者与使用者之间的交流合作情况，可以解决技术成果转化效率不高的问题，对创新驱动效率有一定影响。国际范围内的技术扩散已经成为区域技术进步的重要源泉，区域对外开放程度越高，越能促进创新资源的流动和技术信息的共享。Asheim et al. 指出常见的国际技术外溢途径包括外商直接投资、技术引进、国际贸易等方式。[1] 魏守华等认为，相较于国家创新系统，区域更能主动接受国际技术溢出，因此国际技术溢出对区域创新系统影响更大。[2]

4. 创新支撑子系统

创新支撑子系统中财政环境、教育环境、信息环境和金融环境等都起到了基础支撑作用，保障着创新活动的进行。政府通过财政科技拨款、税收优惠等方式对创新活动进行直接资助，加大创新投入。地区教育水平的发展状况对创新人才的培养具有一定影响，而良好的信息环境有利于科技信息的流动，降低创新成本。而金融机构不仅可以为企业的研发活动提供大量的资金支持，还可以提供不同的融资组合为企业提供风险分散和价值发现的服务，影响科技创新效率。[3]

---

① Asheim, Bjorn T., Vang Jan. Regional Innovation Systems in Asian Countries: A New Way of Exploiting the Benefits of Transnational Corporations, Innovation: Management. *Policy & Practice*, 2006 (8): 27-44.

② 魏守华、吴贵生、吕新雷:《区域创新能力的影响因素——兼评我国创新能力的地区差距》,《中国软科学》2010 年第 9 期。

③ 陈敏、李建民:《金融中介对我国区域科技创新效率的影响研究——基于随机前沿的距离函数模型》,《中国科技论坛济》2012 年第 11 期。

四 创新驱动系统发展属性

1. 创新系统是一个多层次递进系统

"多层次"强调"企业—产业—区域—国家"不同层次创新体系的有机衔接。区域创新系统源自国家创新系统，是国家创新系统的重要组成部分。[①] 从空间视角观察，在创新驱动系统中，企业是技术创新的核心主体，企业所开展的创新行为在整个系统中发挥着"点"的作用。产业创新是企业创新的目标追求，通过产业集群创新连接企业创新的"点"，可形成"线"。区域创新是产业创新的进化层面，产业创新通过产业链促进不同区域间创新的有效互动，从而形成"面"，层层递进，相互衔接，最终演化形成国家层次上的"体"，构成国家创新驱动系统。

2. 创新驱动系统是一个多主体参与系统

"多主体"是指创新驱动系统中的企业、科研院校与机构、政府、科技中介服务机构以及金融机构等多个创新主体。在市场机制下，不同的主体所拥有的资源优势不同，在创新驱动系统中的发展定位和行为倾向也不一样。高等院校和科研机构是创新过程的源泉，侧重于知识创新行为与活动；企业是最核心的创新主体，侧重于技术创新行为与活动；政府部门是创新系统中的保障者，侧重于制度创新行为与活动；科技中介服务机构和金融机构是创新活动的助推器，侧重于辅助创新行为与活动。各个创新主体以利益协调机制和创新文化环境为基础和保障，通过"优势互补，利益共享"实现主体间的协同，提高创新驱动系统的整体效率。

3. 创新驱动系统是一个多功能集成系统

系统的存在必然是为了解决某些问题或为了达成某种目标，这就要求系统必须具备一定的功能。从创新驱动体系所发挥的创新效应种类来看，创新驱动系统集成了"技术创新—知识创新—服务创新—制度创新—人才创新—管理创新"等多种创新功能。从创新驱动体系发挥创新效应的过程来看，创新驱动系统覆盖了"知识创新和基础科学创新—科技创新与产品

[①] 严宗光、费丽萍、张振华：《区域创新系统总体框架研究》，《沿海企业与科技》2005 年第 11 期。

创新—创新成果产业化与商业化"的完整链条，集聚了从创新需求的产生、创新意识的萌发、创新知识的挖掘、创新行为的实施到创新成果的产生、应用以及转化等多个阶段创新活动的功能。

4. 创新驱动系统是一个多要素整合系统

创新是将技术与经济相互联结和融合的一种行为，创新驱动系统是将技术与经济相互联结和融合的一个系统。创新活动的开展需要投入多重要素资源，其中不仅涉及劳动力资源、自然资源与物质资源等传统要素资源，也包括知识资源、技术资源、人力资源、制度资源等创新要素资源。创新驱动系统强调以各个创新主体为实施者对要素资源进行整合与配置，尤其是利用创新要素实现传统要素的升级转型，通过要素资源的优化配置实现创新驱动系统的创新效率和创新功能，驱动经济快速稳定增长。

第四章　创新驱动发展的理论演进脉络及其哲学探讨

一　创新驱动发展战略的国外演进脉络

1. 马克思的创新思想史

熊彼特在早期著作《经济发展理论》中承认自己的创新理论有部分借鉴了马克思主义理论，特别是在对"技术变革和生产组织变革"的分析中较为明显。马克思主义理论主要在相对剩余价值与超额剩余价值形成、协作、分工、机器和大工业的演进路径中阐述了科技创新推动社会发展变革，他们多次提及"新发现""创造""发明"等词语来阐述创新驱动的思想。马克思的创新思想最早可追溯到《资本论》中所涉及的自然科学对于技术进步的促进作用："……社会生产力有这样巨大的发展，劳动生产率有这样大幅度的提高，靠的是什么？最主要的是靠科学的力量、技术的力量。"① 在《1844年经济学哲学手稿》中他指出：人是类存在物，"通过实践创造对象世界，即改造无机界，证明了人是有意识的类存在物"。② 在《剩余价值理论》中马克思指出"火药、指南针、印刷术——这是预告资产阶级社会到来的三大发明"，"使用新机器时，如果（社会上的）大量生产还继续以旧的生产资料为基础"，"资本家就可以把商品低于它的社会价值出售"从而"争取更多的剩余价值"。③ 通过观察和了解资本家们在生产过程当中的行为特征，马克思论证了他们为了达到剩余价值最大化的目的，只能通过积极主动地发明和采用新机器的途径来减少必要劳动时间，

---

① 《马克思恩格斯选集》（第3卷），人民出版社，1995，第217页。
② 马克思：《1844年经济学哲学手稿》，人民出版社，2000。
③ 马克思：《机器、自然力和科学的应用》，中国科学院自然科学史研究所译，人民出版社，1978，第50~53页。

提高企业的劳动生产率，从而有效地推动了技术创新的产生。马克思在
《1857—1858 年经济学手稿》中所表达的多个词语的概念都与"技术创新"
所包含的现代意义一致，认为技术与技术创新都属于生产力范畴，在书中
也以"机器为基础的生产方式的变革""劳动资料的革命""劳动条件的
革命""技术变革"表示现代意义上的"技术创新"，用"劳动生产率"
与"资本有机构成"为指标来衡量技术创新的进步程度。① 在科学技术的
作用上，马克思指出："随着大工业的发展，现实财富的创造较少地取决
于劳动时间和已耗费的劳动量，……相反地却取决于一般的科学水平和技
术进步，或者说取决于科学在生产上的应用。"② 从创新的本质而言，创新
驱动战略思想既与马克思主义创新理论一脉相承又与时俱进。③

　　具体而言，他对创新本质的认识主要有以下五点。

　　（1）创新的主体是现实的人。马克思认为创新最理想的状态是每个社
会成员都是主体，即使在资本主义社会，工人也可以是创新的主体。马克
思认为创新的主体可以分成资本家、企业家、工人和职业创新者，工人作
为创新的主体体现在工人在劳动过程中对技术的增量创新，如工人通过
"干中学"不断积累经验。他也看到了职业经理人在创新中的作用，他认
为随着生产规模的扩大，"实际执行职能的资本家转化为单纯的经理，即
别人的资本的管理人，而资本所有者则转化为单纯的所有者，即单纯的货
币资本家"。④ 在《资本论》第四篇《相对剩余价值的生产》中，马克思
通过对相对剩余价值、超额剩余价值生产的分析，指出资本家通过变革劳
动过程的技术、社会条件和生产方式来提高劳动生产力，最终获得超额剩
余价值。"采用改良的生产方式的资本家比同行业的其余资本家，可以在
一个工作日中占有更大的部分作为剩余劳动"。⑤

　　（2）创新是现实的人有目的、有计划的能动的实践活动。创新的方式
与意志由目的所决定，创新目标的确立对主体的实践活动有重要的意义。
有了创新目的，人类就会在实践中掌握运用工具进行生产的技巧，并且会

①　李东兴：《创新驱动发展战略研究》，《中央社会主义学院学报》2013 年第 2 期。
②　马克思：《资本论》（第一卷），人民出版社，1975，第 55 页。
③　熊彼特：《经济发展理论》，商务印书馆，1990，第 68 页。
④　《马克思恩格斯全集》（第 25 卷），人民出版社，1974，第 493 页。
⑤　《马克思恩格斯全集》（第 23 卷），人民出版社，1972，第 223 页。

根据目标的不同选择不同的工具，挑选合适的尺度，进而将内在的尺度运用到对象上去，按照美的规律进行建造，并且尽善尽美。① 没有目的性、计划性的创新活动是徒劳的。正因为创新能够满足人类的多种需要，才会有人类持之以恒的创新，脱离人这一创新主体谈发展与创造，是不切合实际的。

（3）创新是一种创造性的高级的实践活动。马克思认为创新的本质是一种实践活动，要完成好创新实践活动，就需要有破旧立新的意识。脱离现实物质基础谈创新，无异于闭门造车，是不符合客观发展规律的。马克思指出，人类在进行创新时，既需要借鉴前人的经验成果，也需要投入更多的知识与智慧，二者只有紧密结合才能有所突破，实现创新发展。实践证明，任何创新活动均非一朝一夕可以成功的，它是无数人倾注心血凝成的成果，它是最为高级的实践活动。

（4）创新产品拥有确证创新者、生产者本质力量的价值。② 马克思曾认为他在他的生产中物化了他的个性和他的特点。③ 他认为人与人彼此都是对方的中间人。"我的劳动满足了人的需要，从而物化了人的本质，又创造了与另一个人的本质的需要相符合的物品。"④ 他深刻阐述了创新物品在个人活动中具有的生命力价值，不仅满足了主体需要也被主体消费，远超越简单的经济价值。

（5）创新包含有科学、技术、制度等多种形式的创新。马克思的技术创新主要表现在"以机器为基础的生产方式变革""劳动资料的革命""劳动条件的革命""技术革命""资本有机构成的变化"等的表述中。⑤ 马克思在《资本论》中以蒸汽机的发明为例，形象地说明了技术创新在资本主义生产方式变革与发展中的推动作用。他的管理创新主要体现在对管理劳动、管理性质、管理职能等的论述中，通过分析管理的"二重性"来体现资本家在管理活动中的指挥、监督职能，进一步对提高企业的生产效率给出相应的意见。在《资本论》中他则通过"社会分工制度""工场制

---

① 《马克思恩格斯全集》（第 42 卷），人民出版社，1979，第 65、88 页。
② 刘红玉：《马克思的创新思想研究》，湖南大学博士学位论文，2011。
③ 《马克思恩格斯选集》（第 3 卷），人民出版社，1995，第 37 页。
④ 《马克思恩格斯全集》（第 42 卷），人民出版社，1979，第 37 页。
⑤ 任力：《马克思对技术创新理论的贡献》，《当代经济研究》2007 年第 7 期。

度""信用制度"等阐述了制度的创立、变革和创新。① 他以大工业中机器的运用为例子,工厂将自然科学与生产相结合,大幅度地提高了生产效率,因此机器的广泛运用是资本主义生产方式最终得以在历史上确立的技术基础。

2. 恩格斯的创新思想史

在《自然辩证法》中,他指出自然辩证法本身具有创新的精神实质和目标追求,是创新的产物并且持续指导创新,为科学技术人才的培养提供了正确的自然观和科学技术观。在《国民经济学批判大纲》中,他对马尔萨斯的人口过剩理论进行了批判,指出:"科学……与人口的增长一样,是永无止境的,至少也是与人口的增长一样快。……在最普通的情况下,科学也是按几何级数发展的。"他在《英国状况·十八世纪》中表明工业改进带来了文明程度的提高,也因此出现了新的需要和新的生产部门,不断进行新的改进提高。在《讨论自由贸易问题的布鲁塞尔会议》中,他表明完全的自由贸易会使资本家之间开展竞争,而取胜的条件是运用更加先进的机器设备与生产方式来提高效率,也即"自由竞争必然会大大促进新机器的发明"。他也在《共产主义原理》中论述了科技创新在社会变革中的作用,指出"由于大工业的发展,……资产者的财富越增加,无产者的境遇就越悲惨和难以忍受",于是便"孕育着一个由无产阶级进行的社会革命"。②

3. 列宁的创新思想史

列宁的创新思想史是在马克思、恩格斯原有思想上的继承与发展,既包括了对社会发展变革理论的继承,也包括了对科技创新发展理论的发展。在社会发展变革理论中,在马克思和恩格斯提出社会主义将会在发达资本主义国家同时发动并取得胜利的论断的基础上,列宁通过对垄断资本主义和社会各种矛盾进行深入研究,认为社会革命发生的根本原因在于生产力的发展。十月革命胜利使国内无产阶级政权得以建立,但由于接连爆发的"一战"和国内战争,国内不仅缺乏物质资源,也缺乏

---

① 李天芳:《〈资本论〉中的创新思想及其当代价值》,《马克思主义哲学论丛》2015 年第 4 期。

② 《马克思恩格斯文集》(第 1 卷),人民出版社,2009。

相应的技术与知识，政府面临的主要问题是恢复国内的经济工作。在此背景下，列宁指出，为完成二位一体的任务，首先要鼓动全体被剥削群众，其次要引导被剥削群众建立新型社会联系与劳动组织。第二个任务比第一个更为重要也更为困难，"因为归根到底，……只有新的更高的社会生产方式，才能是战胜资产阶级所必需的力量和最大泉源"。① 为解决上述情况，列宁提出了"在现代最新科学成就的基础上恢复工业和农业"②，而且提供农村以技术的帮助，提高农村耕作和劳动生产率，促使资本主义赖以生存的小农经济转变为大规模、集体的、用机器耕作的现代农业上去。表明了列宁对科学技术创新的重视。此外，列宁还要发展科学技术，创造出比资本主义更高的劳动生产率，进一步显现出社会主义的优越性。1919年列宁便明确提出"在一个经济遭到破坏的国家里，第一个任务就是拯救劳动者。全人类的首要的生产力就是工人，劳动者"。③ 作为马克思、恩格斯思想的继承者和发扬者，列宁认识到劳动者是提高生产力的主要力量，要加快劳动者科技创新能力的培育，从而加快国家经济与社会的建设发展。总体而言，由于这一时代科学技术的发展水平远高于马克思、恩格斯时代，因而列宁对科技在经济发展与社会变革中作用的认识更加深刻、全面，这也为巩固社会主义基础、发展社会主义生产力奠定了理论根基。

4. 熊彼特的创新理论

创新概念最早出现在熊彼特的《经济发展理论》一书中，他指出创新是把一种从来没有过的关于生产要素的"新组合"引入生产体系。这种新组合包括以下内容：引进新产品、引进新技术、开辟新的市场、控制原材料的新供应来源、实现企业的新组织，通过新组合可以实现产品创新、技术创新、生产技术创新、资源创新与组织管理创新。④ 熊彼特认为，经济可以持续发展的原因是经济体系持续创新，形成了新的生产要素组合，推动经济发展产生质的飞跃。此后，熊彼特先后发表著作《经济周期》与《资本主义、社会主义和民主主义》，在书中以创新理论为基础并对其进行

---

① 《列宁选集》（第4卷），人民出版社，1972，第13页。
② 《列宁全集》（第39卷），人民出版社，1986，第301页。
③ 《列宁全集》（第36卷），人民出版社，1985，第346页。
④ 熊彼特：《经济发展理论》，商务印书馆，1990。

拓展和深化，逐渐形成了完整的熊彼特经济学理论体系。该体系指出创新是经济系统的内生变量，在经济增长中发挥着决定性作用。熊彼特强调经济增长过程是一种创造性破坏过程，新旧产品的交替与生产要素的重新组合才是真正意义上的创新。

创新是一个新淘汰旧的"创造性毁灭"的过程，这一过程所涉及的基本观点包括内生性、革命性、毁灭性和价值性，这也是创新的基本构成要素。

（1）创新是内生性的。熊彼特提出，经济发展的本质力量来源于内部的自行变化，在许多影响国民生产量的因素里，创新是从体系内部发出的，是各种经济现象发生的根本原因。

（2）创新是一种"革命性"变化。熊彼特指出，"再多数量的马车和邮车连续相加，也不可能得到一条铁路；……而恰恰是这种'革命性'变化的发生，才是我们要涉及的问题，也就是在一种非常狭窄和正式的意义上的经济发展的问题"，这就是创新的革命性的意义。

（3）创新意味着"毁灭"。熊彼特指出，新产品的出现意味着旧产品的消失，"随着经济体的扩大，创新更多的转变为一种经济实体内部的自我更新"。

（4）创新必须创造"新的价值"。熊彼特将发明定义为尚未得以实际运用的新工具（方法）的发现，创新则是可以创造出新价值的新工具（方法）的实际运用。他强调创新应创造出新的价值，这也成为判断创新与否的标准。

（5）创新是经济发展的"本质"。熊彼特指出发展应该是一种本质的变化，可以执行新的组合，是经济循环流转过程的中断，创新是发展的本质规定。

（6）创新的主体是"企业家"。与马克思不同，熊波特认为企业家才是特殊的创新主体，是"在经济活动中取得成功的人，……是具有强烈个性的超常天才"。[①] 熊彼特还认为"企业家不是一种身份，而是一种资格"，[②]

①　金斯基：《熊彼特经济学》，北京大学出版社，1996，第 67 页。

②　Joseph A. Schumpeter. *The Theory of Economic Development*. Boston：Harvard University Press，1934：78.

"企业家不仅包括一般的工业企业家，还包括金融方面的企业家以及其他从事开办新企业、实现新组合的有关人员"。①

5. 彼得·德鲁克的创新概念

德鲁克对熊彼特的创新思想进行补充与完善，他认为创新所创造出来的并不是简单的知识，而是最终对产品经济价值的实现，发展了持续性创新理论。他认为创新就是改变资源的产出或者改变资源给予消费者的价值或者满足的行为，② 赋予人更新更强的创造财富的能力。总体而言，德鲁克的创新观点主要有以下三点。

（1）创新本质在于是否为客户创造出新价值，这是德鲁克创新概念中区别于前人的重要标志。

（2）创新是赋予资源以新的创造财富能力的行为，③ 分为技术创新和社会创新。技术创新是为自然物找到新的应用并赋予其新的价值，社会创新通过管理方式等的创新从而在资源配置中占据优势。二者相互联系又存在区别，一方面技术创新必须以科学技术为基础，社会创新并不一定需要科学技术；另一方面社会创新的难度大于技术创新，发挥的作用和影响也更大。

（3）重视企业家在经济发展中的独特作用，强调企业家精神。德鲁克指出，无论何种类型的企业，都可以有企业家或具有企业家精神，企业家通过创新能够把风险降到最低，这就靠企业家精神。没有企业家和企业家精神，企业就失去了创新的灵魂。④

6. 技术创新学派

熊彼特之后，创新理论开始分化为两大主要分支，一部分学者倡导技术创新，而另一部分则倡导制度创新。技术创新学派主张从技术的创新、模仿、推广、转移、技术创新与市场结构之间的关系等方面入手进行分析，其代表人物主要有爱德温·曼斯菲尔德、莫尔顿·卡曼、南希·施瓦茨等。曼斯菲尔德主要研究技术扩散效应对经济增长的推动作用以及创新

① Joseph A. Schumpeter. *The Theory of Economic Development*. Boston：Harvard University Press，1934：143.

② 〔美〕彼得·德鲁克：《创新与企业家精神》，彭志华译，海南出版社，2000。

③ 秦祖泽：《创新的哲学思考》，《吉林师范大学学报》（人文社会科学版）2003 年第 3 期。

④ 〔美〕彼得·德鲁克：《创新和企业家精神》，企业管理出版社，1989，第 1~27 页。

与模仿两者之间的变动速度，形成了新技术推广说，对熊彼特创新理论的不足之处进行了完善；卡曼、施瓦茨在对技术创新与市场结构二者关系进行研究的基础上，得出最有利于技术创新的市场结构类型是垄断与竞争并存的观点，认为创新是企业得以在市场中立足的关键因素；弗里曼将技术创新的主体上升到国家高度，形成国家创新系统理论，得出了国家创新体系是企业及科研机构等在共同目标的指引下建立的综合运行机制的结论，创新成为国家发展的关键动力系统。技术创新学派继承熊彼特的创新理论，主要突出了技术创新在促进经济增长中所发挥的关键作用。

7. 制度创新学派

制度创新学派将制度经济学的"制度"理论和熊彼特"创新"理论进行了融合，其代表人物主要有兰斯和道格拉斯等人。兰斯和道格拉斯给出了完整的制度创新的定义，即它是指使创新者获得额外或者追加利益的、对现存制度（指具体的政治经济制度，如金融制度、银行制度等）的变革。从定义出发，制度创新学派主张将创新与制度相结合，其核心在于研究企业技术创新、制度变革、经济效益三者之间的关系，[①] 揭示制度创新对于经济发展的核心作用。兰斯和道格拉斯将制度创新的全过程分为五个阶段：一是"潜在利益团体"的形成，这种团体即指对制度创新起主要作用的集团，也称为"第一行动集团"；二是提出制度创新方案，并根据制度创新的原则对方案进行评估选择；三是选择最佳方案；四是形成制度创新团队，即对制度创新起次要作用的集团，也称为"第二行动集团"；五是两个行动集团相互支持，共同努力，实现制度创新。通过步骤循环形成制度创新后，也就实现了制度均衡，达到稳定状态后，则失去了制度创新的可能性。

8. 区域创新系统理论

区域发展需要全方位的创新。自熊彼特明确提出创新理论开始，经学者不断完善，区域创新系统理论逐渐产生。1975 年门斯在著作《技术的僵局》中分析创新与经济周期发展的规律性问题，得出创新会呈现出集群式发展的结论；1987 年弗里曼在《技术和经济运行：来自日本的经验》中首

---

① 李东兴：《创新驱动发展战略研究》，《中央社会主义学院学报》2013 年第 2 期。

次形成了国家创新系统的概念，认为国家创新系统是"由公共部门和私营部门中的各种机构组成的网络，这些机构的活动和相互作用促进了新技术的开发、引进、改进和扩散"；[1] 1992 年库克首次给出区域创新系统的定义，并在实证分析的基础上认为区域创新系统是基于企业及其他机构在以根植性为特征的制度环境中系统地从事交互式学习的，从而开创了区域创新系统研究的先河；此后，库克在 1996 年的《区域创新系统：全球化背景下区域政府管理的作用》中阐明，区域创新系统主要由地理上相互分工、关联的科研院所、企业等构成的区域性组织体系支持并产生创新；在之后的学者研究中，魏格概括了区域创新系统中的五大主体机构，分别是区域内的创新型企业及其相应的产业集群、以知识创造和人力资本为主的高等教育机构、以知识创造和技术创新为主的研究机构、以政策创新和体制机制创新为主的政府机构，以及提供金融、商业、信息咨询等创新服务的中介机构；1997 年世界经济合作及发展组织（OECD）认为国家创新体系是一个创造、储备和转让知识、技能及新产品的相互作用的网络系统。可以看出，学者对区域创新系统的关注点已经从早期的强调技术创新，转移到既重视技术创新，又关注知识在经济中的运用。

9. 增长理论

创新驱动与经济增长理论紧密相关。在从古典增长理论发展到现代增长理论的历程中，创新驱动在经济发展中的核心作用逐渐凸显。20 世纪 40 年代以前的古典增长理论中，虽然涌现了重商主义等观点，但并未形成一个体系，经济增长理论是零散、不系统的。20 世纪 40 年代之后的现代增长理论中，哈罗德和多马率先提出哈罗德-多马模型，认为国家的经济增长取决于物质资本积累，经济增长率与储蓄率、资本-产出比率分别呈现正相关、负相关的关系；1956 年索洛提出了索洛模型，模型认为若不考虑技术进步因素，长期人均收入增长率为 0，反之人均收入增长率外生地由技术进步率决定，首次将技术进步因素引到经济增长的影响因素中，解释了技术进步是驱动经济增长的一大因素；舒尔茨的人力资本报酬递增理论强调人力资本对于经济增长所发挥的重要作用；阿罗的干中学模型、宇泽

---

[1] Freeman C. *Technology Policy and Economic Performance*, *Lessons from Japan*. London: Pinter Publishers Lts. 1987

的人力资本驱动生产率改进模型、谢尔的发明创新活动模型，分别对知识的积累和溢出效应、人力资本的作用、技术创新的内生化等经济增长中的内部力量做了分析；20 世纪 80 年代中期，新经济增长理论学派意识到经济增长的长期性，在经济增长的力量源泉来源于内部力量的视角上强调"干中学"、人力资本、收益递增等机制对创新的影响；演化经济学认为创新的路径依赖具有一贯性和积累性，其主流观点认为技术进步作为非均衡过程具有不确定性，技术创新成为一种不确定性的个体现象，是一个"跳跃不定"的曲线。[①]

波特将国家竞争发展分为投资驱动、要素驱动、创新驱动和财富驱动四个阶段，其中，要素驱动阶段主要依靠丰富而廉价的资源发展初始工业，存在产业层级低、资源依赖性强等问题；投资驱动阶段主要依靠资金引入技术、设备，通过引进式创新获得后发优势；创新驱动阶段知识成为关键的资源，创新意识和创新能力增强，科学技术成为最主要的生产力。

二　创新驱动发展的国内理论演进脉络

1. 毛泽东创新思想史

毛泽东深知科学技术对一个国家立足的重要性。他曾表示，我们不仅要学习马克思等人的理论，更要学习苏联先进的科学技术。[②] 在革命时期，毛泽东发挥领导核心作用，率领全党同志在思想与行动上高度重视科技发展，提出"向科学进军"的伟大口号，坚持"百花齐放、百家争鸣"的双百方针，探索科技创新制度保障。在延安时期，毛泽东指出，"自然科学是人们'争取自由'的一种武装"。[③] 在科技发展事业上，毛泽东认为"要发展自己的工业和农业，不要依靠外国。可以进口外国技术，……但是要自己搞"。[④] 在学习与引进国外先进技术上，他强调："学习有两种方法，一种是专门模仿；一种是有独创精神，学习与独创结合。硬搬苏联的

① 陈玉清：《马克思与熊彼特技术创新思想比较》，东北大学硕士学位论文，2011。
② 《时代的选择　历史的传承——重温毛泽东邓小平江泽民胡锦涛关于科技创新的论述》，《科技日报》2012 年 7 月 20 日。
③ 毛泽东：《在边区自然科学研究会成立大会上的讲话》，《新中华报》1940 年 3 月 15 日。
④ 毛泽东：《建国以来毛泽东文稿第 10 册（1962 年 1 月-1963 年 12 月）》，中央文献出版社，1996。

规章制度，就是缺乏独创精神。"① 1956 年 1 月，全国知识分子会议提出"向科学进军"的口号，最高国务会议第六次会议指出"要有数量足够的、优秀的科学技术专家"② 以实现我国伟大的目标，这一系列论述，表明毛泽东对科技创新的认可度与重视程度。现阶段的创新驱动发展战略，在创新的基点、方法、目的上既与毛泽东时代的相关观点一脉相承，又与时俱进。

（1）创新的基点。创新既非妄想，亦非空想。毛泽东思想是"马克思列宁主义在中国创造性的运用和发展"，是从中国的实际国情出发的理论，绝不是简单对马列思想的硬搬。他在《改造我们的学习》中指出任何事情的出发点都是实事求是，揭示了创新的法则：应立足于客观存在的事物，运用自身或集体的智慧不断探索、不断追求蕴含于客观世界的内在规律。③这探索的过程是一种开创式的创新，也是我党始终保持生机和活力的重要原因。

（2）创新的方法。创新之路往往举步维艰，毛泽东在学习运用马克思主义过程中强调要善于独立思考与培育辩证思维，杜绝分割化、神化与教条化，这也是毛泽东所倡导的创新方法。独立思考可以突破思维惯性，敢于挑战经典权威；辩证思维可以全面思考问题，防止以偏概全。毛泽东认为思考是思想的前提，真知是辩证的结果，他指出："马克思这些老祖宗的书，必须读，他们的基本原理必须遵守，这是第一。但是，任何国家的共产党，任何国家的思想界，都要创造新的理论……来为当前的政治服务，单靠老祖宗是不行的。"④ 在现有理论与模式上进行源源不断的探索，这与实现创新的要求无疑是一致的。

（3）创新的目的。创新与实践相辅相成，创新的目的在于指导实践，实践则是检验创新是否成功的标准。毛泽东一直坚持在实践中创新，在实践中检验创新。毛泽东指出没有调查就没有发言权，将理论联系实际列为党三大传统优良作风的第一准则，强调在学习马列主义时要活学活用，真正实现理论与实践相结合，领导全党在思想、组织与政治上进行整风活

---

① 《毛泽东文集》（第 7 卷），人民出版社，1999，第 366 页。
② 《毛泽东文集》（第 7 卷），人民出版社，1999，第 2 页。
③ 《毛泽东文集》（第 7 卷），人民出版社，1999，第 99、101、112 页。
④ 《毛泽东文集》（第 8 卷），人民出版社，1999，第 109 页。

动。种种相关的举措无不表明毛泽东深刻认识到创新的不易与实践的重要作用，一切从实际出发的论断避免了党内出现形而上学的理论创新，同时也检验了理论创新是否成功。[①]

2. 邓小平创新思想史

科学技术是第一生产力。1975 年邓小平指导起草《中国科学院工作汇报提纲》之时提出了科学技术是生产力的观点。1978 年，他在全国科技大会上阐述道："现代科学技术正在经历着一场伟大的革命。近三十年来，……几乎各门科学技术领域都发生了深刻的变化，出现了新的飞跃，产生了并且正在继续产生一系列新兴科学技术。现代科学为生产技术的进步开辟道路，决定它的发展方向。"[②] 1985 年，邓小平指出："世界新科技革命蓬勃发展，经济、科技在世界竞争中的地位日益突出。"[③] 1986 年元旦，中国第一份全国性的科技类报纸《中国科技报》诞生，1987 年正式更名为《科技日报》。1988 年在同捷克斯洛伐克总统胡萨克的谈话中，邓小平同志进一步指出："马克思说过，科学技术是生产力，事实证明这话讲得很对。依我看，科学技术是第一生产力。"[④] 强调了科技创新对生产力发展的关键作用。这个论断，继承又发展了马克思主义，表明邓小平对科学技术重要性的认识提升到新阶段，更明确表达了创新将在未来发挥不可估量的作用。邓小平认为思想文化创新是改革的先导，要改革必须要积极倡导创新的思维方式，除了要解除思想禁锢的枷锁，更要有创造性，不断地提高我们的技术和管理水平。[⑤] 1995 年 5 月，《关于加速科学技术进步的决定》的颁布更是表明在未来科技和教育将是推动社会发展的重要力量，"科教兴国"将是国家得以发展的重大战略。

改革是邓小平创新思想的内涵。邓小平一贯提倡创新精神，他批判旧有的体制束缚人们的思想，强调要打破原有的制度瓶颈、破旧立新，创新理论也贯穿到我国的改革和建设的整个过程中，改革开放无疑是正确的选

① 杨群章：《论中国共产党的创新》，《重庆社会主义学院学报》2012 年第 3 期。
② 邓小平：《在全国科学大会开幕式上的讲话》（1978 年 3 月 18 日），载《邓小平文选》（第 2 卷），人民出版社，1993，第 87 页。
③ 《邓小平文选》（第 3 卷），人民出版社，1993，第 127 页。
④ 邓小平：《科学技术是第一生产力》（1988 年 9 月 5 日），载《邓小平文选》（第 3 卷），人民出版社，1993，第 274 页。
⑤ 《邓小平文集》（第八卷），人民出版社，1999，第 109 页。

择。可以说，在实践中进行全面改革是中国的第二次创新革命，不仅在理论上，更是在实践中勇于向旧体制挑战，全面创新，其中涉及的内容涵盖了社会、经济、政治和文化领域。① 小修小补无法从根本上消除传统经济体制对生产力发展的阻碍，制度创新所能够起到的推动生产力的作用也将受到极大的限制，必须要进行全面、彻底、根本性的废旧革新，实现真正的改革开放。

总体而言，邓小平创新思想的主要内容有以下四点。

（1）创新的前提是解放思想。邓小平指出干革命、搞建设需要勇于探索的闯将，党员干部要积极促进群众解放思想、开动脑筋。解放思想就是要善于打破陈规陋习形成的思想壁垒，要突破学习马克思主义的本本主义和教条主义，改变不加思考照搬照抄的做法，转变不做调查的理论研究方式，形成对社会主义的科学认识。事实证明，只有解放思想，才能不受束缚地研究与解决新问题，为创新提供良好的条件；只有打破思想僵化，才能在马列主义指导下大胆创新，走出一条适合中国实际的发展道路，从这个意义上说，解放思想是创新的前提。

（2）创新的立足点是解放和发展生产力。中华人民共和国成立后的一段时期，我国在建设社会主义的过程中，忽视了生产力的发展，过于强调阶级斗争，给社会主义事业带来了不可估量的损失。改革在于清除发展社会生产力的障碍，需要从经济体制和科技体制两方面同时进行。意识形态等在短期内不好论断的问题，则以生产力是否发展为标准。由于起步晚、底子薄，我国的经济建设已远落后于发达国家。因此，首要的任务是解放和发展生产力，才能实现中华民族的伟大复兴，只有发展才能证明社会主义制度的优越性，充分体现社会主义的本质，让中华民族屹立于世界强国之林。这是压倒一切的目标。

（3）创新的原则是坚持走中国特色社会主义道路。改革开放后取得的一切成就，都是凭借一种创新精神和开拓精神。在改革中，我国既没有马克思主义经典作家的理论指导，也没有国际上其他社会主义国家建设的模式借鉴，而是凭借独立自主，依靠全国劳动人民的集体智慧进行理论和实践创新。邓小平多次表明，独立自主、自力更生是我们过去、现在和未来

---

① 庞元正、董振华：《邓小平创新思想研究》，《当代马克思主义研究》2002 年第 4 期。

的立足点，但是独立自主不意味着闭关自守、盲目排外，而是要有选择地吸收国外先进的管理经验和技术知识，有机地将对外开放和独立自主结合起来，双管齐下，形成中国特色社会主义发展道路。

（4）创新的途径是实践。邓小平没有从马列主义的本本中寻求改革开放的答案，也没有完全照搬照抄苏联等社会主义国家的发展经验，不同的国情决定了发展道路的区别。我们要通过实践总结经验，探索社会主义发展规律，结合我国实际，最终探索出中国特色社会主义道路。以实际问题为基点，在实践中归纳、总结、概括，形成经验教训，继而揭示新的规律，形成新的方法，并进一步回到实践中检验其真理性，这是邓小平一贯坚持的做法。只有在改革开放和现代化建设实践中得到检验和发展的实践理论才能充分体现生命力，才能领导中国特色社会主义持续健康地发展。这也是践行创新精神的有效途径。

3. 江泽民的创新思想史

随着实践的不断深入，党对创新这一内驱动力的认识不断深化。在科学技术突飞猛进和知识经济迅速兴起的世纪之交，党中央审时度势，高瞻远瞩，制定了建设国家创新体系的目标。1995年5月，在全国科学技术大会上江泽民指出："创新是一个民族进步的灵魂，是国家兴旺发达的不竭动力。"[1] "一个没有创新能力的民族，难以屹立于世界先进民族之林。"[2] 1999年8月，江泽民在全国技术创新大会上指出："科技创新越来越成为当今社会生产力解放和发展的重要基础和标志，越来越决定着一个国家、一个民族的发展进程。""我们必须把以科技创新为先导促进生产力发展的质的飞跃，摆在经济建设的首要地位。这要成为一个重要的战略指导思想。"[3] 在这次大会上，"加强技术创新、发展高科技、实现产业化"被确立为中国科技跨世纪的战略目标。[4] 1999年2月，江泽民在北京考察工作时又强调："发展高新技术及其产业，不仅研究和

---

[1]　江泽民：《论科学技术》，中央文献出版社，2001，第55页。

[2]　江泽民：《论科学技术》，中央文献出版社，2001，第55页。

[3]　江泽民：《加强技术创新》（1999年8月23日），载《江泽民文选》（第2卷），人民出版社，2006，第392页。

[4]　《关于加强技术创新发展高科技实现产业化的决定》，新浪财经，2004年5月12日，http://finance.sina.com.cn/roll/20040512/1032756181.shtml。

开发要搞上去，还要注意建立一整套的有效机制。一项技术和一个产品要发展，必须同市场结合起来，没有市场需求的推动就难以发展。"[①] 2001 年 7 月 1 日，江泽民在庆祝中国共产党成立 80 周年大会上的讲话中指出："科学技术是第一生产力，而且是先进生产力的集中体现和主要标志。科学技术的突飞猛进，给世界生产力和人类经济社会的发展带来了极大的推动。"要"始终注意把发挥我国社会主义制度的优越性，同掌握、运用和发展先进的科学技术紧密地结合起来，大力推动科技进步和创新，不断用先进科技改造和提高国民经济，努力实现我国生产力发展的跨越。这是我们党代表中国先进生产力发展要求必须履行的重要职责。"[②] 这是立足时代发展的新的判断，中国开始探索建立创新体系，并以此铺就民族复兴之路。

创新的形式主要有三种，分别是理论创新、制度创新和科技创新。

（1）理论创新。理论引导实践，它既是社会发展的强大动力，也是社会进步的重要标志。一个民族要想站在科学之巅峰，就离不开理论创新，缺乏理论思维的跳跃，离开高屋建瓴的理论指引，任何实践创造都是空中楼阁。有创新理论的指导、推动、影响，我们建设社会主义就有了不竭的力量源泉。基于对马克思主义理论的运用和对实际问题的思考，江泽民提出了"三个代表"重要思想，形成了党在新时期的重要理论成果。

（2）制度创新。我国在社会主义公有制的制度框架下，从企业制度、分配制度、社会保障制度等各个方面进行了制度创新。当前，国内创新制度体系已初步建立，基本形成了社会主义市场经济体制格局。具体而言，一方面包含个人独资企业、合伙企业和公司等业态的现代企业体系已经确立，现代企业管理制度在大中型企业基本建立；另一方面，政府简政放权，给予了市场更多的调整空间，给予了企业更多的经营自主权，行政管理体制进一步得到优化，市场运作机制良性发展。总之，为了发展社会主义市场经济就需要不断进行制度创新，而这多层次、多方面的制度改革也

---

① 刘亚东：《重温毛泽东邓小平江泽民关于科技和创新的论述》，《科技日报》2006 年 1 月 8 日。

② 江泽民：《在庆祝中国共产党成立八十周年大会上的讲话》，人民出版社，2001，第 24 页。

能服务于现实困难的解决。离开了制度创新，国家缺乏活力，社会发展就没有出路。

（3）科技创新。江泽民指出知识创新、技术创新跟高新技术产业化是当今国际竞争的核心要素。增强我国的科技创新能力是为经济社会发展注入新活力的重要举措，通过对知识、智力资源的有效配置和运用，能够充分发挥科技推动产业发展的能动力。[①] 要提高科技持续创新能力，就要按照有所为、有所不为的原则，区分出重点方面和关键领域，针对现实问题制定不同的发展战略。在此基础上，不论重点还是难点都要总体跟进，既要解决重点阻拦问题，又要突破难点攻关问题，把握发展方向后，再集中力量进行一一化解。江泽民提出我国要争取在基础性、战略性、关键性的技术领域实现自主创新，唯有如此，才能够在世界高科技领域中占有一席之地，才能够把潜在生产力变为现实生产力，不断提升我国的自主创新能力，强化自主知识产权。[②]

4. 胡锦涛创新思想史

以胡锦涛同志为核心的党中央领导集团高瞻远瞩，深刻意识到新一轮的科技革命与知识经济时代即将来临，要加快转变生产方式，发展创新事业，建设既与我国国情相符，又具有自身特色的自主创新型道路。2007年10月，胡锦涛在中共十七大上阐明科学发展观的内涵，强调要将创新型国家的建设与自主创新能力的提高作为国民经济发展的八个着力点之首；2009年12月，胡锦涛在视察广东珠海时，指出要着力推动由要素驱动的经济发展方式转变为由创新驱动的经济发展方式。2010年6月，在中科院院士大会上，胡锦涛指出要建设创新型国家，赢得发展先机和主动权，最根本的是要靠科技的力量，最关键的是要大幅提高自主创新能力；[③] 2010年10月，在党的十七届五中全会上，创新驱动首次成为我国国家层面的战略决策；2012年6月，在两院院士大会上，胡锦涛再次表明："坚定不移走中国特色自主创新道路，坚持自主创新、重点跨越、支撑发展、引领未

① 夏东民、陆树程：《江泽民创新思想研究》，甘肃人民出版社，2004。
② 黄苇町：《增强自主创新能力，建设创新型国家》，人民出版社，2006。
③ 《在中国科学院第十五次院士大会、中国工程院第十次院士大会上的讲话》，新浪网，2010年6月8日，http://news.sina.com.cn/o/2010-06-08/072617625652s.shtml。

来的方针，把推动科技创新驱动发展作为重要任务，……推动我国经济社会发展尽快走上创新驱动的轨道"；① 2012 年 11 月，党的十八大报告中指出要把科技创新作为核心动力来驱动经济社会发展，创新驱动正式成为国家发展战略。这是我们党在总结当代经济发展特征尤其是经济发展变化规律及我国未来经济的发展特点和变化而做出的战略部署，是被实践证明的正确的历史选择。

5. 习近平创新思想史

十八大以来，习近平总书记从全局性和战略性的高度，在全国各地考察、调研、学习过程中，高屋建瓴地提出了一系列创新驱动的新思想、新观点、新论断。其中既阐述了中央总体决策，又涵盖了地方具体措施，集中体现了我们党对世界科技创新局势的深刻认识、对我国所处的发展阶段以及科技发展规律的准确把握，为顺利实现创建创新型国家的目标和中国梦指明了道路和方向。

（1）科技创新引领

我国的科技发展日新月异，科技发展不仅为我国的经济社会发展提供基础，更是进一步地提高我国综合国力与国际地位的关键，实施创新驱动战略应当也必须毫不动摇。"十三五"规划建议要"发挥科技创新在全面创新中的引领作用，……重视颠覆性技术创新"；② 十八大报告明确提出要将科技创新"摆在国家发展全局的核心位置"；习近平同志表示科技创新已经成为提高综合国力的关键支撑，是引领社会发展的牛鼻子，牵住牛鼻子，下好科技创新这步先手棋，就可以抢占先机、赢得优势。

创新驱动战略适应我国经济发展的新要求。从国际上来看，在新一轮的科技革命中各国争取主动权的关键在于科技创新的发展，美国曾明确指出"科技创新的支持是经济竞争力的关键"，欧盟则是力图创建新型欧洲，探索复兴之路；从国内来看，改革开放后中国的发展日益迅猛，但如今也面临着人口红利日益消失、环境资源矛盾日益凸显的等问题，转化生产方

① 《时代的选择　历史的传承——重温毛泽东邓小平江泽民胡锦涛关于科技创新的论述》，《科技日报》2012 年 7 月 20 日。

② 杨承训：《发挥科技创新在全面创新中的引领作用》，《人民日报》2016 年 2 月 24 日。

式、走科技创新之路成为当下的选择。2013 年 11 月习近平同志考察湖南时提出解决发展瓶颈的根本出路在于创新，在于靠科技的力量，要加快向创新驱动发展的转变。2013 年 7 月，习近平考察中国科学院时强调："科技兴则民族兴，科技强则国家强，要……增强科技创新活力，集中力量推进科技创新，真正把创新驱动发展战略落到实处。"①

（2）政府承担创新服务

发动创新驱动"新引擎"需要友好的创新环境。随着全球化进程的加快，世界各国纷纷制定创新战略部署，美国制定《创新战略》，在国家发展战略上强化创新；韩国制定《2025 年构想》，确立 2015 年成为亚太地区主要研究中心的目标；日本出台《数字日本创新计划》，逐渐进入科技立国阶段。在各发达国家的战略部署前，中国必须增强危机意识，坚定不移实施创新驱动战略，努力为创新驱动战略提供良好的创新环境。创新驱动战略势在必行，政府创新职能转换刻不容缓。

政府要转变履行创新职能的方式方法与机制体制，放松管理的手，举好政策的旗，铺垫创新之路。十三五规划指出要"推动政府职能从研发管理向创新服务转变，……坚持战略和前沿导向，集中支持事关发展全局的基础研究和共性关键技术研究"。② 习近平在中央财经领导小组第七次会议上表明政府科技管理体制的改革要以转变职能为目标，在中国科学院考察时强调要"深化科技体制改革，增强科技创新活力，集中力量推进科技创新，真正把创新驱动发展战略落到实处"。③《中共中央国务院关于深化体制机制改革加快实施创新驱动发展战略的若干意见》直接表明"到 2020 年，基本形成适应创新驱动发展要求的制度环境和政策法律体系，为进入创新型国家行列提供有力保障"。④ 政府职能的转变与国家政策的出台，将进一步为创新驱动战略保驾护航。

---

① 李斌：《深化科技体制改革增强科技创新活力　真正把创新驱动发展战略落到实处》，《中国科学报》2013 年 7 月 18 日。

② 《"十三五"规划建议（三）坚持创新发展，着力提高发展质量和效益》，财新网，2015 年 11 月 4 日，http：//topics.caixin.com/2015-11-04/100869784.html。

③ 《习近平在中科院考察时强调深化科技体制改革》，中国经济网，2013 年 7 月 18 日，http：//www.ce.cn/macro/more/201307/18/t20130718_ 24583810.shtml。

④ 《综述：夯实创新驱动的政策和制度环境》，新华网，2015 年 4 月 29 日。http：// news.xinhuanet.com/fortune/2015-04/29/c_ 1115129661.htm。

（3）企业是创新主体

企业是经济活动的主体，要深刻认识到技术创新本质上是一个经济过程，只有以企业为主体，才能坚持市场导向，反应市场需求。"十三五"规划指出要"强化企业创新主体地位和主导作用，……形成一批有国际竞争力的创新型领军企业，支持科技型中小企业发展"，发挥企业的市场主体地位，创新也是企业长期发展的必要渠道和必要手段。习近平在考察康威视数字技术股份有限公司时指出，企业持续发展之基、市场制胜之道在于创新，各类企业都要把创新牢牢抓住，不断增加创新研发投入，加强创新平台建设，培养创新人才队伍，促进创新链、产业链、市场需求有机衔接，争当创新驱动发展先行军，只有创新才可以抢占市场先机。更进一步地，要充分认识到只有具备健全的法律法规、具有良好的政策保障、具有开放公平的市场环境，才能进一步发挥企业的创新主导作用。

（4）人才是创新根基

创新驱动的根本在于人才，经济的最终发展程度取决于智力与技术。舒尔茨表示"经济发展主要取决于人的质量，而不是自然资源的丰瘠或者资本存量的多寡"，因此要优化创新生态，必须仅仅抓住"人"这一最具有决定性的因素，培养人才的创新意识，激发他们的创新潜能。十二届全国人大三次会议中，习近平指出创新驱动从实质上看是人才驱动，能否拥有科技创新的主导权主要在于是否具备一流的创新人才。要择天下英才而用之，要加大创新人才引进力度并不断完善相应引进政策，集聚一批站在行业科技前沿、具有国际视野和能力的领军人才。[①] 要破除体制机制障碍，充分保障科研人员的合理权益，调动科学家和科技人员、企业家、技能型人才和大众创新创业者等各类人才的积极性，形成人才辈出、人尽其才的良好局面。要鼓励人才爱国家、讲奉献，在为国奉献中实现创新价值，把科技成果应用在实现国家现代化的伟大事业中，把人生理想融入为实现中华民族伟大复兴中国梦的奋斗中。

以习近平为代表的领导集体提出的创新驱动发展战略思想见表4-1。

---

① 《创新驱动要以人才开发为基点》，光明网，2016 年 7 月 26 日，http：//theory. gmw. cn/
2016-07/26/content_ 21135639. htm。

表 4-1 以习近平为代表的领导集体所提出的创新驱动发展战略思想

时间	主要事件	代表性观点	突出贡献
2006 年 3 月 22 日	浙江省自主创新大会	建设创新型省份，聚集创新要素，激活创新资源，转化创新成果	
2007 年 4 月 19 日	上海市科学技术奖励大会	强化创新体系建设，提升企业自主创新力；强化创新环境建设，营造创新氛围；强化创新人才建设，培育高素质人才	紧扣发展，牢牢把握正确方向。强化激励，大力集聚创新人才。深化改革，建立健全体制机制。扩大开放，全方位加强国际合作
2009 年 9 月 20 日	全国科普日活动	弘扬创新驱动战略，奠定群众基础	
2010 年 3 月 29 日	中瑞企业合作与创新论坛	推动合作创新实现互利共赢	
2012 年 11 月 16 日	《认真学习党章，严格遵守党章》	及时将党的实践、理论、制度创新总结到党章中，推动党的长远建设	
2012 年 11 月 17 日	《紧紧围绕坚持和发展中国特色社会主义学习宣传贯彻党的十八大精神》	坚持以实践基础上的理论创新推动制度创新，构建科学规范的制度体系	
2012 年 12 月 7~11 日	广东调研考察	加快完善创新机制，推进科技、企业、产品、市场、品牌等的创新，聚集创新人才，推动科技与经济的紧密结合	
2012 年 12 月 15 日	广东考察创新型企业	鼓励创新技术发展，重视创新人才集聚	
2013 年 2 月 2~5 日	甘肃调研考察	创新驱动发展战略是大势所趋，以科技创新为核心，以人才创新为关键，要增强企业主体的创新竞争力	

续表

时间	主要事件	代表性观点	突出贡献
2013 年 3 月 4 日	全国政协十二届一次会议科协、科技界委员联组讨论	加快要素驱动向创新驱动的转变，发挥科技创新的引领支撑作用	
2013 年 5 月 4 日	同各界优秀青年代表座谈	青年应勇于创新创造，要充分调动这一最具有活力与创造力的群体	
2013 年 5 月 14 日	天津视察	科技创新是提高社会生产力和综合国力的战略支撑，必须摆在发展全局的核心位置	
2013 年 7 月 18 日	中国科学院考察	树立创新自信，营造社会创新氛围，实现人尽其才、才尽其用、用有所成	深化科技体制改革，增强科技创新活力，集中力量推进科技创新，真正把创新驱动发展战略落到实处
2013 年 8 月 19~20 日	全国宣传思想工作会议	将创新重心放在基层一线，促进理念、手段、基层工作创新	
2013 年 9 月 7 日	哈萨克斯坦纳扎尔巴耶夫大学演讲	创新合作模式共同建设"丝绸之路经济带"	
2013 年 9 月 30 日	中央政治局第九次集体学习	创新驱动是形势所迫，要搞好创新就要促进高新技术的发展与高端人才的培养	实施创新驱动发展战略决定着中华民族的前途和命运。全党全社会都要充分认识科技创新的巨大作用，敏锐把握世界科技创新发展趋势
2013 年 10 月 7 日	亚太经合组织工商领导人峰会，《深化改革开放 共创美好亚太——在亚太经合组织工商领导人峰会上的演讲》	亚太地区应推动创新发展，要提高创新能力，培育新兴产业，发掘经济增长动力，构建以企业为主体、市场为导向、产学研相结合的创新体系	

续表

时间	主要事件	代表性观点	突出贡献
2013 年 10 月 21 日	欧美同学会成立一百周年庆祝大会上讲话	在国际竞争中，唯创新者进，唯创新者强，唯创新者胜	
2013 年 11 月 6 日	湖南考察	经济发展要突破瓶颈、解决深层次矛盾和问题，根本出路在于创新，关键是要靠科技力量	
2013 年 11 月 25 日	山东考察	企业是创新主体，掌握一流技术，传统产业也可以变为朝阳产业	
2014 年 1 月 6 日	会见嫦娥三号人物参研参试人员代表	创新是一个民族进步的灵魂，是一个国家兴旺发达的不竭源泉，也是中华民族最鲜明的民族禀赋	
2014 年 3 月 4 日	全国政协十二届一次会议科协、科技界委员联组会	创新驱动战略意义重大，要变"要我创新"为"我要创新"，促进创新链、产业链、市场需求有机衔接	
2014 年 3 月 6 日	两会	发展最终出路在于创新，要增强创新自信、营造创新文化环境	
2014 年 4 月 1 日	中欧会谈	放弃改革创新就会走进死胡同	
2014 年 5 月 9~10 日	河南考察调研	推动经济发展方式转变与结构调整，实现"两个一百年"奋斗目标，必须要实施创新驱动战略	
2014 年 5 月 11 日	河南考察调研	解决发展瓶颈的根本出路在创新，要构建技术创新体系和加强人才队伍建设，推动中国制造向中国创造转变	

时间	主要事件	代表性观点	突出贡献
2014 年 5 月 23 日	亚信上海峰会后考察上海	牵科技牛鼻子	
2014 年 5 月 24 日	上海考察调研	谁牵住了科技创新这个牛鼻子，谁走好了科技创新这步先手棋，谁就能占领先机、赢得优势	
2014 年 6 月 3 日	2014 年国际工程科技大会	将创新驱动发展战略作为国家重大战略	
2014 年 6 月 9 日	中国科学院第十七次院士大会、中国工程院第十二次院士大会	深化科技体制改革，建立健全国家创新体系，将人才资源开发放在科技创新最优先的位置，注重培育一线创新人才与青年科技人才	我国科技发展的方向就是创新、创新、再创新。要坚定不移走中国特色自主创新道路，坚持自主创新、重点跨越、支撑发展、引领未来的方针，加快创新型国家建设步伐
2014 年 8 月 18 日	主持召开中央财经领导小组第七次会议	创新驱动战略是以科技和人才为核心的全面创新战略，要推动高新技术发展，聚集创新人才，全方位加强国际合作；随要素质量不断提高，经济增长将更多依靠人力资本质量和技术进步，必须让创新成为驱动发展新引擎	创新始终是推动一个国家、一个民族向前发展的重要力量。我国是一个发展中大国，必须把创新驱动发展战略实施好
2014 年 8 月 29 日	中共中央政治局第十七次集体学习	坚定不移走军民融合式创新之路，在更广范围、更高层次、更深程度上把军事创新体系纳入国家创新体系之中，实现两个体系相互兼容同步发展，使军事创新得到强力支持和持续推动	

时间	主要事件	代表性观点	突出贡献
2014 年 10 月 15 日	文艺工作座谈会	创新是文艺的生命。要把创新精神贯穿文艺创作生产全过程，增强文艺原创能力	
2014 年 10 月 27 日	中央深改组第六次会议	要从健全国家创新体系、提高全社会创新能力的高度，通过深化改革和制度创新，把公共财政投资形成的国家重大科研基础设施和大型科研仪器向社会开放，使之更好地为科技创新服务、为社会服务	
2014 年 11 月 6 日	中央财经领导小组第八次会议	以创新思维办好亚洲基础设施投资银行和丝路基金	
2014 年 11 月 9 日	APEC 工商领导人峰会	从要素驱动、投资驱动转向创新驱动是新常态的一大特点	
2014 年 11 月 11 日	APEC 峰会	8 次提及创新驱动力	
2014 年 11 月 19 日	首届世界互联网大会	互联网成为创新驱动发展的先导力量	
2014 年 12 月 9 日	中央经济工作会议	推进改革创新，加快转变经济发展方式，切实转换经济发展动力，在新历史起点上开创经济社会发展新局面	
2014 年 12 月 13 日	江苏考察调研	经济持续健康发展必须依靠创新驱动，要不断提高科技进步对经济增长的贡献度	
2015 年 1 月 21 日	云南调研考察	在推动产业升级与加快基础设施建设上下功夫，深化改革开放，提高创新能力	

续表

时间	主要事件	代表性观点	突出贡献
2015 年 2 月 10 日	中央财经领导小组第九次会议	着力破除制约创新驱动发展的体制机制障碍，完善政策和法律法规，创造有利于激发创新活力的体制环境	
2015 年 2 月 14 日	陕西考察调研	党能够历经考验磨难无往而不胜，关键就在于不断进行实践创新和理论创新	
2015 年 3 月 5 日	十二届全国人大三次会议上海代表团审议	深入实施创新驱动战略，全方位创新，形成以创新为主要引领支撑的经济体系与发展模式	抓创新就是抓发展，谋创新就是谋未来。适应和引领我国经济发展新常态，关键是要依靠科技创新转换发展动力
2015 年 5 月 25 日	哈尔滨市考察高新技术企业和科研单位	实施创新驱动发展战略，要着力构建以企业为主体、市场为导向、产学研相结合的技术创新体系	
2015 年 5 月 26 日	浙江杭州高新区视察	企业持续发展之基、市场制胜之道在于创新	
2015 年 5 月 29 日	华东七省市党委主要负责同志座谈会	推进经济结构性战略调整，将创新放在更加突出的位置，深化改革开放，为经济持续健康发展提供强大动力	综合国力竞争说到底是创新的竞争。要加快形成以创新为主要引领和支撑的经济体系和发展模式
2015 年 6 月 16~18 日	贵州视察调研	把创新作为引领发展的第一动力，把人才作为支撑发展的第一资源，把创新摆在国家发展全局的核心位置，全方位创新	要大力推进经济结构性战略调整，把创新放在更加突出的位置
2015 年 7 月 17 日	长春召开部分省区党委主要负责同志座谈会	抓创新就是抓发展，谋创新就是谋未来。不创新就要落后，创新慢了也要落后	

续表

时间	主要事件	代表性观点	突出贡献
2015 年 7 月 17 日	吉林视察调研	要大力推进创新驱动发展，下好创新这步先手棋，激发调动全社会创新创业活力，加快形成以创新为主要引领和支撑的经济体系	
2015 年 10 月	《中共中央关于制定国民经济和社会发展第十三个五年规划的建议》	提高创新能力，必须夯实自主创新的物质技术基础，加快建设以国家实验室为引领的创新基础平台	
2015 年 10 月 19 日	全国首个"双创周"在中关村国家自主创新示范区展示中心启动	大众创业、万众创新成为一种新的生活方式，创新创造与市场规则相融合，积聚起中国经济新的澎湃动力	
2015 年 10 月 25～29 日	十八届五中全会召开	创新发展被确立为"十三五"必须坚持的五大发展理念之首，"必须把创新摆在国家发展全局的核心位置"，"让创新贯穿党和国家一切工作，让创新在全社会蔚然成风"	创新被提及 27 次
2015 年 11 月 15 日	创新增长路径，共享发展成果	世界经济长远发展的动力源自创新	发挥创新引领发展第一动力作用，实施一批重大科技项目，加快突破核心关键技术，全面提升经济发展科技含量，提高劳动生产率和资本回报率
2015 年 11 月 18 日	亚太经合组织工商领导人峰会	实施创新驱动发展战略，发挥创新激励经济增长的乘数效应，破除体制机制障碍，使市场真正成为配置创新资源的决定性力量，企业真正成为技术创新主体	

续表

时间	主要事件	代表性观点	突出贡献
2015 年 12 月 18 日	中央经济工作会议	坚持创新驱动，推动产学研结合和技术成果转化，强化对创新的激励和创新成果应用，加大对新动力的扶持，培育良好创新环境	
2015 年 12 月 25 日	视察解放军报社	内容创新是新闻媒体的根本	
2016 年 1 月 18 日	省部级主要领导干部学习贯彻十八届五中全会精神专题研讨班开班式	实施创新驱动发展战略，抓住了创新，就抓住了牵动经济社会发展全局的"牛鼻子"，抓创新就是抓发展，谋创新就是谋未来	
2016 年 3 月 18 日	习近平听取北京冬奥会和冬残奥会筹办工作情况汇报	将筹办冬奥会、冬残奥会作为推动京津冀协同发展的重要抓手，推动体制创新、机制创新、管理创新和政策创新	
2016 年 4 月 19 日	网络安全和信息化工作座谈会	鼓励和支持企业成为研发主体、创新主体、产业主体，推动核心技术自主创新，创造和把握更多机会，参与国际竞争，拓展海外发展空间	
2016 年 4 月 24 日	首个"中国航天日"	要抓住战略机遇，坚持创新驱动发展，勇攀科技高峰，谱写中国航天事业新篇章	
2016 年 4 月 26 日	在安徽合肥主持召开知识分子、劳动模范、青年代表座谈会	在日益激烈的国际竞争中必须把创新摆在国家发展全局的核心位置	
2016 年 5 月 6 日	就深化人才发展体制机制改革做出重要指示	要着力破除体制机制障碍，向用人主体放权，为人才松绑，让人才创新创造活力充分迸发，使各方面人才各得其所、尽展其长	

续表

时间	主要事件	代表性观点	突出贡献
2016 年 5 月 30 日	全国科技创新大会	在我国发展新的历史起点上，要把科技创新摆在更加重要位置，吹响建设世界科技强国的号角	不创新不行，创新慢了也不行
2016 年 6 月 3 日	参观国家"十二五"科技创新成就展	全国广大科技工作者要把科技创新摆在更加重要的位置，实施好创新驱动发展战略	
2016 年 7 月 1 日	习近平在庆祝中国共产党成立 95 周年大会上的讲话	确定全面深化改革总目标，要勇于推进理论创新、实践创新、制度创新以及其他各方面创新	
2016 年 7 月 20 日	宁夏考察	越是欠发达地区，越需要实施创新驱动发展战略	
2016 年 7 月 23 日	习近平致信祝贺中国地质博物馆建馆 100 周年	科技创新、科学普及是实现创新发展的两翼	
2016 年 11 月 20 日	《面向未来开拓进取促进亚太发展繁荣》	改革创新是通往长久繁荣的必由之路。要坚定不移打造改革创新格局，把改革创新摆在突出位置，推进经济结构改革，为亚太引领世界经济创造动力	
2016 年 11 月 30 日	文联十大、作协九大开幕式	鼓励文艺工作者要勇于创新创造，用精湛的艺术推动文化创新发展	
2016 年 12 月 5 日	中央全面深化改革领导小组第三十次会议	开展知识产权综合管理改革试点，紧扣创新发展需求，发挥专利等知识产权的引领作用，探索支撑创新发展的知识产权运行机制	
2016 年 12 月 20 日	会见天宫二号和神舟十一号载人飞行任务航天员及参研参试人员代表	创新驱动发展战略，是决定我国发展未来的重大战略，只有不断创新，中华民族才能更好地走向未来	

续表

时间	主要事件	代表性观点	突出贡献
2016 年 12 月 28 日	对神华宁煤煤制油示范项目建成投产作重要指示	转变经济发展方式、调整经济结构，推进供给侧结构性改革、构建现代产业体系，必须大力推进科技创新，加快推动科技成果向现实生产力转化	
2016 年 12 月 30 日	中央全面深化改革领导小组第三十一次会议	要从我国改革发展实践中提出新观点、构建新理论，加强对实践经验的总结，推动创新驱动战略的发展	
2016 年 12 月 31 日	对上海自贸试验区建设作重要指示	自贸区要继续推进制度创新，要继续解放思想，勇于突破，逐渐将制度创新的成果进行推广	
2017 年 1 月 10 日	出席国家科学技术奖励大会	把创新摆在国家发展全局的核心位置，以新发展理念为引领，以供给侧结构性改革为主线，深入实施创新驱动发展战略，加快培育壮大新动能、改造提升传统动能，推动经济保持中高速增长、迈向中高端水平	
2017 年 1 月 17 日	世界经济论坛开幕式演讲	坚持创新驱动、坚持协同联动、坚持与时俱进、坚持公平包容	

资料来源：根据网络上相关报道整理汇总而得。

三 创新驱动发展战略的哲学探讨

1. 创新驱动论的实践观

实践是人能动地改造和探求现实世界的对象性活动，具有客观真实性和物质性。实践是认识的来源，是认识发展的根本动力，也是检验认识正确与否的唯一标准。[1] 实践与认识辩证统一的关系，要求人们把理论

---

[1] 肖前主编《马克思主义哲学原理》，中国人民大学出版社，1994。

与实践紧密相连，在实践中检验和发展理论，要一切从实际出发，实事求是。实事，就是一切从实际出发，是"求是"的物质基础，"就是客观存在着的一切事物，……我们要从国内外、省内外、县内外、区内外的实际情况出发"。①

自新中国成立，我国在总结国内外的发展经验中逐渐意识到科技是第一生产力，创新是一个民族发展的不竭动力，并据此提出了相关的发展战略。十八大提出的创新驱动发展战略，"是立足全局、面向未来的重大战略，是加快转变经济发展方式、破解经济发展深层次矛盾和问题、增强经济发展内生动力和活力的根本措施"，是在实践的基础上提出的战略决策。一方面，基于全球视角，创新驱动已是时代趋向。科技革命的兴起已经促使各国将创新驱动作为其立足于世界前列的战略支撑。另一方面，基于国内视角，创新驱动是形势所迫。我国社会发展尚未达到有效协调和可持续发展的层面，人口、资源以及环境问题日益严重。要从根本上解决这些问题，必须依靠创新驱动，同时，打破我国处于全球价值链低端、转变我国经济发展方式，也要求将创新驱动发展战略作为切入点。

创新驱动发展战略的实施是从实践到认识，再从认识到实践的不断循环、上升和深入的过程。创新驱动发展战略的形成和提出不是一蹴而就，而是经过不断实践总结出来的。明确提出创新发展的当属邓小平，邓小平同志在分析国内外情况的基础上创造性地做出了改革开放的伟大决策，实现了根本上的体制创新；江泽民同志更加注重科技创新在社会发展中所发挥的作用，并强调，理论创新推动着科技、文化、制度等其他各方面的创新，要通过实践不断探索理论发展，永不自满、永不懈怠；胡锦涛同志指出，"科学技术迅猛发展深刻改变着经济发展方式，创新成为解决人类面临的能源资源、生态环境、自然灾害、人口健康等全球性问题的重要途径，成为经济发展的主要驱动力"，② 在实践的基础上提出要实现经济发展驱动力的转变，将创新驱动发展战略作为国家层面的战略决策；以习近平同志为代表的党中央不断坚定走创新驱动发展道路的意志与决心，为我国

---

① 《毛泽东选集》（第 3 卷），人民出版社，1991，第 801 页。
② 胡锦涛：《在中国科学院第十五次院士大会、中国工程院第十次院士大会上的讲话》，《科技管理研究》2010 年第 13 期。

经济发展明确了立足点并指引了新方向。从 2012 年在广东考察创新型企业，2013 年中国科学院考察，到 2013 年辽宁省参观考察，2013 年湖南省参观考察，2014 年上海亚信峰会后考察上海自由贸易区，他们的足迹遍布大江南北，从经济相对发达的北上广城市，到区域特征突出的中部和北部地区，他们结合了各个省（区、市）的发展实际，指出要突破自身的发展瓶颈，将创新驱动发展战略作为区域发展战略支点，从根本上清除经济发展中的障碍因素和矛盾问题，解决深层次的发展矛盾问题。在全球综合国力竞争中，正视现实、承认差距、密切跟踪、迎头赶上，这正是马克思主义实践观的深刻体现。[①]

2. 创新驱动论的运动观

运动是物质的根本属性和存在方式。无论是自然界、人类社会还是人的思维都是在不断运动、变化和发展的，各事物之间及其内部均存在相互依赖、相互影响、相互制约的关系，要求视事物为不断变化和运动着的，明确事物当前所处的发展阶段，准确把握其发展特征，弄清事物的发展动态与发展方向。

当前，创新驱动已经成了经济社会发展的根本动力，但创新驱动又必须依赖要素驱动与投资驱动，这充分体现出了事物与事物之间普遍联系的观点。早在 1912 年出版的《经济发展理论》一书中熊彼特就已深入讨论了技术创新对于经济发展所发挥的作用。随后，创新概念不断受到关注，从技术创新领域拓展到管理、制度、金融、市场、文化等各领域，而今又提出了商业模式创新，这种演进充分体现了与时俱进、运动变化发展的时代特征。以我国在创新方面的探讨为例子，从党的十四大报告指出"认真抓好引进先进技术的消化、吸收和创新"，[②] 党的十五大报告指出"科学技术是第一生产力，科技进步是经济发展的决定性因素"，[③] 党的十六大报告指出"创新是一个民族进步的灵魂，是一个国家兴旺发达的不竭动力，也

---

① 中共科学技术部党组：《创新决定前途命运》，《求是》2013 年第 8 期。
② 江泽民：《加快改革开放和现代化建设步伐　夺取有中国特色社会主义事业的更大胜利》，新华网，2004 年 4 月 29 日，http://news.xinhuanet.com/zhengfu/2004-04/29/content_1447497.htm。
③ 曲维枝：《贯彻十五大精神　加快科技进步的步伐》，《天津科技》1997 年第 6 期。

是一个政党永葆生机的源泉"，① 到十七大报告中指出"实践永无止境，创新永无止境"，② 再到党的十八大报告中关于创新驱动发展的论述，创新理论的表述越来越精确，创新驱动的步伐越来越快，越来越显现出了它顺应时势变化的特征。创新驱动发展战略的实施是一个不断推陈出新、革故鼎新的过程。习近平同志指出，在创新驱动发展过程中，要以创新精神来对待新事物，破除思想僵化，打破旧观念旧框架的束缚，不断进取开拓。创新系统要求我们能够与时俱进，"要深入实施创新驱动发展战略，推动科技创新、产业创新、企业创新、市场创新、产品创新、业态创新、管理创新等，加快形成以创新为主要引领和支撑的经济体系和发展模式"，③ 正是体现出了事物运动变化发展的观点。

3. 创新驱动论的矛盾观

事物发展与变化的动力源于矛盾双方对立统一的关系，而动力与其条件之间关系的哲学范畴则表现为内因和外因。内因是事物发展变化的根本原因，外因则是事物发展变化的外部条件。只有深刻了解事物发展的内因才能准确把握其本质和发展方向。但同时也要认识到，事物的发展不仅需要内因作为根本依据，也需要将其与其他事物之间存在的客观联系和作用作为事物发展的必要外部条件，内因外因共同作用于事物，推动其运动、发展、变化。

创新驱动发展战略的实施需要在一系列内外部因素共同作用下才能实现。21 世纪之初，江泽民同志在 2000 年 10 月指出"改革的实质是体制创新"，将体制创新作为国家发展的最本质因素；从 2007 年召开的中共十七大到 2012 年 7 月 6 日的全国科技创新大会、2012 年 9 月 19 日中国科学院开幕式再到 2012 年 12 月 30 日视察江苏，胡锦涛同志均强调了在创新型国家建设过程中要"深化科技体制改革，推进原始创新"，将体制改革作为提高创新力度的内在动因。此外，习近平总书记在关于创新驱动发展的论述中也特别强调"深化科技体制改革"，无论是在 2014 年 3 月 6 日召开的

---

① 齐世荣：《创新是国家兴旺发达的不竭动力》，《决策与信息》2006 年第 1 期。

② 王元龙、王思程：《十七大后的中国金融：改革、创新与完善》，《经济理论与经济管理》2007 年第 12 期。

③ 谭树森：《以习近平"创新论"引领经济新常态》，人民网，2015 年 9 月 17 日，http：//finance.people.com.cn/n/2015/0917/c1004-27597093.html。

两会上，还是 2014 年 6 月 9 日在中国科学院院士大会上，均高度强调了深化改革开放、加大创新驱动发展力度的现实紧迫性。这些观点充分体现出内因是事物变化发展的根本原因的观点，要改动内因进而推动事物发展。习近平同志还进一步强调科学技术是世界性的、时代性的，不能固步自封，[①] 发展科学技术必须具有全球视野，充分利用全球创新资源，有选择、有重点地参与国际大科学装置和科研基地及其中心的建设和利用，重视加强科技开放合作，开展中美创新对话、中欧创新对话等，凡此种种都凸显了外部环境变化对科技创新的重要影响，表明在推动创新驱动发展的过程中既要侧重内在因素，也要注意外在因素。

4. 创新驱动论的物质意识观

马克思主义的物质意识观表明世界的本源是物质的，客观实在性是物质的唯一特性。物质决定意识，要求我们一切从实际出发，既要尊重客观规律，也要发挥主观能动性。事物的本质与规律往往隐藏于现象之中，人们只有充分发挥主观能动性，运用抽象思维能力，才能透过事物现象解释事物的本质和规律。同时，人们在认识和改造世界的活动中面临各种困难与挫折，需要有坚强的意志和十足的干劲才能有所建树，这也依赖于主观能动性的发挥。

创新驱动论强调要尊重事物发展的客观规律，这一点既表现为对社会主义市场经济理论的继承与发展，又在实践中具化为一系列可行的政策。实施创新驱动首先要从根本内在入手，即从体制改革入手，遵循事物发展的客观规律，循序渐进。在 1995 年 5 月 26 日全国科技大会上，江泽民强调"科学研究来不得半点虚假，必须以求实的态度，尊重客观规律，探索真理"，[②] 重点突出了在创新过程中要求真务实；在 2008 年 12 月 19 日视察水电公司时江泽民指出，创新也要提倡理性探索，尊重科学、尊重客观规律，谋而有为，创而有道；[③] 在 2007 年 12 月 20 日的月球探测庆功会上，胡锦涛表明，"要始终尊重科学、尊重客观规律，树立正确政绩观，善于

---

① 蔡永海、翟家铭：《论科技创新是实现中国梦的战略核心力量》，《吉林师范大学学报》（人文社会科学版）2014 年第 1 期。

② 刘振明：《江泽民科技伦理思想探析》，《道德与文明》2002 年第 5 期。

③ 《培育创新文化 引领加快发展》，新浪财经，2008 年 12 月 19 日，http://finance.sina.com.cn/hy/20081219/19115661702.shtml。

借鉴前人经验，大胆探索创新，以科学的精神、科学的理念、科学的方法、科学的机制推动工作，不断取得实实在在的成效"，① 在 2014 年 7 月 8 日的经济专家座谈会上，习近平强调要"自觉认识和更好遵循经济发展规律，不断提高推进改革开放、领导经济社会发展、提高经济社会发展质量和效益的能力和水平"。② 从实际出发、尊重客观规律是我国我党在实践创新驱动发展过程中所坚持和倡导的，是马克思主义物质观在新时期的体现。

创新驱动战略也高度强调了要"树立创新自信"。在 1999 年 8 月 23 日全国技术创新大会上，江泽民表示"创新精神，是我们民族几千年来生生不息、发展壮大的重要动力"，鼓励中华儿女要迎难而上、积极进取，要树立良好的信心和理念；③ 在 2008 年 12 月 15 日的辽宁视察中，面对经济危机，胡锦涛鼓励企业家要"增强信心，开动脑筋，巩固传统市场，开拓新兴市场，加大产品研发力度，积极培育自主品牌，最大限度地减轻国际金融危机给企业造成的不利影响"；④ 在 2013 年 7 月 17 日的中国科学院考察工作中，习近平突出强调"要敢于质疑现有理论，勇于开拓新的方向"，⑤ 强调了人的主观能动性的作用；在 2014 年 3 月 4 日全国政协十二届一次会议讨论中，习总书记指出要进一步突出企业的技术创新主体地位，变"要我创新"为"我要创新"，加强科技人才队伍建设。从个人、企业、科研院所到国家，创新所体现出的是不同创新主体的协同合作所发挥的主观能动性的影响，特别是要把"人力资源开发放在科技创新最优先的位置"，⑥ 凸显人的主观能动性对认识世界、改造世界的作用。这与马克思主义的物质意识观是一脉相承的。

创新驱动思想的发展历程如表 4-2 所示。

---

① 本报评论员：《必须坚持弘扬求真务实精神》，《光明日报》2007 年 12 月 20 日第 001 版。
② 洪银兴：《改革开放实践丰富和发展了当代中国马克思主义政治经济学》，《政治经济学评论》2016 年第 1 期。
③ 郑社奎：《着力推进农业科技创新体系建设》，《光明日报》2002 年 2 月 4 日。
④ 《胡锦涛到辽宁考察工作　勉励干部群众坚定信心》，江苏科技大学新闻网，2008 年 12 月 15 日，http://hbd.just.edu.cn/news/times/news1000011155.html。
⑤ 习近平：《科技界要敢于质疑现有理论》，新浪新闻，2013 年 7 月 18 日，http://news.sina.com.cn/c/2013-07-18/101927703078.shtml。
⑥ 周晓敏：《习近平同志科技思想初探》，《毛泽东思想研究》2016 年第 1 期。

表 4-2 创新驱动思想史时间轴整理

代表人物	著作（成果）	核心观点
马克思、恩格斯	《资本论》	科学技术进步促进社会生产力和劳动生产率的提高
	《剩余价值理论》《1857-1858年经济学手稿》《马克思恩格斯全集》	创新是人类的类本质，科技创新是人类的一种社会性劳动
列宁	《列宁全集》	发展科学技术，通过技术创新，创造出比资本主义更高的劳动生产率
熊彼特	《经济发展理论》	创新是将生产要素的"新组合"引入生产体系，是一种创造性破坏过程，新产品的出现将导致旧产品的淘汰
彼得·德鲁克	《创新与企业家精神》	创新就是改变资源的产出或者说改变资源给予消费者的价值或者满足的行为，最终实现产品的经济价值
爱德温·曼斯菲尔德	《技术变化与市场结构：经验研究》	分析新技术在同一部门内推广的速度和影响其推广的各种经济因素的作用，并建立了新技术推广模式
莫尔顿·卡曼	《竞争条件下创新的时间性》《最大创新活动的竞争程度》《市场结构和创新》	探讨垄断竞争条件下的技术创新过程，提出了"技术创新与市场结构论"，即竞争激烈程度、企业规模和垄断程度与技术创新的正相关关系
兰斯·戴维斯 道格拉斯·诺斯	《制度变化与美国的经济增长》	研究制度的变革与企业技术创新、经济效益之间的关系，强调制度安排和制度创新对经济发展的重要性
弗里曼	《技术和经济运行：来自日本的经验》	将技术创新的主体从企业扩展到国家层面，建立了技术创新的国家创新系统理论
库克	《区域创新系统：全球化背景下区域政府管理的作用》	创新在由相互分工又相互关联的企业、科研院所、高等教育机构等构成的区域创新系统的支持下产生

续表

代表人物	著作（成果）	核心观点
哈罗德、多马	哈罗德-多马模型	国家的经济增长取决于物质资本积累，并且经济增长率与储蓄率、资本-产出比率分别呈现正相关、负相关的关系
索洛	索洛模型	技术进步是除资本与劳动力要素之外驱动经济增长的一大因素
波特	《竞争战略》	将国家竞争发展分为投资驱动、要素驱动、创新驱动和财富驱动四个阶段，创新驱动是最为关键的阶段
毛泽东	《毛泽东文集》	要依靠自身力量，推动科技创新事业发展
邓小平	《邓小平文集》	科学技术是第一生产力
江泽民	《江泽民文选》	创新是一个民族进步的灵魂，是国家兴旺发达的不竭动力
胡锦涛	《胡锦涛文选》	实行创新驱动战略，大幅度提高自主创新能力，建设创新型国家

第五章　我国省域创新驱动发展战略实施现状

　　当前，我国创新驱动发展已具备发力加速的基础。[①] 从创新需求上来看，经过长期的奋斗，我国的经济发展重心已由量转变为质，进入转型升级阶段，改善民生、国防建设等工作持续进行，由此对创新的内在需求愈来愈高。从创新基础来看，当前我国创新人才集聚效应逐渐凸显，科研体系日渐完善，科技、产业、工程的创新能力不断提升，创新驱动已具备良好基础。从创新空间来看，市场需求的多样化、个性化倾向与互联网时代的相互碰撞，为创新的量与质的提升提供了极大的发展空间。从创新保障上来看，中国以特色社会主义制度为建设路径，为创新驱动发展打造了一个政府与市场有机结合的资源配置环境，提供了创新所需的根本保障。

一　不断出台创新驱动政策法规文件

1. 出台科技创新政策法规文件，深化科技体制改革

　　2002 年以来，国家始终坚持"经济建设和社会发展依靠科学技术，科学技术工作面向经济建设和社会发展"的科技工作方针，[②] 以实施科技计划项目为切入点，提升科技项目建设质量。政府相继出台了一系列促进

[①] 中共中央国务院印发《国家创新驱动发展战略纲要》，《人民日报》2016 年 5 月 20 日第 001 版。

[②] 王汉坡：《科学技术与经济建设和社会发展》，《科技与法律》1993 年第 3 期。

科技创新发展的文件，明确大力推进科技创新能力、加强人才队伍建设的科技发展思路，为科技创新能力的提升奠定了良好的政策基础，科技创新环境明显改善。表5-1显示了2002年以来国家所颁布的部分政策法规文件。

表5-1　2002年以来国家科技创新政策法规一览表

文号	发文日期	标题
中华人民共和国主席令第71号	2002年6月29日	中华人民共和国科学技术普及法
中华人民共和国国务院令第358号	2002年8月3日	中华人民共和国商标法实施条例
中华人民共和国国务院令第368号	2002年12月28日	中华人民共和国专利法实施细则
中华人民共和国国务院令第395号	2003年12月2日	中华人民共和国知识产权海关保护条例
中华人民共和国国务院令第396号	2003年12月20日	国家科学技术奖励条例
中华人民共和国主席令第82号	2007年12月29日	中华人民共和国科学技术进步法（2007年修订）
科学技术部令第13号	2008年12月23日	关于修改《国家科学技术奖励条例实施细则》的决定
国科党组发〔2011〕1号	2011年2月17日	中共科学技术部党组关于深入贯彻落实科学发展观开创十二五科技工作新局面的意见
国科发政〔2011〕178号	2011年5月12日	关于进一步促进科技型中小企业创新发展的若干意见
国科发社〔2011〕279号	2011年7月15日	关于加快发展民生科技的意见
国科发计〔2011〕430号	2011年9月2日	国家科技支撑计划管理办法

文号	发文日期	标题
国科发财〔2011〕1540 号	2011 年 10 月 20 日	关于促进科技和金融界和加快实施自主创新战略的若干意见
国科发计〔2012〕86 号	2012 年 2 月 6 日	关于进一步加强国家科技计划项目（课题）承担单位法人责任的若干意见
国科发财〔2012〕739 号	2012 年 6 月 18 日	科技部关于进一步鼓励和引导民间资本进入科技创新领域的意见
中发〔2012〕6 号	2012 年 9 月 23 日	中共中央国务院关于深化体制改革加快国家创新体系建设的意见
国发〔2013〕4 号	2013 年 1 月 15 日	"十二五"国家自主创新能力建设规划
国科发火〔2013〕230 号	2013 年 2 月 7 日	创新型产业集群试点认定管理办法
国发〔2013〕8 号	2013 年 2 月 23 日	国家重大科技基础设施建设中长期规划（2012-2030 年）
国发〔2014〕49 号	2014 年 10 月 9 日	国务院关于加快科技服务业发展的若干意见
中发〔2015〕8 号	2015 年 3 月 13 日	中共中央国务院关于深化体制机制改革加快实施创新驱动发展战略的若干意见
国办发〔2015〕36 号	2015 年 5 月 4 日	国务院办公厅关于深化高等学校创新创业教育改革的实施意见
国发〔2015〕28 号	2015 年 5 月 8 日	国务院关于印发《中国制造 2025》的通知
国发〔2015〕32 号	2015 年 6 月 11 日	国务院关于大力推进大众创业万众创新若干政策措施的意见
国发〔2015〕53 号	2015 年 9 月 23 日	国务院关于加快构建大众创业万众创新支撑平台的指导意见
国发〔2015〕71 号	2015 年 12 月 18 日	国务院关于新形势下加强知识产权强国建设的若干意见

续表

文号	发文日期	标题
国发办〔2016〕35 号	2016 年 5 月 8 日	国务院办公厅关于建设大众创业创新示范基地的实施意见
	2016 年 5 月 19 日	中共中央国务院印发《国家创新驱动发展战略纲要》

资料来源：《国家科技创新政策法规》，http：//www. szsti. gov. cn/info/policy/cn。

从国家层面来看，2002 年我国科技部针对科技基础条件薄弱问题提出了"科技大平台"的设想，《中华人民共和国科学技术普及法》于 2002 年 6 月 29 日通过，高度强调可持续发展战略和科教兴国战略实施的重要性。2004 年出台的《2004-2010 年国家科技基础条件平台建设纲要》提出了国家科技基础条件平台建设的目标、任务和重点，2006 年发布的《国家中长期科学和技术发展规划纲要（2006-2020 年）》强调了科技创新对区域经济社会发展的支撑力度。2010 年第十七届五中全会定调"十二五"规划，明确指出应当重点支持企业研发与区域科技建设。2012 年 7 月 6~7 日，全国科技创新大会在北京召开，胡锦涛提出了要进一步推动发展更多依靠创新驱动，提高自主创新能力，进一步深化科技体制改革，完善人才发展机制，优化创新环境，扩大科技开放合作。《国家中长期科学和技术发展规划纲要（2006-2020）》明确指出，在接下来的 15 年中，我国科学技术之路的关键在于自主创新，也就是以建设创新型国家推动科技发展。2011 年 4 月 24 日，清华大学建校一百周年大会上胡锦涛指出："当今世界正处在大发展大变革大调整时期。世界多极化、经济全球化深入发展，世界经济格局发生新变化，综合国力竞争和各种力量较量更趋激烈，世界范围内生产力、生产方式、生活方式、经济社会发展格局正在发生深刻变革。特别是创新成为经济社会发展的主要驱动力，知识创新成为国家竞争力的核心要素。"[1] 在这种背景下，各国为掌握国际竞争主动权，纷纷把深度开发人力资源、实现创新驱动发展作为战略选择。[2]

---

[1] 《胡锦涛清华校庆讲话》，新浪新闻，2011 年 4 月 26 日，http：//www.china. com. cn/education/mingxiao/2011-04/26/content_ 22440781. htm。

[2] 李建平、李闽榕、赵新力主编《世界创新竞争力发展报告（2001~2012）》，社会科学文献出版社，2013。

2012 年 5 月 28 日，中国共产党中央政治局专题探讨了《研究深化科技体制改革　加快国家创新体系建设》，指出"建设创新型国家，加快转变经济发展方式，实现中国发展的战略目标，最根本的是要靠科技的力量，最关键的是要大幅提高自主创新能力"。[①] 2012 年 7 月全国科技创新大会明确提出了之后一个时期要从体制机制上保障创新型国家建设的总体思路，提出了要进一步推动发展更多依靠创新驱动，大力推动自主创新并提高其能力，积极扶持、培育并推进战略性新兴产业发展，进一步深化科技体制改革，完善人才发展机制，不断营造和改善创新环境，主动扩大科技开放合作。而中共十八大综合分析国内外发展大势、立足国情、面向未来，指出了未来综合国力和社会生产力的提高要以科技创新为核心战略支撑，要坚持走具有中国特色的自主创新的道路，放眼全球以全面科学地谋划、推动创新。要以增强创新驱动力为着力点，以构建完善现代产业发展新体系为着力点，以培育开放型经济发展的新优势为着力点，不断增强长期发展后劲。2012 年 9 月中共中央、国务院印发了《关于深化科技体制改革加快国家创新体系建设的意见》，提出了充分认识深化科技体制改革、加快国家创新体系建设的重要性和紧迫性。[②] 十八大会议后第一次召开的中央经济工作会议也指出要加大经济结构调整力度，提高经济增长质量和效益。2013 年 1 月国务院办公厅颁布了《关于强化企业技术创新主体地位全面提升企业创新能力的意见》，明确要求以深入实施国家技术创新工程为重要抓手，全面提升企业技术创新能力，支撑创新驱动战略实施和创新型国家建设。[③] 这表明提高经济增长质量和效益是中国未来经济增长的主体，实现经济增长从要素驱动转向创新驱动已经成为中国未来经济增长的主要任务。2013 年 11 月十八届三中全会召开，创新驱动增强新动力成了焦点话题，强调应该以"创新驱动发展"推进科技进步以及各项改革开放事业的发展。

2. 各省份在"十三五"规划纲要中重点突出创新驱动发展战略

各省份在"十二五"规划纲要完成的基础上，在"十三五"规划纲要中依然着重突出创新驱动发展战略的实施。具体如表 5-2 所示。

① 《研究深化科技体制改革　加快国家创新体系建设》，《人民日报》2012 年 5 月 29 日第 001 版。
② 《中共中央、国务院关于深化科技体制改革　加快国家创新体系建设的意见》，《中国科技产业》2012 年第 10 期。
③ 马光远主编《中国创造力报告（2012~2013）》，社会科学文献出版社，2013。

表 5-2　"十三五"规划纲要中各省区市所罗列的关于创新驱动发展的主要内容

地区	目标	发展理念	主要内容
北京	创新驱动发展成效显著。创新驱动发展战略深入实施，全要素生产率显著提高。科技与经济深度融合，创新要素配置更加高效，重点领域和关键环节核心技术取得重大突破，自主创新能力全面增强，迈进创新型国家和人才强国行列	创新是引领发展的第一动力。必须把创新摆在国家发展全局的核心位置，不断推进理论创新、制度创新、科技创新、文化创新等各方面创新，让创新贯穿党和国家一切工作，让创新在全社会蔚然成风	实施创新驱动发展战略。①强化科技创新引领作用（推动战略前沿领域创新引领支撑，打造区域创新高地，提升创新基础能力）；②深入推进大众创业万众创新（建设创业创新公共服务平台，全面推进改革、完善创业创新的体制机制（深化管理体制改革，构建普惠性创新支持政策体系）；③构建激励创新的体制机制（深化管理体制改革，构建普惠性创新支持政策体系）；④实施人才优先发展战略，促进人才优化配置，营造良好的人才发展环境（建设规模宏大的人才队伍，营造大力促进消耗升级、扩大有效投资，培育出口新优势）；⑤拓展发展动力新空间（建设规模宏大的人才队伍...）
天津	建设充满活力、竞争力强的创新创业之都，创新创业生态系统更加完善，自主创新能力显著增强，创新创造活力竞相迸发，全社会研发经费比重达到3.5%，综合科技进步水平保持全国前列	坚持推动以科技创新为核心的全面创新，积极培育新产业、新业态、新技术、新模式，促进三次产业融合发展，构筑现代产业发展新体系，建设全国产业创新中心和国际创新城市	培育创新发展新动力。深入实施创新驱动发展战略，发挥科技创新的引领支撑作用，促进创新链、产业链、资金链、服务链融合，推动大众创新、万众创业，加快形成"一区多园"发展格局，推动与自贸区联动发展，成为创新主导区，提升转型升级引领所和高端研发机构，提升一批产业技术研究院，工程中心、生产力促进中心、科技孵化器，打造一批大科技研究战略联盟，新药创制等重大科技专项和创新机制，科技成为前沿技术研究，新药创制共同体。建设一批高新技术企业，京津冀协同创新共同体。引导一批科技小巨人升级版，引导高新技术企业同示有国际竞争力的产业创新型领军企业，打造科技小巨人升级版，众包、众扶、众筹，开展众创空间。实施向规模化、高质量发展，把高新区建设，推进科技成果所权改革，建设众创区，"双创特区"建设成为高水平创新创业示范区。实施科技成果处置权收益权改革，推进科研院所改革，把握海新区权收益权改革，建立健全风险补偿机制，产业投资，大力发展天使、创业、众筹，再融资和科技和金融结合机制，更好地发挥中小微企业贷款风险补偿机制，大力发展天使投资，鼓励支持科技企业改制上市，加强知识产权保护和运用，营造激励创新的良好生态

续表

地区	目标	发展理念	主要内容
河北	创新能力显著提升，全社会研发经费支出明显提高	创新是引领发展的第一动力，必须把创新摆在全省发展大局的核心位置，深入实施科教兴冀和人才强省战略，系统推进以科技创新为引领的全面创新，让创新成为推动经济社会发展的源头活水	大力实施创新驱动发展战略，以京津冀协同创新引领协同发展，着力推进以科技创新为核心的全面创新，优化创新资源，激活创新主体，让创新活力竞相进发，形成大众创业、万众创新的生动局面，努力建设创新型河北。 ①大力推进科技创新； ②大力推进金融创新； ③大力推进管理创新； ④大力培养和聚集创新创业人才； ⑤大力推进大众创业、万众创新； ⑥拓展现代基础设施建设新空间
上海	到2020年，基本形成符合创新规律的制度环境，基本形成科技创新中心的支撑体系，基本形成大众创业、万众创新的发展格局，创新人才和成果形成不断涌现，基本形成创新中心城市辐射能力，张江国家自主创新示范区加快进入国际高科技园区先进行列	到2020年，基本形成中心城市框架，走出创新科技创新发展新路，为推进科技创新、实施创新驱动发展战略走在全国前头、走到世界前列奠定基础	推进创新发展，激发城市发展新动力； 加快科技创新中心建设（着力解决体制机制问题，营造良好的创新创业环境）； 着力推进制度创新（以转变政府职能为核心）； 全面提升"四个中心"整体水平

续表

地区	目标	发展理念	主要内容
江苏	自主创新能力显著增强，主要创新指标达到创新型国家和地区中等以上水平，具有全球影响力的产业科技创新中心框架基本形成，大众创业万众创新创新体制机制更加健全，苏南国家自主创新示范区建设取得重大成果。全省研发经费支出占GDP比重提高到2.8%左右，科技进步贡献率提高到65%以上，人才资源总量达1400万人	坚持创新发展，以创新驱动为主引擎，使创新成为江苏发展最鲜明的特征和最强劲的动力。实施创新驱动发展战略。进一步强化创新在发展全局中的核心位置，把创新贯穿于经济社会发展的全过程，大力推动理论创新、制度创新、科技创新、文化创新等各方面创新，突出产业科技创新，激发全社会创新创业活力，积极培育经济发展新动能，改造提升传统动能，加快形成以创新为主要引领和支撑的经济体系，发展方式、走出一条质量更高、效益更好、结构更优、优势充分释放的发展新路	实施创新驱动发展战略，加快经济发展动力转换（培育创新型企业集群，构建产学研协同创新体系，建设一流产业科技创新载体，提高创新国际化水平）： ①建设具有全球影响力的产业科技创新中心（加快建设苏南国家自主创新示范区、加快创新型城市和创新创新布局（加快建设苏南国家自主创新示范区、加快创新型城市和创新创新布局（加快建设苏南国家自主创新示范区、加快创新型城市和创新创新布局（加快建设苏南国家自主创新示范区、加快创新型城市和创新创新协同创新）； ②优化区域创新布局（加快建设苏南国家自主创新示范区、加快创新型城市和创新创新协同创新）； ③加快人才强省和人力资源强省建设（加大人才培养开发力度、大力引进海内外高端人才、创新创业万众创新（激发全社会创新创业活力、建设知识产权强省、强化科技体制改革、推进国家科技与金融结合试点省建设）

续表

地区	目标	发展理念	主要内容
浙江	率先进入全国创新型省份和人才强省省份行列	创新是引领发展的第一动力。坚持把创新摆在发展全局的核心位置，把创新驱动列为首位全局战略，加以创新为引领和支撑的经济体系和发展模式	①大力推进科技创新（完善区域创新体系和创新平台布局，突出企业创新主体地位，深化科技体制改革）；②大力推进产业创新（着力培育支撑浙江未来发展的大产业，积极推动农业现代化，全面提升制造业竞争力，着力打造现代服务业新引擎，积极培育新经济新业态新模式）；③大力推进经济体制创新（深化简政放权放管结合优化服务改革，深化国资国企改革，再造民营经济新优势，推进金融创新发展）；④充分释放有效需求新效能（发挥投资对增长的关键作用，发挥消费对增长的基础作用，发挥出口对增长的促进作用）；⑤全面推进基础设施现代化
福建	把发展基点放在创新上，形成促进创新的体制架构，推动大众创业、万众创新。主动适应、把握、引领经济发展新常态，把加快产业转型升级作为转变经济发展方式的战略重点和主要抓手，增强产业核心竞争力和可持续发展能力，推动产业结构迈向中高端，打造福建产业升级版	创新创业活力显著增强。推动理论创新、制度创新、科技创新、文化创新等上新的水平，让创新在全社会蔚然成风。基本形成适应创新驱动发展要求的制度环境、区域创新创业生态环境更趋完善，科技进步贡献率不断提高，进入创新型省份行列	实施创新驱动战略，增强发展内生动力：①提升自主创新能力；②健全鼓励创新的体制机制；③加快创新创业人才培养；④营造良好创业环境

续表

地区	目标	发展理念	主要内容
山东		创新是引领发展的第一动力。必须把创新摆在我省发展全局的核心位置，让创新贯穿经济社会发展各领域和全过程，让创新在全社会蔚然成风。积极培育发展新动力，拓展发展新空间，构建产业新体系，发展新体制，创新和完善宏观调控方式	①全面实施创新驱动发展战略；②加快现代农业发展步伐；③大力发展先进制造业；④壮大发展现代服务业；⑤推进智慧山东建设；⑥积极构建发展新体制
广东	把发展基点放在创新上，把经济增长动力转到依靠创新驱动发展上来，推动实现更高质量、更有效率、更加公平、更可持续的发展，打造广东经济升级版	基本建立开放型区域创新体系。加快建设创新驱动发展先行省，构建创新型经济发展和创新发展新模式。全面推进科技和创新取得重大突破，初步形成开放型区域创新体系和创新型经济发展形态，国家级高新技术企业大幅增长，自主创新能力居全国前列，综合指标达到创新型国家水平。创新是引领发展的第一动力。必须把创新摆在我省发展的核心位置，让创新贯穿全社会蔚然成风，政府一切工作，让创新在全社会蔚然成风，加快实现从要素驱动向创新驱动切换，从跟随式发展向引领式发展转变，走出一条创新立省、创新兴省的路子，抢占新一轮发展制高点	坚持创新发展，推动转型升级，着力构建以创新为主要引领和支撑的经济体系和产业模式。①强化经济增长和结构调整两个支撑；②加快构建具有国际竞争力的产业体系；③改造提升传统产业；④大力提升自主创新驱动发展能力；⑤统筹推进珠三角国家自主创新示范区建设和全面创新改革试验试点省建设；⑥推进农业现代化；⑦以信息化建设拓展发展空间；⑧深化改革走在全国前列

续表

地区	目标	发展理念	主要内容
海南		创新是引领发展的第一动力。海南落实创新发展的理念，更新观念，积极实施重点领域和关键环节的改革攻坚，建立健全充满活力和效益的体制机制，提高发展质量和效益，使海南成为全国瞩目的大众创业、万众创新的优选之地	坚持创新发展，着力深化体制机制改革：①扎实推进省域"多规合一"改革；②强力推进新一轮农垦改革；③加快推进行政审批制度改革；④妥善推进司法体制改革；⑤深入推进农村改革；⑥积极推进财税体制改革；⑦发挥新消费引领作用；⑧增强企业的创造力和竞争力；⑨实施创新驱动发展战略
辽宁	创新能力明显增强，科技研发经费投入占地区生产总值比重达到2.5%	创新是引领发展的第一动力。必须把创新摆在国家发展全局的核心位置，不断推进理论创新、制度创新、科技创新、文化创新等各方面创新，让创新贯穿党和国家一切工作，让创新在全社会蔚成风	创新驱动发展，提升核心竞争能力：①强化企业创新主体地位；②发挥创新示范引领作用；③提升创新保障能力；④激发人才创新创造活力。坚持创新发展，着力提高发展质量和效益：①培育发展新动力；②拓展发展新空间；③深入实施创新驱动发展战略（推动政府职能从研发管理向创新服务转变、强化企业创新主体地位和主导作用、深化科技体制改革、扩大高校和科研院所自主权）；④大力推进农业现代化；⑤构建产业新体系；⑥构建发展新体制；⑦创新完善宏观调控方式

续表

地区	目标	发展理念	主要内容
吉林		坚持创新发展，增强发展动力。加快构建有利于创新的体制架构，营造创新环境，挖掘创新资源，集聚创新要素，以创新引领发展，加快大众创业、万众创新，推动"经济中高速、产业中高端"，让创新在全社会蔚然成风	实施创新驱动战略，提高发展质量和效益：①完善科技创新体系；②建设科技创新平台；③提升科技创新能力；④实施"互联网+"行动计划；⑤营造大众创业、万众创新局面；⑥推进高教强省和人才兴省
黑龙江	实施创新驱动和科技成果产业化取得重大成效。用全新体制机制创建高标准建设哈尔滨新区	深入贯彻落实创新发展理念，坚决打赢深化改革硬仗、经济结构调整硬仗、棚改、铁路、水利等重大基础设施建设硬仗，加快动能转换，在创新体制机制、释放经济发展活力，构建特色产业体系，拓展网络经济空间上实现新突破	加快创新发展，切实提高发展质量和效益：①创新体制机制（深化行政体制机制改革、创新实施"两大平原"现代农业综合配套改革试验、深化国有企业改革、加快非公经济发展、创新投融资体制）；②发挥科技创新引领作用，大力发展先进制造业，万众创新（提高科技型企业创新能力、加快互联网与经济社会深度融合，促进互联网与经济社会深度融合，大力推进大众创业，加快科技成果落地转化、万众创新）；③大力推进农业现代化（提高国家粮食安全保障能力、优化农业发展绿色农业、加快农业服务体系建设）；④构建产业新体系（优化工业结构、发展多领域多角度发展服务业）

续表

地区	目标	发展理念	主要内容
山西	科技、消费对经济增长贡献率明显提高。人才强省建设迈出新步伐	着力推进创新发展。把创新作为引领发展的第一动力，把人才作为支撑发展的第一资源，把创新摆在全省发展全局的核心位置，不断推进理论创新、制度创新、科技创新、文化创新等各方面创新，鼓励创新、支持创新、包容创新，让创新成为发展常态、社会风尚，不断推动经济结构全面转型，努力破解"资源型经济困局"，使我省发展的质量更好、效益更高、结构更优	推进创新发展，着力加快转型升级：①培育发展新动力；②做好煤和非煤两篇文章；③加快发展现代农业；④拓展发展新空间；⑤全力推进"三个突破"
安徽	工业化和信息化融合发展水平进一步提高，产业迈向中高端发展，先进制造业加快发展，新产业新业态不断成长，服务业比重进一步上升，消费对经济增长贡献明显加大。迈进创新型省份和人才强国省份行列	系统推进全面创新改革试验	系统推进全面创新改革试验：①创建合肥综合性国家科学中心；②创新科技体制机制；③构建以企业为主题的产业技术创新体系；④推动大众创业、万众创新

续表

地区	目标	发展理念	主要内容
江西		创新是引领发展的第一动力，必须把创新摆在发展全局的核心位置，统筹推进理论创新、制度创新、文化创新、管理创新等各方面创新。以科技创新为重点，大力实施创新驱动"5511"工程，推进创新型省份建设，激发全社会创新活力和创造潜能	实施创新驱动发展战略，加快实现经济发展动力转换：①培育经济增长新动力（进一步发挥投资对增长的关键作用，突出增强消费对增长的基础作用，加快培育出口竞争新优势）；②增强科技创新能力（发挥科技创新在全面创新中的引领作用，瞄准重点领域加大科技创新力度，建立健全有利于科技创新的体制机制，构建市场导向的产学研协同创新体系）；③推动大众创业、万众创新（营造良好环境，推动模式创新）；④强化创新人才支撑（实施人才优先战略，引进和培育高端科技领军人才，加强优秀企业家和高技能人才队伍建设）
河南		把创新作为引领发展的第一动力，摆在发展全局的核心位置，大力实施创新驱动发展战略，推进科技创新、制度创新、管理创新、文化创新等各方面创新，推动大众创业万众创新，让创新贯穿一切工作，激发全社会创新活力和创造潜能，加快培育新的增长动力和竞争优势，努力实现由要素驱动为主向创新驱动为主转变	推进创新发展，培育发展新动力：①推动创新供给需求共同发力；②深入实施创新驱动发展战略（积极推动自主创新，大力推进开放式创新，推进大众创业万众创新）；③完善提升科学发展载体（推动产业集聚区提质增效转型创新发展，加快服务业"两区"提速扩容增量建设专业园区）；④加快构建现代产业新体系（推动先进制造业大省、建设高成长服务业大省，建设现代农业大省，建设网络经济大省）；⑤构建创新新体制；⑥建设人力资源强省

续表

地区	目标	发展理念	主要内容
湖北		坚持创新发展，增强发展新动力。把创新摆在全省发展的核心位置，贯穿发展全过程，以理念创新为先导，科技创新为核心，产业创新为基础，体制机制创新为保障，不断推进全面创新，推动发展向更多依靠创新驱动转变	①实施创新驱动战略（加强科技创新能力建设、促进科技成果转化、同步推进商业模式创新）；②推进大众创业，万众创新（健全创业创新公共服务体系，大力发展创新型创业）③构建激励创新的体制机制（深化科技体制改革、完善激励创新的政策体系，营造鼓励创新创业的社会环境）；④推进人才强省建设（加强高层次人才队伍建设、加快提升人力资源素质，全面提升人力资源素质）
湖南	到2020年，规模以上企业普遍建立技术创新机构，公共科技创新平台开放共享度达到90%，人才总量达到770万人以上	坚持创新发展，增强发展新动力。把创新摆在全省发展的核心位置，贯穿发展全过程，以理念创新为先导，科技创新为核心，产业创新为基础，体制机制创新为保障，不断推进全面创新，推动发展向更多依靠创新驱动转变	创新驱动形成发展新引擎：①推动科技创新（建设长株潭自主创新示范区、推动重大领域创新突破、全面提升自主创新能力，营造活力迸发的创新生态）；②促进大众创业，万众创新（建设创业创新公共服务平台、推进众创众包众扶众筹、弘扬创业创新文化）；③打造创新型人才高地（实施人才强省战略、营造人尽其才的发展环境）

续表

地区	目标	发展理念	主要内容
重庆	研究与试验发展经费支出占地区生产总值比重达到1.53%，万人发明专利拥有量达到4.3件	创新发展，把创新作为引领发展的第一动力，摆在全市发展全局的核心位置，不断推进理论创新、制度创新、科技创新、文化创新，让创新在全社会蔚然成风	①着力培育发展新动能（适度扩大总需求，提升有效供给能力和水平）；②深入实施创新驱动发展战略（构建以市场为导向以企业为主体的创新生态系统，强化重点区域和重点领域的创新引领带动作用，营造良好的创新生态系统，极大激发创新活力）；③全面提升信息化水平（建设通信信息枢纽，建设互联网经济高地，提高社会管理和公共服务的信息化水平）；④加快推进新型工业化（发展壮大战略性新兴产业，改造提升传统制造业）；⑤加快发展现代服务业（大力发展生产性服务业，优化提升生活性服务业，培育战略性新兴服务业）；⑥加快推进农业现代化（大力发展现代特色效益农业，提高农业产业化水平，夯实农业发展基础保障）；⑦促进各类市场主体共同发展（深化国资国企改革，大力支持非公有制经济健康发展，优化企业发展环境）；⑧加快建设人才强市（加强人才队伍建设，改善人才发展环境）
内蒙古	全面实施创新驱动发展战略，推动创新型内蒙古建设，不断深入人，组织开展高新技术攻关，重点领域关键技术成果转化，创新平台载体建设三大工程，以一批国家和自治区科技重大专项为牵引，科技创新能力显著提升	创新是引领发展的第一动力。必须把创新摆在发展全局的核心位置，实施创新驱动发展战略，不断推进理论创新、制度创新、科技创新、文化创新等各方面创新，改善要素禀赋结构，转变经济发展方式，提高发展质量和效益，加快形成创新驱动发展格局	坚持创新发展，提高发展质量效益：①实施创新驱动发展战略（构建科技创新体系，完善创新体制机制，推进科技成果转化，推进大众创业万众创新，实施人才强区战略）；②深化经济体制改革（坚持和完善基本经济制度，加快完善现代市场体系，加强供给侧结构性改革，深化财税体制改革，创新金融体制机制）；③深化行政管理体制改革（加快转变政府职能，推进行政审批制度改革，深化投资体制改革）；④拓展产业发展空间（优化园区布局，完善园区基础设施和公共服务，创新园区管理体制机制）；⑤加强质量和品牌建设（实施质量提升工程，加强自主品牌建设）；⑥发展互联网经济（大力实施"互联网+"行动计划，促进大数据发展）

续表

地区	目标	发展理念	主要内容
广西	创新驱动发展战略。把创新摆在经济社会发展全局的核心位置，大力推进制度创新、科技创新、文化创新、人才创新等创新各方面创新，加快形成以创新为引领的经济体系和创新发展模式，建设复合型、创新型人才和企业家队伍，加快推进教育现代化，努力提高全民科学素质，促进大众创业、万众创新，建设创新型广西	推动以科技创新为核心的全面创新	牢牢把握新一轮科技革命和产业变革大趋势，大力推进科技进步和创新，建成具有区域特色的广西创新体系。围绕产业链部署创新链，选准关系全局和长远发展的优先领域，前瞻性布局一批重大科技专项和重大科技工程，重点攻克新材料、石墨烯、机器人、生态环保等高技术领域关键共性技术，培育发展一批具有核心竞争力和创新型产业集群，强化企业的创新主体地位和主导作用。加强创新平台建设，加快建设一批自创新示范区和高新技术产业带为重点，新增一批国家级省部级重点实验室、工程技术研究中心、企业技术中心和研发中心，加强检测中心的公共服务平台，加快专业孵化器和创新型孵化器建设，推进重大科技基础设施建设并扩大开放共享。深化科技体制改革，优化科技资源配置，加强技术和知识产权交易平台建设，强化原始创新、集成创新和引进消化吸收再创新，实行以增加知识价值为导向的分配政策、完善科技成果转化激励机制，推动跨领域跨行业协同创新，促进科技与经济深度融合。构建普惠性创新支持政策体系

续表

地区	目标	发展理念	主要内容
四川		用好开展全面创新改革试验的历史性机遇，依托成德绵开展系统性、整体性、协同性改革的先行先试，推进以科技创新为核心的全面创新，集中破解制约发展瓶颈制约，增强自主创新能力，重视创新人才培养开发，推进大众创业万众创新和就业创业，加快形成促进经济增长和就业创业的新动力	提高自主创新能力：①推进关键共性技术突破；②加强创新载体和平台建设；③推动产学研用协同创新；④完善科技创新体制机制。推进科技与经济深度结合：①发挥企业创新主体作用；②推动军民科技成果转移转化；③促进军民深度融合发展。营造良好的创新环境：①推进大众创业万众创新；②加强知识产权保护；③加强科技金融服务体系建设；④推进以成德绵为核心的区域创新协同创新
贵州		深刻认识创新是引领发展的第一动力，聚焦创新体系、创新平台、创新能力建设，充分用好"5个100工程"等重要平台和创新载体建设，广泛吸引国内外创新型企业、科技创新领军人才到贵州省落户发展，不断推进理论创新、制度创新、科技创新、管理创新、文化创新等各方面创新，大力培育发展新技术、新产业、新业态	全面推进改革开放创新，加快建设具有后发优势的创新型省份：①深化重点领域和关键环节改革；②建设内陆开放型经济试验区；③大力实施创新驱动战略

续表

地区	目标	发展理念	主要内容
云南		创新是引领跨越发展的第一动力。必须把人才作为支撑跨越式发展的第一资源，把创新摆在全省发展全局的核心位置，营造创新创业创新环境，不断推进以科技创新为核心的全面创新，让创新贯穿发展各个领域各个环节，以创新推动全面小康社会建设	①充分发挥科技创新在全面创新中的引领作用；②推动大众创业万众创新；③建设高质量创新人才队伍
西藏	研究与试验发展经费投入强度达到0.6%，科技进步贡献率达45%	创新是引领发展的第一动力，也是推动西藏跨越式发展的必要条件。创新发展模式和投融资模式，深化体制改革，最大化引入市场机制，最大化调动社会力量，着力培养创新人才，推动科技突破和信息技术应用，增强自我发展能力	激发活力，改革创新驱动发展：①深化重点领域改革（深化行政体制改革，加快投融资体制改革，推进财税体制改革，深化国有企业改革，深化农牧区改革）；②健全现代市场体系（建立公平开放的市场规则，加快培育要素市场，大力发展市场主体，完善市场价格形成机制）；③提高人才支撑能力（大力培养区内人才，积极引进区外人才，营造人尽其才的良好环境）；④增强科技创新和应用能力（推进重点领域科技创新，完善技术创新体系，促进科技成果转化）；⑤提高信息化水平（加强信息基础设施建设，加快网络信息技术应用，加强网络与信息安全）

续表

地区	目标	发展理念	主要内容
陕西	发挥科技创新在全面创新中的引领作用，加速释放新需求，努力创造新供给，推动大众创业、万众创新，率先建成创新型省份，努力在创新驱动发展方面走在全国前列		①推进以体制创新为核心的协同创新（推动管理创新、加快科技创新、强化产业创新）；②加强军民融合创新；③推动大众创业万众创新；④培养创新型人才队伍；⑤建设质量和品牌强省；⑥坚持强化优化供给需求
甘肃	科技贡献率进一步提高，科技创新能力明显增强	始终不渝地坚持创新发展。创新是引领发展的第一动力。必须把创新摆在发展全局的核心位置，大力实施创新驱动发展战略，深入推进理论创新、制度创新、科技创新、文化创新等各方面创新，不断催生新动力、新产业、新技术、新业态、新模式，让创新贯穿一切工作的全过程，让创新在全社会蔚然成风	以创新推动转型，建立现代产业新体系：①实施创新驱动发展战略；②改造提升传统产业；③培育壮大新兴产业；④大力发展现代服务业；⑤加快发展现代农业

续表

地区	目标	发展理念	主要内容
青海	大众创业万众创新的生动局面基本形成，创业创新在全社会蔚然成风，各方面人才队伍基本适应经济社会发展需要，科技创新能力明显提高，科技成果转化率大幅提高。R&D经费投入强度达到2%以上，科技进步贡献率达到55%	全面贯彻落实《关于深化体制机制改革加快创新驱动发展的实施意见》，把发展的基点放在创新上，着力解决创新环境欠优、创新支撑发展能力弱、人才瓶颈制约明显、科技与经济结合不紧密等问题，塑造更多依靠创新驱动的引领型发展，使创新成为推动经济社会发展的主要驱动力	①培育发展新动能（持续扩大有效投资，着力扩大消费规模，促进出口稳定增长）； ②全力推动科技创新（提升创新基础能力，推进重点领域创新，增强科技成果转化能力）； ③激发人才创新创造潜能（壮大企业家队伍，打造专业技能人才队伍，优化社会管理人才队伍，健全集聚人才的制度体系）； ④推进大众创业万众创新（倡导创新创业精神，加快建设众创空间，促进大学生创新创业）； ⑤营造创新创业良好环境（深化科技体制改革，加强创新平台建设，完善创新开放交流机制，健全创投融资体系）
宁夏		实施创新驱动战略，加快建设富裕宁夏，坚持把创新摆在发展全局的核心位置，以创新引领转型升级，以转型升级推动提质增效，打造宁夏经济升级版	以创新发展为引领着力推动转型升级提质增效： ①推进以科技创新为核心的全面创新； ②推进体制机制改革现代农业； ③加快发展现代农业； ④加快构建现代工业体系； ⑤加快发展现代服务业； ⑥推进信息化与经济社会融合发展； ⑦强化水资源支撑保障

续表

地区	目标	发展理念	主要内容
新疆	新疆将大力实施创新驱动发展战略，推进以科技创新为核心的全面创新，努力营造大众创业、万众创新的政策环境和制度环境，激发各族群众创造活力，打造经济发展新引擎，加快创新型新疆建设。每万人发明专利拥有量达到 2.5 件以上；每万人拥有商标 9.4 件以上；每千人拥有企业 10.7 个以上；两化融合发展指数达到 68%；科技进步贡献率达到 60%		

资料来源：根据各省十三五规划政府工作报告整理而成，空白的地方表示没有明确具体地提出。

二 创新投入能力显著提高

创新投入能力是衡量区域创新驱动能力强弱的重要指标，主要包括创新人力投入和创新财力投入。

1. 创新人力资源投入稳步提升

在"尊重知识、尊重人才""人力资源是第一资源"等思想的指导下，通过实施"人才强国"战略，我国科技人力资源队伍不断壮大，已经成为科技人力资源大国。从 R&D 人员全时当量变化趋势来看，该指标从 2003 年到 2014 年均处于不断上升的趋势，年均增速最快的地区为浙江省，从 2003 年的 46580 万人年增加到 2014 年的 338398 万人年，年均值为 180944.47 万人年，年均增速为 19.75%。R&D 人员全时当量年均值排名位于前五位的地区依次是广东、江苏、北京、浙江和山东，排名位于后五位的地区依次是贵州、新疆、宁夏、海南、青海，青海位于最末位。年均增速最慢的地区为甘肃省，从 2003 年的 16888 万人年增加到 2014 年的 27122 万人年，年均值为 20358.03 万人年，年均增速为 5.44%。浙江省的年均增速是甘肃省的 4.49 倍，浙江省的年均 R&D 人员全时当量是甘肃省的 8.89 倍。R&D 人员全时当量年均增速排名位于前五位的地区依次是浙江、海南、广东、安徽、福建，排名位于后五位的地区依次是四川、黑龙江、陕西、辽宁、甘肃（见表 5-3）。

2. 创新经费投入稳步增加

从 R&D 内部支出存量变化趋势来看（见表 5-4），从 2003 年到 2014 年各省份均处于不断上升的趋势。年均值最高的是北京，为 21773653.95 万元，从 2003 年的 8324893.05 万元增加到 2014 年的 42901978.53 万元；年均值最低的是海南，为 143147.11 万元，从 2003 年的 26997.34 万元增加到 2014 年的 395541.7 万元。北京的年均值是海南的 152.11 倍。R&D 内部支出存量年均值排名位于前五位的地区依次是北京、广东、江苏、上海和山东，排名位于后五位的地区依次是贵州、新疆、宁夏、青海和海南，海南位于最末位。年均增速最快的地区为内蒙古，从 2003 年的 136919.72 万元增加到 2014 年的 2662586.57 万元，年均值为 954668.56 万元，年均增速为 30.97%。

表 5-3　2003~2014 年全国各省区市 R&D 人员全时当量变化情况

单位：万人年，%

地区	R&D 人员全时当量												均值	年均增速
	2003 年	2004 年	2005 年	2006 年	2007 年	2008 年	2009 年	2010 年	2011 年	2012 年	2013 年	2014 年		
北京	109947	151542	171045	168398	187578	189551	191779	193718	217255	235493	242175	245384	191988.80	7.57
天津	28808	29553	33441	37164	44854	48348	52039	58771	74293	89609	100219	113335	59202.81	13.26
河北	34438	34823	41703	43740	45334	46155	56509	62305	73025	78533	89546	100946	58921.38	10.27
山西	18483	18504	27438	38767	36864	43986	47772	46279	47355	47029	49035	48955	39205.55	9.26
内蒙古	8686	11417	13504	14751	15373	18264	21676	24765	27604	31819	37280	36435	21797.88	13.92
辽宁	56031	59967	66104	69048	77157	76673	80925	84654	80977	87180	94885	99586	77765.54	5.37
吉林	19480	22156	25642	28456	32509	31731	39393	45313	44815	49961	48008	49774	36436.52	8.90
黑龙江	34635	39233	44203	45068	48205	50717	54159	61854	66599	65118	62660	62648	52924.92	5.54
上海	56211	59089	67048	80201	90145	95129	132859	134952	148500	153361	165755	168173	112618.64	10.48
江苏	98054	103295	128028	138876	160482	195333	273273	315831	342765	401920	466159	498801	260234.78	15.94
浙江	46580	63100	80120	102761	129393	159589	185069	223484	253687	278110	311042	338398	180944.47	19.75
安徽	25107	24113	28405	29875	36163	49465	59697	64169	81087	103047	119342	129319	62482.37	16.07
福建	26614	31792	35716	40238	47593	59270	63269	76737	96884	114492	122544	135866	70917.92	15.97
江西	16999	19225	22064	25797	27123	28241	33055	34823	37517	38152	43512	43469	30831.43	8.91
山东	78260	72255	91142	96637	116470	160420	164620	190329	228608	254013	279331	286352	168203.07	12.52

续表

R&D 人员全时当量

地区	2003 年	2004 年	2005 年	2006 年	2007 年	2008 年	2009 年	2010 年	2011 年	2012 年	2013 年	2014 年	均值	年均增速
河南	40742	42126	51181	59692	64879	71494	92571	101467	118041	128323	152252	161444	90351.03	13.33
湖北	51901	50311	61226	62100	67403	72751	91161	97924	113920	122748	133061	140741	88770.55	9.49
湖南	26988	31334	38044	39752	44942	50253	63843	72637	85783	100032	103414	107432	63704.46	13.38
广东	93812	93051	119359	147233	199464	238684	283650	344692	410805	492327	501718	506862	285971.38	16.57
广西	13188	14801	17947	18940	20141	23243	29856	33987	40135	41268	40664	41208	27948.21	10.91
海南	1040	1409	1225	1209	1262	1726	4210	4893	5397	6787	6962	7514	3636.21	19.70
重庆	17744	20739	24619	26826	31563	34421	35005	37078	40698	46122	52612	58354	35481.78	11.43
四川	57867	60117	66382	68584	78849	86736	85921	83800	82485	98010	109708	119676	83177.97	6.83
贵州	8623	7793	9779	10737	11365	11458	13093	15087	15886	18732	23888	23969	14200.87	9.74
云南	12943	14695	14798	16027	17819	19754	21110	22552	25092	27817	28483	30523	20967.71	8.11
陕西	54239	49020	53656	59458	65072	64752	68040	73218	73501	82428	93494	97138	69501.35	5.44
甘肃	16888	14420	16795	16696	18769	20118	21158	21661	21332	24290	25047	27122	20358.03	4.40
青海	2265	2649	2590	2610	2915	2501	4603	4858	5006	5181	4767	4731	3628.10	6.92
宁夏	2718	3515	4046	4412	5565	5153	6920	6378	7358	8073	8234	9500	5989.33	12.05
新疆	5335	6141	6986	7408	8863	8810	12655	14382	15451	15671	15822	15662	11098.83	10.29

表 5-4　2003~2014 年全国各省区市 R&D 内部支出存量变化情况

单位：万元，%

地区	R&D 内部支出存量												均值	年均增速
	2003 年	2004 年	2005 年	2006 年	2007 年	2008 年	2009 年	2010 年	2011 年	2012 年	2013 年	2014 年		
北京	8324893.05	9638677.09	11287902.35	13271239.22	15467731.34	18016613.81	20424248.91	23864347.00	28100636.83	32518054.60	37467524.66	42901978.53	21773653.95	16.07
天津	1006809.28	1260077.89	1589789.43	2048470.27	2648603.76	3320791.36	4213061.78	5273104.87	6562158.47	8169916.02	10128763.51	12439970.13	4888459.73	25.68
河北	1047591.85	1270983.08	1479859.93	1775374.70	2175641.83	2585000.75	2977623.77	3587418.31	4180674.33	4919842.14	5911184.82	7046154.03	3246445.80	18.92
山西	410072.09	506817.28	637256.28	756026.89	935562.25	1167020.03	1388343.04	1728226.28	2032293.18	2391267.70	2839306.08	3426530.18	1518226.77	21.29
内蒙古	136919.72	180279.76	227817.78	300798.64	402828.43	547252.19	723921.16	1025196.29	1345037.28	1733261.79	2170123.13	2662586.57	954668.56	30.97
辽宁	2624501.83	3060525.56	3608456.24	4194146.61	4751331.08	5420605.85	6058729.94	7010901.21	8123328.40	9483909.50	10816616.32	12344525.17	6458131.48	15.11
吉林	894520.73	1038343.62	1221378.39	1400169.21	1561058.40	1773614.38	1949710.43	2358504.81	2627984.22	2929379.88	3347261.32	3781686.49	2073634.32	14.00
黑龙江	1048967.29	1218387.19	1354811.08	1542247.77	1731838.10	1934901.50	2185525.65	2616272.86	2982525.38	3251675.78	3571359.26	3958425.12	2283078.08	12.83
上海	3791198.05	4511705.34	5491773.71	6654448.39	8105180.57	9749825.77	11494192.42	13779153.83	16163351.60	19073965.95	22300865.81	25960301.44	12256330.24	19.11
江苏	3799131.45	4733886.73	6044367.46	7624450.10	9622490.91	11970209.49	15059522.05	18930170.18	23130037.12	27910163.79	33850010.94	40571992.05	16937202.69	24.02
浙江	1835338.85	2312294.03	3069183.41	4137249.21	5549746.09	7202389.77	9032679.83	11195064.41	13642938.32	16348492.29	19723868.47	23405690.83	9787911.29	26.04
安徽	795997.68	1000817.03	1204422.85	1440091.27	1748546.46	2096398.26	2556558.25	3309070.99	4085049.74	5021719.86	6318519.81	7952522.70	3127476.24	23.27
福建	992066.40	1218275.44	1481194.30	1776076.97	2162541.80	2618586.90	3163769.29	3983793.09	4969542.94	6192007.85	7676838.79	9334454.33	3797429.01	22.60
江西	454330.32	555952.78	671659.07	817265.96	997185.35	1216657.29	1483460.34	1833420.79	2142586.91	2410433.90	2757253.43	3194007.31	1544517.79	19.40
山东	2520602.52	3180954.14	4048029.31	5228718.17	6547076.58	8273290.63	10521100.42	13320006.02	16657392.51	20497467.03	25138131.08	30318576.06	12187612.04	25.37

续表

R&D 内部支出存量

地区	2003 年	2004 年	2005 年	2006 年	2007 年	2008 年	2009 年	2010 年	2011 年	2012 年	2013 年	2014 年	均值	年均增速
河南	845658.63	1060719.84	1290115.15	1581635.19	2016993.41	2523917.79	3027650.79	3888474.66	4792901.81	5817990.42	6992640.85	8296481.98	3511265.04	23.07
湖北	1445111.19	1776517.51	2046611.70	2421785.70	2896261.71	3410323.96	4094696.18	5254522.04	6569698.02	8001875.95	9652652.19	11509516.68	4923297.74	20.76
湖南	733233.64	924152.59	1130777.26	1356285.36	1612133.92	1964810.16	2509404.59	3329929.47	4202918.60	5163955.89	6357258.12	7653717.22	3078214.73	23.77
广东	4836515.61	5909431.27	7093455.75	8379023.37	10095365.86	12348888.37	15010991.00	18850320.63	23336776.71	28916414.85	35272668.12	42490710.00	17711713.46	21.84
广西	288244.08	357396.47	413253.54	480395.23	558259.31	646995.26	786632.80	1028812.18	1310983.29	1635486.82	2021683.46	2424810.92	996079.45	21.36
海南	26997.34	35073.74	50455.61	58663.49	70474.49	84571.86	102073.84	142828.75	185125.38	244498.65	321460.49	395541.70	143147.11	27.64
重庆	433871.64	543191.90	690510.48	888646.56	1096178.43	1349722.38	1653246.25	2099894.01	2634745.53	3283781.09	4083617.69	3888635.82	1887170.15	22.06
四川	2448112.96	2875107.02	3185137.56	3594463.39	4026312.61	4622510.19	5206054.61	6177007.93	7315409.29	8369702.07	9692493.56	9124928.84	5553103.34	12.71
贵州	224771.98	269909.19	310495.40	361453.92	430886.33	477446.70	543439.42	662143.80	780699.72	914222.19	1061171.82	1005924.78	586880.44	14.60
云南	300618.08	365599.36	426433.51	552571.91	649077.13	761571.89	884934.30	1057173.84	1235020.56	1457563.65	1743554.41	2074421.64	959045.02	19.20
陕西	2141940.28	2500563.24	2910939.80	3278220.62	3604220.60	4013529.63	4447229.60	5191864.28	5918658.90	6645817.48	7488020.80	8592358.66	4727780.33	13.46
甘肃	387289.26	456897.87	517694.73	603524.04	697879.23	781385.04	884565.12	1029103.80	1151943.16	1270924.18	1451368.38	1651666.09	907020.07	14.09
青海	69105.77	82809.91	98188.55	108512.11	118520.17	129364.58	137124.70	172851.77	214941.25	263015.51	308822.89	353089.22	171362.20	15.98
宁夏	60311.98	75093.18	91977.08	105988.01	131604.19	171774.40	200095.26	248509.61	291306.19	345570.52	412198.31	489437.84	218655.55	20.97
新疆	89701.15	114202.98	150314.37	178001.34	210752.27	245326.03	300614.78	397849.03	481799.56	566497.13	674346.22	798937.12	350695.16	21.99

年均增速最慢的地区为四川，从 2003 年的 2448112.96 万元增加到 2014 年的 9124928.84 万元，年均值为 5553103.34 万元，年均增速 12.71%。内蒙古的年均增速是四川的 2.44 倍。R&D 内部支出存量年均增速排名位于前五位的地区依次是内蒙古、海南、浙江、天津和山东，排名位于后五位的地区依次是甘肃、吉林、陕西黑龙江和四川。

从工业企业其他科技活动费用支出存量变化趋势来看（见表 5-5），除了浙江、新疆和黑龙江外，其他省份从 2003 年到 2014 年均处于不断上升的趋势，年均值最高的是江苏，为 19938228.98 万元，从 2003 年的 13648455.80 万元增加到 2014 年的 26714336.5 万元，年均增长 6.3%；年均值最低的是青海，为 84246.29 万元，从 2003 年的 15333.45 万元增加到 2014 年的 116012.95 万元，年均增长 20.20%。江苏的年均值是青海的 236.67 倍。工业企业其他科技活动费用支出存量年均值排名位于前五位的地区依次是江苏、浙江、山东、上海和广东，排名位于后五位的地区依次是甘肃、新疆、宁夏、海南和青海。年均增速最快的地区为海南，从 2003 年的 729.52 万元增加到 2014 年的 274797.82 万元，年均值为 99669.96 万元，年均增速为 71.47%。年均增速最慢的地区为黑龙江，出现了负增长，除此之外，浙江、新疆也是负增长。工业企业其他科技活动费用支出存量年均增速排名位于前五位的地区依次是海南、宁夏、北京、青海和甘肃，排名位于后五位的地区依次是云南、安徽、浙江、新疆和黑龙江。

三　创新产出能力大幅度提升，技术成果市场化程度提高

1. 专利申请授权量有较大幅度提升

从专利申请授权量变化趋势来看（见表 5-6），从 2003 年到 2014 年各省区市该指标均处于不断上升的趋势，年均值最高的是江苏，为 107220.33 项，从 2003 年的 9840 项增加到 2014 年的 200032 项，年均增长 31.5%；年均值最低的是西藏，为 111.75 项，从 2003 年的 16 项增加到 2014 年的 146 项，年均增长 22.26%。江苏的年均值是西藏的 959.47 倍。专利申请授权量年均值排名位于前五位的地区依次是江苏、广东、浙江、山东和上海，排名位于后五位的地区依次是内蒙古、宁夏、海南、青海和西藏，西藏位于最末位。年均增速最快的地区为安徽，从 2003 年的 1610 项增加到 2014 年的 48380 项，

表5-5 2003~2014年全国各省区市工业企业其他科技活动费用支出存量变化情况

单位：万元，%

地区	工业企业其他科技活动费用支出存量												均值	年均增速%
	2003年	2004年	2005年	2006年	2007年	2008年	2009年	2010年	2011年	2012年	2013年	2014年		
北京	672421.78	829225.51	1359028.75	1570224.82	2138917.08	2621988.31	2841281.47	3520341.35	4186989.11	4714241.49	4917310.77	5116560.88	2874044.28	20.26
天津	2551167.02	2663237.97	2793187.71	3237683.99	4173377.27	4883060.02	5589060.15	6045810.43	6244005.52	6227830.43	6237614.38	5913565.90	4713300.07	7.94
河北	3543844.70	3844959.00	4373781.61	4616312.27	5099522.57	6142532.93	7116201.93	7736840.10	8071941.90	8310179.75	8344320.01	8208892.14	6284110.74	7.94
山西	1929509.97	2189296.48	3097463.48	3717039.23	4204893.15	4930611.66	5493859.24	5597020.48	5619481.56	5596110.79	5804820.49	5892712.35	4506068.24	10.68
内蒙古	1137398.47	1271407.70	1441402.63	1668591.76	1989145.39	2297277.20	2578314.43	2992344.44	3742127.35	4205545.60	4077540.48	4053894.22	2621249.14	12.25
辽宁	5052565.83	5480313.96	6777235.50	8481737.26	9410627.55	10313932.85	11100865.02	11688783.14	11708390.25	11684967.59	11152095.36	10686169.94	9461473.69	7.05
吉林	1291798.85	1543527.02	1813508.39	2303133.27	2696851.13	2941304.19	3011666.53	3117194.21	2877289.22	2947998.24	2994344.61	2931153.12	2539147.40	7.73
黑龙江	6581381.82	6400702.55	5948025.89	5661504.50	5275796.24	4976067.70	4777515.03	4544403.37	4384177.98	4143917.03	3915495.28	3635152.57	5020345.00	-5.25
上海	6180327.30	6735613.20	7896593.84	8527148.39	9095135.70	10011110.81	10580475.07	11366185.65	11838510.28	12027807.01	12306613.16	12670259.76	9936315.01	6.74
江苏	13648455.80	14682059.43	16628895.94	17238485.43	17619865.10	18956914.05	20198845.76	21187254.67	22504455.41	24049696.98	25829482.63	26714336.50	19938228.98	6.30
浙江	17577606.48	17620314.51	18554391.63	18347761.65	18203157.76	18394988.57	18526617.40	18173526.67	17695964.66	16968448.10	16289404.42	15763388.97	17676297.57	-0.99
安徽	7511641.39	7881695.18	7935310.18	8309054.99	8784445.60	9629211.64	9917259.28	9586143.52	8885786.28	8958726.18	8841434.70	8679765.68	8743372.89	1.32
福建	1526199.71	1711284.75	1910305.15	2068259.96	2448311.72	2780794.26	2980952.13	3419081.50	3906909.37	4431004.44	4922935.32	5420028.70	3127172.25	12.21
江西	1940179.42	2155453.51	2388370.48	2551553.54	2807230.39	3054249.72	3397532.69	3316456.80	3206194.24	3144321.36	3035232.31	3116272.00	2842753.87	4.40
山东	10356643.47	11028418.95	12938731.91	13544150.22	13690764.29	14292870.56	15240004.89	15818091.07	16261322.20	16436912.87	16675940.88	17047328.02	14444264.96	4.63

续表

工业企业其他科技活动费用支出存量

地区	2003年	2004年	2005年	2006年	2007年	2008年	2009年	2010年	2011年	2012年	2013年	2014年	均值	年均增速
河南	2840307.30	3096045.21	3748204.27	4251112.51	5006657.04	5930405.60	6267044.95	6672475.08	6723035.78	6907177.34	6844534.91	6865464.05	5429372.00	8.35
湖北	3763405.61	4073101.77	4854334.38	5364210.62	6107429.94	7404307.84	9363988.49	10287171.54	9992965.76	9264722.42	8731270.25	8264215.62	7289260.35	7.41
湖南	3501023.88	3845420.30	4284427.75	4496493.45	4688147.71	5002301.05	5603012.25	6394219.73	7601775.25	8094651.26	8683135.23	9058194.89	5937733.56	9.03
广东	5729796.33	6124551.88	6773091.92	7495639.87	8381157.57	9341350.78	10298252.84	11070750.16	11718146.21	12049244.11	12676378.11	13482151.42	9595042.60	8.09
广西	2196849.67	2350650.22	2557949.36	2785974.56	2762893.09	2919947.15	3242965.41	3568024.50	3732587.73	3910403.52	4160317.83	4209384.11	3199828.93	6.09
海南	729.52	2724.10	24239.32	59380.29	66471.77	62400.79	150562.30	137666.28	139754.14	130281.47	147031.70	274797.82	99669.96	71.47
重庆	1124297.53	1328423.90	2091654.09	2313159.73	2536994.24	2726165.88	3025845.75	3262100.61	3410027.91	3569709.51	3856684.64	3576711.32	2735147.93	11.09
四川	4039359.88	4292307.90	4997661.38	5628932.65	6181583.65	6872761.41	7596725.00	8320461.90	9176896.11	9370299.27	9217207.49	8130291.27	6985373.99	6.57
贵州	1201420.15	1372098.13	1661997.69	1793829.92	2034382.46	2193555.13	2397323.56	2643151.61	2668100.96	2697747.30	3059222.29	2791371.77	2209516.75	7.97
云南	1519695.82	1654275.45	1664367.49	1611774.18	1805927.85	1912530.45	1994478.59	1950635.87	2085966.84	2272762.96	2281051.27	2240550.90	1916168.14	3.59
陕西	1916632.81	2067053.89	2436146.16	2507293.89	2483750.47	2694967.42	3053655.79	3395694.06	3667872.88	3721254.07	3598836.48	3429359.70	2914393.13	5.43
甘肃	451899.31	547147.41	784523.64	959310.19	1144105.15	1312402.21	1568489.62	1858863.57	1973593.57	2059101.92	2337207.77	2591976.15	1465718.38	17.21
青海	15333.45	21396.43	35290.58	48546.41	59890.90	83400.07	100257.69	121898.25	142510.16	135152.24	131266.31	116012.95	84246.29	20.20
宁夏	83512.69	127036.78	252655.97	343608.06	392097.24	637637.01	963715.44	1073861.56	1128897.74	1195544.32	1105522.21	1097173.17	700105.18	26.38
新疆	1274024.31	1378568.66	1498830.15	1466608.29	1411866.09	1479821.69	1441585.48	1304442.07	1197799.10	1135922.76	1035881.26	935102.16	1296704.34	-2.77

表 5-6　2003~2014 年全国各省区市专利申请授权量变化情况

单位：项，%

地区	专利申请授权量												均值	年均增速
	2003年	2004年	2005年	2006年	2007年	2008年	2009年	2010年	2011年	2012年	2013年	2014年		
北京	8247	9005	22572	11238	14954	17747	22921	33511	40888	50511	62671	74661	30743.83	22.17
天津	2505	2578	11657	4159	5584	6790	7404	11006	13982	19782	24856	26351	11387.83	23.85
河北	3572	3407	6401	4131	5358	5496	6839	10061	11119	15315	18186	20132	9168.08	17.02
山西	1175	1189	1985	1421	1992	2279	3227	4752	4974	7196	8565	8371	3927.17	19.54
内蒙古	817	831	1455	978	1313	1328	1494	2096	2262	3084	3836	4031	1960.42	15.62
辽宁	5656	5749	15672	7399	9615	10665	12198	17093	19176	21223	21656	19525	13802.25	11.92
吉林	1690	2145	4101	2319	2855	2984	3275	4343	4920	5930	6219	6696	3956.42	13.33
黑龙江	2794	2809	6050	3622	4303	4574	5079	6780	12236	20268	19819	15412	8645.50	16.79
上海	16671	10625	32741	16602	24481	24468	34913	48215	47960	51508	48680	50488	33946.00	10.60
江苏	9840	11330	34811	19352	31770	44438	87286	138382	199814	269944	239645	200032	107220.33	31.50
浙江	14402	15249	43221	30968	42069	52953	79945	114643	130190	188463	202350	188544	91916.42	26.34
安徽	1610	1607	3516	2235	3413	4346	8594	16012	32681	43321	48849	48380	17880.33	36.25
福建	5377	4758	9460	6412	7761	7937	11282	18063	21857	30497	37511	37857	16564.33	19.41
江西	1238	1169	2815	1536	2069	2295	2915	4349	5550	7985	9970	13831	4643.50	24.53
山东	9067	9733	28835	15937	22821	26688	34513	51490	58844	75496	76976	72818	40268.17	20.85

续表

专利申请授权量

地区	2003年	2004年	2005年	2006年	2007年	2008年	2009年	2010年	2011年	2012年	2013年	2014年	均值	年均增速
河南	2961	3318	8981	5242	6998	9133	11425	16539	19259	26791	29482	33366	14457.92	24.63
湖北	2871	3280	11534	4734	6616	8374	11357	17362	19035	24475	28760	28290	13890.67	23.12
湖南	3175	3281	8763	5608	5687	6133	8309	13873	16064	23212	24392	26637	12094.50	21.33
广东	29235	31446	72220	43516	56451	62031	83621	119343	128413	153598	170430	179953	94188.08	17.96
广西	1331	1272	2379	1442	1907	2228	2702	3647	4402	5900	7884	9664	3729.83	19.75
海南	296	278	489	248	296	341	630	714	765	1093	1331	1597	673.17	16.56
重庆	2883	3601	6260	4590	4994	4820	7501	12080	15525	20364	24828	24312	10979.83	21.39
四川	4051	4430	10567	7138	9935	13369	20132	32212	28446	42218	46171	47120	22149.08	24.99
贵州	723	737	2226	1337	1727	1728	2084	3086	3386	6059	7915	10107	3426.25	27.10
云南	1213	1264	2556	1637	2139	2021	2923	3823	4199	5853	6804	8124	3546.33	18.87
西藏	16	23	102	81	68	93	292	124	142	133	121	146	111.75	22.26
陕西	1609	2007	4166	2473	3451	4392	6087	10034	11662	14908	20836	22820	8703.75	27.26
甘肃	474	514	1759	832	1025	1047	1274	1868	2383	3662	4737	5097	2056.00	24.10
青海	90	70	216	97	222	228	368	264	538	527	502	619	311.75	19.16
宁夏	338	293	516	290	296	606	910	1081	613	844	1211	1424	701.83	13.97
新疆	752	792	1851	1187	1534	1493	1866	2562	2642	3439	4998	5238	2362.83	19.30

年均值为 17880.33 项，年均增速为 36.25%。年均增速最慢的地区为上海，从 2003 年的 16671 项增加到 2014 年的 50488 项，年均值为 33946 项，年均增速为 10.60%。安徽的年均增速是上海的 3.42 倍。专利申请授权量年均增速排名位于前五位的地区依次是安徽、江苏、陕西、贵州和浙江，排名位于后五位的地区依次是内蒙古、宁夏、吉林、辽宁和上海。

2. 三大索引论文数显著攀升

从三大索引论文数的变化趋势来看（见表 5-7），从 2004 年到 2013 年各省份均处于不断上升的趋势，年均值最高的是北京，为 48343.3 篇，从 2004 年的 23533 篇增加到 2013 年的 72672 篇，年均增长 13.35%；年均值最低的是青海，为 118.7 篇，从 2004 年的 41 篇增加到 2013 年的 214 篇，年均增长 20.15%。北京的年均值是青海的 407.27 倍。三大索引论文数年均值排名位于前五位的地区依次是北京、上海、陕西、江苏和湖北，排名位于后五位的地区依次是内蒙古、贵州、海南、宁夏和青海。年均增速最快的地区为宁夏，从 2004 年的 9 篇增加到 2013 年的 350 篇，年均值为 123.1 篇，年均增速为 50.19%。年均增速最慢的地区为上海，从 2004 年的 11385 篇增加到 2013 年的 34191 篇，年均值为 23739.2 篇，年均增速 13.00%。宁夏的年均增速是上海的 3.86 倍。三大索引论文数年均增速排名位于前五位的地区依次是宁夏、海南、江西、内蒙古和新疆，排名位于后五位的地区依次是天津、甘肃、安徽、北京和上海。

3. 大部分省份技术市场成交合同数逐步增加

从技术市场成交合同数的变化趋势来看（见表 5-8），从 2003 年到 2014 年部分省份处于不断上升的趋势，部分省份则处于下降的趋势，年均值最高的是北京，为 50414.67 项，从 2003 年的 32173 项增加到 2014 年的 67284 项，年均增长 6.94%；年均值最低的是海南，为 110.92 项，从 2003 年的 31 项增加到 2014 年的 36 项，年均增长 1.37%。北京的年均值是海南的 454.51 倍。技术市场成交合同数年均值排名位于前五位的地区依次是北京、上海、江苏、浙江和广东，排名位于后五位的地区依次是广西、贵州、青海、宁夏和海南。年均增速最快的地区为陕西，从 2003 年的 3221 项增加到 2014 年的 25969 项，年均值为 9334.92 项，年均增速为 20.89%。年均增速最慢的地区为湖南，出现了负增长，增长速度为-12.54%。

表5-7 2004~2013年全国各省区市三大索引论文数变化情况

单位：项，%

地区	三大索引论文数										均值	年均增速
	2004年	2005年	2006年	2007年	2008年	2009年	2010年	2011年	2012年	2013年		
北京	23533	34674	36578	41162	48076	48554	61302	57008	60784	72672	48434.30	13.35
天津	3439	5507	6112	6009	7101	7299	9271	8445	10180	11893	7525.60	14.78
河北	1046	2184	2336	2876	4484	4107	6523	4699	5660	6028	3994.30	21.48
山西	889	1860	1401	1423	2365	2053	2475	2709	2875	3701	2175.10	17.17
内蒙古	89	207	213	313	439	481	732	816	1080	1358	572.80	35.36
辽宁	4369	6856	8484	10318	11103	11933	15370	13936	14875	17256	11450.00	16.49
吉林	2675	4456	5012	5282	6251	6597	8292	8475	9364	10917	6732.10	16.91
黑龙江	3230	5106	6424	7664	9137	9693	12093	11141	11557	13162	8920.70	16.89
上海	11385	17821	19133	19928	24011	25066	29588	27672	28597	34191	23739.20	13.00
江苏	6930	11337	13162	15659	20252	23051	28730	27946	30599	38340	21600.60	20.93
浙江	5392	9083	10365	11016	12633	13495	16337	16149	17540	20051	13206.10	15.71
安徽	3188	4639	5411	5784	6375	6510	7655	7620	8498	10635	6631.50	14.32
福建	1554	2197	2598	3131	3925	4369	5143	5078	5705	7003	4070.30	18.21
江西	231	573	875	1183	1690	2152	3351	2899	3498	3901	2035.30	36.90
山东	3287	5664	6512	8216	10842	10698	14354	13491	14726	17617	10540.70	20.51

续表

地区	三大索引论文数										均值	年均增速
	2004年	2005年	2006年	2007年	2008年	2009年	2010年	2011年	2012年	2013年		
河南	929	1508	1961	2766	4372	4774	7107	6521	7512	8214	4566.40	27.40
湖北	5188	9068	9822	11994	14654	15286	17684	15181	16786	19979	13564.20	16.16
湖南	2839	4451	6231	7427	8983	9787	11620	11699	12679	14922	9063.80	20.25
广东	3442	5777	6966	8363	10044	11312	14779	14331	16057	19338	11040.90	21.14
广西	328	524	672	887	1255	1535	1847	2032	2297	2805	1418.20	26.93
海南	20	54	75	102	124	183	309	368	473	570	227.80	45.09
重庆	1045	2012	2173	2532	3419	4423	6257	6525	7623	8089	4409.80	25.53
四川	3497	5193	6265	7682	9554	10058	12715	12119	13846	16711	9764.00	18.98
贵州	167	241	275	397	525	581	799	767	803	1129	568.40	23.66
云南	539	800	971	1101	1438	1849	2621	2425	3064	3946	1875.40	24.76
陕西	4494	7682	8734	10056	12761	13546	17947	17320	18496	21948	13298.40	19.27
甘肃	1681	2614	2501	2871	3658	3793	4277	4537	4646	5697	3627.50	14.52
青海	41	72	73	86	110	122	148	128	193	214	118.70	20.15
宁夏	9	39	57	50	79	81	155	184	227	350	123.10	50.19
新疆	148	275	257	341	510	586	865	932	1109	1471	649.40	29.07

表 5-8　2003～2014 年全国各省区市技术市场成交合同数变化情况

单位：项，%

| 地区 | 技术市场成交合同数 | | | | | | | | | | | | 均值 | 年均增速 |
	2003 年	2004 年	2005 年	2006 年	2007 年	2008 年	2009 年	2010 年	2011 年	2012 年	2013 年	2014 年		
北京	32173	35549	37625	51570	50972	52742	49938	50847	53552	59969	62755	67284	50414.67	6.94
天津	7278	8002	11295	10181	8380	9312	9842	9540	11699	13381	15664	14947	10793.42	6.76
河北	2152	2622	3338	3719	3448	4100	4392	4517	4400	4512	4201	3232	3719.42	3.77
山西	407	439	556	506	469	831	826	835	830	796	817	667	664.92	4.59
内蒙古	679	1147	1160	1112	943	1068	865	1231	1386	1232	631	535	999.08	-2.14
辽宁	11528	11504	13826	12546	15105	17738	15729	15589	16796	14676	12819	11173	14085.75	-0.28
吉林	4436	3599	3879	4196	3542	3647	3222	3424	3072	2730	3252	2891	3490.83	-3.82
黑龙江	2918	2485	2041	1755	1607	1706	2068	1983	1918	2788	2578	2131	2164.83	-2.82
上海	27292	27327	30290	28102	27667	28593	26952	25945	29005	27649	25952	24864	27469.83	-0.84
江苏	30393	31020	26178	10844	14366	14089	13938	19815	24526	28921	30724	24094	22409.00	-2.09
浙江	50861	39974	20628	17734	16398	17391	12786	12826	13858	13551	12074	11923	20000.33	-12.35
安徽	4082	4092	5113	4792	4648	5667	5888	4831	5795	6806	6951	7092	5479.75	5.15
福建	5496	5656	6510	5671	5044	5188	4785	5120	4749	5324	5230	3708	5206.75	-3.51
江西	2721	3114	3321	2530	2809	2266	2273	2250	2261	2184	1942	1429	2425.00	-5.69
山东	24368	26154	31908	5331	7027	6908	7672	7865	9037	11114	14263	17331	14081.50	-3.05

续表

技术市场成交合同数

地区	2003年	2004年	2005年	2006年	2007年	2008年	2009年	2010年	2011年	2012年	2013年	2014年	均值	年均增速
河南	3668	3691	3770	2831	3773	4478	3913	4611	5010	4191	3794	2942	3889.33	-1.99
湖北	9124	12260	11131	5309	8297	7147	5689	6638	7747	12757	14701	21507	10192.25	8.11
湖南	21315	19370	19437	5650	5987	5511	5258	5137	5654	6371	6548	4879	9259.75	-12.54
广东	11924	11328	14432	14866	18175	15945	14408	17493	19637	19576	20169	18577	16377.50	4.11
广西	748	655	558	247	319	437	290	258	778	423	694	2347	646.17	10.95
海南	31	29	121	130	119	97	62	213	396	40	57	36	110.92	1.37
重庆	1925	1768	2730	2662	3769	2332	2465	2201	3270	3538	4998	4016	2972.83	6.91
四川	3278	4272	4933	4242	5723	6473	7632	9003	9919	11657	12754	11932	7651.50	12.46
贵州	318	407	466	263	457	713	988	650	736	509	593	658	563.17	6.83
云南	2082	1857	1853	920	859	889	1028	1047	1241	2246	3084	2785	1657.58	2.68
陕西	3221	2467	3392	3542	4856	4846	6243	9470	11125	17596	19292	25969	9334.92	20.89
甘肃	1526	1646	1877	1995	1908	2306	2680	2503	3754	2883	3777	3354	2517.42	7.42
青海	205	327	318	271	486	424	429	460	523	639	747	801	469.17	13.19
宁夏	332	258	323	336	400	448	450	501	552	564	597	544	442.08	4.59
新疆	1516	1619	2001	1764	3049	2536	479	1700	1473	1531	984	704	1613.00	-6.74

技术市场成交合同数年均增速排名位于前五位的地区依次是陕西、青海、四川、广西和湖北,增速为负的地区包括辽宁、上海、河南、江苏、内蒙古、黑龙江、山东、福建、吉林、江西、新疆、浙江和湖南。

4. 大中型工业企业新产品销售收入不断增加

从 PPI 平减后的大中型工业企业新产品销售收入的变化趋势来看(见表 5-9),除了青海之外,其他省份从 2005 年到 2014 年均处于不断上升的趋势,年均值最高的是广东,为 94266219.22 万元,从 2005 年的 32787848.87 万元增加到 2014 年的 174771742.26 万元,年均增长 20.43%;年均值最低的是青海,为 169228.58 万元,出现了负增长。PPI 平减后的大中型工业企业新产品销售收入年均值排名位于前五位的地区依次是广东、江苏、山东、上海和浙江,排名位于后五位的地区依次是贵州、新疆、海南、宁夏和青海。年均增速最快的地区为新疆,从 2005 年的 162561.58 万元增加到 2014 年的 2121883.05 万元,年均值为 936993.79 万元,年均增速为 33.04%。年均增速最慢的地区为青海,出现了负增长,为-12.03%。PPI 平减后的大中型工业企业新产品销售收入年均增速排名位于前五位的地区依次是新疆、海南、湖南、安徽和甘肃,排名位于后五位的地区依次是山西、上海、内蒙古、黑龙江和青海。

5. 大部分省份人均 GDP 大幅度增加

从 CPI 平减后的人均 GDP 变化趋势来看(见表 5-10),除了重庆、四川和贵州外,其他省份从 2003 年到 2014 年均处于不断上升的趋势,年均值最高的是上海,为 59949.84 元,从 2003 年的 68024 元增加到 2014 年的 73145.68 元,年均增长 0.66%;年均值最低的是贵州,为 6974.22 元,出现了负增长。CPI 平减后的人均 GDP 年均值排名位于前五位的地区依次是上海、北京、天津、浙江和广东,排名位于后五位的地区依次是广西、云南、甘肃、四川和贵州。年均增速最快的地区为陕西,从 2003 年的 15386 元增加到 2014 年的 33345.85 元,年均值为 19002.08 元,年均增速为 7.28%。年均增速最慢的地区为四川,出现了负增长,为-14.01%,除此之外,贵州和重庆也是负增长。CPI 平减后的人均 GDP 年均增速排名位于前五位的地区依次是陕西、安徽、湖北、湖南和内蒙古,排名位于后五位的地区依次是北京、上海、贵州、重庆和四川。

表 5-9 2005～2014 年全国各省区市 PPI 平减后的大中型工业企业新产品销售收入

单位：万元，%

地区	PPI 平减后的大中型工业企业新产品销售收入										均值	年均增速
	2005 年	2006 年	2007 年	2008 年	2009 年	2010 年	2011 年	2012 年	2013 年	2014 年		
北京	8412720.38	11738920.32	22756102.33	23445511.65	19725334.33	24283119.19	24076467.07	22673258.85	27519817.72	33527819.45	21815907.13	16.61
天津	14836843.03	17999367.00	20144439.89	23385179.12	25591964.23	29459760.07	30460879.26	35774350.91	44435720.62	47089167.93	28917767.21	13.69
河北	3748104.56	5224012.32	6350183.36	6970937.64	8396000.06	9184220.94	11651706.93	16082225.26	19794467.05	22254734.06	10965659.22	21.89
山西	2220383.99	3128564.67	3747056.31	3756941.20	3892527.02	3489652.94	4558027.99	5072614.97	6298339.05	6019725.54	4218383.37	11.72
内蒙古	1694279.90	2018531.98	2096234.16	2513274.11	2450520.06	3789817.09	3332459.35	3695790.35	4071278.73	3445283.95	2910746.97	8.21
辽宁	8158293.10	10327169.38	11516343.65	13205900.13	18597176.58	15770542.71	17235469.73	19386240.55	26424253.38	26541077.34	16716246.65	14.01
吉林	4088737.31	7373656.76	7538348.78	9535401.78	24341599.79	13633916.18	18251426.53	16441061.00	5015391.35	12777346.42	11899688.59	13.50
黑龙江	2243372.71	2088655.08	2863066.42	2474998.24	3229177.47	3155839.94	2711800.85	2650074.24	2792594.56	2580246.53	2678982.61	1.57
上海	29861727.82	38990320.85	42177749.79	42967050.06	49334684.96	58722085.73	66080784.24	63895983.95	68380046.02	74259465.66	53466989.91	10.65
江苏	24528345.22	29495502.37	43911656.05	55376839.65	64388867.51	77201070.85	102267155.23	123512129.64	136189936.58	163016854.00	81988835.71	23.42
浙江	20023279.72	26439818.12	35193232.11	40049464.74	40066917.15	52358432.08	60058968.27	70946509.82	90544814.20	98089260.91	53377069.71	19.31
安徽	3649372.47	4454091.55	5771953.39	7148866.80	10578475.08	15276745.73	19630285.08	22448392.36	26131764.40	31892664.67	14698261.15	27.24
福建	9631877.91	11074493.46	13125776.80	14875738.64	15151905.17	19073335.44	25411176.73	27228613.14	28652905.60	29774163.39	19404998.63	13.36
江西	1977614.09	2956686.57	3529975.17	3850608.03	3427465.10	4805591.87	4677367.93	6724978.83	8475804.29	9701890.23	5012798.21	19.33
山东	22466584.88	27203881.11	36091592.01	42242282.50	57323267.95	69678716.56	77713826.09	92954946.94	102631227.59	104967084.41	63347341.00	18.68

续表

PPI平减后的大中型工业企业新产品品销售收入

地区	2005年	2006年	2007年	2008年	2009年	2010年	2011年	2012年	2013年	2014年	均值	年均增速
河南	5088435.77	6870059.88	8673845.70	9434718.21	11953928.17	12432307.30	15325477.30	15619617.37	29991184.14	32901945.55	14829151.94	23.05
湖北	5343852.73	4764654.85	9236902.35	13218275.54	13770232.87	18539175.54	20662642.49	24370930.06	29843010.44	33503070.40	17325274.73	22.63
湖南	3998798.29	4565006.93	6337344.73	8283532.07	13589892.39	16850924.61	17102994.19	26984187.63	32412338.93	35184880.81	16530990.06	27.33
广东	32787848.87	40299697.98	45007598.42	65005324.10	75032181.46	104651354.83	121571173.34	129891097.62	153644173.33	174771742.26	94266219.22	20.43
广西	2321127.41	2627368.34	3805953.98	3905781.02	5820977.31	6326496.22	6922454.57	7214675.65	9586504.57	8116181.30	5664752.04	14.92
海南	92477.89	1115938.78	790208.09	560538.90	791589.39	895525.90	1146913.02	1063328.43	1150249.85	1080405.11	868717.54	31.41
重庆	5640345.22	6841452.63	9843642.87	12871908.73	14854127.13	21134305.50	23589191.43	18578741.41	21103133.04	28930517.61	16338736.56	19.92
四川	5071609.40	7352306.82	9491550.84	11573358.82	14529237.09	11171811.54	10539583.43	14028167.61	16862890.18	18552156.58	11917267.23	15.50
贵州	696973.93	1416734.37	1456752.14	1245153.36	1308306.27	2187945.19	2023027.10	1945896.51	2201293.20	2469311.19	1695139.32	15.09
云南	531401.38	1308255.63	2663315.97	2142355.40	1895506.47	1757634.14	2333394.90	2796577.46	2764692.21	3096121.84	2128925.54	21.63
陕西	2295643.21	2483720.97	3321076.63	3258729.32	4508937.16	5736449.42	5679792.92	5015632.87	5772550.19	6481675.10	4455420.78	12.22
甘肃	630513.51	1202447.91	1556005.29	1502602.21	1636869.45	2159149.83	2809096.72	3355807.15	3591428.71	4353548.58	2279746.94	23.95
青海	111571.57	285612.06	275952.68	321760.67	393959.83	113636.23	40559.51	60958.04	53081.89	35193.35	169228.58	-12.03
宁夏	202114.12	377740.71	369098.21	478643.32	659291.39	680103.91	815144.37	1108372.17	1750077.34	1152527.82	759311.34	21.34
新疆	162561.58	283134.89	501539.54	809363.51	578508.21	1244966.07	1036703.80	1169031.78	1462245.49	2121883.05	936993.79	33.04

表 5-10 2003~2014 年全国各省区市 CPI 平减后的人均 GDP 变化情况

单位：元，%

地区	2003 年	2004 年	2005 年	2006 年	2007 年	2008 年	2009 年	2010 年	2011 年	2012 年	2013 年	2014 年	均值	年均增速
						CPI 平减后的人均 GDP								
北京	61274.00	51538.61	44864.65	39733.12	32941.80	57931.91	61047.55	65776.13	68844.58	71421.76	74809.66	77791.26	58997.92	2.19
天津	47970.00	41193.55	36400.23	29010.74	23260.20	50675.31	54606.29	61545.40	68523.51	72936.05	76006.24	78408.47	53378.00	4.57
河北	19662.00	15994.25	13806.14	11563.92	9067.06	19144.29	20617.03	23321.97	26145.18	27445.26	28339.29	28635.46	20311.82	3.48
山西	17805.00	13926.03	11875.75	9889.14	7606.00	17656.58	17740.68	21034.17	23851.52	24955.47	25181.14	24821.09	18028.55	3.07
内蒙古	26777.00	20108.84	15536.74	11937.34	8973.82	29488.42	33704.66	38916.12	45132.05	48238.02	49632.29	51162.30	31633.97	6.06
辽宁	26054.00	21172.95	18174.54	14909.37	12783.87	27183.17	30103.69	35218.77	40134.48	43552.86	46546.62	48134.64	30330.75	5.74
吉林	19383.00	15100.86	12632.79	10768.08	8776.00	19931.37	22513.72	25795.37	29831.39	32857.09	34882.59	36168.56	22386.73	5.83
黑龙江	18580.00	15659.92	13746.41	11630.07	9429.04	18247.48	18803.30	21829.54	25002.35	26367.74	27234.96	27920.80	19537.63	3.77
上海	68024.00	57570.45	50895.16	44359.28	36295.70	58683.45	60883.92	64953.13	67006.63	67379.87	70200.78	73145.68	59949.84	0.66
江苏	34294.00	27803.07	23477.20	18727.31	14942.72	33706.75	37427.28	43053.75	48199.02	51562.75	555.71	59079.40	32735.75	5.07
浙江	37358.00	30630.41	26281.06	22885.40	18438.35	35564.74	38231.47	43442.64	47225.18	49433.59	52463.28	54518.57	38039.39	3.50
安徽	12039.00	9565.55	8178.33	7162.80	5645.69	12048.14	13806.84	17048.14	19831.51	21761.00	23619.49	25008.47	14642.91	6.87
福建	25906.00	20561.54	17504.33	15371.72	12716.76	25238.75	28881.76	33500.24	37657.87	40943.83	44019.74	47110.44	29117.75	5.59
江西	13322.00	10768.12	8968.31	7601.20	5933.59	13436.56	14752.50	17560.01	20538.11	22014.36	23811.60	25276.56	15331.91	6.00
山东	27604.00	22782.82	18919.68	15423.60	11942.71	28153.99	30682.51	34147.50	37449.56	40113.03	43129.16	45296.70	29637.10	4.61

续表

地区	CPI 平减后的人均 GDP												均值	年均增速
	2003 年	2004 年	2005 年	2006 年	2007 年	2008 年	2009 年	2010 年	2011 年	2012 年	2013 年	2014 年		
河南	16012.00	12497.15	10543.30	8440.33	6419.55	15601.67	16854.56	19327.73	21458.56	22998.19	24274.33	25813.88	16686.77	4.44
湖北	16386.00	12735.94	10703.89	9025.33	7289.45	16253.86	18635.76	22286.60	25813.60	28294.17	30559.01	32981.26	19247.07	6.57
湖南	14869.00	11549.95	9823.54	8406.52	6591.80	14870.27	16806.62	19725.44	22600.81	24824.40	26724.01	28588.26	17115.05	6.12
广东	33890.00	27909.71	23391.13	19456.37	15997.74	32042.27	34363.31	37809.47	40779.19	42230.41	44809.01	47253.10	33327.64	3.07
广西	12277.00	9694.44	8035.13	6889.49	5368.95	11829.13	13231.62	16188.09	19147.26	20470.43	22028.31	23223.85	14031.98	5.97
海南	14923.00	12270.11	10536.40	9122.73	7608.03	14653.89	16060.98	18968.46	21679.15	23534.63	25217.12	26877.89	16787.70	5.49
重庆	16629.00	13442.62	11865.54	8991.17	7219.65	17313.79	19682.02	22962.62	27262.53	29975.94	3241.99	3525.58	15176.04	-13.15
四川	12963.00	10117.25	8174.66	7234.03	5730.42	12756.19	14160.96	16763.16	19640.38	21701.98	2325.63	2465.23	11169.41	-14.01
贵州	7273.00	5703.85	4873.38	4041.16	3256.13	8058.00	9088.65	10561.82	12572.54	14699.21	1684.43	1878.43	6974.22	-11.58
云南	10609.00	8423.58	7265.27	6402.12	5061.72	10252.89	10999.27	12340.54	14387.72	16134.82	17854.52	18773.27	11542.06	5.33
陕西	15386.00	12341.42	10153.62	8108.42	6314.28	16634.76	18439.94	21920.42	25577.25	28675.66	31127.39	33345.85	19002.08	7.28
甘肃	10346.00	8560.12	7186.72	6230.10	4882.71	10324.54	10887.87	12700.78	14584.90	15929.56	17234.27	18182.63	11420.85	5.26
青海	14506.00	11520.35	9656.28	8225.00	6520.18	14850.28	15285.62	17977.15	20742.64	22621.22	24195.97	25321.59	15951.86	5.19
宁夏	15142.00	11667.31	9832.27	8576.73	6841.39	15986.97	17631.09	20889.91	24175.57	26096.29	27470.47	28469.75	17731.64	5.91
新疆	16999.00	14605.65	12674.67	10821.53	8892.08	16569.59	16574.93	19949.36	22640.27	24494.14	26195.45	27771.20	18182.32	4.56

6. 高技术产品出口额显著提升

从 PPI 平减后的高技术产品出口额变化趋势来看（见表 5-11），从 2003 年到 2014 年各省份均处于不断上升的趋势，年均值最高的是广东，为 14052564.06 万美元，从 2003 年的 4834900 万美元增加到 2014 年的 21220878.43 万美元，年均增长 14.39%；年均值最低的是青海，为 370.6 万美元，从 2003 年的 10 万美元增加到 2014 年的 960.72 万美元。PPI 平减后的高技术产品出口额年均值排名位于前五位的地区依次是广东、江苏、上海、天津和北京，排名位于后五位的地区依次是贵州、新疆、甘肃、宁夏和青海。年均增速最快的地区为山西，从 2003 年的 400 万美元增加到 2014 年的 261145.67 万美元，年均值为 60967.84 万美元，年均增速为 80.26%。年均增速最慢的地区为辽宁，从 2003 年的 267000 万美元增加到 2014 年的 361377.97 万美元，年均增速为 2.79%。PPI 平减后的高技术产品出口额年均增速排名位于前五位的地区依次是山西、重庆、河南、内蒙古和青海，排名位于后五位的地区依次是贵州、天津、福建、黑龙江和辽宁。

四 公共创新环境大幅度改善

1. 财政环境

从政府科技支出的变化趋势来看（见表 5-12），从 2004 年到 2014 年各省份均处于不断上升的趋势，年均值最高的是广东，为 159.42 亿元，从 2004 年的 15.77 亿元增加到 2014 年的 274.3 亿元，年均增长 33.06%；年均值最低的是青海，为 4.23 亿元，从 2004 年的 0.42 亿元增加到 2014 年的 10.39 亿元，年均增速为 37.67%，广东的年均值是青海的 37.69 倍。政府科技支出年均值排名位于前五位的地区依次是广东、上海、江苏、北京和浙江，排名位于后五位的地区依次是内蒙古、甘肃、海南、宁夏和青海。年均增速最快的地区为湖北，从 2004 年的 2.12 亿元增加到 2014 年的 134.5 亿元，年均值为 37.74 亿元，年均增速为 51.41%。年均增速最慢的地区为云南，从 2004 年的 4.36 亿元增加到 2014 年的 43.15 亿元，年均值为 21.04 亿元，年均增速为 25.76%。政府科技支出年均增速排名位于前五位的地区依次是湖北、安徽、江苏、天津和重庆，排名位于后五位的地区依次是吉林、福建、甘肃、黑龙江和云南。

从政府科技支出占财政支出比例的变化趋势来看（见表 5-13），从 2004 年

表5-11　2003~2014年各省区市PPI平减后高技术产品出口额

单位：万美元，%

地区	PPI平减后高技术产品出口额												均值	年均增速
	2003年	2004年	2005年	2006年	2007年	2008年	2009年	2010年	2011年	2012年	2013年	2014年		
北京	366900	526785.71	739918.86	1109497.92	1392888.63	1417881.90	1402915.09	1474776.19	1270215.06	1838574.79	2020047.59	1877757.25	1286513.25	16.00
天津	580000	965308.48	1205189.76	1478104.22	1528922.93	1348338.01	1163240.62	1364878.20	1555890.66	1751298.34	1835145.73	1970168.04	1395540.42	11.76
河北	10200	13895.11	22671.25	44309.87	88399.75	151021.00	162749.96	256143.93	253042.20	214121.69	200605.54	206447.24	135300.63	31.45
山西	400	430.51	8282.89	15171.40	19243.17	25201.58	26624.99	27819.50	31967.69	110574.63	204752.08	261145.67	60967.84	80.26
内蒙古	200	380.73	13767.17	6418.66	1663.71	4436.55	3920.03	13901.81	26192.77	5534.85	7562.21	24375.98	9029.54	54.75
辽宁	267000	270876.14	235068.60	270024.17	312824.21	311774.00	295300.81	397868.65	399418.63	349060.92	376212.67	361377.97	320567.23	2.79
吉林	4900	5997.72	8307.00	12568.84	15210.58	16916.76	16909.56	21594.44	20175.29	20042.88	30860.05	28558.73	16836.82	17.38
黑龙江	6800	7694.35	8718.23	15727.79	20766.53	10056.29	11703.30	10063.31	8321.43	13732.91	15419.70	18026.20	12252.50	9.27
上海	1633200	2776148.21	3417190.82	4150785.42	5382241.06	6473834.80	6150911.42	7974416.61	8594213.88	8499661.73	8476302.45	8604779.97	6011140.53	16.31
江苏	2294400	3376056.34	4854106.77	6379498.26	7692277.03	8857550.74	8294523.83	10436181.84	10093614.74	10491811.34	10413776.17	10709691.38	7824457.37	15.03
浙江	220300	375226.30	567695.74	917236.00	944192.09	1158212.49	903457.69	1250661.67	1233331.22	1207517.84	1185874.88	1303103.96	938900.82	17.54
安徽	13200	17011.83	26684.53	30059.87	41678.07	54616.85	41848.29	41306.74	66534.92	120066.44	206778.73	459529.32	93276.30	38.09
福建	464900	664198.01	758298.43	871154.82	977547.29	1220042.81	1025753.96	1252089.09	1243185.95	1312584.49	1478259.20	1452514.84	1060044.07	10.91
江西	4700	4285.58	5782.19	11914.67	36821.63	104834.25	111998.21	178276.18	223238.23	192818.27	205172.75	320167.58	116667.46	46.78
山东	153700	234310.41	382935.59	566048.70	715628.29	1085115.06	1156085.19	1411542.65	1143201.73	1083477.54	1325979.47	1595139.19	904430.32	23.70

续表

PPI平减后高技术产品出口额

地区	2003年	2004年	2005年	2006年	2007年	2008年	2009年	2010年	2011年	2012年	2013年	2014年	均值	年均增速
河南	4700	5987.48	8125.15	10169.20	19099.21	29416.02	33561.62	47587.95	364963.52	1040889.98	1342446.58	1462863.72	364150.87	68.52
湖北	29600	31211.58	39992.92	84142.45	118895.12	166055.41	170360.99	299550.15	322501.41	350855.36	390741.11	481102.74	207084.10	28.85
湖南	4700	5831.71	8653.56	12907.37	19116.88	23489.02	34029.28	47825.39	56634.85	92225.60	112383.62	165123.62	48576.70	38.20
广东	4834900	6555566.48	8246483.70	10153930.71	12377910.87	13902044.70	13570999.58	16562339.81	18047841.45	19865543.49	23292329.46	21220878.43	14052564.06	14.39
广西	2100	3371.91	4953.81	7611.77	15554.36	19838.86	20250.19	40023.61	53371.34	99871.01	123905.01	186610.18	48121.84	50.37
海南	1100	1900.00	3920.39	7079.77	6116.89	6596.78	5948.04	15330.48	27393.37	44627.61	49825.72	29682.86	16626.83	34.93
重庆	7300	9296.02	12877.30	12416.16	16083.91	17217.94	18644.89	70787.92	484112.70	1228107.06	2084365.24	2653845.00	551254.51	70.91
四川	91400	64356.91	49545.78	84691.26	136227.18	204809.87	302835.66	311162.96	869400.18	1285659.98	1431951.43	1588894.68	535077.99	29.64
贵州	6000	13235.84	8028.28	4715.89	4806.50	6098.91	11057.17	5141.56	4477.20	8071.79	10460.96	24047.88	8845.16	13.45
云南	5600	5789.38	6418.84	8489.49	11769.20	13980.17	9446.62	14641.71	14633.20	40497.04	152472.77	111656.86	32949.60	31.27
陕西	18100	17234.95	22607.20	27931.18	39706.51	56082.64	59220.01	128896.79	127450.21	161632.60	298081.10	520621.94	123130.43	35.71
甘肃	2300	8136.48	3831.29	5159.43	1721.99	2101.19	3535.65	6084.10	7289.40	7938.99	14578.68	15449.98	6510.60	18.90
青海	10	89.90	244.66	74.48	71.48	66.43	72.76	66.57	247.94	959.53	1582.72	960.72	370.60	51.44
宁夏	700	272.80	256.80	483.76	1088.49	3167.83	2786.90	3292.99	4173.39	5356.00	8467.20	28286.02	4861.02	39.97
新疆	2600	3007.91	3096.68	3286.65	5213.72	3489.57	4629.61	4620.36	6312.44	9137.62	14996.42	21428.71	6818.31	21.14

表 5-12　2004~2014 年各省区市政府科技支出情况

单位：亿元，%

| 地区 | 政府科技支出 | | | | | | | | | | | 均值 | 年均增速 |
	2004 年	2005 年	2006 年	2007 年	2008 年	2009 年	2010 年	2011 年	2012 年	2013 年	2014 年		
北京	13.2556	15.744	19.324	90.742	112.189	126.307	178.915	183.07	199.94	234.7	282.7	132.44	35.80
天津	2.2915	2.7989	3.3063	22.3384	28.653	33.9953	43.253	60.17	76.45	92.81	109	43.19	47.14
河北	2.9857	3.5192	3.9768	17.405	21.6674	26.4283	29.6492	33.22	44.74	49.76	51.32	25.88	32.90
山西	1.8856	2.0905	2.4942	15.7971	17.6069	17.6069	20.119	27.17	33.32	62.06	54.26	23.13	39.93
内蒙古	1.7485	1.9037	2.1354	9.2228	15.3634	18.0652	21.3949	28.21	27.61	31.64	32.87	17.29	34.10
辽宁	3.9867	4.6142	5.3972	38.6889	49.0226	57.4857	68.9037	87.2	101.24	119	108.8	58.58	39.19
吉林	2.2908	2.7113	3.248	11.087	13.4116	18.979	19.1233	21.18	24.96	37.22	36.45	17.33	31.88
黑龙江	3.5636	3.3565	3.8465	17.4743	20.0885	19.9577	27.6916	33.23	37.64	38.61	39.46	22.27	27.18
上海	13.5111	15.92	20.268	105.767	120.274	215.311	202.032	218.5	245.43	257.7	262.3	152.45	34.53
江苏	6.4573	7.9492	10.602	68.7266	91.5173	117.016	150.353	213.4	257.24	302.6	327.1	141.18	48.07
浙江	9.1501	10.566	12.807	71.5442	86.7928	99.3037	121.401	143.9	165.98	191.9	208	101.94	36.67
安徽	2.2153	2.5687	3.3438	15.9551	23.7788	36.4693	57.9817	77.03	96	109.7	129.6	50.42	50.22
福建	4.3837	4.6787	5.2315	21.267	25.6281	27.8903	32.3057	40.48	48.47	60.62	67.4	30.76	31.43
江西	1.9979	2.2053	2.6554	8.7373	11.1406	13.4021	18.2628	21.32	27.5	46.32	58.37	19.26	40.14
山东	6.597	7.6471	9.0544	46.4073	57.1333	62.8783	84.3643	108.62	124.98	149.1	147.1	73.08	36.40

续表

政府科技支出

地区	2004年	2005年	2006年	2007年	2008年	2009年	2010年	2011年	2012年	2013年	2014年	均值	年均增速
河南	3.4715	4.2928	5.5507	25.2287	30.4389	35.516	44.6734	56.59	69.64	80	81.25	39.70	37.07
湖北	2.1229	2.576	2.9183	18.7641	23.0584	25.3309	30.0878	44.19	54.39	77.21	134.5	37.74	51.41
湖南	2.408	2.6129	3.0522	20.4932	26.5893	29.6164	35.0354	41.96	48.19	55.46	59.38	29.53	37.78
广东	15.7747	16.006	17.166	119.263	132.516	168.502	214.442	203.92	246.71	344.9	274.3	159.42	33.06
广西	3.7322	4.0725	5.0309	13.1873	16.2149	18.0741	21.6554	28.25	42.81	54.36	59.93	24.30	32.00
海南	0.4907	0.5402	0.6676	2.7904	4.4981	6.0712	7.4674	9.83	12.06	13.83	13.53	6.53	39.33
重庆	1.0172	1.0855	1.3548	11.0513	15.1279	15.5544	17.8968	25.04	29.84	38.65	38.16	17.71	43.69
四川	4.101	4.8974	5.9908	20.7763	25.815	28.6392	34.7083	45.75	59.4	69.51	81.76	34.67	34.89
贵州	2.6408	3.0452	3.2	9.9809	12.9878	14.2716	16.6555	21.68	28.98	34.27	44.34	17.46	32.59
云南	4.3602	4.4405	4.7653	13.0596	17.6695	18.9937	21.4291	28.3	32.67	42.59	43.15	21.04	25.76
陕西	1.9738	2.4048	2.8305	13.2972	17.1448	20.8371	25.2498	29.01	34.94	38.02	44.86	20.96	36.66
甘肃	1.8053	1.9916	2.3387	7.3129	9.4743	10.1833	10.8879	13.22	16.19	19.76	21.16	10.39	27.91
青海	0.4247	0.481	0.5787	2.5239	3.9664	4.7804	4.0805	3.76	7.18	8.39	10.39	4.23	37.67
宁夏	0.7163	0.7513	0.8698	4.7857	4.3265	4.4017	5.9666	7.87	9.61	10.69	11.66	5.60	32.18
新疆	2.0441	2.3612	3.1131	12.8401	14.8358	16.1414	20.1869	26.43	33.01	39.85	40.34	19.20	34.75

表 5-13 2004～2014 年各省区市政府科技支出占财政支出比例

单位：%

地区	2004 年	2005 年	2006 年	2007 年	2008 年	2009 年	2010 年	2011 年	2012 年	2013 年	2014 年	均值	年均增速
北京	0.0148	0.0149	0.0149	0.0550	0.0573	0.0545	0.0658	0.0564	0.0543	0.0562	0.0625	0.0460	15.53
天津	0.0061	0.0063	0.0061	0.0331	0.0330	0.0302	0.0314	0.0335	0.0357	0.0364	0.0378	0.0263	19.98
河北	0.0038	0.0036	0.0034	0.0116	0.0115	0.0113	0.0105	0.0094	0.0110	0.0113	0.0110	0.0089	11.18
山西	0.0036	0.0031	0.0027	0.0150	0.0134	0.0113	0.0104	0.0115	0.0121	0.0205	0.0176	0.0110	17.08
内蒙古	0.0031	0.0028	0.0026	0.0085	0.0106	0.0094	0.0094	0.0094	0.0081	0.0086	0.0085	0.0074	10.58
辽宁	0.0043	0.0038	0.0038	0.0219	0.0228	0.0214	0.0216	0.0223	0.0222	0.0229	0.0214	0.0171	17.47
吉林	0.0045	0.0043	0.0045	0.0125	0.0114	0.0128	0.0107	0.0096	0.0101	0.0136	0.0125	0.0097	10.74
黑龙江	0.0051	0.0043	0.0040	0.0147	0.0130	0.0106	0.0123	0.0119	0.0119	0.0115	0.0115	0.0101	8.44
上海	0.0098	0.0097	0.0113	0.0485	0.0464	0.0720	0.0612	0.0558	0.0587	0.0569	0.0533	0.0439	18.48
江苏	0.0049	0.0048	0.0053	0.0269	0.0282	0.0291	0.0306	0.0343	0.0366	0.0388	0.0386	0.0253	22.87
浙江	0.0086	0.0083	0.0087	0.0396	0.0393	0.0374	0.0378	0.0374	0.0399	0.0406	0.0403	0.0307	16.69
安徽	0.0037	0.0036	0.0036	0.0128	0.0144	0.0170	0.0224	0.0233	0.0242	0.0252	0.0278	0.0162	22.39
福建	0.0085	0.0079	0.0072	0.0234	0.0225	0.0198	0.0191	0.0184	0.0186	0.0198	0.0204	0.0169	9.16
江西	0.0044	0.0039	0.0038	0.0097	0.0092	0.0086	0.0095	0.0084	0.0091	0.0133	0.0150	0.0086	13.07
山东	0.0055	0.0052	0.0049	0.0205	0.0211	0.0192	0.0204	0.0217	0.0212	0.0223	0.0205	0.0166	13.96

续表

地区	政府科技支出占财政支出比例											均值	年均增速
	2004 年	2005 年	2006 年	2007 年	2008 年	2009 年	2010 年	2011 年	2012 年	2013 年	2014 年		
河南	0.0039	0.0038	0.0039	0.0135	0.0133	0.0122	0.0131	0.0133	0.0139	0.0143	0.0135	0.0108	13.07
湖北	0.0033	0.0033	0.0028	0.0147	0.0140	0.0121	0.0120	0.0137	0.0145	0.0177	0.0273	0.0123	23.56
湖南	0.0033	0.0030	0.0029	0.0151	0.0151	0.0134	0.0130	0.0119	0.0117	0.0118	0.0118	0.0103	13.46
广东	0.0085	0.0070	0.0067	0.0377	0.0351	0.0389	0.0396	0.0304	0.0334	0.0410	0.0300	0.0280	13.41
广西	0.0074	0.0067	0.0069	0.0134	0.0125	0.0111	0.0108	0.0111	0.0143	0.0169	0.0172	0.0117	8.88
海南	0.0039	0.0036	0.0038	0.0114	0.0126	0.0125	0.0128	0.0126	0.0132	0.0137	0.0123	0.0102	12.30
重庆	0.0026	0.0022	0.0023	0.0144	0.0149	0.0120	0.0105	0.0097	0.0098	0.0126	0.0115	0.0093	16.21
四川	0.0046	0.0045	0.0044	0.0118	0.0088	0.0080	0.0082	0.0098	0.0109	0.0112	0.0120	0.0086	10.14
贵州	0.0063	0.0058	0.0052	0.0125	0.0123	0.0104	0.0102	0.0096	0.0105	0.0111	0.0125	0.0097	7.09
云南	0.0066	0.0058	0.0053	0.0115	0.0120	0.0097	0.0094	0.0097	0.0091	0.0104	0.0097	0.0090	4.00
陕西	0.0038	0.0038	0.0034	0.0126	0.0120	0.0113	0.0114	0.0099	0.0105	0.0104	0.0113	0.0091	11.47
甘肃	0.0051	0.0046	0.0044	0.0108	0.0098	0.0082	0.0074	0.0074	0.0079	0.0086	0.0083	0.0075	5.11
青海	0.0031	0.0028	0.0027	0.0089	0.0109	0.0098	0.0055	0.0039	0.0062	0.0068	0.0077	0.0062	9.57
宁夏	0.0058	0.0047	0.0045	0.0198	0.0133	0.0102	0.0107	0.0111	0.0111	0.0116	0.0117	0.0104	7.19
新疆	0.0049	0.0045	0.0046	0.0161	0.0140	0.0120	0.0119	0.0116	0.0121	0.0130	0.0122	0.0106	9.62

到 2014 年各省份均处于不断上升的趋势，年均值最高的是北京，为 0.046%，从 2004 年的 0.0148% 增加到 2014 年的 0.0625%，年均增长 15.53%；年均值最低的是青海，为 0.0062%，从 2004 年的 0.003% 到 2014 年的 0.008%，年均增速为 9.57%，北京的年均值是青海的 7.42 倍。政府科技支出占财政支出比例年均值排名位于前五位的地区依次是北京、上海、浙江、广东和天津，排名位于后五位的地区依次是江西、四川、甘肃、内蒙古和青海。年均增速最快的地区为湖北，从 2004 年的 0.003% 增加到 2014 年的 0.027%，年均值为 0.0123%，年均增速为 23.56%。年均增速最慢的地区为云南，从 2004 年的 0.007% 增加到 2014 年的 0.010%，年均值为 0.0097%，年均增速为 4%。政府科技支出占财政支出比例年均增速排名位于前五位的地区依次是湖北、江苏、安徽、天津和上海，排名位于后五位的地区依次是黑龙江、宁夏、贵州、甘肃和云南。

2. 金融环境

从地方科技活动经费中银行贷款比例的变化趋势来看（见表 5-14），年均值最高的是安徽，为 0.081%，从 2004 年的 0.1173% 增加到 2014 年的 0.036%，年均增长 -11.04%；年均值最低的是辽宁，为 0.0257%，年均增速为 -14.85%。地方科技活动经费中银行贷款的比例年均值排名位于前五位的地区依次是安徽、贵州、云南、广西和江苏，排名位于后五位的地区依次是新疆、海南、甘肃、河南和辽宁。年均增速最快的地区为北京，从 2004 年的 0.018% 增加到 2014 年的 0.074%，年均值为 0.0441%，年均增速为 14.98%。年均增速最慢的地区为青海，出现了负增长，为 -21.78%。地方科技活动经费中银行贷款的比例年均增速排名位于前五位的地区依次是北京、上海、陕西、四川和海南，排名位于后五位的地区依次是宁夏、广东、辽宁、山东和青海。

3. 信息环境

从邮电业务的变化趋势来看（见表 5-15，并参见表 5-16），从 2004 年到 2014 年各省份均处于不断上升的趋势，年均值最高的是广东，为 2936.94 亿元，从 2004 年的 1786.05 亿元增加到 2014 年的 3353 亿元，年均增长 6.5%；年均值最低的是青海，为 63.18 亿元，从 2004 年的 26.14 亿元增加到 2014 年的 80.75 亿元，年均增速为 11.94%，广东的年均值是青海的 46.49 倍。邮电业务年均值排名位于前五位的地区依次是广东、江苏、浙江、山东和河南，排名位于后五位的地区依次是天津、甘肃、海南、宁夏和青海。年均增速最快的地区为青海，

表 5-14 2004~2014年各省区市地方科技活动经费中银行贷款比例

单位：%

地区	地方科技活动经费中银行贷款的比例											均值	年均增速
---	2004年	2005年	2006年	2007年	2008年	2009年	2010年	2011年	2012年	2013年	2014年		
北京	0.01825	0.01449	0.0241	0.0084	0.00731	0.07303	0.05994	0.07446	0.07602	0.0559	0.074	0.0441	14.98
天津	0.08001	0.04598	0.0428	0.0495	0.04886	0.03639	0.03043	0.04268	0.03248	0.0375	0.031	0.0434	-9.06
河北	0.04781	0.03216	0.0348	0.0248	0.02411	0.0311	0.03853	0.01107	0.01771	0.0202	0.02	0.0275	-8.37
山西	0.07027	0.06956	0.0565	0.0276	0.02683	0.02322	0.01964	0.03672	0.02977	0.0245	0.019	0.0367	-12.08
内蒙古	0.02251	0.02465	0.0749	0.041	0.09795	0.03465	0.01437	0.01052	0.02606	0.046	0.022	0.0377	-0.25
辽宁	0.05719	0.03256	0.0489	0.0323	0.02506	0.01704	0.02403	0.01013	0.00929	0.0149	0.011	0.0257	-14.85
吉林	0.05714	0.06946	0.045	0.0452	0.00938	0.02989	0.03894	0.02837	0.03613	0.0424	0.025	0.0388	-7.79
黑龙江	0.07057	0.05945	0.064	0.0675	0.05065	0.02391	0.04271	0.01923	0.01849	0.0146	0.029	0.0419	-8.38
上海	0.02266	0.01453	0.0705	0.0119	0.01376	0.0365	0.02872	0.03263	0.04842	0.0394	0.047	0.0333	7.54
江苏	0.08478	0.09325	0.1041	0.087	0.06604	0.02911	0.02479	0.0242	0.03177	0.038	0.05	0.0576	-5.13
浙江	0.08684	0.08157	0.0715	0.0726	0.06229	0.01515	0.01523	0.01708	0.02031	0.0185	0.019	0.0436	-14.09
安徽	0.11727	0.13146	0.1573	0.1261	0.08929	0.07468	0.05232	0.03536	0.04019	0.0302	0.036	0.0810	-11.04
福建	0.09268	0.08574	0.1138	0.1034	0.08097	0.02445	0.02025	0.0216	0.02114	0.0255	0.023	0.0557	-13.05
江西	0.04594	0.04307	0.0408	0.075	0.04903	0.03238	0.02599	0.02603	0.03049	0.0508	0.028	0.0407	-4.88
山东	0.07434	0.07854	0.0611	0.0638	0.05123	0.01876	0.01504	0.01463	0.01512	0.0137	0.014	0.0382	-15.48

续表

地方科技活动经费中银行贷款的比例

地区	2004年	2005年	2006年	2007年	2008年	2009年	2010年	2011年	2012年	2013年	2014年	均值	年均增速
河南	0.06043	0.0517	0.0559	0.0653	0.03517	0.02412	0.03237	0.03386	0.04348	0.0318	0.031	0.0423	-6.49
湖北	0.05052	0.02396	0.0358	0.0324	0.02818	0.03184	0.03257	0.03363	0.03245	0.0314	0.027	0.0327	-6.07
湖南	0.04356	0.04507	0.0466	0.0391	0.04803	0.04647	0.0413	0.03769	0.02827	0.024	0.025	0.0387	-5.36
广东	0.10254	0.06808	0.0571	0.0511	0.05045	0.01907	0.01572	0.01904	0.02299	0.0185	0.022	0.0406	-14.32
广西	0.08836	0.08867	0.0587	0.0513	0.08772	0.03886	0.03783	0.04565	0.05684	0.0573	0.051	0.0602	-5.34
海南	0.01779	0.01055	0.0095	0.0093	0.00457	0.06736	0.04569	0.04144	0.09583	0.0187	0.021	0.0310	1.46
重庆	0.05398	0.05778	0.077	0.065	0.09594	0.03093	0.03598	0.04828	0.06685	0.0374	0.023	0.0538	-8.23
四川	0.0495	0.03035	0.0324	0.043	0.04065	0.02767	0.01993	0.02581	0.03185	0.1144	0.073	0.0444	4.00
贵州	0.05166	0.06656	0.0728	0.0525	0.03675	0.09034	0.07176	0.05152	0.09477	0.068	0.06	0.0651	1.44
云南	0.08757	0.05799	0.0608	0.0501	0.06223	0.11369	0.04795	0.06751	0.05228	0.0528	0.056	0.0645	-4.34
陕西	0.01518	0.02037	0.0466	0.0221	0.04554	0.0602	0.04437	0.03993	0.03745	0.0515	0.031	0.0377	7.41
甘肃	0.04355	0.01069	0.0128	0.014	0.00951	0.06113	0.03698	0.04635	0.03551	0.0269	0.032	0.0299	-3.13
青海	0.23307	0.01521	0.0126	0.0237	0.0307	0.03872	0.02683	0.02159	0.02881	0.0421	0.02	0.0448	-21.78
宁夏	0.09904	0.18828	0.0639	0.0772	0.07936	0.01529	0.01654	0.03369	0.01753	0.0123	0.021	0.0568	-14.25
新疆	0.03129	0.03002	0.0407	0.044	0.04803	0.05578	0.02077	0.0282	0.02398	0.0208	0.012	0.0323	-8.86

表 5-15　2004~2014 年各省区市邮电业务

单位：亿元，%

| 地区 | 邮电业务 | | | | | | | | | | | 均值 | 年均增速 |
	2004 年	2005 年	2006 年	2007 年	2008 年	2009 年	2010 年	2011 年	2012 年	2013 年	2014 年		
北京	343.84	405.9	503.49	704.683	839.671	970.445	1227.34	566.45	631.23	757	889.9	712.73	9.98
天津	142.39	174.55	225.38	303.768	356.955	390.142	433.296	176.29	185	213.1	243.6	258.59	5.52
河北	428.6	523.44	638.54	847.809	1057.91	1199.83	1351.63	539.62	598.29	728.7	825.5	794.54	6.77
山西	216.13	274.45	329.76	438.379	562.481	635.065	735.926	305.62	338.94	392.3	431.1	423.65	7.15
内蒙古	156.63	197.16	254.24	364.358	466.511	554.264	601.37	245.07	273.34	311.2	336	341.84	7.93
辽宁	369.46	443.82	559.76	706.368	826.699	965.106	1171.63	472.64	516.07	582.2	647.3	660.10	5.77
吉林	212.64	259.7	336.72	410.272	460.835	525.937	613.173	238.61	262.91	295.5	328.2	358.59	4.44
黑龙江	285.22	338.36	406.81	513.056	605.497	697.151	745.583	307.77	329.81	377.3	430.5	457.91	4.20
上海	349.05	409.67	553.49	830.465	971.261	1034.72	1275.24	563.42	637.93	791.8	906	756.64	10.01
江苏	556.49	723.89	997.38	1319.65	1581.86	1812.88	2328.76	986.55	1120.4	1403	1680	1319.18	11.68
浙江	677.17	830.39	1034.3	1361.66	1574.21	1736.68	2101.84	901.29	1025.1	1284	1683	1291.71	9.53
安徽	222.98	278.18	355.16	448.022	562.682	703.424	887.547	369.19	418.1	534	630	491.75	10.95
福建	430.47	519.42	631.94	799.915	890.229	999.179	1214.39	510.83	592.9	738.5	856.9	744.06	7.13
江西	201.63	259.48	318.31	409.107	493.781	592.68	692.005	279.2	310.38	379.2	445.8	398.33	8.26
山东	538.86	711.72	968.46	1237.38	1499.52	1676.6	1960.68	809.02	891.57	1064	1213	1142.75	8.45

续表

地区	邮电业务											均值	年均增速
	2004年	2005年	2006年	2007年	2008年	2009年	2010年	2011年	2012年	2013年	2014年		
河南	433.98	549.41	717.34	927.671	1124.63	1278.56	1473.45	603.67	680.03	837.8	1011	876.15	8.83
湖北	290.58	370.74	457.79	584.259	714.281	841.776	1039.03	431.77	491.29	610.2	719.1	595.52	9.48
湖南	285.5	366.64	491.1	635.38	769.391	900.403	1057.99	439.94	491.21	595.3	744.9	616.16	10.06
广东	1786.05	2129.2	2657.1	3171.73	3688.66	4149.11	4553.38	1888	2161.6	2768	3353	2936.94	6.50
广西	262.88	323.78	385.92	481.245	588.303	694.296	821.894	326.55	366.36	435.3	502.1	471.69	6.68
海南	62.35	74.974	97.764	124.849	160.595	191.982	224.664	93.8	104.89	126.4	139.4	127.43	8.38
重庆	168.65	210.11	276.47	366.624	426.991	490.891	581.296	243.92	276.99	357.6	417.9	347.04	9.50
四川	335.58	458.27	590.69	782.89	934.299	1173.07	1450.69	606.88	692.31	842.8	1027	808.59	11.83
贵州	131.23	172.08	223.47	292.698	371.962	465.575	512.472	219.32	262.05	331.8	381.7	305.85	11.27
云南	206.3	262.18	327.7	469.971	577.881	678.978	773.038	324.07	363.44	452.8	566.9	454.83	10.64
陕西	244.03	323.54	424.49	530.901	641.655	746.566	857.237	348.55	386.41	477.8	566.6	504.35	8.79
甘肃	108.39	136.46	167.24	219.309	287.597	361.754	423.151	172.29	189.88	238.7	277.5	234.75	9.86
青海	26.14	32.059	39.96	54.0182	84.1326	90.8188	114.301	48.29	57.04	67.46	80.75	63.18	11.94
宁夏	38.18	47.09	59.919	79.8973	97.2357	119.992	135.196	57.58	65.66	80.43	102.6	80.35	10.39
新疆	152.01	172.38	228.8	304.636	379.871	462.639	555.952	231.81	263.36	317.1	349.3	310.71	8.67

表 5-16 2004~2014 年各省区市邮电业务占 GDP 比重

邮电业务占 GDP 的比重

地区	2004 年	2005 年	2006 年	2007 年	2008 年	2009 年	2010 年	2011 年	2012 年	2013 年	2014 年
北京	0.05674	0.05894	0.062023	0.071565	0.07554	0.07985	0.08696	0.03485	0.0353	0.038233	0.04172
天津	0.04577	0.04721	0.050503	0.05783	0.05313	0.05187	0.04697	0.01559	0.01435	0.014754	0.01549
河北	0.05056	0.05185	0.055682	0.062305	0.06607	0.06961	0.06628	0.02201	0.02251	0.02562	0.02806
山西	0.06052	0.06566	0.067592	0.072767	0.07689	0.08631	0.07998	0.0272	0.02798	0.030972	0.03378
内蒙古	0.0515	0.05061	0.051421	0.056726	0.05491	0.0569	0.05152	0.01707	0.01721	0.018398	0.01891
辽宁	0.05537	0.05541	0.06016	0.06327	0.06048	0.06344	0.06348	0.02126	0.02077	0.021394	0.02261
吉林	0.06811	0.07173	0.078764	0.077634	0.07171	0.07226	0.07074	0.02258	0.02202	0.022647	0.02378
黑龙江	0.06004	0.06139	0.065489	0.072221	0.07283	0.08119	0.07191	0.02446	0.02409	0.026105	0.02862
上海	0.04324	0.04475	0.052353	0.066469	0.06903	0.06877	0.07429	0.02935	0.03161	0.036292	0.03844
江苏	0.03709	0.03954	0.045873	0.05072	0.05106	0.05261	0.05622	0.02009	0.02073	0.023477	0.02582
浙江	0.05813	0.06179	0.065803	0.072607	0.07335	0.07554	0.07582	0.02789	0.02957	0.033995	0.04188
安徽	0.04685	0.05175	0.058104	0.060865	0.06357	0.0699	0.07181	0.02413	0.02429	0.027769	0.03022
福建	0.07469	0.07907	0.083327	0.086491	0.08225	0.08166	0.0824	0.02909	0.03009	0.033768	0.03562
江西	0.05833	0.06396	0.066033	0.070533	0.07083	0.07742	0.07322	0.02386	0.02397	0.026317	0.02837
山东	0.03587	0.03844	0.044221	0.048004	0.04848	0.04946	0.05006	0.01783	0.01783	0.019262	0.02041

续表

邮电业务占 GDP 的比重

地区	2004 年	2005 年	2006 年	2007 年	2008 年	2009 年	2010 年	2011 年	2012 年	2013 年	2014 年
河南	0.05074	0.05189	0.058024	0.061793	0.06242	0.06563	0.06381	0.02242	0.02297	0.026027	0.02894
湖北	0.05158	0.05686	0.060098	0.062599	0.06305	0.06495	0.06507	0.02199	0.02208	0.024611	0.02626
湖南	0.0506	0.05631	0.063873	0.06731	0.06659	0.06895	0.06597	0.02237	0.02217	0.024177	0.02755
广东	0.09468	0.0952	0.099939	0.099812	0.10024	0.10509	0.09896	0.03548	0.03788	0.044307	0.04945
广西	0.07656	0.07944	0.081312	0.08264	0.08379	0.08948	0.08588	0.02786	0.02811	0.030122	0.03204
海南	0.07804	0.08381	0.093562	0.099547	0.10685	0.11606	0.10882	0.03718	0.03673	0.039785	0.03983
重庆	0.06263	0.06843	0.07076	0.078403	0.0737	0.07517	0.07334	0.02436	0.02428	0.027973	0.0293
四川	0.0526	0.06205	0.067972	0.074121	0.07414	0.0829	0.08441	0.02886	0.029	0.031935	0.03599
贵州	0.07822	0.08695	0.095542	0.101486	0.10444	0.11899	0.11135	0.03846	0.03824	0.041026	0.04119
云南	0.06694	0.07549	0.08217	0.098474	0.10152	0.11005	0.10701	0.03644	0.03525	0.038264	0.04423
陕西	0.07685	0.08802	0.089486	0.092214	0.08772	0.09138	0.08468	0.02786	0.02673	0.029486	0.03203
甘肃	0.06419	0.07056	0.073457	0.081153	0.09082	0.10679	0.10269	0.03432	0.03361	0.037707	0.04059
青海	0.05608	0.05901	0.06162	0.067747	0.08259	0.08399	0.08464	0.02891	0.03012	0.03179	0.03506
宁夏	0.07108	0.07769	0.082544	0.086929	0.08077	0.08867	0.08001	0.02739	0.02804	0.031204	0.03729
新疆	0.06881	0.06619	0.075135	0.086467	0.09081	0.10817	0.10224	0.03507	0.03509	0.03755	0.03766

从 2004 年的 26.14 亿元增加到 2014 年的 80.75 亿元，年均值为 63.18 亿元，年均增速为 11.94%。年均增速最慢的地区为黑龙江，从 2004 年的 285.22 亿元增加到 2014 年的 430.5 亿元，年均值为 457.91 亿元，年均增速为 4.2%。邮电业务年均增速排名位于前五位的地区依次是青海、四川、江苏、贵州和安徽，排名位于后五位的地区依次是广东、辽宁、天津、吉林和黑龙江。

4. 教育环境

从每十万人在校高等教育学生数量的变化趋势来看（见表 5-17），除了北京和上海外，其他地区从 2004 年到 2014 年均处于不断上升的趋势，年均值最高的是北京，为 6173.52 人，年均增速为-1.33%；年均值最低的是青海，为 1044.53 人，从 2004 年的 891.1 人增加到 2014 年的 1220 人，年均增速为 3.19%，北京的年均值是青海的 5.91 倍。每十万人在校高等教育学生数量排名位于前五位的地区依次是北京、天津、上海、陕西和湖北，排名位于后五位的地区依次是新疆、广西、云南、贵州和青海。年均增速最快的地区为海南，从 2004 年的 976.63 人增加到 2014 年的 2317 人，年均值为 1799.1 人，年均增速为 9.02%。年均增速最慢的地区为北京，出现负增长，为-1.33%，除此之外，上海也出现了负增长。每十万人在校高等教育学生数年均增速排名位于前五位的地区依次是海南、重庆、河南、安徽和贵州，排名位于后五位的地区依次是青海、新疆、天津、上海和北京。

5. 产业集聚环境

从高新技术产业主营业务收入变化趋势来看（见表 5-18），从 2004 年到 2014 年各省份均处于不断上升的趋势，年均值最高的是广东，为 18798.15 亿元，年均增速 13.28%；年均值最低的是新疆，为 19.09 亿元，从 2004 年的 9.3 亿元增加到 2014 年的 26.9 亿元，年均增速为 11.2%，广东的年均值是新疆的 984.71 倍。高新技术产业主营业务收入均值排名位于前五位的地区依次是广东、江苏、上海、山东和北京，排名位于后五位的地区依次是甘肃、海南、宁夏、青海和新疆。年均增速最快的地区为重庆，从 2004 年的 107.9 亿元增加到 2014 年的 3433.7 亿元，年均值为 979.24 亿元，年均增速为 41.34%。年均增速最慢的地区为上海，从 2004 年的 3850.9 亿元增加到 2014 年的 7056.9 亿元，年均增速为 6.24%。高新技术产业主营业务收入年均增速排名位于前五位的地区依次是重庆、河南、广西、安徽和湖南，

表5-17 2004~2014年各省区市每十万人在校高等教育学生数量

单位：人，%

每十万人在校高等教育学生数量

地区	2004年	2005年	2006年	2007年	2008年	2009年	2010年	2011年	2012年	2013年	2014年	均值	年均增速
北京	6204.32	6579.93	6897	6825.8	6749.96	6410.34	6196.36	5613	5534	5469	5429	6173.52	-1.33
天津	3844.55	4340.26	4600	4600.4	4534.19	4431.56	4412.33	4329	4358	4346	4283	4370.85	1.09
河北	1373.02	1443.37	1630	1712.4	1810.55	1870.62	1950.59	2006	2063	2108	2098	1824.14	4.33
山西	1426.85	1610.89	1790	1863.2	1979.4	2050.09	2131.91	2202	2351	2474	2519	2036.22	5.85
内蒙古	1141.42	1302.74	1413	1506.7	1649.77	1794.09	1884.04	1920	2042	2137	2156	1722.43	6.57
辽宁	1854.54	2140.71	2379	2497.7	2620.51	2659.32	2670.52	2712	2811	2903	2933	2561.94	4.69
吉林	1898.36	2144.34	2359	2493.1	2659.07	2695.39	2716.4	2807	2889	3033	3168	2623.88	5.25
黑龙江	1657.48	1887.04	2090	2207	2351.79	2419.54	2446.73	2409	2441	2529	2555	2272.14	4.42
上海	3694.45	3837.78	4206	4316.5	4371.18	4392.92	4299.63	3556	3481	3421	3348	3902.23	-0.98
江苏	1768.28	2014.76	2301	2542.3	2679.2	2786.08	2819.17	2824	2786	2814	2858	2562.99	4.92
浙江	1650.9	1885.78	2115	2246.3	2323.96	2303	2285.44	2218	2288	2363	2408	2189.76	3.85
安徽	984.679	1109.57	1351	1484.5	1657.81	1741.73	1841.27	2007	2101	2203	2245	1702.42	8.59
福建	1185.67	1426.85	1656	1787.8	1936.66	2038.75	2144.32	2200	2301	2435	2513	1965.92	7.80
江西	1412.01	1767.51	2105	2110.7	2061.97	2117.83	2161.8	2212	2295	2381	2527	2104.72	5.99
山东	1361.18	1597.63	1811	1916.6	2071.14	2152.98	2201.78	2191	2238	2304	2421	2024.21	5.93

续表

每十万人在校高等教育学生数量

地区	2004年	2005年	2006年	2007年	2008年	2009年	2010年	2011年	2012年	2013年	2014年	均值	年均增速
河南	943.536	1118.62	1331	1454.7	1648.05	1774.37	1839.02	1901	2012	2114	2203	1667.21	8.85
湖北	1998.55	2176.44	2542	2682.9	2724.12	2829.42	2905.87	2991	3078	3144	3121	2744.85	4.56
湖南	1267.17	1452.44	1719	1837.7	1965.78	2040.41	2050.94	2054	2087	2106	2160	1885.50	5.48
广东	1285.2	1462.24	1591	1717.9	1820.51	1952.42	2036.8	1978	2082	2199	2356	1861.91	6.25
广西	908.754	993.15	1228	1273.4	1351.54	1435.85	1530.41	1688	1834	1939	2052	1475.83	8.49
海南	976.634	1133.11	1374	1601.8	1800.47	2001.07	2036.02	2079	2218	2253	2317	1799.10	9.02
重庆	1277.26	1473.84	1906	2043.4	2192.49	2317.45	2413.21	2522	2734	2894	3017	2253.69	8.98
四川	1006.38	1204.49	1414	1499.5	1636.93	1731.76	1789.84	1904	2037	2140	2244	1691.63	8.35
贵州	745.214	837.544	910	903.94	969.091	1042.65	1109.34	1254	1392	1535	1690	1126.25	8.53
云南	799.148	904.039	1042	1081.4	1174.12	1297.5	1391.42	1520	1566	1662	1731	1288.06	8.04
陕西	2114.17	2349.26	2549	2682.9	2879.91	3045.33	3208.47	3378	3525	3612	3652	2999.64	5.62
甘肃	1089.33	1211.08	1427	1548.2	1686.84	1805.7	1882.32	2041	2145	2193	2219	1749.86	7.37
青海	891.105	905.102	935	930.09	1033.24	1079.54	1118.79	1082	1133	1162	1220	1044.53	3.19
宁夏	1163.26	1278.11	1511	1518.2	1610.25	1720.56	1867.51	1912	2107	2195	2255	1739.81	6.84
新疆	1307.29	1328.97	1416	1413.8	1413.73	1429.93	1466.97	1521	1596	1681	1749	1483.97	2.95

表 5-18 2004～2014 年各省区市高新技术产业主营业务收入

单位：亿元，%

| 地区 | 高新技术产业主营业务入 | | | | | | | | | | | 均值 | 年均增速 |
	2004 年	2005 年	2006 年	2007 年	2008 年	2009 年	2010 年	2011 年	2012 年	2013 年	2014 年		
北京	1571.60	2168.47	2831.92	3362.1	3182.1	3019.2	3333.8	3326.3	3569.9	3826.1	4151.6	3122.09	10.20
天津	1505.30	1908.97	2335.95	2147.0	1965.1	1918.3	2291.1	2697.4	3526.9	4243.5	4282.0	2620.14	11.02
河北	252.20	300.17	327.25	423.2	539.3	622.3	883.1	1041.4	1204.5	1381	1508.7	771.19	19.59
山西	51.00	67.62	95.47	137.4	164.4	172.3	233.9	302.4	621.5	707.8	793.6	304.31	31.58
内蒙古	74.80	102.81	132.99	162.7	179.2	231.0	225.2	312.2	273.1	344.8	353.4	217.47	16.80
辽宁	569.30	608.45	721.28	973.5	1119.0	1294.1	1709.8	1898.5	2214.1	2362.4	2351.7	1438.38	15.24
吉林	113.80	145.39	188.13	250.6	359.7	474.4	642.4	918.1	1138.7	1431.3	1667.9	666.40	30.80
黑龙江	142.70	313.34	227.51	271.0	311.7	356.5	399.2	472.7	524.2	610.8	632.4	387.46	16.05
上海	3850.90	4030.28	4609.91	5792.1	6063.5	5785.7	7019.7	7063.6	7051.6	6823.4	7056.9	5922.51	6.24
江苏	4916.10	6137.52	7536.66	9557.3	11670.7	12781.8	16169.6	19396	22863.6	24854	26113.9	14727.02	18.17
浙江	1405.40	1741.78	2406.99	2774.9	2600.3	2569.4	3323.7	3607.3	3976.9	4360.1	4792.4	3050.84	13.05
安徽	133.90	156.49	203.71	267.7	329.1	431.4	661.5	1055.1	1460	1831.4	2533.0	823.94	34.18
福建	1272.60	1421.93	1605.72	1715.9	1922.5	1948.1	2576.5	2989.8	3229.4	3545	3627.8	2350.47	11.04
江西	172.70	229.87	322.04	430.4	559.2	743.4	1039.3	1432	1856.7	2289.6	2611.9	1062.46	31.21
山东	1186.50	1737.89	2286.29	3095.0	3861.8	4548.8	5148.8	6121.4	7729.2	8946.5	10212.1	4988.57	24.02

续表

高新技术产业主营业务收入

地区	2004年	2005年	2006年	2007年	2008年	2009年	2010年	2011年	2012年	2013年	2014年	均值	年均增速
河南	247.80	297.59	425.50	553.6	720.1	897.2	1185.6	2033.5	3257.8	4284.4	5293.1	1745.11	35.82
湖北	254.50	396.92	508.72	576.0	793.7	1025.9	1257	1552.1	2027.3	2445.3	2948.0	1253.23	27.76
湖南	161.70	205.13	237.33	312.7	497.6	616.1	906.1	1473.4	1880.7	2564.9	2834.4	1062.73	33.16
广东	8712.50	10434.38	12794.13	14582.9	16070.8	16758.0	20952.8	23228	25046.6	27871.1	30328.9	18798.15	13.28
广西	72.50	94.22	111.10	137.6	191.0	234.4	383.8	539.6	806.2	1126.2	1394.3	462.81	34.40
海南	26.60	30.44	35.42	35.4	44.3	50.4	76.7	92.1	151.9	121.4	131.7	72.40	17.35
重庆	107.90	135.99	155.44	200.4	272.0	339.1	507.8	1111.8	1883.4	2624.2	3433.7	979.24	41.34
四川	440.70	578.27	725.11	1020.1	1294.7	1583.3	2104.9	3186.5	3962.1	5160.5	5486.6	2322.07	28.68
贵州	107.20	127.93	132.96	171.2	184.5	245.0	266	305	342.9	372	566.3	256.46	18.11
云南	50.60	59.76	76.63	91.8	111.4	131.3	160.1	188.7	239.4	291.1	312.1	155.71	19.95
陕西	379.90	414.29	466.64	566.6	610.4	665.8	865.2	1001.5	1238	1374	1649.5	839.26	15.82
甘肃	36.40	39.17	43.24	49.7	53.9	56.5	76.2	87.6	112.3	140.9	162.4	78.03	16.13
青海	5.00	6.87	8.44	12.6	12.0	15.0	21.3	21.6	38.7	50.7	57.2	22.67	27.59
宁夏	11.20	15.67	14.21	19.0	22.9	28.5	30.9	35.9	31.9	31.8	37.4	25.40	12.82
新疆	9.30	10.49	13.35	18.9	17.8	19.1	25.5	31.1	16.9	20.7	26.9	19.09	11.20

排名位于后五位的地区依次是新疆、福建、天津、北京和上海。

6. 创新链接环境

从高校 R&D 经费内部支出情况变化趋势来看（见表 5-19），从 2004 年到 2014 年各省份均处于不断上升的趋势，年均值最高的是北京，为 1077769.12 万元，从 2004 年的 623810 万元增加到 2014 年的 1456552.34 万元，年均增速为 8.85%；年均值最低的是青海，为 7503.41 万元，从 2004 年的 2979 万元增加到 2014 年的 12077.42 万元，年均增速为 15.02%，北京的年均值是青海的 143.64 倍。高校 R&D 内部经费支出均值排名位于前五位的地区依次是北京、江苏、上海、浙江和湖北，排名位于后五位的地区依次是内蒙古、新疆、海南、宁夏和青海。年均增速最快的地区为宁夏，从 2004 年的 1833 万元增加到 2014 年的 20919.34 万元，年均值为 8211.03 万元，年均增速为 27.57%。年均增速最慢的地区为陕西，从 2004 年的 289706 万元增加到 2014 年的 381434.4 万元，年均增速为 2.79%。高校 R&D 内部经费支出年均增速排名位于前五位的地区依次是宁夏、贵州、新疆、天津和河南，排名位于后五位的地区依次是黑龙江、辽宁、上海、河北和陕西。

从研发机构 R&D 经费内部支出的变化趋势来看（见表 5-20），从 2004 年到 2014 年各省份均处于不断上升的趋势，年均值最高的是北京，为 3558957.15 万元，从 2004 年的 1551783 万元增加到 2014 年的 6409252.3 万元，年均增速为 15.24%；年均值最低的是宁夏，为 5833.86 万元，从 2004 年的 1970 万元增加到 2014 年的 13784.7 万元，年均增速为 21.48%，北京的年均值是宁夏的 610.05 倍。研发机构 R&D 内部经费支出均值排名位于前五位的地区依次是北京、上海、四川、陕西和江苏，排名位于后五位的地区依次是新疆、贵州、海南、青海和宁夏。年均增速最快的地区为广西，从 2004 年的 11259 万元增加到 2014 年的 127985 万元，年均值为 66048.6 万元，年均增速为 27.52%。年均增速最慢的地区为吉林，从 2004 年的 85079 万元增加到 2014 年的 264228 万元，年均增速为 12%。研发机构 R&D 内部经费支出年均增速排名位于前五位的地区依次是广西、黑龙江、广东、山东和福建，排名位于后五位的地区依次是青海、辽宁、云南、河南和吉林。

从 R&D 人员人均技术市场成交额的变化趋势来看（见表 5-21），大部分地区从 2004 年到 2014 年处于不断上升的趋势，年均值最高的是北京，

表5-19　2004~2014年各省区市高校R&D经费内部支出

单位：万元，%

高校R&D经费内部支出

地区	2004年	2005年	2006年	2007年	2008年	2009年	2010年	2011年	2012年	2013年	2014年	均值	年均增速
北京	623810	807147	902442	1055869	1238167	700453	1101609	1233547	1369404	1366460	1456552.335	1077769.12	8.85
天津	109973	143617	174732	195806	237268	215730	251848	317710	403218	508186	571441.5474	284502.73	17.91
河北	71786	75236	90635	95940	117448	67861	74597	84408	95732	102023	111998.7611	89787.70	4.55
山西	44258	48351	59131	61761	66586	59483	62689	71761	89090	123045	106856.1671	72091.95	9.21
内蒙古	13654	17981	21349	23551	28376	20006	24766	31033	34830	39587	40933.6259	26915.16	11.60
辽宁	220929	213985	240011	267378	315660	238643	244612	326010	372531	413586	423061.0818	297855.10	6.71
吉林	67665	86550	108938	130437	148085	122404	144098	166600	206531	201012	214630.5431	145177.29	12.24
黑龙江	176702	207435	218329	264605	313416	196233	251085	270348	312084	363450	350330.3143	265819.77	7.08
上海	399976	492432	558467	660698	769119	402285	457951	548264	616955	714958	716015.1318	576101.85	6.00
江苏	402043	443455	479223	561176	704673	441989	556570	611320	730438	807411	884383.4769	602061.95	8.20
浙江	229050	271012	314685	350013	398755	239064	345508	408071	447182	472812	497562.5932	361246.77	8.07
安徽	134039	147387	162395	170922	188015	135025	156806	187315	243774	299400	265836.2057	190083.09	7.09
福建	44132	53235	60650	80299	105547	59438	69418	75497	79281	110845	114001.7795	77485.77	9.96
江西	43921	55768	69987	77608	92643	62871	74106	79950	85676	95126	100737.6299	76217.59	8.66
山东	110079	143153	185175	201290	246258	161085	205308	238143	289023	334182	331474.3802	222288.20	11.65

续表

地区	高校 R&D 经费内部支出											均值	年均增速
	2004 年	2005 年	2006 年	2007 年	2008 年	2009 年	2010 年	2011 年	2012 年	2013 年	2014 年		
河南	35346	58133	61709	85451	100634	75353	91698	112055	151353	159128	169997.9639	100077.98	17.01
湖北	226692	254727	274954	331945	424741	251706	355103	376616	416891	446430	470151.0059	348177.82	7.57
湖南	132662	138201	166052	206460	264463	199917	209892	222021	248953	261956	268964.5364	210867.37	7.32
广东	194747	231249	319136	320920	364169	239879	285790	390051	440082	458300	498187.7245	340228.27	9.85
广西	35788	30869	49747	63363	62153	54773	67053	67329	74919	82815	93134.8404	61994.89	10.04
海南	5906	5445	6232	6921	8302	7166	9542	9667	12595	14785	16348.41	9355.39	10.72
重庆	71937	84145	105440	119415	156386	107880	143384	116172	172296	175320	168264.2799	129149.06	8.87
四川	160140	193885	216844	270253	320986	274254	363259	447640	387196	428783	439285.4244	318411.44	10.62
贵州	6820	11317	13074	18100	26359	23413	28994	39081	40197	48848	61025.4571	28838.94	24.50
云南	22643	26286	25692	35608	56385	48661	54625	53668	66401	69332	86506.1898	49618.85	14.34
陕西	289706	304078	322248	393848	465278	208520	247856	291002	297735	346609	381434.38	322574.05	2.79
甘肃	28884	46910	44674	51076	50377	44537	62648	68606	70626	58842	73058.5119	54567.11	9.72
青海	2979	3084	7887	4901	8336	5517	5328	8082	9347	14999	12077.423	7503.41	15.02
宁夏	1833	2097	4308	6274	7801	4695	5995	11682	11808	12909	20919.3445	8211.03	27.57
新疆	6033	9893	12737	13240	16633	11266	18286	21358	26834	32640	32586.4674	18318.80	18.37

表 5-20 2004~2014 年各省区市研发机构 R&D 经费内部支出

单位：万元，%

研发机构 R&D 经费内部支出

地区	2004 年	2005 年	2006 年	2007 年	2008 年	2009 年	2010 年	2011 年	2012 年	2013 年	2014 年	均值	年均增速
北京	1551783	1819885	1896474	2377807	2606977	3216954	4017111	4343010	4885351	6023924	6409252.3	3558957.15	15.24
天津	83674	91857	98248	93917	188516	181372	244673	257717	289854	416214	385515.8	211959.77	16.51
河北	74229	127984	178863	204072	196113	232431	212542	224911	286490	259904	303851.9	209217.33	15.14
山西	31621	37897	45318	50662	73973	94114	85345	122670	116000	144749	122821.7	84106.45	14.53
内蒙古	14075	16817	21939	22158	31172	53106	51778	63236	63727	87587	64771.4	44578.72	16.49
辽宁	160363	179974	199333	250131	286226	311939	441462	457421	533182	564612	541413.4	356914.23	12.94
吉林	85079	99557	89267	115249	126016	165533	179049	202030	248269	260995	264228	166842.94	12.00
黑龙江	32780	52888	69720	83886	142645	205980	141046	117001	178431	307980	280491.8	146622.65	23.95
上海	432699	449081	541256	580082	805664	869512	1053472	1335823	1809801	1925405	2322281.3	1102279.63	18.30
江苏	319768	318031	394410	451074	537990	642306	787121	764584	920347	1018787	1210910.4	669575.35	14.24
浙江	46193	115807	123797	136309	138855	128517	153647	180718	218275	241705	271184	159546.12	19.36
安徽	75896	96631	117116	145183	180268	207382	209793	223960	271472	364642	472079.9	214947.50	20.05
福建	18197	23528	28503	33554	42574	61060	65403	68178	92199	107754	129106.9	60914.28	21.65
江西	28759	34437	38830	52445	68757	74580	93819	82488	90599	122711	114191.9	72874.23	14.79
山东	62068	63960	84726	106956	141834	221383	270053	320424	373626	397837	457737	227327.64	22.12

续表

研发机构 R&D 经费内部支出

地区	2004年	2005年	2006年	2007年	2008年	2009年	2010年	2011年	2012年	2013年	2014年	均值	年均增速
河南	99796	113350	138892	146824	163038	202798	246064	265371	335597	300012	314389	211466.47	12.16
湖北	151336	200755	246207	320607	351705	399892	405576	465255	500976	570923	637743.2	386452.25	15.47
湖南	37321	47028	64959	69162	94906	114830	122457	166751	203490	168305	168026.6	114294.10	16.24
广东	68933	80280	83647	112099	121897	175980	213527	308075	391156	447986	536420.1	230909.09	22.77
广西	11259	15053	18029	26129	32546	53183	74629	99413	138724	129585	127985	66048.60	27.52
海南	4990	5729	8455	13480	17315	24384	30436	32502	42922	32354	34131.4	22427.10	21.20
重庆	18902	24151	22327	29491	32328	67547	90612	154242	183155	127825	86537.9	76101.61	16.43
四川	329125	384194	409265	532841	650937	909969	1239870	1281221	1538182	1679334	1887479	985674.30	19.08
贵州	14036	14970	14131	16667	21673	36906	28332	28802	42733	62053	67525.7	31620.80	17.01
云南	53028	95993	103489	132016	131095	128819	141650	149042	179265	190516	173851.9	134433.20	12.61
陕西	421211	531077	545343	669819	793350	988988	1076813	1134048	1277929	1548747	1545658.7	958453.09	13.88
甘肃	60105	62467	61078	69618	93215	120788	120428	135373	175303	188770	208973.8	117829.00	13.27
青海	6251	4659	5444	7177	7002	10442	12996	14518	16109	16799	21118	11137.71	12.95
宁夏	1970	2576	3021	4187	3177	4854	5598	5889	8691	10425	13784.7	5833.86	21.48
新疆	19687	18712	18669	20907	25700	38491	44076	57528	69477	82251	73736	42657.67	14.12

表5-21 2004~2014年各省区市 R&D 人员人均技术市场成交额

单位：亿元/万人年，%

地区	R&D 人员人均技术市场成交额											均值	年均增速
	2004 年	2005 年	2006 年	2007 年	2008 年	2009 年	2010 年	2011 年	2012 年	2013 年	2014 年		
北京	28.045	28.62346	41.40964	47.05029	54.1923	64.4622	81.5379	87.0074	104.4	117.755	127.85	71.12	16.38
天津	15.237	15.46305	15.83791	16.12788	17.9139	20.2656	20.306	22.7989	25.927	27.5557	34.284	21.07	8.45
河北	2.0877	2.48903	3.568816	3.624211	3.59441	3.04553	3.09608	3.59466	4.8158	3.52445	2.8946	3.30	3.32
山西	3.24254	1.749399	1.527072	2.243381	2.91911	3.3932	3.99532	4.74712	6.5087	10.7617	9.899	4.64	11.81
内蒙古	9.11798	8.138329	7.260525	7.142393	5.16864	6.81399	10.9629	8.21258	33.345	10.3916	3.826	10.03	-8.32
辽宁	12.5536	13.08847	11.68028	12.04427	13.0072	14.7927	15.437	19.7167	26.458	18.2726	21.836	16.26	5.69
吉林	4.87001	4.769519	5.401321	5.376973	6.18008	5.01612	4.15112	5.85965	5.0279	7.23213	5.7419	5.42	1.66
黑龙江	3.20394	3.226025	3.481406	7.264807	8.13534	9.02158	8.55397	9.31996	15.426	16.2416	19.199	9.37	19.61
上海	29.0579	34.56181	38.59179	39.36879	40.5944	32.7723	31.9698	32.3737	33.825	32.0763	35.229	34.58	1.94
江苏	8.69258	7.875621	4.95622	4.886529	4.81332	3.96014	7.89473	9.72766	9.9749	11.3159	10.889	7.73	2.28
浙江	9.21553	4.830255	3.888635	3.504826	3.69198	3.05075	2.70265	2.8342	2.9237	2.62022	2.5783	3.80	-11.96
安徽	3.76146	5.020243	6.189121	7.314106	6.56828	5.9668	7.19198	8.01978	8.3612	10.9626	13.133	7.50	13.32
福建	4.44766	4.815769	2.813261	3.059273	3.03189	3.67637	4.65223	3.56818	4.375	3.64685	2.8845	3.72	-4.24
江西	4.87386	5.039884	3.608947	3.668473	2.74778	2.96173	6.61921	9.1132	10.427	9.89612	11.677	6.42	9.13
山东	10.3924	10.79195	2.400737	3.866232	4.11482	4.37006	5.29083	5.52912	5.5123	6.42249	8.7057	6.13	-1.76

续表

R&D人员人均技术市场成交额

地区	2004年	2005年	2006年	2007年	2008年	2009年	2010年	2011年	2012年	2013年	2014年	均值	年均增速
河南	4.82362	5.152303	3.975407	4.036745	3.55834	2.84106	2.68066	3.28699	3.1125	2.64299	2.5266	3.51	-6.26
湖北	9.17692	8.195865	7.1562	7.745946	8.64455	8.44989	9.26231	11.0332	15.999	29.8825	41.259	14.26	16.22
湖南	13.0306	10.97151	11.45351	10.25322	9.49197	6.89817	5.52063	4.12669	4.2226	7.46611	9.1155	8.41	-3.51
广东	6.15469	9.422834	7.26943	6.659848	8.44757	6.02785	6.8435	6.69563	7.4126	10.5515	8.1531	7.60	2.85
广西	6.14823	5.243216	0.496304	0.4965	1.16164	0.59285	1.21811	1.40526	0.6106	1.80504	2.8101	2.00	-7.53
海南	1.34847	8.163265	7.030604	5.784469	20.6257	1.33017	6.68288	6.41097	0.8398	5.55875	0.865	5.88	-4.34
重庆	28.7478	14.50506	20.63297	12.53683	18.0675	10.947	21.4251	16.7453	11.712	17.1596	26.767	18.11	-0.71
四川	2.75463	2.874273	3.780765	3.854202	5.01868	6.35467	6.5322	8.22331	11.35	13.5432	16.632	7.36	19.70
贵州	1.73232	1.073729	0.502934	0.58073	1.78042	1.35951	5.11685	8.59247	5.1623	7.70261	8.3608	3.81	17.05
云南	14.6717	10.75821	5.160042	5.471688	2.55644	4.85552	4.82451	4.66683	16.458	15.332	15.962	9.16	0.85
陕西	2.83762	3.522439	3.018938	4.636403	6.7689	10.2601	13.987	29.3016	40.62	57.039	65.887	21.63	36.96
甘肃	8.29404	10.55076	12.84739	13.96452	14.7927	16.84	19.8883	24.6765	30.078	39.9209	42.223	21.28	17.67
青海	4.83201	4.555985	9.463602	18.18182	30.7877	18.4662	23.4851	33.6396	37.251	56.4086	61.513	27.14	28.97
宁夏	3.64154	3.484923	1.201269	1.185984	1.72715	1.30058	1.56796	5.35472	3.6046	1.7367	3.3473	2.56	-0.84
新疆	21.7228	11.45147	10.27268	8.089812	8.39955	0.95614	3.14288	2.83477	3.4395	1.89609	1.8006	6.73	-22.04

为 71.12 亿元/万人年，从 2004 年的 28.05 亿元/万人年增加到 2014 年的 127.85 亿元/万人年，年均增速为 16.38%；年均值最低的是广西，为 2 亿元/万人年，年均增速为-7.53%。R&D 人员人均技术市场成交额均值排名位于前五位的地区依次是北京、上海、青海、陕西和甘肃，排名位于后五位的地区依次是福建、河南、河北、宁夏和广西。年均增速最快的地区为陕西，从 2004 年的 2.84 亿元/万人年增加到 2014 年的 65.89 亿元/万人年，年均值为 21.63 亿元/万人年，年均增速为 36.96%。年均增速最慢的地区为新疆，出现了负增长，增速为-22.04%，除此之外，重庆、宁夏、山东、湖南、福建、海南、河南、广西、内蒙古、浙江也出现了负增长。R&D 人员人均技术市场成交额年均增速排名位于前五位的地区依次是陕西、青海、四川、黑龙江和甘肃，排名位于后五位的地区依次是河南、广西、内蒙古、浙江和新疆。

第六章 基于链式网络 SBM-DEA 模型的区域创新驱动效率评价

——来自中国 30 个省份面板数据的实证检验

一 引言

由第五章可知我国在创新驱动投入、产出、环境等方面均存在显著的差异，不同省区市之间甚至是不同区域间经济发展水平和经济增长速度参差不齐，那么各个省区市的创新驱动发展效率究竟如何呢？本章将在第五章的基础上对我国 30 个省区市的创新驱动效率进行评价。

二 研究方法

经济学家法瑞尔（1957）开创了技术创新效率研究的先河，其在代表性成果《生产效率度量》中研究了技术创新效率。随后该理论日渐完善，产生了许多有影响力的力作。技术创新效率是由产出与投入两个要素所构成的，从而，在关于技术创新效率对创新驱动发展的导向的研究中，形成了不同的分析视角。DEA 是一种基于相对效率的多投入多产出数学规划的非参数方法，许多学者运用此方法对具有相同投入产出的同类决策单元进行研究，然而传统 DEA 模型在评价决策单元有效性时将其视为一个"黑箱"，只评价了初始投入和最终产出的效率，而忽视了内部转化过程和阶段特征。在学术界对技术创新以及价值链的中间过程进行进一步研究后，科技成果转化的两阶段 DEA 模型开始被逐渐关注。这一模型既考虑了各子过程对系统效率的影响，又通过对同种要素设定相同权重来体现子过程间的关联性，量化了子过程与整体效率之间的关系。① Wang，Gopal 和 Zionts

---

① 李邃、江可申、郑兵云：《基于链式关联网络的区域创新效率研究——以江苏为研究对象》，《科学学与科学技术管理》2011 年第 11 期。

（1997）提出了序列型的两阶段生产过程的 DEA 评价模型。Chen 和 Zhu（1999）考虑了两个阶段中各个子系统的效率。Sexton 和 Lewis（2003）开始关注各个阶段的内在联系，提出了网络 DEA 模型中的最简单形式——两阶段 DEA 模型。官建成和何颖采用两阶段 DEA 模型分别对创新活动的技术有效性、经济有效性以及综合有效性进行了评价。[①] 余永泽（2009）采用价值链视角下的两阶段 DEA 模型对 1995~2007 年我国高技术产业的创新效率进行了实证研究，并对效率的影响因素进行了检验。然而，这些研究把科技创新割裂成两个独立的阶段，忽视了阶段间的关联性和创新活动的整体性。随着研究的深入，越来越多的学者开始尝试构建链式关联网络 DEA 模型研究科技创新问题。Tone 和 Tsutsui（2009）构建了一种既可以测度规模报酬不变（CRS）又可以测度规模报酬可变（VRS）的网络 SBM 模型。陈伟等（2010）通过构建规模报酬可变的链式关联网络 DEA 模型对中国区域创新系统的技术创新效率进行了实证分析。冯锋等（2011）采用链式网络 DEA 模型评价了我国 29 个省区市的科技投入产出效率，并进行了省区市和区域的差异比较。钱丽、陈忠卫和肖仁桥（2012）以 7 个省市的高技术产业为研究对象，采用规模报酬可变的两阶段链式关联 DEA 模型对其整体和子阶段的创新效率进行了实证检验。肖仁桥等（2014）考虑了环境因素的影响，认为工业企业技术创新的科技成果在转化阶段还会产生废气、废水等非期望产出，客观评价了我国工业企业技术创新的效率和区域差异。此外，近年来关于链式关联网络 DEA 的研究越来越丰富，例如，毕功兵等（2009）和陈凯华、官建成（2011）提出的资源约束型（共享投入型）两阶段 DEA 模型，马建峰和何枫（2014）提出的包含共享投入与自由中间产出的技术创新两阶段 DEA 模型，石晓等（2015）提出的非合作博弈两阶段 DEA 模型。已有的研究对两阶段 DEA 模型进行了有益的探讨，为本书的研究工作提供了大量借鉴之处，本书所完成的工作与以往不同的地方在于同时考虑了以下三个方面：（1）考虑了时滞效应；（2）考虑了 2002~2011 年时间序列的面板数据模型；（3）考虑了八大综合经济区的情况。

---

① 官建成、何颖：《基于 DEA 方法的区域创新系统的评价》，《科学学研究》2005 年第 23（2）期。

本章拟在以上三个因素的基础上全面系统地分析我国除西藏外的 30 个省区市以及八大综合经济区科技创新效率的差异，揭示当前我国在科技创新上存在的问题并提出相应的对策建议。

传统径向 DEA 模型对无效率决策单元（DMU）的测度只包含了等比例改进的部分，忽略了无效率 DMU 与强有效目标值之间的差距还应包含松弛改进的部分。基于此，Tone（2001）提出了 SBM 模型，模型如下：

$$\min\theta = \frac{1 - \dfrac{1}{m}\displaystyle\sum_{i=1}^{m} s_i^- / x_{ik}}{1 + \dfrac{1}{q}\displaystyle\sum_{i=1}^{q} s_r^+ / y_{rk}}$$

$$s.t. \begin{cases} X\lambda + S^- = x_k \\ Y\lambda - S^+ = y_k \\ \lambda, S^-, S^+ \geqslant 0 \end{cases} \tag{6-1}$$

为了有效评价 DMU 的整体效率和阶段效率，Tone 和 Tsutsui（2009）在 SBM 模型的基础上构建了网络 SBM-DEA 模型，即 TT 模型。本书参考 Tone 和 Tsutsui 及陈建丽等的做法，构建基于规模报酬不变的网络 SBM 模型如下。

假设系统有 n 个决策单元（DMU），包含 k 个阶段（$k=1, 2, \cdots, l$），x_{ij}^k 表示决策单元 k 阶段消耗的投入 i（$i=1, 2, \cdots, m_k$），$z_{tj}^{(k,h)}$ 表示系统决策单元第 k 阶段到第 h 阶段的中间产品 t（$t=1, 2, \cdots, p$）的水平，y_{rj}^k 表示系统的最终产出 r（$r=1, 2, \cdots, q$）的水平，λ_j^k 表示决策单元第 k 阶段的子单元的权重。

$$\theta = \min_{\lambda^k, s^{k-}} \sum_{k=1}^{n} w^k \left[1 - \frac{1}{m} \left(\sum_{i=1}^{m_k} \frac{s_i^k}{x_{i0}^k} \right) \right]$$

$$s.t. \begin{cases} \displaystyle\sum_{j=1}^{n} x_{ij}^k \lambda_j^k + s_i^{k-} = x_{i0}^k (i = 1,2,\cdots,m_k) \\ \displaystyle\sum_{j=1}^{n} y_{rj}^k \lambda_j^k - s_r^{k+} = y_{i0}^k (r = 1,2,\cdots,q) \\ \displaystyle\sum_{j=1}^{n} z_{tj}^{(k,h)} \lambda_j^k = \sum_{j=1}^{n} z_{tj}^{(k,h)} \lambda_j^k (t = 1,2,\cdots,p) \\ \lambda_j^k, s_i^{k-}, s_r^{k+}, w^k \geqslant 0 (d = 1,2,\cdots,n), \displaystyle\sum_{k=1}^{n} w^k = 1 \end{cases} \tag{6-2}$$

其中，$\sum_{j=1}^{n} z_{tj}^{(k,\ h)} \lambda_j^k = \sum_{j=1}^{n} z_{tj}^{(k,\ h)} \lambda_j^k$ 表示中间变量 z_{tj} 既是 k 阶段的产出，又是 h 阶段的投入。θ 计算的是 DMU 的整体效率，它是各个阶段的加权平均数，即 $\theta = \sum_{k=1}^{n} w^k \theta^k$。而 s_i^{k-} 和 s_r^{k+} 表示的是 k 阶段的投入和产出松弛量。

当式（6-2）加上条件 $\sum_{j=1}^{n} \lambda_j^k = 1$ 时，模型就成了规模报酬可变的网络 SBM-DEA 模型。

三 实证研究及结果分析

（一）指标体系的构建

科技创新投入包括人力投入和资金投入（岳书敬和刘朝明，2006；舒元和才国伟，2007）。综合参考以上文献，本书选取了 R&D 经费内部支出作为科技研发的资金投入指标，同时借鉴吴延兵（2006）和朱有为（2006）等学者的观点，除了当期 R&D 经费以外，以往 R&D 经费投入也会对科技研发产出有影响。因此，本书选取 R&D 经费内部支出存量（X_1）作为科技研发阶段的资本要素投入，选取 R&D 人员全时当量（X_2）作为人力要素投入。在科技研发阶段的产出指标上，主要选取专利申请授权量（Z_1）、国际三大论文索引数（Z_2）、技术市场成交合同数（Z_3）进行说明。这主要是因为专利是发明人的重要智力劳动成果，对开发新产品、技术改造和专利申请等有重要作用，能够较为全面地反映发明和创新信息。论文是投入人力资源和财力资源进行 R&D 的结果，能够反映地区创新主体的素质。技术市场成交合同数能够有效反映技术与市场的链接程度，使更多的技术通过市场交易进行经济社会转化。经济社会转化阶段的主体是企业，除了第一阶段的三个产出，企业还需要投入技术引进、购买、改造、消化等活动费用支出才能更好地将科技研发成果产业化。同样考虑资本存量的影响，本书选取工业企业其他科技活动费用支出存量（X_2）作为经济社会转化阶段的中间投入指标，选取了人均 GDP（Y_1）、高技术产业出口额（Y_2）、工业企业新产品销售收入（Y_3）作为产出指标。各个指标选取的相关说明如表 6-1 所示。

表 6-1　科技创新两阶段投入与产出指标及相关说明

	变量名称	指标名称	数据时间间隔	指标说明
第一阶段投入指标	X_1	R&D 经费内部支出存量（亿元）	2003~2012 年	反映各地区对于 R&D 活动的经费投入
	X_2	R&D 人员全时当量（万人年）		反映各地区对于 R&D 活动的人力投入
第一阶段产出指标，第二阶段投入指标	Z_1	专利申请授权量（项）	2004~2013 年	反映各地区三项专利的授权量，这是衡量科技创新活动高产出的最常用指标之一
	Z_2	国际三大论文索引数（篇）		用 SCI、EI、CPCI-S 国际三大论文索引数反映知识创造和科学研究的总体状况
	Z_3	技术市场成交合同数（项）		反映各地区技术市场转让的活跃程度，是衡量技术与市场链接程度的重要指标
第二阶段投入指标	X_3	工业企业其他科技活动费用支出存量（亿元）	2004~2013 年	反映各地区企业在科技成果转化中的其他科技活动的经费支出，由技术引进、消化引进、购买国内技术、技术改造等费用支出组成
第二阶段产出指标	Y_1	人均 GDP（元）	2005~2014 年	反映各地区经济发展总体水平，也反映各地生产力水平
	Y_2	高技术产业出口额（亿美元）		反映各地区高技术产业发展规模
	Y_3	工业企业新产品销售收入（亿元）		反映各地区企业科技成果转化的最直接收益

注：本书选取的工业企业数据均为我国大中型工业企业数据。

（二）样本的选取

运用 DEA 方法分析科技创新效率，首先在选取样本时要选取具有可比性的同类型的决策单元，而且要注意模型的自由度问题，考虑到数据的可获得性，本书选取了除西藏外的 30 个省区市，决策单元个数 n 为 30，满足模型自由度的假设，① 所以数据符合 DEA 模型的基本要求。

（三）数据的收集和整理

考虑到从科技投入到科技产出到经济产出存在一定的时滞，为了更准确地衡量区域创新体系的效率，参照已有的研究成果（赵曙东和吴福象，2009；冯锋，2011；肖仁桥等，2015），将两阶段的投入产出的延迟时间定为 1 年。即第一阶段投入指标的数据为 2003～2012 年，第一阶段产出指标或者第二阶段投入指标的数据为 2004～2013 年，第二阶段产出指标的数据为 2005～2014 年。数据主要来源于《中国统计年鉴》《中国科技统计年鉴》《中国主要科技指标数据库》《中国科技统计资料汇编》《工业企业科技活动统计年鉴》等。

在计算 R&D 经费内部支出存量上，本章借鉴朱有为（2006）的做法，先用研发价格指数②将 R&D 经费内部支出平减成以 2003 年为基期的不变价，再使用永续盘存法计算资本存量，计算公式如下：

$$K_{it} = (1-\delta) \times K_{i(t-1)} + I_{i(t-1)} \tag{6-3}$$

其中，K_{it} 表示 i 地区第 t 期的 R&D 经费内部支出存量，I_{it} 表示 i 地区第 t 期的 R&D 经费内部支出，其他以此类推。同时，折旧率 δ 取 15%，期初资本存量为：

$$K_{i0} = I_{i0}/(g+\delta) \tag{6-4}$$

其中，g 为研究期内 R&D 经费内部支出的平均增长率。此外，工业企业其他科技活动费用支出是大中型工业企业技术引进费用、消化引进费用、购买国内技术费用和技术改造费用之和，其存量的计算方法与 R&D 经费内部支出存量一样。人均 GDP 以 2003 年为基期，用居民消费价格指数（CPI）进行平减。工业企业新产品销售收入和高技术产品出口额都以 2003 年为基期，用工业生产者出厂价格指数（PPI）进行相应的平减，以

---

① 模型自由度的假设是：$n \geqslant \max\{m \times t, 3(m+t)\}$，其中 n 表示决策单元的个数，m 和 l 分别表示投入和产出的个数。

② 研发价格指数为 $Rd\_pi = 0.75p + 0.25w$，p 代表工业生产者出厂价格指数（PPI），w 代表消费者价格指数（CPI）。

消除价格等因素的影响。投入产出数据的相关描述性统计结果见表 6-2。

表 6-2　投入产出数据的描述性统计结果

变量	R&D 经费内部支出存量（亿元）	R&D 人员全时当量（万人年）	专利申请授权量（项）	国际三大论文索引数（篇）	技术市场成交合同数（项）	工业企业其他科技活动费用支出存量（亿元）	人均GDP（元）	高技术产业出口额（亿美元）	工业企业新产品销售收入（亿元）
最大值	3251.8	492327	269944	72672	62755	2582.9	78408.5	2329.2	17477.2
最小值	2.7	1040	70	9	29	0.27	555.7	0.01	3.5
均值	390.4	65837.8	19144.9	8198.2	8169.6	561.7	24597.3	135.8	1938.7
标准差	545.0	72903.6	36408.5	10487.4	11033.0	506.1	16732.2	345.0	2865.6

（四）实证结果分析

本文采用 DEA-Solver Pro6.0 进行实证研究，选择投入导向的网络 SBM-DEA 模型。对实证结果进行整理分析如表 6-3 所示。

表 6-3　2005～2014 年我国 30 个省区市科技创新整体及分阶段效率评价值

地区	综合效率（TE）			纯技术效率（PTE）			规模效率（SE=TE/PTE）		
	θ	θ^1	θ^2	θ	θ^1	θ^2	θ	θ^1	θ^2
北京	0.530	0.349	0.710	1.000	1.000	1.000	0.530	0.349	0.710
天津	0.684	0.758	0.610	0.970	0.941	1.000	0.706	0.812	0.610
河北	0.213	0.272	0.153	0.250	0.307	0.192	0.834	0.866	0.794
山西	0.147	0.199	0.095	0.186	0.248	0.123	0.797	0.821	0.788
内蒙古	0.226	0.318	0.135	0.655	0.467	0.843	0.345	0.714	0.184
辽宁	0.208	0.255	0.161	0.274	0.290	0.259	0.754	0.876	0.617
吉林	0.436	0.467	0.405	0.573	0.526	0.619	0.738	0.853	0.648
黑龙江	0.072	0.088	0.056	0.107	0.122	0.091	0.675	0.735	0.618
上海	0.610	0.654	0.567	0.983	0.967	1.000	0.620	0.675	0.567
江苏	0.502	0.582	0.422	0.661	0.752	0.571	0.791	0.798	0.805
浙江	0.394	0.504	0.284	0.512	0.609	0.415	0.770	0.846	0.659
安徽	0.267	0.360	0.175	0.295	0.405	0.185	0.868	0.861	0.862

续表

地区	综合效率（TE）			纯技术效率（PTE）			规模效率（SE=TE/PTE）		
	θ	θ^1	θ^2	θ	θ^1	θ^2	θ	θ^1	θ^2
福建	0.580	0.520	0.640	0.736	0.573	0.898	0.785	0.909	0.707
江西	0.204	0.252	0.157	0.244	0.305	0.183	0.830	0.826	0.841
山东	0.465	0.536	0.394	0.594	0.665	0.524	0.774	0.810	0.737
河南	0.267	0.308	0.226	0.313	0.345	0.281	0.850	0.889	0.810
湖北	0.250	0.295	0.205	0.283	0.320	0.246	0.856	0.895	0.807
湖南	0.329	0.419	0.238	0.366	0.453	0.278	0.858	0.887	0.813
广东	0.980	0.959	1.000	1.000	1.000	1.000	0.980	0.959	1.000
广西	0.285	0.384	0.185	0.332	0.453	0.278	0.838	0.834	0.842
海南	0.933	0.867	1.000	1.000	1.000	1.000	0.933	0.867	1.000
重庆	0.643	0.718	0.568	0.742	0.793	0.691	0.849	0.895	0.799
四川	0.170	0.186	0.154	0.204	0.213	0.195	0.840	0.868	0.828
贵州	0.138	0.199	0.077	0.193	0.299	0.087	0.718	0.676	0.862
云南	0.137	0.169	0.105	0.180	0.238	0.122	0.770	0.727	0.882
陕西	0.115	0.088	0.142	0.161	0.111	0.211	0.704	0.788	0.655
甘肃	0.161	0.180	0.143	0.198	0.240	0.157	0.808	0.745	0.898
青海	0.787	0.733	0.840	0.858	0.843	0.872	0.910	0.863	0.932
宁夏	0.259	0.232	0.097	0.469	0.589	0.349	0.562	0.589	0.614
新疆	0.164	0.232	0.097	0.362	0.449	0.276	0.514	0.576	0.435
全国均值	0.372	0.407	0.337	0.490	0.518	0.463	0.760	0.794	0.744

1. 各省区市差异性分析

（1）科技创新综合效率分析

由表6-3和图6-1可知，2005～2014年10个年份我国的科技创新综合效率是逐年波动上升的。但我国科技创新的效率还处于较低水平，平均值只有0.372，且各地区的科技创新效率存在明显差距。其中，科技创新综合效率有效（效率值等于1的情况）的地区还没有，最高值为广东（0.980），最低值为黑龙江（0.072），我国科技创新效率还有很大的改善空间。如果以0.6以上作为科技创新效率及格的标准，则只有天津、上海、广东、海南、重庆、青海等地区达到此标准，而海南、青海为经济较为落后的地区，这说明创新效率是一个相对值，经济投入大的地区经济效率并不一定就高。此外，纯技术效率和规模效率的均值分别为 0.490 和 0.760，并且规模效率普遍远远高于纯技术效率，说明我国科技创新效率无效由纯技术效率无效和规模效率无效共同引起，且主要由纯技术效率无效造成。其中纯技术效率有效的省份分别为北京、广东、海南，天津、上海的纯技术效率也达到了 0.9 以上，说明经济发达地区的纯技术效率值较高，且与经济落后地区区分度较大，但海南、青海等地经济体量较小，在投入很低的情况下，也获得了较高的纯技术效率。我国各省区市的规模效率也都处于无效状态，并且区分度较低，但北京、上海、浙江、江苏等高投入地区规模效率却较低，说明这些地区投入拥挤现象比较严重，高投入并未带来高效率。

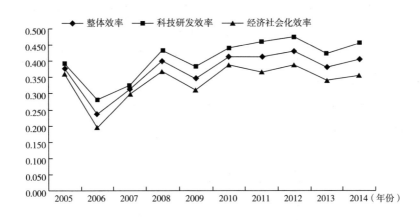

图 6-1　2005～2014 年全国科技创新综合效率变化

（2）科技创新阶段性差异性分析

无论是综合效率还是纯技术效率，科技研发阶段的效率值都普遍高于经济社会化阶段，说明当前我国科技成果的经济转化还很不足。而规模效率方面，有的省区市在科技研发上效率相对较高，有的则在科技成果的社会经济化上效率较高。

在科技研发阶段，2005～2014 年我国 30 个省区市的效率均值为 0.407，略高于整体效率的平均值。其中，科技研发阶段综合效率均值最低的地区是黑龙江和陕西，都只有 0.088，而陕西研发阶段的纯技术效率值也是最低的，说明陕西在研发、创新环节存在一定的问题，较多的研发经

费和人力投入并未带来相应的科技成果。而在规模效率上，北京的效率值
最低，说明其投入了大量的科研人力和资金且没有带来相应的高产出，科
研阶段的投入无效较严重。

在经济社会转化阶段，2005～2014 年我国科技成果转化为经济产出的
综合效率均值为 0.337，低于科技创新效率整体均值和科技研发效率均值。
其中，高于全国平均水平的共有 10 个地区，科技成果转化率有效的地区只
有广东和海南。其中转化效率最低的为黑龙江，仅为 0.056，这与其第一阶
段的效率值相差无几，说明其科技研发阶段成果较少，直接导致了经济转化
阶段效率低下。黑龙江在经济社会转化阶段的纯技术效率也是最低的，但其
规模效率不是最低，也佐证了其综合效率低下主要是纯技术造成的。

从以上分析可以看出，单个阶段的高效并不意味着科技创新整体高效。
两阶段 DEA 的整体值比传统单一阶段 DEA 的值来得小，一些传统单一阶段
DEA 模型计算出来是有效率的省份，在两阶段关联模型中计算出来却是无效
的，这也从另外一个方面反映出了把两阶段 DEA 独立计算存在的缺陷。

2. 八大综合经济区差异性分析

本分析根据国务院发展研究中心所提出的四大板块八大区域的分析框
架，如表 6-4 所示。

表 6-4　我国八大综合经济区所包含的省区市

序号	经济区名称	包含省份
1	东北综合经济区	吉林、辽宁、黑龙江
2	北部沿海经济区	天津、北京、河北、山东
3	东部沿海经济区	江苏、上海、浙江
4	黄河中游经济区	山西、内蒙古、河南、陕西
5	南部沿海经济区	海南、广东、福建
6	长江中游经济区	江西、湖北、湖南、安徽
7	大西南经济区	云南、重庆、四川、贵州、广西
8	大西北经济区	宁夏、甘肃、新疆、西藏、青海

本章将基于八大综合经济区分析其整体效率以及分阶段的效率值。因为
综合效率更能突出反映科技创新效率变化的整体趋势，也包含了纯技术效率

和规模效率的变化趋势，所以下文分析的效率值是科技创新的综合效率值（TE）。

（1）我国八大综合经济区整体效率分析

从科技创新整体效率来看，我国八大综合经济区都没有达到效率有效，大部分地区效率还严重偏低。其中整体效率最高的地区依次是南部沿海经济区（0.83）和东部沿海经济区（0.50），低于全国平均水平的地区包括黄河中游经济区（0.19）、长江中游经济区（0.26）、大西南经济区（0.28）、大西北经济区（0.34）和东北综合经济区（0.24）。从时间变化趋势来看，黄河中游经济区（2005 年除外）、长江中游经济区、大西北经济区均为在波动中上升，如表 6-5 所示。

表 6-5 2005~2014 年我国八大综合经济区科技创新整体效率一览表

	2005	2006	2007	2008	2009	2010	2011	2012	2013	2014	均值
北部沿海经济区	0.53	0.31	0.51	0.61	0.41	0.49	0.46	0.51	0.44	0.46	0.47
东部沿海经济区	0.55	0.43	0.46	0.53	0.47	0.50	0.52	0.56	0.48	0.52	0.50
南部沿海经济区	0.93	0.81	0.77	0.82	0.83	0.87	0.85	0.86	0.83	0.75	0.83
黄河中游经济区	0.26	0.09	0.13	0.20	0.16	0.21	0.20	0.21	0.22	0.22	0.19
长江中游经济区	0.20	0.07	0.12	0.25	0.23	0.31	0.31	0.40	0.36	0.39	0.26
大西南经济区	0.28	0.10	0.18	0.30	0.26	0.35	0.37	0.33	0.28	0.31	0.28
大西北经济区	0.20	0.20	0.34	0.38	0.23	0.41	0.41	0.41	0.38	0.46	0.34
东北综合经济区	0.23	0.09	0.14	0.24	0.36	0.28	0.32	0.32	0.17	0.24	0.24
全国	0.40	0.26	0.33	0.42	0.37	0.43	0.43	0.45	0.40	0.42	0.39

（2）我国八大综合经济区科技研发效率分析

从科技创新研发效率来看，我国八大综合经济区中科技研发效率最高的地区是东部沿海经济区（0.78），高于全国平均水平的地区只有北部沿海经济区（0.48）、东部沿海经济区（0.58）和南部沿海经济区（0.78）。从时间变化趋势来看，长江中游经济区、大西南经济区、东北综合经济区和大西北经济区均处于在波动中上升的趋势，其他地区均波动幅度较大且有下降的趋势，如表 6-6 所示。

表 6-6　2005~2014 年我国八大综合经济区科技研发效率一览表

	2005	2006	2007	2008	2009	2010	2011	2012	2013	2014	均值
北部沿海经济区	0.51	0.32	0.53	0.66	0.41	0.44	0.47	0.54	0.45	0.46	0.48
东部沿海经济区	0.66	0.59	0.55	0.60	0.54	0.57	0.58	0.61	0.52	0.59	0.58
南部沿海经济区	0.86	0.83	0.66	0.73	0.82	0.83	0.78	0.81	0.82	0.68	0.78
黄河中游经济区	0.30	0.13	0.14	0.24	0.20	0.24	0.25	0.25	0.27	0.27	0.23
长江中游经济区	0.24	0.12	0.15	0.30	0.30	0.39	0.42	0.47	0.45	0.48	0.33
大西南经济区	0.29	0.15	0.21	0.36	0.33	0.39	0.44	0.39	0.37	0.39	0.33
大西北经济区	0.24	0.19	0.36	0.40	0.22	0.46	0.47	0.46	0.40	0.54	0.37
东北综合经济区	0.20	0.13	0.14	0.26	0.43	0.31	0.50	0.37	0.21	0.28	0.27
全国	0.41	0.31	0.34	0.44	0.41	0.45	0.47	0.49	0.44	0.46	0.42

（3）我国八大综合经济区经济社会转化效率分析

总体来看，我国各大综合经济区的经济社会转化效率大都低于科技研发效率，近十年来我国在科技创新经济社会转化能力方面有待于进一步提升。但南部沿海经济区却相反，其经济社会转化效率均值高于科技研发效率，说明南部沿海经济区更重视科技成果的转化。其中，经济社会转化效率最高的地区和科技研发效率一样，依然是南部沿海经济区（0.88）、北部沿海经济区（0.47）和东部沿海经济区（0.42），且经济区与经济区之间的效率值差异显著，效率值最低的黄河中游经济区只有 0.15，长江中游经济区、大西南经济区和东北经济区的效率值也都在 0.20 左右。从时间变化趋势来看，黄河中游经济区（2005 年除外）、长江中游经济区（2005 年除外）和大西北经济区处于在波动中上升的趋势，其他地区则处于在波动中下降的趋势。如表 6-7 所示。

表 6-7　2005~2014 年我国八大综合经济区经济社会转化效率一览表

	2005	2006	2007	2008	2009	2010	2011	2012	2013	2014	均值
北部沿海经济区	0.55	0.30	0.48	0.56	0.42	0.54	0.45	0.48	0.44	0.45	0.47
东部沿海经济区	0.44	0.26	0.38	0.46	0.40	0.44	0.45	0.51	0.45	0.45	0.42
南部沿海经济区	1.00	0.79	0.87	0.91	0.85	0.90	0.91	0.90	0.84	0.82	0.88
黄河中游经济区	0.23	0.04	0.11	0.16	0.12	0.19	0.15	0.17	0.17	0.17	0.15
长江中游经济区	0.17	0.03	0.10	0.18	0.15	0.23	0.20	0.32	0.26	0.29	0.19

续表

	2005	2006	2007	2008	2009	2010	2011	2012	2013	2014	均值
大西南经济区	0.26	0.04	0.15	0.24	0.19	0.31	0.30	0.27	0.20	0.22	0.22
大西北经济区	0.17	0.20	0.33	0.35	0.25	0.37	0.35	0.35	0.36	0.38	0.31
东北综合经济区	0.27	0.05	0.13	0.22	0.29	0.25	0.26	0.27	0.13	0.20	0.21
全国	0.39	0.21	0.32	0.39	0.33	0.40	0.38	0.41	0.36	0.37	0.36

（4）小结

图 6-2 给出了八大综合经济区以及全国平均的科技创新效率值，其中 E 表示科技创新整体效率、E1 表示科技研发效率、E2 表示经济社会转化效率。从中可以看出，只有南部沿海经济区这三个值同时都接近于 0.8，其他地区经济社会转化的效率都明显低于科技研发效率，其中差异最大的地区依次是东部沿海经济区和长江中游经济区，说明这两个地区在注重提高科技创新研发效率的同时还要注重科技成果的经济社会转化效率。

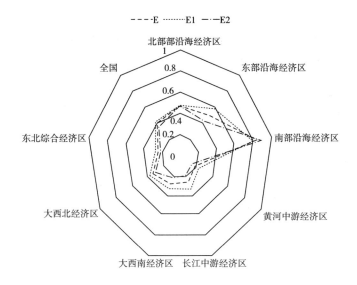

图 6-2　八大综合经济区创新效率比较分析

3. 科技创新两阶段利用模式分类

根据科技创新两阶段的效率值，以科技研发效率值为横坐标，经济社会转化效率值为纵坐标，以 0.5 作为划分效率的标准，对 30 个省区市的发展模式进行分类，得出如图 6-3 所示的四个象限：

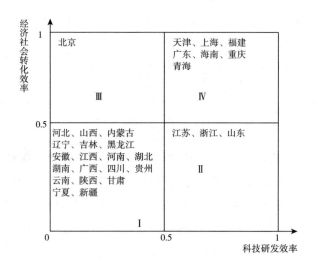

图 6-3　2005～2014 年各省区市科技研发效率—经济社会转化效率矩阵图

（1）第一象限：粗放型低效率技术创新

位于该象限的地区最多，占了全国的 63.3%，包括河北、山西、内蒙古、辽宁、吉林、黑龙江、安徽、江西、河南、湖北等 19 个地区，说明了我国科技创新仍处于粗放低效率状态的现状。这类地区的科技研发效率和经济社会转化效率都比较低，表现为在科技产出阶段投入了大量的资金但不注重效率，同时在经济转化阶段盲目投资，不注重投资质量。因此，位于该象限的地区可根据实际情况，采取渐进式的提升路径或者是跨越式的提升路径，要充分认识这些地区在提高创新能力工作上的难度，对两个阶段同时加强，既要提高科技研发效率又要提高经济社会转化效率，重点从人才战略和环境建设入手，从根本上改变这些地区创新薄弱的局面。

（2）第二象限：高科技研发效率低经济社会转化效率

位于第二象限的地区包括江苏、浙江、山东 3 个地区，这类地区科技研发效率相对较高，说明该类地区的科技投入相关机制运作良好，但是该类地区的经济社会转化效率相对较低。其中江苏和浙江市场化水平较高，但科技成果的转化不理想，这可能是因为其在发展过程中存在诸如研发项目缺乏市场导向、技术转移对接程度不高、企业的技术吸收能力不强、企业技术转移的资金不足、缺乏有效的技术转移机制等瓶颈，从而出现了科技与经济社会发展相脱节的现象，造成了创新未能充分发挥对经济社会发展应有的促进作用。因此，位于此象限的地区重点是要提高经济社会转化效率，可以采取单边突破式发展路径，促进产学研合作，加强产业化的实现。

(3) 第三象限：低科技研发效率高经济社会转化效率

位于该象限的地区只有北京，这类地区科技创新的经济社会转化效率较高，这主要是因为北京科技转化机制运作良好，或者北京所拥有的政治和经济资源对部分科技成果具有较强的吸引力，但由于在科技投入上存在较严重的拥挤效应，投入了较多的科技资金和人力却没有获得较多的科技成果产出，即科技研发效率较低。因此，北京应该采取单边突破式的发展路径，重点是提高集成创新能力，重视科技投入的拥挤效应，提高科技研发效率。

(4) 第四象限：高效集约型技术创新

位于该象限的地区包括：天津、上海、福建、广东、海南、重庆、青海 7 个地区，这类地区科技研发效率和经济社会转化效率均较高，其创新类型属于高效集约型技术创新。其中，天津、上海、广东、重庆作为我国市场经济较发达的地区，经济发展和市场经济体制改革均取得了较好的成效，相关的创新机制尤其是创新资源配置机制运作较好，从而使这些地区总体的科技成果市场运作能力较强。而一些经济比较落后的地区如海南、青海在技术创新的两个子阶段效率均较好，这是由于科技创新效率是一个相对性指标，这些地区技术创新规模偏小，资金和人才相对缺乏，创新系统对资金和人才的使用率相对较高。因此，发达地区要继续坚持创新驱动发展战略，以推动全面创新，实现从数量型增长向质量型增长的转变，继续引领国内科技创新的发展；落后地区要充分发挥与利用这方面的优势，加大创新资源的投入，实施渐进式的发展模式，多出成果及效益。

四　结论与建议

本章从价值链的视角将区域创新系统分成了相互关联的两个子过程，且整体效率由阶段效率共同决定，这对系统效率的转化以及发现效率低下的关键问题所在有着重要的作用，实证结果主要得出如下结论和建议。

（1）中国区域科技创新效率存在明显的地区差异，各个省份应该根据本省创新活动是否达到了生产前沿、两个阶段实际投入产出的冗余等进行改善，有针对性地调整两阶段的科技投入或者产出的方向与幅度，使技术效率尽可能向生产前沿移动。

（2）多数地区在科技研发效率和经济社会成果转化效率方面还有很大的提升空间，尤其是在经济社会转化效率阶段，科学技术向现实生产力转化的效率亟待增强。这将在很长一段时间内影响到我国经济的发展，而经济社会成果转化效率低下在很大程度上又是由不健全的科技制度、科研院所研发与企业生产过程相脱节、中小企业融资约束以及科技环境等因素所造成的。在未来的发展中应该进一步加大对科技创新的投入，加强科研院所与企业之间的产学研合作，鼓励与扶持中小企业的技术革新以及技术改造，实施有效的科技创新金融支持，建立和健全有效的技术市场转移方式等，促进科技创新水平的提升。

（3）从八大综合经济区科技创新效率值的分布来看，只有东部沿海经济区、南部沿海经济区和北部沿海经济区的科技创新整体效率、科技研发效率以及经济社会转化效率的均值高于全国平均水平，其他地区的效率值还处于较低水平，且经济社会转化效率普遍低于科技研发效率。因此，政府应根据不同经济区域的创新效率现状，继续坚持创新驱动发展战略，推进以科技创新为核心的全面创新。并有区别地制定科技创新效率提升的政策，更加注重科技成果的市场转化，加强两阶段的关联性。

（4）当前我国科技创新效率无效由纯技术效率无效和规模效率无效共同造成，且主要由纯技术效率无效造成。我国各省区市多能够注重科技创新的规模效率，加大科技投入，规模效率区分度较小，但各省区市纯技术效率区分度较大。为此，各省区市在加大科技投入的同时要注意投入拥挤效应，提高科技投入的使用效率，并且要更加注重纯技术效率的提升，如增强自主创新能力，培养和引进高层次科技人才，构建良好的市场环境，提高企业科技创新的管理水平等。

（5）针对不同地区科技创新两阶段利用的模式所划分的四个象限，未来不同地区在具体的科技创新路径上可以采取单边突破式提升路径、渐进式提升路径或者是跨越式发展路径。

第七章　基于 Tobit 模型的我国省域创新驱动效率的影响因素分析

上一章已经通过 SBM-DEA 模型测算了我国 30 个省区市创新驱动的整体和分阶段效率值，可以发现我国省域间和创新驱动两阶段间效率差异显著。为了进一步分析我国省域创新驱动效率差异的影响因素，本章将运用 DEA-Tobit 模型，以创新驱动整体和阶段效率值为因变量，选取影响因素指标为自变量，对影响省域创新驱动效率的因素进行回归检验。

一　影响因素指标选择

本章基于创新驱动系统的观点（具体参见第三章中的创新驱动系统结构图），主要考察外围子系统因素对省域创新驱动效率的影响，将从创新主体子系统、创新环境子系统、创新支撑子系统等三个方面进行分析。

1. 创新主体子系统

在创新系统中，产学研各主体之间的联系和链接对整个创新活动具有重要作用（Edquist et al.[1]、周洪文和宋丽萍[2]）。用科研机构 R&D 经费内部支出来自企业经费的比重代表企业与科研机构的联系，记为 LINK1；用高校 R&D 经费内部支出来自企业经费的比重代表企业与高校的联系，记为 LINK2。

---

[1] Edquist, C., M. L. Eriksson and H. Sjogren, Characteristics of Collaboration in Product Innovation in the Regional System of Innovation of East Gothia. *European Planning Studies*, 2002, 10 (5): 563~581.

[2] 周洪文、宋丽萍：《区域创新系统能力动态变迁的测度与评价》，《管理学报》2015 年第 9 期。

2. 创新环境子系统

创新环境子系统各环境变量对区域创新活动具有广泛的影响（李习保[1]、孙东[2]）。本章用高新技术产业的主营业务收入占 GDP 的比重衡量区域高新技术产业的规模，代表高新技术产业的集聚环境，记为 *INDUSTRY*。选择 R&D 人员人均技术市场成交额的对数值衡量技术市场的发达程度，记为 *TECHMKT*。国际技术外溢主要通过外商直接投资、国际贸易等途径实现，本章用外商投资（含港澳台）占全社会固定资产投资比重代表外商投资的技术溢出，记为 *FDI*。用贸易专业化指数（*TSI*）代表通过国际贸易途径的国际技术溢出，其中 *TSI* =（出口额−进口额）/（出口额+进口额），*TSI* 的值越小，该地区越有可能通过进口获取国际先进技术。

3. 创新支撑子系统

在创新支撑子系统方面，本章从财政支撑、教育支撑、信息支撑、金融支撑四个方面考察（白俊红等[3]、陈凯华[4]）。选择科学技术支出占财政总支出的比重代表国家财政对科技的支持，记为财政支撑（*FINANCE*）。用教育支出占财政总支出的比重代表教育支撑，记为 *EDU*。社会信息支撑用邮电业务总额占 GDP 的比重代表，记为 *INFOR*。用地区科技活动经费中银行贷款的比例代表金融支撑，记为 *BANK*。

创新驱动效率影响因素的指标数据主要来自《中国科技统计年鉴》和《中国统计年鉴》，样本区间为 2005～2014 年。需要说明的是 2009 年之后的《中国科技统计年鉴》中 R&D 经费支出按来源分不再单独列出金融机构科技贷款指标，而是分为政府资金、企业资金、国外资金和其他资金。因此，本章使用其他投入占 R&D 经费内部支出的比例来衡量 2009 年之后金融机构对 R&D 活动的支持。

指标体系总结如表 7-1 所示。

---

① 李习保：《中国区域创新能力变迁的实证分析：基于创新系统的观点》，《管理世界》2007 年第 12 期。

② 孙东：《我国区域创新的效率及影响因素研究》，南京大学博士毕业论文，2015。

③ 白俊红、江可申、李婧：《应用随机前沿模型评测中国区域研发创新效率》，《管理世界》2009 年第 10 期。

④ 陈凯华、寇明婷、官建成：《中国区域创新系统的功能状态检验——基于省域 2007−2011 年的面板数据》，《中国软科学》2013 年第 4 期。

表 7-1　创新驱动影响因素指标体系

创新驱动影响因素指标体系	公共创新环境	财政环境	政府科技支出占 GDP 的比重
		金融环境	地区科技活动经费筹集总额中银行贷款的比例
		信息环境	邮电业务占 GDP 的比重
		教育环境	教育支出占财政总支出的比重
	产业集聚环境		高新技术产业主营业务收入占工业总产值的比重
	创新链接环境		高校研发经费中来自企业经费的比重
			科研机构研发经费中来自企业经费的比重
			科技人员人均技术市场成交额
	国际技术溢出环境		FDI 占区域固定资产投资的比例
			贸易专业化指数

二　Tobit 实证分析

因为 DEA 模型得出的效率值为非负值且在（0，1）之间，是受限因变量，如果直接采用最小二乘法（OLS），会给参数估计带来有偏和不一致。为了解决因变量取值受限这一情形，Tobin 于 1958 年提出了 Tobit 模型（也称为截取或短尾回归模型）。Tobit 模型的数学表达式如下所示：

$$
\begin{cases}
y_i^* = \beta x_i + \mu_i & i = 1, 2, \cdots, n \\
y_i = y_i^* & \text{若 } y_i^* > 0 \\
y_i = 0 & \text{若 } y_i^* < 0
\end{cases}
\tag{7-1}
$$

其中，μ_i 服从正态分布 N（0，σ^2）；y_i^* 为因变量向量，y_i 为效率值，x_i 为 N×K 的矩阵。建立创新驱动效率（整体效率和分阶段效率）与影响因素的 Tobit 回归模型如下：

$$
\theta = C + \alpha_1 LINK1 + \alpha_2 LINK2 + \alpha_3 INDUSTRY + \alpha_4 LN(TECHMKT) + \alpha_5 TSI \\
+ \alpha_6 FDI + \alpha_7 FINANCE + \alpha_8 EDU + \alpha_9 INFOR + \alpha_{10} BANK + \varepsilon
\tag{7-2}
$$

$$
\theta^1 = C + \alpha_1 LINK1 + \alpha_2 LINK2 + \alpha_3 INDUSTRY + \alpha_4 LN(TECHMKT) + \alpha_5 TSI \\
+ \alpha_6 FDI + \alpha_7 FINANCE + \alpha_8 EDU + \alpha_9 INFOR + \alpha_{10} BANK + \varepsilon
\tag{7-3}
$$

$$\theta^2 = C + \alpha_1 LINK1 + \alpha_2 LINK2 + \alpha_3 INDUSTRY + \alpha_4 LN(TECHMKT) + \alpha_5 TSI$$
$$+ \alpha_6 FDI + \alpha_7 FINANCE + \alpha_8 EDU + \alpha_9 INFOR + \alpha_{10} BANK + \varepsilon \qquad (7\text{-}4)$$

其中，因变量 θ、θ^1 和 θ^2 分别是 2005~2014 年我国省域创新驱动的整体效率、科技研发阶段效率和经济社会转化阶段效率值，C 为常数项，$\alpha_1 \sim \alpha_{10}$ 为自变量的待估系数，ε 为随机扰动项。选取随机效应（若使用固定效应的 Tobit 模型，对于面板数据而言，这种非线性模型往往无法得到一致的估计值）[①] 的面板数据 Tobit 模型，运用 Stata 12.0 软件进行计算，计算结果如表 7-2 所示。

表 7-2　我国省域创新驱动效率影响因素的 Tobit 模型回归结果

影响因素	自变量	科技研发效率		经济社会转化效率		整体效率	
		相关系数	Z 值	相关系数	Z 值	相关系数	Z 值
	C（cons）	0.4838 ***	3.90	0.2046 *	1.83	0.3426 ***	3.25
创新主体子系统	LINK1	0.4164	1.45	0.6711 ***	2.86	0.5299 **	2.27
	LINK2	−0.4345 ***	−2.93	−0.3269 **	−2.51	−0.3665 ***	−2.88
创新环境子系统	INDUSTRY	1.0584 ***	4.84	1.0836 ***	5.39	1.0838 ***	5.73
	LN（TECHMKT）	0.0040	0.26	0.0259 *	1.89	0.0137	1.09
	TSI	−0.0569	−1.00	−0.1303 **	−2.52	−0.0953 *	−1.95
	FDI	0.7054	1.49	0.5799	1.30	0.5642	1.39
创新支撑子系统	FINANCE	0.8591	0.71	2.4707 **	2.29	1.6805 *	1.65
	EDU	−0.1723	−0.29	0.0309	0.06	−0.0916	−0.18
	INFOR	−0.7940 *	−1.81	0.3256	0.86	−0.2357	−0.65
	BANK	−1.5532 ***	−4.06	−0.9783 ***	−3.00	−1.2251 ***	−3.92
Log likelihood		95.4584		143.3452		148.1930	
Wald chi2（10）		97.4		91.67		109.91	
P 值		0.0000		0.0000		0.0000	
样本数		300		300		300	

注：*、**、*** 分别表示 10%、5%、1% 显著性水平。

---

① 朱依曦、胡汉辉：《垄断、替代竞争与中国有线电视产业经济效率——基于 SBM-DEA 模型和面板 Tobit 的两阶段分析》，《南开经济研究》2015 年第 4 期。

从表 7-2 可知，3 个方程的拟合度较好，且都通过了显著性检验，具有较好的解释能力。此外，科技研发阶段和经济社会转化阶段的影响因素存在差异。

1. 在科技研发阶段，对科技研发效率存在显著影响的因素有 4 个。其中，企业与高校的联系（LINK2）在 1% 的显著性水平下与科技研发效率负相关。我国企业为高校提供了大量的科研经费，但高校主要以发表科技论文和科研专利的多少来衡量科研价值，双方存在的目标差异、文化差异和沟通障碍等抑制了研发专利的产出效率。[1] 产业集聚环境（INDUSTRY）在 1% 的显著性水平下与科技研发效率正相关，且产业集聚对科技研发效率的提升作用较大。地区高新技术产业发展会带来研发要素的集聚，其科技研发阶段的投入水平相对较高，能够促进研发效率的提升。[2] 此外，创新支撑子系统中信息支撑（INFOR）在 10% 的显著性水平下回归系数为负，说明信息支撑对科技研发效率的提升具有抑制作用。理论上良好的信息环境是创新过程的参与者之间交流沟通的重要渠道，有利于新知识和新技术的传播与扩散，可以降低科技研发的信息搜寻成本。但本章选取的指标是"邮电业务占 GDP 的比重"，邮电业务总量的增加不仅取决于信息、通信设施的改善，也可能是邮电业务成本的提高所致，这与我国邮电业务费用居高不下的实际情况相符。[3] 金融支撑（BANK）在 1% 的显著性水平下与科技研发效率负相关，现实生活中银行往往倾向于给予那些低风险、短周期、高回报率的科技项目贷款额度或贷款给规模大、偿债能力强的企业，而往往这些项目和企业并不缺乏研发资金。也就是说银行贷款的行为偏离了效率的要求，金融机构的贷款流向偏好对企业的研发投入造成了挤出，使真正需要资金支持的项目和中小企业并没有获得相应的金融支持。[4] 其他影响因素没有通过显著性检验，因此不具有统计意义，本章不在此

① 白俊红、江可申、李婧：《应用随机前沿模型评测中国区域研发创新效率》，《管理世界》2009 年第 10 期。

② 周洪文、宋丽萍：《区域创新系统能力动态变迁的测度与评价》，《管理学报》2015 年第 9 期。

③ 赵峥、姜欣：《中国省际创新效率及其影响因素的实证研究》，《北京理工大学学报》（社会科学版）2014 年第 2 期。

④ 黄达等：《全球经济调整中的中国经济增长与宏观调控体系研究：新时期国家经济调节的基本取向与财政金融政策的有效组合》，经济科学出版社，2009。

赘述。

2. 在经济社会转化阶段，影响科技成果经济社会转化的因素较多，只有 3 个未通过显著性检验。其中，企业与高校的联系（*LINK*2）在 5% 的显著性水平下与经济社会转化效率负相关，高校的科技成果往往停留在科技研发阶段的论文和专利上，实用性较差，且科技成果进入技术市场的比例也较低，高校和企业这种低质量的联系不利于科技成果的转化。[①] 企业与科研机构的联系（*LINK*1）与 *LINK*2 不一样，因为科研机构受企业资助相对较少，且在产研合作时科研机构更加注重科技成果的经济社会转化，企业与科研机构的联系质量更高。产业集聚环境（*INDUSTRY*）对科技成果的经济社会转化效率同样具有显著的提升作用，高新技术产业的集聚会形成企业间的竞争与合作，带来区域的技术外溢效应。并且研发要素集聚有利于新产品销售，这与 Jaffe 等[②] 的观点一致。技术市场环境（*TECHMKT*）（对数）在 10% 的显著性水平下与经济社会转化效率正相关。技术市场作为市场经济下科技成果转化、技术转移的主要渠道，能够有效降低技术交易费用和信息搜寻成本。但其回归系数只有 0.026 且仅通过 10% 的显著性检验，也证明了我国技术市场还比较小，技术中介、技术经纪人等服务还不完善，技术与市场的联系质量不高，对科技成果转化效率的提升作用较弱。国际贸易指数（*TSI*）在 5% 的显著性水平上与经济社会转化效率负相关，我国企业在国际贸易中，仍处于"微笑曲线"的底端，所生产的产品以加工、组装和贴牌为主，科技含量较低，难以对科技成果的转化效率提升起到作用，甚至会抑制国内企业创新的积极性（孙东，2015）。创新支撑子系统中，财政支撑（*FINANCE*）在科技研发阶段的提升作用没有通过检验，但在经济社会转化阶段通过了 5% 的显著性水平检验，且对经济社会转化效率的提升作用较大，回归系数达到了 2.47。政府通过财政科技拨款、税收优惠、政府采购等方式能促进科技成果的经济社会转化，特别是近年来我国更加注重产学研的联系和技术市场的建设，为产学研联系搭建合作平台。因此，财政的科技支持水平越高，经济社会转化效率也就越

---

① 刘和东：《中国区域研发效率及其影响因素研究——基于随机前沿函数的实证分析》，《科学学研究》2011 年第 4 期。

② Jaffe A B, Trajtenberg M, Henderson R. Geographic Localization of Knowledge Spillovers as Evidenced by Patent Citations. *Quarterly Journal of Economics*, 2006, (108): 577-598.

高。金融支撑（*BANK*）和第一阶段的分析类似，在科技成果→产品→量产的过程中企业需要大量的研发和生产资金，而我国金融体系不完善，特别是中小企业银行贷款困难，这就抑制了创新驱动的经济社会转化效率。

3. 在整体效率方面。创新主体子系统中，企业与科研机构的联系（*LINK*1）在 5% 的显著性水平下与整体效率正相关，两个创新主体的合作更多地以市场为导向，重视科技成果的经济转化，两者联系质量较高，促进了整体效率的提升。企业与高校的联系（*LINK*2）质量较差，抑制着整体效率，这在两个阶段的回归方程中都得到了证实。产业集聚（*INDUSTRY*）对两个阶段的创新驱动效率都有较大的提升作用。其不仅带来研发要素的集聚，还促进企业间网络化的合作，加速区域知识和技术的外溢，较好地提升了整体效率。[①] 国际贸易（*TSI*）在 10% 显著性水平下与整体效率负相关，表明国际贸易对国内技术创新产生了显著的挤出效应，抑制了自主创新能力。[②] 财政支撑（*FINANCE*）在 10% 的显著性水平下与整体效率正相关，说明政府的科技投入有利于促进创新效率的提升。[③] 金融支撑（*BANK*）在 1% 的显著性水平下与整体效率负相关，这与我国当前金融体系的不完善密切相关。银行贷款没有发挥其扶持作用，反而助长了研发垄断，排挤了中小企业的研发活动。同时，各地政府的地方保护主义也干预金融资本流向低端落后的本地企业，从而抑制了本地企业进行产品创新和工艺改进的动机。[④]

三　结论与建议

在创新驱动系统中，高校长期单纯以科技论文和科技专利的多寡来衡量科研绩效，忽略了论文和专利的实用性及成果转化，导致高校与企业联系较差，抑制了创新驱动效率。因此高校应改革科技评价、职称评定等内

---

① 金怀玉、菅利荣：《考虑滞后效应的我国区域科技创新效率及影响因素分析》，《系统工程》2013 年第 9 期。

② 徐浩、温军、冯涛：《制度环境、金融发展与技术创新》，《山西财经大学学报》2016 年第 6 期。

③ 蒋选、刘皇、李秀婷：《创新系统视角下创新政策效应研究——基于中国省级面板数据的分析》，《经济理论与经济管理》2015 年第 9 期。

④ 贺振华：《寻租、过度投资与地方保护》，《南开经济研究》2006 年第 2 期。

部体制机制，以体制创新推动科技创新。鼓励实用型专利的研究，坚持以市场为导向，促进科技成果的经济社会转化。同时还应鼓励科研机构和高校以技术入股、共建实验室和研发中心、共建衍生企业等形式与企业合作，积极推动大学科技园和孵化器等技术转移载体的建设，推进以企业为主导的产学研协同创新。我国在国际贸易中处于"微笑曲线"底端，在很多领域只负责贴牌、加工和代工生产，通过国际贸易的国际技术溢出抑制了我国自主创新能力的提升。为此要鼓励我国外贸企业学习和吸收国外先进的技术、商业模式，并加快自身产业转型升级，提高自主创新能力，提升中国企业在全球价值链中的地位。而在创新支撑子系统中，金融机构贷款没有流向需要资金的中小企业，加上一定程度上地方政府的不正当干预，抑制了创新驱动效率的提升。因此，既要积极引导金融机构灵活运用信贷、融资租赁等方式加大对风险投资的支持力度；又要加快金融创新，推进金融体系的市场化改革，减少政府的不正当干预，以此解决前沿科技项目和中小型科技企业融资难的问题。我国邮电业务费用较高，科技信息流动受阻，阻碍了科技研发效率的提升。应构建更加完善的邮电网络环境，降低邮电业务成本，提高网络和移动通信速度。此外，还要积极发挥政府财政支撑和产业集聚对创新整体效率和经济社会转化效率的促进作用。政府除了继续加大地方财政对科技的支持力度外，还要做好科技投入后期的管理工作，提高资源的配置效率。并积极改善产业结构，加快高新技术产业的集聚，形成区域内知识和技术的溢出效应。在经济社会转化效率的提升上，还应加强技术市场建设，鼓励更多的科技服务中介机构进入市场，发挥各种社会组织的中介职能，促进技术市场的服务创新和商业模式创新，以此加快科技成果转化和技术转移。

第八章　E-PMP 分析框架下创新驱动
发展的国际比较[①]

一　引言

进入 21 世纪后，市场与资源竞争愈加激烈，传统的经济发展模式已经不能适应时代的需要。在新一轮的科技革命国际浪潮的推动下，以科技创新提升国际竞争力、获得长远发展优势成为当今新型社会发展的必然趋势。在这一背景下，一些国家把科技创新提升到战略高度，以建设创新型国家为共同目标，走上创新驱动发展的道路。当前世界三大经济强国——美国、德国、日本——已先后制定了不同的创新驱动发展战略。无论是最大的发达国家美国，还是欧洲最大的经济体德国，或是后起发达国家日本，在实施创新驱动发展的过程中，都形成了各具特色的发展路径，并成为全球典型的创新型国家。那么这些国家是如何根据自身国情条件来选择独特而合理的创新驱动发展路径与模式，这些模式又具有什么样的特点呢？围绕这些问题，本章参考陈曦提出的理论框架，利用战略学、国家创新体系理论以及创新平台理论等多重理论工具构建了创新驱动发展 E-PMP 分析框架，利用框架对美国、德国、日本三个典型的创新型国家的创新驱动发展路径进行分析对比，并对各国的创新驱动发展模式进行了归纳分类。此外，借鉴美、日、德的成功经验对我国现阶段创新驱动发展战略的路径选择提出了一些建议。

二　E-PMP 分析框架下创新驱动发展系统构建

国家创新体系的概念最早由伦德瓦尔提出，随后国家创新体系学派将

---

① 本章的内容已发表于《中国科技论坛》2017 年第 8 期。

国家创新系统的内涵概括为各创新行为主体、主体间互动形成的网络系统以及维护网络关系的体系规则和制度路径，并认为创新体系规则的建立会影响创新行为主体及其关系网络和运行机制。[①] 围绕着国家创新体系的理论框架，学者们展开了对国际创新驱动发展路径的初步探讨与比较，如陈强和余伟根据对科技规划的发展历程进行梳理来探讨英国创新驱动发展的路径与特色；[②] 杨多贵和周志田从第三次工业革命浪潮的基本特征出发将创新驱动发展动力归纳为"绿色能源、数字制造、智慧地球"三大动力，[③] 这些研究多聚焦于科技战略与政策的阶段性变化。为了深入挖掘创新驱动发展的内涵，陈强等从"战略与规划"、"政策与机制"以及"行动举措"三个层面系统分析了韩国创新驱动发展的路径与特色，[④] 黄海霞通过重点分析美国、日本、德国的创新战略、创新政策与创新体系对比了其国家创新体系的异同点。[⑤] 尽管这些学者将创新驱动发展的内涵分不同维度进行了较为全面的阐述，但是研究视角仍然停留在静态层面，忽略了创新驱动发展系统中的动态机制。陈曦（2013）提出要实现创新驱动发展道路，必须确立创新驱动发展格局，搭建创新驱动平台，完善创新驱动机制，从动态层面对创新驱动发展系统进行了描述。但是目前仍然缺乏对科技战略演变连续性的论述与相关理论支撑，因此根据以上研究回顾，本章参考陈曦提出的分析框架，利用战略学理论、国家创新体系理论、创新平台理论等多重理论工具，构建了以创新驱动发展战略演变历程（The Evolution of Innovation Driven Development Strategy）为中心点，以创新驱动发展格局（Innovation Driven Development Pattern）、创新驱动发展机制（Innovation Driven Development Mechanism）、创新驱动发展平台（Innovation Driven Development Platform）为基本维度的 E-PMP 创新驱动发展系统模型（见图 8-1），借助 E-PMP 理论模型，探讨创新驱动战略的演变历程，深入研

---

① 蒋绚：《资源、机制与制度：美国创新驱动发展研究与启示》，《学海》2016 年第 3 期。

② 陈强、余伟：《英国创新驱动发展的路径与特征分析》，《科学管理研究》2015 年第 1（3）期。

③ 杨多贵、周志田：《创新驱动发展的战略选择、动力支撑与红利挖掘》，《经济研究参考》2014 年第 64 期。

④ 陈强、陈凤娟、刘园珍：《韩国创新驱动发展的路径与特征分析》，《科学管理研究》2015 年第 3 期。

⑤ 黄海霞：《发达国家创新体系比较》，《科学与管理》2014 年第 4 期。

究创新驱动发展的机制、系统与平台的内在逻辑与要素，弥补以往研究的聚焦片面性与静态性。

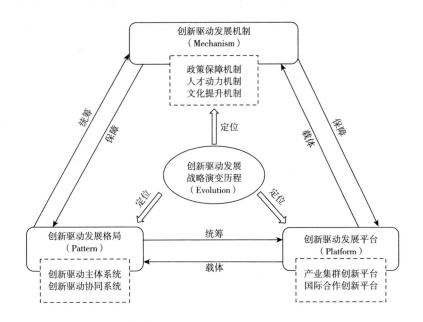

图 8-1　创新驱动发展 E-PMP 分析框架

1. 创新驱动发展战略演变历程（Evolution）

从战略学角度来看，创新驱动的战略方向包含着创新驱动的内容、方式以及驱动力源泉，体现着创新驱动发展道路的价值导向问题。[①]　由此可知，战略是一个国家筹划和指导全局的竞争方略，决定了全局的发展方向和发展定位。因此在构建创新驱动发展分析框架，分析创新驱动发展路径时，要将创新驱动发展战略作为中心出发点，理清各国的创新驱动发展战略的演变历程，明确创新驱动发展的战略定位。

2. 创新驱动发展格局（Pattern）

根据上述国家创新体系的内涵，创新驱动发展格局是国家创新体系中的关键构成要素，对应着国家创新体系中各个创新主体及其网络结构。因此在 E-PMP 模型中，将创新驱动发展格局分为创新驱动主体系统和创新

---

① 王玉民、刘海波、靳宗振、梁立赫：《创新驱动发展战略的实施策略研究》，《中国软科学》2016 年第 4 期。

驱动协同系统。创新驱动主体系统就是要明确创新驱动过程中各个主体（包括政府、企业、研发机构、高校）的职责作用，统筹创新驱动战略的整体布局和实施。创新驱动协同系统就是在明确分工的基础上，通过建立创新主体之间的协同运作网络，实现创新驱动的效用最大化。在实施创新驱动发展战略的过程中，首先要确定在创新驱动系统中发挥作用的活动主体以及各主体在创新活动中如何构建相互融合的网络关系，形成创新驱动系统运行的基本格局，在基本格局的统筹之下，有的放矢地完善创新驱动发展机制、构建创新驱动发展平台。

3. 创新驱动发展机制（Mechanism）

创新驱动发展机制包括政策保障机制、人才动力机制以及文化提升机制，与国家创新体系中确保创新主体及其网络结构运行的体系规则和制度路径相对应。政府干预对创新起着重要推动作用,[1] 甚至在国家创新系统中起着核心作用,[2] 因此在创新驱动发展中，要充分重视政府的政策和投入的导向作用;[3] 人才驱动是创新驱动的本质,[4] 创新人才的质量和数量是一国科技创新的关键；创新文化则直接影响社会成员进行创新的意愿、创新时间、创新方式以及创新程度。[5] 在 E-PMP 模型中，创新驱动发展机制发挥着保障作用，完善创新驱动发展机制是创新驱动主体系统和创新驱动协同系统在创新驱动平台上健康稳定运行的最根本途径，创新驱动发展的成败主要取决于机制的保障、推动和提升水平。

4. 创新驱动发展平台（Platform）

创新驱动发展平台是指以产业为切入点，通过汇聚与整合知识、信息、技术、政策等创新资源和要素构建的技术创新支撑体系。创新平台是

---

① Mowery D C, Rosenberg N. New Developments in U. S. Technology Policy：Implications for Competitiveness and International Trade Policy. *California Management Review*，1989，32（1）：107-124.

② Keith Smith. Innovation as a Systemic Phenomenon：Rethinking the Role of Policy. *Enterprise & Innovation Management Studies*，2000，1（1）：73-102.

③ 陈继勇、余罡：《发达国家与新兴经济体政府在国家创新体系建设中的实践及启示》，《理论月刊》2011 年第 10 期。

④ 陈建武、张向前：《我国"十三五"期间科技人才创新驱动保障机制研究》，《科技进步与对策》2015 年第 32（10）期。

⑤ 吴金希：《理解创新文化的一个综合性框架及其政策涵义》，《中国软科学》2011 年第 5 期。

推动创新理论走向实践的重要途径，是创新过程中不可缺少的要素。① 因此，本章将创新驱动发展平台作为创新驱动发展系统中的第三个维度。在 E-PMP 模型中，创新驱动发展平台包括产业集群创新平台和国际合作创新平台，是充分利用和激活各类创新资源、集聚创新要素的重要载体。只有搭建好创新驱动发展平台这个载体，创新驱动发展格局才能真正发挥统筹作用，创新驱动发展机制才能逐步完善，创新驱动发展战略才能被推向更高层次。

三　E-PMP 分析框架下美、德、日三国创新驱动发展系统比较

1. 创新驱动发展战略的演变历程

创新驱动发展战略只有上升到国家战略层面才能真正实现创新驱动，引领经济发展，提高国际竞争力。美国一直强调战略与规划对国家创新驱动的引领以及中枢调节作用。早在 20 世纪 90 年代，克林顿政府就已提出以产业技术为核心的创新发展战略，提出以产业技术为创新战略的核心，而科学是带动技术发展的燃料，因而该战略强调创造新的知识和培养人才；2004 年小布什政府开始提出"创新美国"发展战略，属于保守创新战略，偏向国防和反恐，但基础研究投入为美国的经济复苏奠定了一定的基础；2008 年金融危机以及新兴国家的迅速崛起促使美国意识到科技创新的关键作用，创新战略开始由原来的保守型转变为务实型，② 2015 年美国发布新版《美国国家创新战略》，阐述了美国未来三大创新要素和三大战略举措，强调建立创新生态系统以及打造服务型政府的重要性。德国自"二战"遭受打击后，为了恢复经济水平，制定了一系列战略法规，不断强化战略规划对科技创新的宏观引领作用，促进科技创新的复苏发展。2013年，德国正式推出《德国工业 4.0 计划实施建议》，代表着德国正式进入工业 4.0 时代，是德国面向未来竞争的总体创新发展战略方案。与欧美发达国

---

① 邓衢文、李纪珍、褚文博：《荷兰和英国的创新平台及其对我国的启示》，《技术经济》2009 年第 8 期。

② 金相郁、张换兆、林娴岚：《美国创新战略变化的三个阶段及对中国的启示》，《中国科技论坛》2012 年第 3 期。

家相比，日本的科技发展起步相对较晚。第二次世界大战后，日本一直采取技术引进策略。这种引进式和模仿式创新在 20 世纪 70 年代开始发生转变，日本由原来的依赖型创新逐渐走向自主型创新，开始将技术立国作为发展新战略。进入 21 世纪后，日本正式将科技创新立为基本国策，2013 年出台了《日本再兴战略》和《科学技术创新综合战略》。三个国家在创新战略与规划方面的具体演进过程如图 8-2 所示。

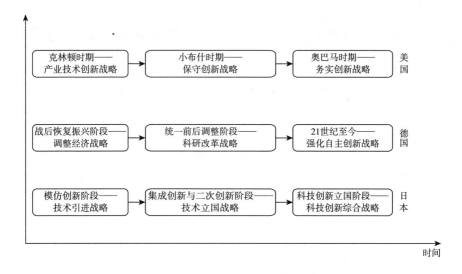

图 8-2　美、德、日创新驱动发展战略的阶段演变历程

2. 创新驱动发展格局

（1）创新驱动主体系统

对于一个国家来说，创新是一个复杂的网络系统，涉及多个行为主体。在明确创新驱动主体的过程中，各国都有着最大的共同点，即将企业视为创新驱动的最重要主体。而在各国形成的创新驱动主体系统中政府主体所发挥的职能与作用，则存在较大差异。由于美国是典型的市场经济型国家，极其重视市场配置资源的决定性作用，因此美国政府采取的是不干预策略。德国的创新驱动主体系统以政治联邦制和市场经济为基础：政府是实施创新驱动发展战略的有力推动者，而作为创新驱动主体系统组成部分的高校与科研机构也都拥有相对独立的决策权，这种混合治理结构决定了联邦政府只能采取弱干预策略。日本政府则采取强干预策略，在实施创新驱动发展的道路中发挥着引领和主导作用，对技术引进活动进行有效的宏观控制，同时重点扶持和积极引导国内创新活动。

（2）创新驱动协同系统

创新驱动发展不仅需要充分发挥行为主体各自的功能，更需要了解创新驱动行为主体之间相互联系、作用的方式以便形成协同高效的系统。美国在200多年的发展历程中形成了多元化的产学研协同组织模式，为打造科学、技术、产业三位一体提供了多样化的合作载体，促进了产学研协同模式的形成（如表8-1）。日本的产学研协同创新属于官产学联盟模式，强调政府的主导地位，因此政府直接干预和官产学联盟成为产学研协同的主要特色。德国属于官产学研一体化的协同创新模式，其官产学研协同的形成，不仅得益于联邦政府和州政府的相互协调，也依赖于德国双元制的教育模式下公共科研机构所发挥的作用，最典型的模式就是弗朗霍夫协会通过推动技术转移从而推进企业、大学、政府协同创新的实践。

表 8-1　美、德、日在创新驱动协同系统上的比较

国家	特点	促进创新主体协同的相关举措
美国	产学研协同	形成了多元化的产学研协同创新组织模式：企业孵化器模式、大学科技园模式、工业—大学合作研究中心模式、工程研究中心模式以及企业大学模式
		建立完善的法律体系
		制定科技政策和科技计划
德国	官产学研一体化	制定研发和创新政策
		双元制教育模式与公共科研机构结合（包括德国联合研究会、马普学会、弗朗霍夫协会、赫姆霍兹联合会、莱布尼兹科学联合会）
		重视区域创新和产业集群发展：如联邦教育科研部所设立的区域创新计划，BioRegion/Bioprofile、Learning Regions 以及 Innovation Regional Growth Poles 等
日本	官产学联盟	将产学研合作确定为基本国策
		设立一系列科技计划并给予大量资金支持
		创建中介机构，建立高科技市场

资料来源：根据相关文献资料整理。

3. 创新驱动发展机制

（1）保障机制——政策设计及制度安排

长期以来，新古典经济学理论主张市场是推动科技创新的核心力量。但是也有学者认为政府干预对创新起着重要推动作用，[1] 甚至在国家创新系统中起着核心作用。[2] 政府干预不仅能够弥补市场失灵，完善市场的基础设施和体制建设，[3] 同时可以通过资金和支持促进企业和大学之间创新网络的构建，[4] 发挥政策工具的社会作用。因此在创新驱动发展中，要充分重视政府的政策和投入的导向作用。在政策设计及制度安排上美、德、日三国的比较如表 8-2 所示。

表 8-2　美、德、日在政策设计及制度安排上的比较

国家	实施路径	特点
美国	加大财政政策投入力度 提高税收政策激励效果 注重知识产权保障质量	重视市场配置资源的决定性作用，政府对经济活动和科技活动的干预受到较大限制
德国	技术创新投入 组建技术创新联盟	自治科研机构负责公共研究开发，四大"学会"成为德国科研的核心代表力量
日本	形成财政金融的创新支持体系 设立直接融资的风险基金 建立创新成果转化体系	开始改变"模仿性创新"，重视原创技术专利，加大对基础研究的投入

资料来源：根据相关资料整理。

（2）动力机制——创新人才培养、开发及引进

人才驱动是创新驱动的本质，[5] 创新人才的质量和数量是一国科技

① Edquist C. Systems of Innovation Approaches-Their Emergence and Characteristics. *Systems of Innovation：Technologies，Institutions and Organizations*. 1997：1–35.

② Hardaker G，Smith D C. E-Learning Innovation through the Implementation of an Internet Supported Learning Environment. *Educational Technology & Society*，2000，3（3）：422–432.

③ 姜军、武兰芬、李必强等：《发达国家政府在创新体系中的作用方式及启示》，《科学学研究》2004 年第 22（4）期。

④ Curtis B. Is the Primary National Strategy Transforming or Ossifying English Primary Schools? *Education-Line*，2006.

⑤ 陈建武、张向前：《适应创新驱动的中美科技人才发展协同机制研究》，《科技进步与对策》2015 年第 19 期。

创新的关键。尤其是在经济全球化的环境下，创新人才的流动性增强，对创新人才资源的竞争更为激烈，培养、开发和引进创新型人才成为西方发达国家尤其是创新型国家实施创新驱动战略关注的焦点问题。美、德、日三国在将人才和知识作为推动实施国家创新驱动发展的最重要战略资源的同时，在人才培养、引进和开发方面也形成了各自不同的特色（见表 8-3）。

表 8-3　美、德、日在创新人才培养、开发及引进方面的比较

国家	人才培养	人才开发	人才引进
美国	以探究式学习的教育模式为主，注重培养学生独立思辨和勇于创新的能力	运用市场经济规律来对人才使用和管理进行配置	采取选择性移民政策和留学生资助政策；设立国际人才交流计划
德国	"双元制"的教育体系，注重职业教育，鼓励校企联合培养人才	建立了完善的市场人才信息系统	推动"绿卡"项目
日本	培养高技能人才与本国产业发展需求导向结合	倾向稳定的就业制度以及员工长期技能培训	改善研究环境，提高待遇；提供简化签证手续，启用打分制度

资料来源：根据相关资料整理。

（3）提升机制——创新文化

创新文化直接影响社会成员进行创新的意愿、创新时间、创新方式以及创新程度，因此创新驱动战略的实施必须以创新文化为源头，只有通过创新文化才能实现创新驱动的质的提升。美国是一个移民国家，在市场机制决定资源配置的环境中各种外来文化的嵌入推动美国形成了一种包容性的文化氛围，刺激了人们的奋斗精神和冒险精神，这种宽松的文化环境成为创新发展的沃土。德国的混合治理结构使联邦政府不可能成为真正的创新投资主体，而是在引导重点项目投资时，积极引导并营造一个"多元同构、个性绚烂"的创新环境。德意志民族历来就有"思维严谨、办事认真、崇尚科学、敢于创新"的文化精神，文化与经济的多元化发展使德国成为一个巨大的"思想大工厂"。[①] 日本的创新文化表现出一种东西方文化

① 余日昌：《西欧国家的创新个性》，《世界经济与政治论坛》2006 年第 6 期。

融合的特点，一方面，日本企业注重东方文化中善于学习的传统。日本实施的引进消化吸收再创新战略实际上就是一种有组织的学习过程。这种学习过程使日本成为渐进型创新的典型国家。另一方面，日本强烈的危机意识使社会成员的团队合作意识更加突出。

4. 创新驱动发展平台

（1）新兴产业创新平台

创新驱动是有重点的突破发展，走创新驱动发展道路必须打造关键领域的先发优势，通过本国关键产业和主导产业的技术优势平台推动经济向更高层次发展。近年来美国提出再工业化战略，在全面分析美国所有制造业的优劣势之后选取主要突破口作为优先发展领域（见表8-4），以保持全球竞争优势。在美国提出再工业化战略以及新兴大国推动制造业转型升级的双重压力之下，德国提出"工业4.0"计划，利用第一次工业革命和第二次工业革命所累积的制造业优势，旨在发展以物理信息系统为基础的智能化生产。在欧美重振制造业的背景环境下，日本将科技作为立国之本后明确提出要有步骤、有重点地推进创新驱动战略。

表8-4　美、德、日优先发展的关键领域及相关举措的比较

国家	优先发展领域	相关举措
美国	清洁能源、生物科技、纳米科技和先进制造业、太空应用开发技术、医疗保健、教育技术	制定发展计划（国家可再生能源翻番计划、国家纳米技术行动计划、国家教育技术计划） 制定新技术标准，对前沿技术进行研发 成立创新委员会及创新中心
德国	能源领域、生物技术领域、纳米技术领域、交通领域、航空领域、健康研究领域	制定行动计划，政府、四大学会、高校共同参与研究计划 启动前瞻性项目，设立专项基金 支持经济市场联合建立战略性产业研发联盟
日本	生命科学、信息通信、环境领域、能源领域、物质材料、制造技术、社会基础	提出第四期科学技术基本计划（包括在信息通信、纳米技术、外太空和海洋探测等领域的创新突破） 下一代汽车战略2020

资料来源：根据相关资料整理。

（2）国际合作创新平台

全球化背景下创新资源的跨国流动越来越明显，科技研发活动的跨国合作也愈加频繁。基于国际合作的创新成为实施创新驱动发展战略的重要平台。然而不同国家开展国际合作创新的侧重点和目的也各有不同（见表8-5）。美国是全球多数国家最大的也是非常重要的科技合作伙伴，合作领域广泛。德国在落实国际合作创新上，另辟蹊径，强调合作中的国别政策，也就是针对合作对象的不同需求和区域特点来量身定制不同的合作主题项目。日本的国际科技合作在 20 世纪 60 年代后才开始活跃，采取的合作策略主要是"以自我为主，有针对性的对外合作"，"以自我为主"也就是凭借自身雄厚的技术研发基础实施"走出去战略"，面向发展中国家输出具有绝对优势的技术，"有针对性的对外合作"是指主要与欧美等发达国家开展集中于生命科学、精密材料、核能等领域的合作，提高引进以及吸收发达国家先进技术的能力，进行二次创新。

表 8-5　美、德、日进行国际合作的集中领域、合作目的以及相关举措

国家	主要合作领域	主要合作伙伴	合作目的	相关举措
美国	新能源领域为重点合作领域，还有航天、国防、人类基因组、环境等	英、法、德、俄、日、中	通过提高国家核心竞争力来影响世界	设立国际研究与教育伙伴关系项目，对具有国际合作经验的青年科学家进行资助设立驻外机构，与国外对口科学基金会保持合作关系
德国	医学、工程科学、环境、职业教育	欧盟、中东、非洲以及亚洲等发展中国家	提高本国产业集群竞争力，将本国技术力量，尤其是职业教育模式出口	建立完善的科技合作顶层规划大量引进联合国机构根据合作对象特点制定不同的国际科技合作项目
日本	生命科学、精密材料、核能、能源、制造技术、农业	欧美等发达国家	引进吸收发达国家科学技术及管理经验，促进本国经济发展	向国际科技组织或机构派遣专家及研究员加入国际科技多边合作重大计划

资料来源：根据相关资料整理。

四　美、德、日三国创新驱动发展模式分析

从美国、德国、日本三个国家的创新驱动发展路径的比较分析中可以看出，各国都高度重视创新驱动对经济发展的推动作用并将创新驱动上升

为国家战略，但是由于资源禀赋的差异，创新驱动发展的特征也不尽相同。因此，在资源禀赋的基础上，以政府介入程度和创新驱动实现形式两个维度为划分依据，我们将美国、德国、日本的创新驱动发展模式分为全面领先的市场牵引型、以点带面的双重引导型和引进消化吸收再创新的政府主导型（见图8-3）。

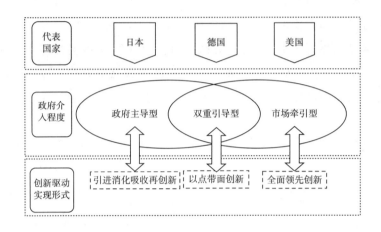

图8-3　美、德、日创新驱动发展模式

1. 美国——全面领先的市场牵引型

无论是在地域面积、自然资源、社会经济基础等先天形成的资源禀赋上，还是在技术资源、人才资源、法律体系、研发投入等后天创造的资源禀赋上，美国都有很大的优势。因此，美国在利用原有的资源优势大力发展原始性创新的同时，也注重通过自身创造的雄厚的后天条件来保障各个领域的全面创新发展。同时由于美国的市场体系十分成熟，在创新驱动发展过程中十分重视市场的基础调节作用（由市场决定资源配置，而政府发挥弱干预作用，为市场调节下的创新驱动发展模式提供完善的政策保障机制和良好的制度环境），因此，美国形成了独特的全面领先的市场牵引型创新驱动发展模式。

2. 德国——以点带面的双重引导型

德国不仅拥有深厚的文化底蕴和悠久的创新传统，其工业尤其是制造业的发展水平也一直处于领先地位。总体来讲德国仍然属于拥有综合资源禀赋优势的国家。受世界大战影响之后，德国将制造业的传统产业优势作为突破口以带动社会经济复苏，确定了以点带面型的创新发展战略。在实施战后创新发展战略的过程中，政府通过制定政策和给予扶持、打造以制造业为核心的战略计划等干预手段发挥着重要的引导作用。在市场机制和政府作用相结合的双重引导下，德国社会经济迅速恢复，并成为典型的创新型国家。

　　3. 日本——引进消化吸收再创新的政府主导型

　　日本是先天资源禀赋贫乏的岛国，因此在创新驱动发展模式上与美国、德国有着很大不同。在战后经济恢复初期，日本一直采用引进和模仿的战略来修补经济元气。在这种依赖引进和消化欧美发达国家技术的模仿创新模式下，政府通过强干预政策进行主导的角色逐渐形成，日本经济逐渐走出低谷。而后，日本提出"科技创新立国"战略，由单纯的技术引进向依赖科技发展和创新转变，开始重视基础性研究和自主性创新。

五　美、德、日三国创新驱动经验对我国的启示

　　近年来，我国创新的进程已经有所加快，然而当前我国创新水平相较于主要发达国家以及创新型国家来说仍然较为落后。在创新驱动发展道路上，我国还面临着诸多障碍，究其原因主要是在政府主导的创新驱动发展模式下政府与市场的关系没有理顺。政府替代市场主导创新资源配置，疏于构筑有利于技术创新的市场基础制度与市场环境，在此情况下，政府越位与缺位、政府与市场关系错位的现象大量存在，[①] 对我国创新驱动发展战略的实施造成了严重阻碍。而美国与德国政府在创新资源配置过程中仅仅扮演监督者和服务者的角色，即使是实施政府主导模式的日本，其经济发展计划与政策也都集中体现出政府资源与资金分配重点、产业结构调整和优先发展顺序等方面的政策意图，在政府的严格管制下确保了企业技术引进的成功率。因此，在我国市场经济尚未成熟的情况下，必须处理好政府主导和以市场机制为基础之间的关系。在尊重市场发挥资源配置

---

　　① 李晓萍、李平、江飞涛：《创新驱动战略中市场作用与政府作为——德国经验及其对我国的启示》，《产经评论》2015 年第 6 期。

的主导作用的同时，政府也要为其创造良好的制度环境，做到"有所为有所不为"。

同时，结合美、德、日三国的创新驱动发展经验与做法，本章提出以下几点启示。

1. 做好顶层设计规划，加强体制机制创新

世界上先进创新型国家都将创新驱动发展作为国家发展的核心战略并根据国内国际形势对创新驱动发展战略进行宏观的长期部署以及分阶段战略规划。在这种创新驱动竞争激烈的国际环境下，我国要加快研究出科学的创新驱动发展顶层设计方案，把握国际创新发展趋势，做出及时调整。同时，当前我国现有的科技创新体制机制与国家创新驱动发展战略还存在许多矛盾，因此在做好顶层设计规划时，也要借鉴其他发达国家的做法，破除我国目前体制机制存在的障碍和现实约束，设计出一套与创新驱动发展相匹配的科技创新体制机制。

2. 完善人才教育体系，提升创新人才资源储备水平

在创新驱动发展阶段，经济增长主要依赖于人力资本和知识资本的积累。无论是拥有丰富自然资源的美国、德国，还是自然资源相对贫乏的日本，都高度重视高技能人才培养，将人力资本的竞争视为战略核心问题。经济新常态下，我国应该将人口红利优势转变为人力资本优势，推动高质量人才成为"第一生产要素"。现阶段，我国需要不断提高教育经费投入水平，培养高端技术人才，同时促进人才与市场高效对接，满足企业对不同创新人才的需求。借鉴其他国家做法，实施有效的人才吸引制度，引进全球科技创新人才，提升创新驱动人才资源储备水平。

3. 明确创新驱动主体，拓展创新型中小企业发展空间

企业作为技术创新活动和推动创新成果转化的直接主体，对市场经济具有重要意义。中小企业通过扩大社会就业和促进市场充分竞争弥补了大企业的不足，是推动市场技术创新的主力军。美国、德国、日本三国都高度重视企业的创新主体地位，并制定了专门的扶持中小企业发展的政策。但是在我国，一方面大多数企业缺乏创新意识，创新投入不足，市场竞争力薄弱；另一方面企业尤其是中小企业又面临人才匮乏、资金不足、信息不对称、在金融市场融资困难等问题，难以抵御市场风险，在高技术产业

和战略性新兴产业中缺乏话语权与竞争力。[①] 为此，我国要充分调动中小企业的创新积极性，通过加大科研投入力度、提高税收优惠、健全知识产权制度、建立科技公共服务机构等措施，创建一个有利于引导和支持创新型中小企业的政策环境，充分发挥企业的技术创新主体作用。

4. 培育创新文化土壤，积极优化创新环境

创建创新型国家与建设创新文化密不可分。尽管中华文化包含着"兼收并蓄""人本""和谐""辩证"等有利于创新的积极因素，但是也存在"小生产意识""过分迷信权威""一元化评价标准""诚信文化缺失"等阻碍创新的不良因素。与美、德、日等发达国家相比，我国还存在严重的创新文化缺失和创新精神弱化等问题。因此，在中外文化日益碰撞交流的开放环境下，我们必须学习发达国家在创新文化中的可取之处，冲破墨守成规的限制，强化创新意识，弘扬创新文化，在整个社会中打造支持创新驱动的氛围，发挥政府在完善政策与法律法规等保障机制方面的作用；打造公平竞争市场，积极建立并优化创新驱动的软环境。

5. 推进产学研一体化，建设协同创新机制

目前，在创新日益复杂的情况下，创新模式已经由内部、独立、线性转向开放、网络、非线性，创新主体在资源配置过程中"嵌入"了社会关系中。[②] 因此，在构建以企业为创新主体的创新系统时，也要充分发挥其他创新主体的协同作用。一方面，我国在推进创新驱动发展的进程中，要着力加强企业、高校、科研机构之间的协作创新，注重跨区域、产业的协同发展，从横向合作领域宽度和纵向合作领域深度延伸整合创新资源，建立创新网络。另一方面，要坚持开放发展，加强国家科技合作，积极主动融入全球创新网络，以加强对国际科技创新资源的整合。

6. 打造产业先发优势，加速产业转型升级

创新驱动发展需要审时度势，优先发展重点领域，凭借产业先发优势驱动经济向前发展。只有不断地抢占科技"制高点"，寻找新的经济增长

① 沈坤荣、赵倩：《创新驱动发展的国际经验及其对中国的启示》，《学习与探索》2015 年第 11 期。
② 黄海霞、陈劲：《主要发达国家创新战略最新动态研究》，《科技进步与对策》2015 年第 7 期。

点以保持竞争优势才能在国际竞争中处于领先地位。我国在过去几十年中一直实行技术追赶战略，并创造了"中国奇迹"。但是要获得持续性的经济发展，建设创新型国家，就必须由追随者转变为领跑者，尤其是在"工业 4.0"计划和"再工业化"战略下，要深刻分析美、德、日等国家先进制造业的可借鉴经验，制定适应我国国情的先进制造业发展战略计划，努力使我国成为先进制造业领先国家。

第九章　我国省域创新驱动发展战略
实施的实践（一）

——基于东部沿海六省（市）的比较分析①

一　引言

科技创新作为提升社会生产力和综合国力的战略支撑，已经被放在国家发展全局核心的位置。党的十八大以来，习近平总书记把创新摆在国家发展全局的核心位置，围绕实施创新驱动发展战略，加快推进以科技创新为核心的全面创新，提出了一系列新思想、新论断和新要求。创新驱动已被定义为国家发展的最高目标和创建创新型国家的根本驱动力，是我国提高生产力和综合国力的战略支撑。随着《中共中央、国务院关于深化体制机制改革，加快实施创新驱动发展战略的若干意见》和《国家创新驱动发展战略纲要》的出台，各省也纷纷提出了建设创新型省份的目标，在《"十三五"规划纲要》中，多个省份独立分章探讨了实施创新驱动发展战略，把创新驱动发展战略的实施摆在尤其突出的位置，其在国民经济发展中的作用可见一斑。东部沿海六省（市）是我国最具创新活力、创新能力最强的区域，在创新驱动发展战略实施过程中应该说走到了前列。本章将在第八章的基础上，重点探讨国内典型省份创新驱动能力提升的具体实践，为了让研究更好地落地，本章以福建省作为研究样本，以东部沿海其他五省（市）作为参照对象，最终指出福建省创新驱动能力提升的路径选择。

---

① 本章的内容已发表于《福建农林大学学报》2017年第6期。原文标题为："SFE框架下福建省区域创新能力提升研究——基于东部沿海六省（市）的比较分析"，本章对部分内容做了调整。

二 文献综述

20世纪90年代后，区域研究领域的许多专家和学者们渐渐意识到：一个区域建设创新体系与该区域的各方面因素息息相关，于是关于区域创新体系的研究就此展开。迄今为止，国内外围绕区域创新体系的结构、功能和效率评价等方面做了许多理论研究，也有许多学者以具体地区为研究样本进行了实证分析。

关于区域创新体系结构的研究，主要将其分为组织结构和空间结构。在组织结构上，波特、伦得瓦尔、帕特和帕维特认为区域创新体系应包括创新企业群、教育机构、政府机构及研发与技术开发机构。柳卸林认为中介机构也应包含在内。路甬祥认为国家创新体系由知识创新系统、技术创新系统、知识传播系统和知识应用系统构成。周亚庆和张方华、黄鲁成、陈琪和徐东等认为还应包括资金系统。在空间结构上，阿明等认为产业的地理聚集是要素集聚的重要形式，推动了区域创新与区域经济的进步。但哈森克和伍德的研究结果表明产业的地理集聚与区域研究与开发的合作和区域创新现象没有必然联系。

关于区域创新体系功能的研究，有些学者认为区域创新体系的功能是促进创新知识与技术产出和溢出。曼斯菲尔德的技术扩散模型被广泛运用在区域创新体系的知识溢出研究中。格瑞里茨的 Griliches-Jaffe 知识生产函数将创新过程的产出看作研发投入的函数，再把变量通过柯布-道格拉斯生产函数表达出来。王稼琼、黄志亮、谭清美等人认为区域创新体系的功能体现在科学技术进步、产品与机制创新及产业结构转换等方面。伍虹儒、赵伟认为知识的创造、流动、溢出对区域的创新水平有积极的推动作用。人员流动带动的知识流动，是区域创新体系知识流动的主要形式。姜照华认为功能的提升依赖于一个特定区域内体制与机制的创新。在区域创新体系功能评价方面，一般是对区域创新体系的创新产出进行量化分析来衡量其功能状况。Fritsch 运用了知识生产函数对 11 个欧洲区域创新体系进行了实证研究。Carlsson、柳卸林和胡志坚、黎苑楚等人，设定多个指标建立了区域创新体系功能的评价指标体系，再选取目标区域进行了实证分析。

关于区域创新体系效率的研究，国内外学者主要以区域为研究对象，探讨某一个区域的创新效率，或比较不同区域的创新效率存在差异的原因。其中 DEA 模型是进行效率评价最广泛的模型之一，刘顺忠和官建成、虞晓芬、官建成和何颖、潘雄锋等诸多学者采取 DEA 方法对区域创新体系进行了效率评价。一些学者通过分析知识创造的生产函数来评价区域创新系统的效率。如 Autant-Bernard 和 Lesage 运用非参数方法研究了法国区域间的知识溢出，并估计了一个知识生产函数。

关于 SFE 分析框架在区域创新能力方面的运用，多数文献认为区域创新体系的结构决定了区域创新体系的功能，区域创新体系的结构影响区域创新体系的效率。官建成和刘顺忠指出区域创新能力的强弱与知识在各大创新主体之间的配置格局密切相关。刘俊杰和刘家铭以全国 30 个省（区、市）的面板数据为样本，考察了科技经费投入结构对区域创新能力的影响，发现要提高区域技术创新效率，必须合理配置科技经费投入结构，促进区域创新能力的全面提升。于明洁等运用随机前沿分析方法，研究了区域创新网络结构对区域创新效率的影响。研究结果表明，网络规模、网络开放性、网络结构洞、网络链接对区域创新效率的提高存在不同程度的影响。白俊红等从创新系统的角度，以 1998~2007 年中国 30 个省（区、市）的研发面板数据为样本，考察了企业、高校、科研机构、地方政府及金融机构等主体要素及其联结关系对创新效率的影响。沈军和白钦先将 SFE 框架运用于金融系统内，认为金融结构通过金融功能这一纽带与金融效率发生作用，得出金融结构与环境共同决定金融功能与效率，金融效率是检验金融结构合理性与金融功能实现程度的标准的结论。而目前只有潘雄锋将 SFE 运用于区域创新体系，认为区域创新的结构决定其功能，效率又是功能的具体体现，并以全国 30 个省份为样本，运用 SFE 框架对中国中部、东部和西部的区域创新能力做了比较分析。

通过以上的有关文献整理，我们发现国内和国外的学者们在区域创新体系的许多方面都取得了意义深远的成果，这些研究充实了区域创新体系研究的理论与方法，并且为政府相关决策提供了理论依据和智力支撑。但仍然存在以下三个方面的问题：（1）大部分研究局限于用截面数据或历史数据对当前情况做分析和评价。（2）现有研究大多从区域创新结构、区域创新能力或区域创新效率角度，至多讨论两者之间的关系，而对于结构、功能和效率三者关系的论述和实证研究较少，尚未形成清晰的区域创新体系 SFE 分析框架。（3）大部分区域创新能力评价侧重于对知识产出和技术产出的评价，这显然不适应构建区域绿色创新体系和追求经济质量的新要求。

因此，本章的创新点在于：（1）在潘雄锋等人的 SFE 框架基础上，进一步厘清并完善了区域创新结构、功能与效率两两之间的逻辑关系，并且构建了较为完善的 SFE 分析框架图，更加全面、直观地反映了区域创新体系运行中各组织间的关系。（2）从区域创新体系的结构、功能和效率三个方面构建了更加全面的评价指标体系。并且将区域创新体系的经济社会转化能力列入评价体系，构建了适应新要求的现代化评价指标体系。（3）为了从空间和时间两个维度的变化对数据进行分析，对区域创新的总体评价运用全局熵值法，将时间序列数据和截面数据结合起来进行了分析。（4）利用 SFE 分析框架对东部沿海六省的区域创新体系进行了实证研究。一方面，对探索福建省区域创新能力提升的现实路径具有一定的理论意义和现实意义；另一方面，对 SFE 分析框架进行在区域创新上的实际论证，对补充和完善 SFE 分析框架有一定的积极作用。

三　SFE 分析框架内涵及指标体系构建

（一）SFE 的内涵

SFE 分别指区域创新体系的结构（Structure）、功能（Function）和效率（Efficiency）。在创新研究中，区域创新体系结构（Structure）包括区域创新体系中的总结构和分结构。总结构指某一特定区域内创新资源在所有资源中的分布；分结构指某一特定区域的创新单元之间的结构性关系，即创新资源在各创新单元间的资源分布情况。分布情况用集中度来描述，结构的集中度主要分析创新主体之间创新投入的比例关系，明确其相互之间的相对地位。

区域创新体系的功能（Function）指在一定的创新环境下，某地区的创新主体持续地将知识转化为新产品、新工艺和新服务的创新资源投入与绩效产出的循环往复的能力和水平，也称为区域创新能力。区域创新功能（能力）主要包含创新的投入、输出能力和创新转化能力。因为对区域创新能力的考察既要关注创新活动的基础要素，也要考虑区域系统对创新活动开展的内在影响。而创新投入与创新产出作为创新活动的基本要素，在国际通行的创新能力指标设计中被广泛采用。但创新活动的产出成果不仅仅包括产品的增加或改进、发明专利的涌现、新产品产值的增加、利润的提高等，还包括能源的消耗和环境污染的状况。因此，创新投入是指科技创新的人员、设备和资金的投入；创新输出是区域创新体系的创新产品产出和创新知识产出；创新转化能力是区域创新体系产出转换成经济社会效应的能力。

区域创新体系的效率（Efficiency）即区域创新资源配置效率，具体指创新资源转化为产出和经济社会效应的能力，可理解为区域创新投入产出的转化率，这是连接资源、科研与经济的桥梁。DEA 模型是评价多投入、多产出相对有效性的典型方法。

（二）系统观下的 SFE 框架内涵

SFE 分析框架运用于区域创新体系具有重要性、必要性和可行性。这主要体现在过去的区域创新理论研究中，学者们忽视了区域创新体系的结构、效率和功能之间存在的相互联系，而厘清这三者之间的联系对区域创新体系的研究至关重要。SFE 框架强调研究的整体性和系统性，不拘泥于研究对象本身或其所涉及的某一方面。就区域创新领域而言，系统观的SFE 分析框架为其研究提供了新的分析思路和理论基础。从区域创新体系的结构、功能和效率三个维度来综合评价区域创新体系，根据三者之间的联系形成相互的评价定性标准，从而更加全面地反映出区域创新体系的问题所在并改善提升路径，对加快我国创新型国家建设步伐具有重要的意义。

1. 结构是功能的先决条件，功能是结构的反作用力

区域创新体系功能实现的基本条件是创新资源投入各创新组织单元进行创新生产活动。所以，区域内创新资源在其区域内所有资源中的占比（即总结构），创新资源在各创新单元中的分布（即分结构）以及各创新单元的创新能力共同决定了区域创新体系功能的大小。创新单元主要包括企业、科研机构和高等院校，其中，企业是自主创新的核心主体，而高校和科研机构是知识创新的主体和依托。总结构和分结构越优化，即创新体系的创新资源投入比重和各创新单元的创新资源配置越合理，创新单元的创

新能力越高，则区域创新体系的功能越大。

区域创新体系功能的实现能促使其结构保持稳定，同时也是引起结构发生变动的原因。这种变动体现在自我调节和人为调控两个方面。自我调节指区域创新体系功能未达到最大化时，在不受区域创新环境和人为因素影响的情况下，区域创新体系的创新资源会在各创新组织单元间通过人员流通、资金借贷、建立合作机制等方式实现自我调节，进而影响区域创新体系结构，直至达到结构最优化。人为调控指政府为了提高区域创新体系的功能，调控创新资源投入总量，并且出台针对不同组织单元的限制或扶持政策等，促使结构达到最优水平。

2. 结构和功能是效率的决定因素，效率是结构和功能的综合反映

从数值上看，区域创新体系的效率值为投入－产出比，因而由区域内创新资源的投入量及产出量共同决定。即区域创新体系的功能（投入和产出）是效率的直接决定因素，而区域创新体系的结构（投入结构）是其效率的间接决定因素。定性看，区域创新体系的结构与其效率两者间以功能为纽带建立联系，如计划经济体制下社会中生产企业缺乏科技资源的支撑，不占据主体地位，各创新单元之间的协调沟通机制缺失，阻碍了创新结果的转化，区域创新功能发挥受限，进一步阻碍了效率的提高。因此区域创新体系的结构是其效率的间接决定因素。

区域创新体系的效率高低直接反映功能的有效性，间接反映结构的优劣性。效率反映了创新资源转化为创新产出和经济产出的能力，而能力情况（即功能）又反映出区域创新体系结构的优劣，评价功能的同时也关注效率，能有效避免只关注资源总量和产出总量的畸形评价方式。提高区域创新体系效率是优化资源在各主体间以及主体内部配置的过程，将会促进体系结构的优化，促进各主体的创新能力提升，最终实现区域创新体系功能的提高。

区域创新体系 SFE 分析框架详见图 9-1。

（三）指标选择

1. 指标设定原则

（1）科学性原则。指标体系的设计需要具有科学依据，评价指标的选择不能脱离区域创新发展的根本，应包括反映区域创新体系运行结构、功能和

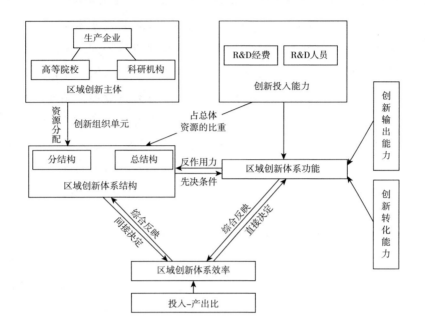

图 9-1　区域创新体系 SFE 分析框架图

效率的重要组成部分，要能切合实际地反映区域创新体系运行的内在规律。

（2）可操作性原则。所构建的评价指标体系需具备可操作性，并且所有给定的指标必须为可测度的，不然所构建的评价指标体系将无效。

（3）系统性原则。区域创新体系的结构指标体系、功能指标体系以及效率指标体系均为一个系统。因此，设计其评价指标体系也要体现其系统性。

2. 具体指标选取

在创新投入指标的选取上，Jaffe 对 Griliches 的生产函数进行了扩展，指出两个重要的影响因素包括研发人员和研发资金。Romer 认为创新人员的投入一般用研发人员表示；创新资金的投入，一般用 R&D 资金表示。因此本章的创新资源投入主要指 R&D 经费和 R&D 人员。地区生产总值（GDP）和地区总人口通常被用于表示区域创新系统的总体资源投入。不同地区的经济发展水平不同，对创新的投入也随之不同。研究表明，经济发展水平越高，创新投入也会越多。因此，根据区域创新体系结构的概念，总结构用 R&D 经费占地区生产总值的比重和 R&D 人员占地区总人口的比重来衡量。分结构用企业、科研院所和高等学校各创新主体 R&D 经费占地区总 R&D 经费的比重和 R&D 人员占地区总 R&D 人员的比重来衡量。

在创新产出指标的选取上，由于高校与科研机构的创新资源优势在于基础研究，弱势在于生产、销售，而企业则正好相反，擅长生产工艺和销售，熟悉市场需求，弱势在于研发。因此，专利和科技论文是高校与科技机构的主要创新产出，而新产品销售收入则主要反映企业的创新产出。Feldman 和 Florida 的研究发现，专利与创新之间的相关系数高达 0.934，为专利作为创新产出的测度指标提供了依据。SFE 分析框架注重区域内部的联系，技术市场成交额反映区域内知识流的运动和信息的交换与共享，鲁亚军和张汝飞等许多学者将技术市场成交额作为区域创新能力的主要指标。区域创新体系的最终落脚点是转化为经济效益，而城镇居民人均可支配收入情况常被作为人们生活水平的体现，但在绿色、低碳城市的背景下，经济转化的绿色效益也是需要纳入考量的。一方面体现为能源消耗的减少，《中国创新型城市评价指标体系》中已把万元 GDP 能耗纳入指标体系。另一方面体现为污染情况的改善，有研究表明东部沿海省份的一次污染物主要有二氧化硫和一氧化氮等。因此，根据区域创新体系功能的概念，本章区域创新功能的投入能力用 R&D 经费和 R&D 人员投入来衡量，输出能力用发表科技论文数、专利授权数、新产品销售收入及技术成交额来衡量，转化能力用 SO_2 排放量、万元 GDP 能耗和城镇居民人均可支配收入来衡量。具体指标的选取如表 9-1 所示。

表 9-1　区域创新体系的评价指标体系

SFE	名称	指标性质	指标符号	指标层
结构	总体结构	正向指标	A_1	R&D 经费/地区生产总值（%）
		正向指标	A_2	R&D 人员/地区总人口（%）
	组织结构	正向指标	A_3	生产企业科研经费/地区全社会科研经费（%）
		正向指标	A_4	高等院校科研经费/地区全社会科研经费（%）
		正向指标	A_5	研究机构科研经费/地区全社会科研经费（%）
		正向指标	A_6	大中型工业企业 R&D 人员/地区全社会 R&D 人员（%）
		正向指标	A_7	高等院校 R&D 人员/地区全社会 R&D 人员（%）
		正向指标	A_8	研究机构 R&D 人员/地区全社会 R&D 人员（%）

续表

SFE	名称	指标性质	指标符号	指标层
功能	资源能力	正向指标	B_1	R&D 经费投入 （亿元）
		正向指标	B_2	R&D 人员投入 （人）
	输出能力	正向指标	B_3	发表科技论文 （篇）
		正向指标	B_4	专利授权数 （项）
		正向指标	B_5	新产品销售收入 （亿元）
		正向指标	B_6	技术市场成交额 （亿元）
	转化能力	反向指标	B_7	SO_2 排放量 （吨）
		正向指标	B_8	城镇居民人均可支配收入 （元）
		反向指标	B_9	万元 GDP 能耗 （吨标准煤/万元）
效率	产出效率	正向指标	C	投入-产出效率值

四 SFE 框架下福建省创新驱动能力提升实证研究

（一）研究方法

文章运用了比较分析法、PCA 分析法、DEA 评价法和全局熵值动态评价法这四种研究方法。（1）运用比较分析法比较福建省区域创新体系中各创新单元的集中度并对其主体做出判断，并运用相关关系研究福建省区域结构集中度对功能的影响作用；（2）运用 PCA 法对以上东部沿海六省（市）区域创新体系的结构、功能分别进行评价，运用 DEA 法对效率进行评价。根据评分结果，对福建省区域创新体系的结构、功能和效率进行纵向和横向分析；（3）运用全局熵值动态评价法对以上各省（市）区域创新体系的总体情况进行评价，对福建省的总体情况进行纵向和横向分析。

1. PCA 分析法

运用 PCA 法对区域创新体系的结构及功能进行评价，具体步骤如下。

（1）若 p 个指标用 x_1，x_2，x_3，$\cdots$，x_p 来描述，n 个地区在 T 年内则有一张数据表 $X = (x_{ij})_{nT \times p}$。对负向指标取倒数使其正向化。

（2）将数据表 X 中的数据标准化：

$$z_{ij} = \frac{(x_{ij} - \bar{x}_j)}{s_j} \quad (i = 1, 2, \cdots, nT, \quad j = 1, 2, \cdots, p) \tag{9-1}$$

x_{ij} 为 i 地区的第 j 个指标的数据，z_{ij} 为 x_{ij} 的标准化数据，$\bar{x}_j$ 第 j 个指标的算术平均值，s_j 为第 j 个指标的标准差。记标准化后的数据表为 Z。

（3）计算 Z 的相关系数矩阵 $R = (r_{ij})_{np \times p}$。

（4）求出 R 的特征值 $\lambda_1 \geq \lambda_2 \geq \cdots \geq \lambda_p > 0$ 及对应的特征向量 $u_i (i = 1, 2, \cdots, p)$。

（5）计算累计贡献率 M_k，当累计贡献率 M_k 大于 85% 时，取前 m 个主成分来代替原来的 p 个指标变量信息。其中第 k 个主成分 $F_k = Z_{uk}$，$k = 1, 2, \cdots, p$。

（6）求出 Z_i 与 F_j 的相关系数 r_{ij}，得到相关系数矩阵 $A = (r_{ij})$。r_{ij} 为第 i 个变量 Z_i 在第 j 个公共因子 F_j 上的主成分负荷。

（7）计算每个样本点选取的 m 个的主成分得分：

$$F_j = \beta_{j1} Z_1 + \beta_{j2} Z_2 + \cdots + \beta_{jp} Z_p, \quad j = 1, 2, \cdots, m \tag{9-2}$$

F_j 为第 j 主成分的得分，Z_p 为第 p 个变量，β_{ij} 为第 j 个主成分在第 p 个变量上的载荷矩阵。

（8）进一步结合主成分贡献率 a_k，计算样本的综合得分。

$$F = a_1 F_1 + a_2 F_2 + \cdots + a_m F_m \tag{9-3}$$

F 为样本的综合得分，$a_k (k = 1, 2, \cdots, m)$ 为主成分贡献率，$F_j (j = 1, 2, \cdots, m)$ 为第 j 个主成分的得分。

2. DEA 评价法

采取 DEA 法测度区域创新体系的效率，得到区域创新体系的投入-产出效率值。主要步骤如下。

（1）每年的效率评价指数定义为：

$$h_j = \frac{\sum_{r=1}^{p} u_r y_{rj}}{\sum_{i=1}^{m} v_i x_{ij}}, \quad j = 1, 2, \cdots, T \tag{9-4}$$

u_r，v_i 分别为 r 类产出和 i 类投入的权重；y_{rj} 表示第 j 年的 r 类产出值；x_{ij} 表示第 j 年的 i 类投入量。

（2）第 j_0 年的相对效率优化评价 CCR 模型为：

$$\max h_{j0} = \frac{\sum_{r=1}^{p} u_r y_{rj0}}{\sum_{i=1}^{m} v_r x_{ij0}} \quad \text{s.t.} \begin{cases} \dfrac{\sum_{r=1}^{p} u_r y_{rj}}{\sum_{i=1}^{m} v_r x_{ij}} \leqslant 1, \quad j = 1, 2, \cdots, T \\ v_i, w_i \geqslant 0, \quad i = 1, 2, \cdots, m, r = 1, 2, \cdots, p \end{cases} \tag{9-5}$$

（3）转化为线性规划模型：

$$\text{令 } t = \frac{1}{\sum_{i=1}^{m} v_r x_{ij0}}; \quad \mu_r = t u_r, w_i = t v_i; \quad \text{则 s.t.} \begin{cases} \sum_{r=1}^{p} u_r y_{ij} - \sum_{i=1}^{m} w_i x_{ij} \leqslant 0, \quad j = 1, 2, \cdots, T \\ \sum_{i=1}^{m} w_i x_{ij0} = 1 \\ \mu_r, w_i \geqslant 0, \quad i = 1, 2, \cdots, m; \quad r = 1, 2, \cdots, p \end{cases}$$

（4）对偶规划为：

$$\min V_D = \theta, \quad \text{s.t.} \begin{cases} \sum_{j=1}^{T} \lambda_j x_{ij} \leqslant \theta_{x_{i0}}, i = 1, 2, \cdots, m \\ \sum_{j=1}^{T} \lambda_j x_{ij} \geqslant y_{r0}, r = 1, 2, \cdots, p \\ \lambda_j \geqslant 0, \theta \text{ 无约束} \end{cases} \tag{9-6}$$

计算出来的效率值越接近 1 表示越有效率，达到 1 表明达到最佳状况。

3. 熵值动态评价法

对区域创新体系总体进行熵值法动态评价，熵值法动态评价即将各指标按时间顺序从上到下排在一起，然后使用传统的熵值法进行评价。假设要评价 n 个地区 T 年的区域创新体系情况，指标体系由 p 个指标构成。主要步骤如下。

（1）若 p 个指标用 x_1，x_2，$\cdots$，x_p 来描述，T 年内则有一张数据表 $X = (x_{ij}{}')_{nT \times p}$。对负向指标取倒数使其正向化。其中，$x_{ij}{}'$ 表示第 i 个地区的第 j 个指标在 t 年的值。

（2）将数据表 X 中的数据标准化：

$$(x_{ij}^t)' = \frac{x_{ij}^t - \min x_j}{\max x_j - \min x_j} \times 99 + 1, \quad i=1,2,3,\cdots,n, \quad j=1,2,\cdots,p, \quad t=1,2,\cdots,T \quad (9-7)$$

式中 $(x_{ij}^t)'$ 为标准化后的指标值。$\min x_j$ 是第 i 项指标的最小值，$\max x_j$ 为第 j 项指标的最大值。

（3）计算第 t 年第 i 个地区在第 j 项指标中的比值。

$$f_{ij}^t = \frac{(x_{ij}^t)'}{\sum_{t=1}^{T} \sum_{i=1}^{n} (x_{ij}^t)'}, \quad 1 \leqslant i \leqslant n, \quad 1 \leqslant j \leqslant p, \quad 1 \leqslant t \leqslant T \quad (9-8)$$

（4）计算第 j 项指标的信息熵值：

$$e_j = -\frac{1}{\ln nT} \sum_{t=1}^{T} \sum_{i=1}^{n} f_{ij}^t \ln f_{ij}^t, \quad 1 \leqslant i \leqslant n, \quad 1 \leqslant j \leqslant p, \quad 1 \leqslant t \leqslant T \quad (9-9)$$

（5）根据各指标的信息熵值可以得到第 j 项指标的权重 W_j，计算公式为：

$$W_j = \frac{1 - e_j}{p - \sum_{j=1}^{p} e_j} \quad (9-10)$$

（6）计算第 j 项指标的综合得分：

$$F_j = \sum_{j=1}^{p} W_i (x_{ij}^t)' \quad (9-11)$$

（二）数据来源及处理

本章选取福建 2003～2014 年的相关数据作为研究样本，以山东、上海、江苏、浙江和广东 5 个省份 2003～2014 年的相关数据作为参照样本，所有数据均来源于 2003～2014 年的《中国科技统计年鉴》。

（三）区域创新体系结构、功能、效率与总体评价

1. 区域创新体系结构逐年优化，形成企业科研投入集中型创新体系

集中度以科研活动人力与财力在不同创新生产部门的投入比例来测

度，最终得到该区域创新体系的创新主体。经过计算可知福建省 2003～2014 年各创新主体的组织结构集中度如表 9-2 所示。当前，福建省的创新体系属于企业科研投入集中型，并且企业的主体地位逐年提升，高等院校和科研机构在科研投入中的比例逐年下降。可见，在这 12 年间福建省区域创新体系的创新主体已完成由高等院校和科研机构向企业的过渡。运用 PCA 法对中国东部沿海 6 省份的创新体系结构进行评分，由表 9-3 可知，福建省 2003～2014 年运行结构评分呈上升趋势，在这 12 年间福建省的区域创新体系中企业的主体地位凸显，企业主体地位的加固对其结构的优化有着决定性作用。但是，与沿海其他 5 个省份的评分相比较，福建省仍处在最低水平。因此，福建省要提升区域创新能力应注重优化区域创新体系的结构，在坚持和巩固企业的创新主体地位的基础上，为区域创新体系中的各创新单元合理地分配创新资源。

表 9-2　福建省 2003～2014 年企业、高等院校和研究机构集中度

年份	企业集中度	高等院校集中度	研究机构集中度
2003	0.479	0.174	0.087
2004	0.485	0.161	0.075
2005	0.556	0.137	0.065
2006	0.556	0.135	0.059
2007	0.597	0.128	0.055
2008	0.584	0.115	0.051
2009	0.657	0.077	0.043
2010	0.574	0.082	0.038
2011	0.713	0.072	0.033
2012	0.703	0.065	0.037
2013	0.717	0.075	0.038
2014	0.699	0.074	0.040

表 9-3　中国东部沿海 6 个省份 2003～2014 年区域创新体系结构评分

年份	福建	山东	上海	江苏	浙江	广东
2003	-0.151	0.086	0.562	0.303	0.330	0.351
2004	-0.110	0.027	0.917	0.460	0.512	0.404

年份	福建	山东	上海	江苏	浙江	广东
2005	−0.082	0.073	1.482	0.622	0.677	0.519
2006	−0.089	0.217	1.806	0.865	0.860	0.693
2007	0.023	0.236	1.779	1.021	0.892	0.778
2008	0.060	0.382	1.843	1.330	0.961	0.815
2009	0.022	0.294	2.180	1.117	0.885	0.867
2010	0.091	0.409	1.985	1.276	1.023	0.996
2011	0.168	0.511	2.050	1.594	1.257	0.908
2012	0.224	0.634	2.126	1.735	1.566	1.142
2013	0.291	0.696	2.087	1.866	1.706	1.301
2014	0.345	0.727	2.175	1.848	1.814	1.486

2. 区域创新体系功能连年提高，但高等院校和研究机构的贡献度相对不足

运用 PCA 法对中国东部沿海 6 省份的创新体系功能进行评分可知，福建省 2003~2014 年的运行功能评分以较均匀的速度连年提高，可见，福建省的技术创新资源投入量和产出量及其对经济的贡献力度在不断提升，意味着区域的创新能力在不断提高。但从总体上看，与沿海的其他 5 个省份的评分相比较福建省仍处在较低水平，福建省与山东省水平接近，但山东省提升速度高于福建省，而上海、江苏、浙江和广东四个地区，12 年内的功能评分均远高于福建省。可见，福建省的区域创新能力仍然有较大的提升空间。从各创新主体对功能提高的贡献度来看，从表 9-5 可知，企业、高等院校和研究机构的集中度与运行功能的相关系数分别为 0.859、−0.858、−0.816。可见，在福建省区域创新体系中企业对区域创新功能的影响相对较大，而高等院校和研究机构的贡献相对不足。

表 9-4　中国东部沿海 6 个省份 2003~2014 年区域创新体系功能评分

年份	福建	山东	上海	江苏	浙江	广东
2003	−0.115	−0.197	0.234	0.016	0.010	0.112
2004	−0.130	−0.158	0.384	0.112	0.074	0.166

续表

年份	福建	山东	上海	江苏	浙江	广东
2005	-0.108	-0.029	0.570	0.255	0.172	0.292
2006	-0.054	0.062	0.836	0.418	0.368	0.474
2007	0.073	0.258	1.065	0.665	0.571	0.707
2008	0.202	0.497	1.282	0.979	0.785	0.981
2009	0.326	0.683	1.587	1.267	0.942	1.184
2010	0.478	0.947	1.812	1.732	1.226	1.546
2011	0.696	1.246	2.150	2.311	1.627	2.068
2012	0.811	1.471	2.400	2.587	1.913	2.335
2013	0.943	1.588	2.691	2.623	2.189	2.673
2014	1.137	1.710	2.811	2.872	2.421	2.854

表 9-5　福建省 2003~2014 年各创新组织单元集中度与运行功能的相关关系

	企业集中度	高等院校集中度	研究机构集中度	运行功能
企业集中度	1	-0.922**	-0.891**	0.859**
高等院校集中度	-0.922**	1	0.973**	-0.858**
研究机构集中度	-0.891**	0.973**	1	-0.816**
运行功能	0.859**	-0.858**	-0.816**	1

注：** 表示在 0.01 水平（双侧）上显著相关。

3. 区域创新体系效率常年较低，亟待提高创新资源投入的有效性

从表 9-6 中可看出，自 2007 年以来福建省区域创新体系的效率表现为下降趋势，可以看出，福建省的创新资源没有得到有效的转化，且大部分年份低于上海、浙江、广东三地，江苏与福建一样也处在较低水平，但江苏在 2007 年以后大致呈现上升趋势，福建省迫切需要提升区域创新体系效率。创新资源投入转化为创新产品产出是创新成果向经济发展转化的根本。

表 9-6　中国东部沿海 6 个省份 2003~2014 年区域创新体系效率评分

年份	福建	山东	上海	江苏	浙江	广东
2003	0.621	0.828	1.000	0.690	1.000	0.644
2004	0.605	0.684	1.000	0.548	0.782	0.471

续表

年份	福建	山东	上海	江苏	浙江	广东
2005	0.742	0.530	1.000	0.535	0.947	0.525
2006	0.688	0.511	1.000	0.495	1.000	0.900
2007	0.856	0.676	1.000	0.585	1.000	1.000
2008	0.715	0.598	1.000	0.530	1.000	1.000
2009	0.644	0.729	1.000	0.648	0.970	1.000
2010	0.596	0.657	1.000	0.753	0.867	0.749
2011	0.605	0.736	1.000	0.843	0.899	0.603
2012	0.599	0.877	1.000	0.871	1.000	0.706
2013	0.549	0.625	0.948	0.676	0.760	0.555
2014	0.558	0.588	0.850	0.937	0.966	0.552

4. 区域创新体系综合得分抬升，但仍在较低水平

根据全局熵值法对区域创新体系总体综合情况进行评价，各指标权重如表 9-7 所示。从评分结果表 9-8 可以看出，福建省 2003~2014 年综合评分逐年上升，尤其是 2010 到 2011 年有较大的提升，得分从 2010 年的 16.4 上升至 2011 年的 19.56，2011 至 2014 年上升速度有所放慢。可见，福建省的区域创新体系一直在不断完善与发展。但与其他东部沿海省份的对比显示福建是东部沿海 6 个省份中得分最低的省份，且与其他省份的差距较大。福建省 2014 年评分为 25.76，该评分仅是上海市 2005 年的水平。因此，需要加快福建省区域创新体系的总体提升速度，赶上其他沿海省份创新体系的发展水平。

表 9-7　区域创新体系运行效果评价权重

指标层	权重（W_j）
R&D 经费/国内生产总值（%）	0.0467
R&D 人员/地区总人口（%）	0.0667
生产企业科研经费/地区全社会科研经费（%）	0.0842
高等院校科研经费/地区全社会科研经费（%）	0.0236
研究机构科研经费/地区全社会科研经费（%）	0.0133

续表

指标层	权重（W_j）
大中型工业企业 R&D 人员/地区全社会 R&D 人员（%）	0.0329
高等院校 R&D 人员/地区全社会 R&D 人员（%）	0.0312
研究机构 R&D 人员/地区全社会 R&D 人员（%）	0.0118
R&D 经费投入（亿元）	0.0965
R&D 人员投入（人）	0.0664
发表科技论文（篇）	0.0824
专利授权数（项）	0.0898
新产品销售收入（亿元）	0.0991
技术市场成交额（亿元）	0.1184
SO_2 排放量（吨）	0.0658
城镇居民人均可支配收入（元）	0.0422
万元 GDP 能耗（吨标准煤/万元）	0.0234
投入-产出效率值	0.0121

表 9-8　中国东部沿海 6 个省份 2003~2014 年区域创新体系总体评分

年份	福建	山东	上海	江苏	浙江	广东
2003	8.99	10.87	19.49	15.49	13.83	15.90
2004	9.70	12.17	22.56	18.31	16.04	17.52
2005	10.01	14.34	26.68	21.08	18.68	20.42
2006	10.58	16.46	31.58	24.95	22.17	23.84
2007	11.79	19.28	34.16	30.12	25.42	27.68
2008	13.43	24.07	37.02	37.62	28.75	31.71
2009	14.45	26.46	39.17	40.72	30.50	35.36
2010	16.40	31.12	41.49	48.65	34.92	42.38
2011	19.56	37.28	46.76	55.84	43.97	51.31
2012	21.43	39.00	48.37	59.73	48.03	53.00
2013	23.12	41.63	51.66	63.83	52.34	58.24
2014	25.76	44.21	53.24	67.04	55.09	63.19

五 福建省创新驱动能力提升的现实路径

（一）坚持企业主体，优化区域创新体系结构

1. 坚持企业主体，推动用户主导紧密型产学研合作

企业是区域创新体系中最活跃的主体，也是实现科研成果向经济效应转化的重要主体。因此，福建省在提高区域创新能力的过程中要始终坚持并提升区域创新体系中企业的主体地位。福建省沿海地区形成了大量以"块状经济"为明显特征的地方产业集群，为福建省的区域创新体系储备了庞大的企业主体群。另外，福建省要建成创新型省份，还应注重产学研合作。在合作过程中则应始终强调企业的技术创新主体地位，由企业主动出击，如推动企业、高校、科研机构、科技人员的相互交流、任职，支持省份支柱产业的龙头企业、高新技术产业与高校共建专业对接的二级学院，从而与有关的高等院校和科研院所建立紧密的技术合作关系。在合作中企业作为合作项目的确定者和资金支持者参与到整个合作中，构建用户主导紧密型产学研合作战略，使之成为提升区域创新能力的重要途径。

2. 加强高校与科研机构的有效投入，优化创新资源结构

高等院校和科研机构对福建省区域创新体系的贡献度相对不足，应加强高等院校和研究机构的创新环境建设和创新投入。目前，福建省的高等院校以学术型研究为主，所开设的专业、学科与省份的支柱产业、高新技术产业等联系不紧密，科技创新与理论实践是福建省高校的短板。所以，在此基础上，应围绕福建省产业发展的需要，推动高校教育体制改革，加强福建省高校特色重点学科的建设，重视科技创新能力的培养以及理论的实践活动的开展，重点培育福建省经济发展重点领域的石化、机械、电子、海洋经济等的高素质的专业创新型人才，同时健全人才引进机制，确保高校人才与企业、政府和科研机构的准确对接。科研机构应加强海内外高层次人才的引进工作，构建高水平科技创新人才团队，完善人才评价及奖励机制，激励科研机构运用创新资源进行科研创新活动的最优化，同时积极搭建更多创新单元间的交流、学习和合作平台，

这些都有助于科研机构形成以市场为导向的技术创新，促进科研项目成果向经济效益的转化。

（二）强化特色区域创新高地，增强区域创新体系功能

从区位条件来看，福建省是海峡西岸经济区的重要省份，其区位优势突出，地处东南亚和东北亚以及香港岛到达中国东南沿海较发达地区的黄金水道的地带。从制度与战略来看，国家的"一带一路"倡议，为福建省区域创新能力的提升提供了机遇，福州、厦门 2 个国家级创新型试点城市的确立以及平潭综合实验区的建设为福建省的区域创新带来了巨大的制度优势。目前，福建省的泉州、福州、厦门等地已形成创新资源高地。因此，应充分利用厦门、漳州、泉州的区位优势和港口优势，最大限度地发挥平潭综合试验区的制度优势，将国家"21 世纪海上丝绸之路"建设与区域合作需求相衔接，加强与"海上丝绸之路"沿线城市和国家的技术创新联系，推动区域间合作创新，促进区域间的创新要素流动以及技术转移转化。福建省的石狮、晋江、上杭等地的多年积累使其具备了特定的产业优势，因此，应强化机械电子、海洋经济、轻纺等特定产业研发，充分发挥创新资源高地的制度与区位优势对其腹地产业的拉动作用，从而构筑独到且突出的创新优势，形成有特色的区域创新高地。

（三）整合全省科技资源，提升区域创新体系效率

福建省区域间创新能力差异较大，福建省的龙岩、三明、宁德等地属山区，早年交通闭塞，又是战争区域，这些历史、地理等因素使这些地区产业结构单一，人才流失严重，科技资源贫乏，经济相对落后。福建厦门、泉州、福州和漳州等地科技资源高度集中，就高等院校来看，这些地区普通高等院校数远远多于龙岩、三明和宁德等地，尤其是福州和厦门两地，分别有一所"211"高等院校，厦门拥有全省唯一一所"985"院校。就历史因素来看，厦漳泉是古代海上丝绸之路的重要港口，交通、通信便利，教育科技发达，吸引了大量人才涌入，在其经济发展中也充分发掘了历史上长期积累的独有的科技资源并且形成了良好的产业基础。但福建省科技资源的不均衡将降低区域创新效率并阻碍区

域创新能力的可持续提升。因此，要积极发挥地方政府的引领作用，以"政府促进"为手段加强全省资源的统筹协调与合作共进，可通过建立合作机制、协调机制和评价机制等推动资源的整合和高效利用。不断加强全省科研技术资源对区域自主创新能力的支撑力度，是提升其区域创新效率和区域创新能力的关键。

第十章 我国省域创新驱动发展战略
实施的实践（二）
——以福建省九地市为例①

一 引言

2016 年 4 月，福建省出台"十三五"科技发展和创新驱动专项规划，指导创新驱动发展战略的实施。2016 年 6 月，福建的福州、厦门和泉州的高新技术产业开发区获批成为国家第 15 个自主创新示范区，将完成"建成科技体制改革和创新政策先行区、海上丝绸之路技术转移核心区、海峡两岸协同创新和产业转型升级示范区"的使命。2016 年 7 月 25 日中共福建省委、福建省人民政府《关于实施创新驱动发展战略建设创新型省份的决定》正式发布，指出要深入实施创新驱动发展战略和坚定不移地推进供给侧结构性改革，为创新驱动发展能力的提升工作奠定制度保障基础。可见福建省对创新驱动发展战略的高度重视，对提高创新能力的决心。经过多年持续积累，目前福建省科技实力实现整体跃升，创新创业环境日益完善，创新型省份建设扎实推进，科技事业进入加速发展的历史新阶段，在中央支持福建进一步加快发展的重大战略机遇背景下，福建省面对新形势、新机遇、新挑战，提升区域创新能力成为当下的重要任务。但福建省九地市的经济发展水平、产业结构、产业发展基础等差异较大，导致各地市创新驱动发展能力可能存在较大差异，同时影响各地市创新驱动发展能力的因素可能也存在显著差异，将影响政府因地制宜地提出各种相关政策。鉴于此，本章将从全面创新的视角出发设计区域创新驱动发展能力评

---

① 本章已发表于《福建农林大学学报》（哲学社会科学版）2017 年第 3 期。原文标题为：《福建省创新驱动发展能力的区域差异及影响因素研究——基于熵值法的视角》。本章对部分内容做了调整。

价指标，并收集九地市的相关统计数据，采用熵值法进行综合评价，以考察九地市的创新驱动发展能力现状、存在的差异及其背后根源，为政策制定提供有益的决策参考。

二　文献综述

国内外学者关于创新驱动发展方面的研究主要集中于探讨创新驱动的研究历程、创新驱动的内涵以及创新驱动评价体系等方面。在创新驱动研究历程上，Porter 在《国家竞争优势理论》中首次提出创新驱动理论。Nye 更是直言创新和知识将取代资金和资源成为未来至关重要的发展要素。王海兵、杨蕙馨认为保持我国经济可持续发展的动力源泉是创新驱动带来的"质"的飞越，并通过 DEA 方法测算全要素生产率及分解因子进一步得到了影响地区创新驱动的各因素。此后，西方世界中逐渐出现了创新驱动发展战略，在 2007 年，创新驱动正式成为《全球竞争力研究报告 2007》所列出的国家发展最高目标。在创新驱动内涵上，洪银兴认为创新驱动是运用技术和知识等无形要素对劳动力、资本等有型要素进行重新组合，并通过要素的创新性组合形成经济的内生性增长。徐保锋指出要通过创新驱动进一步实现经济的转型发展，就要重点创新技术和人才，深化企业的创造性作用。王涛等认为创新驱动通过新的生产要素组合，不仅影响了环境系统的变革过程，并由此延伸了创新驱动型经济体的定义。杨阳等通过对创新驱动、驱动创新、创新引领 3 个概念的比较，认为创新驱动旨在研究如何让创新更好地形成，以便服务于社会发展。靳思昌基于对河南省创新驱动评价体系的研究，认为创新驱动侧重指企业具有创新动力，通过减少物质资源的投入形成产业竞争力，最终驱动经济发展。在创新驱动发展能力评价体系上，《世界经济论坛》从 1996 年开始公布《全球竞争力报告》，并在 2006 年形成了稳定的创新测评体系。欧洲工商管理学院在 2007 年之后通过对各国创新环境、基础设施等的分析形成了对全球创新能力的测评体系，并随着经济和科技的发展不断调整评价指标。国际信息技术与创新基金会分权重地通过 6个一级指标和 16 个二级指标对具有代表性国家的创新驱动发展能力进行评价，形成了世界创新发展报告。刘欣英以数理分析为基础，从创新的投入、产出和效果 3 个方面构建起了西部地区的技术创新评价体系。胡婷婷等以国家创新评价体系为评价标准，通过对德、英、美、中四国的创新驱动发展能力的对比，得出了发达国家更具有发展优势的结论。王珍珍在探讨创新驱动发展内涵的基础上，分别从投入和产出视角分析了创新驱动实施成效，认为目前创新驱动战略实施过程中存在地区失衡、结构不完善、成果转化率低等问题。李楠将创新投入与创新产出具体指标化，构建了 SEM 模型对区域创新驱动发展能力进行综合评价，认为创新人才和创新战略是影响区域创新驱动能力的关键因素。

现有研究成果主要侧重于宏观视角下的省域间创新驱动发展路径及动力机制研究，且主要集中于科技创新驱动方面，较少探讨省域内地级市之间创新驱动的区域差异。本章依据全面创新的理念，构建丰富的评价指标体系对福建省九地市的创新驱动发展能力进行了比较研究，指出了其存在差异的主要原因，以为决策者设计相应的政策提供决策参考。

三　福建省创新驱动发展能力的评价

由传统创新发展到创新驱动，蕴含着更加深刻的内涵。创新驱动是利用技术与知识等一系列要素的重新组合提高创新能力，形成内生增长机制，而非简单意义上的发明创造的创新活动。其本质上是一种由微观到宏观的动态演进过程，涉及经济、社会、人文、环境等各方面的内容，是一种全面创新的概念。因此，区域创新驱动的发展能力评价也应从多角度进行考量，在软指标和硬指标交融的基础上形成综合评价。

（一）创新驱动发展能力评价指标体系的构建

根据全面、科学和可对比性的原则，本章构建了评价指标体系（见表 10-1）。该指标体系含有 3 个一级指标、10 个二级指标和 30 个三级指标，从创新驱动投入、支撑和绩效等 3 大方面分别进行对比，以便全面反映福建省九地市的创新驱动发展状况。

1. 创新驱动投入

要实现社会发展动力由要素和投资驱动向以人才和科技为核心的创

新驱动转化，需要一定的投入和支持。这是各区域培育创新发展能力、实现创新驱动经济发展的前提和根基，是判断区域综合发展力的本质性因素。

2. 创新驱动支撑

创新驱动支撑是各区域通过整合区域现有资源，在充分发挥资源效用的基础上增强区域综合创新能力。一般而言，创新驱动支撑包括经济、教育、产业、金融和公共基础设施等多方面的内容。经济基础决定上层建筑，经济实力越是雄厚，创新的潜力就越大；教育通过培养多元化人才为创新驱动发展提供智力支撑；企业是推动创新驱动发展的重要载体；金融则是支持企业创新成长的"血液"，它的发展可以激发市场活力；公共基础设施的齐全可以推动创新活动的顺利开展。

3. 创新驱动绩效

创新活动对经济社会的驱动力度可以进一步量化，并且通过创新绩效的具体指标来体现。技术产出绩效是衡量创新驱动经济发展力度最核心的指标，本章将其定义为直接产出绩效。此外，创新驱动是全面发展的概念，也包含了创新驱动战略实施中由经济发展和环境规制所带来的民生与环境发展，本章将其定义为间接产出绩效。

表 10-1　区域创新驱动发展能力评价体系

一级指标	二级指标	三级指标
创新驱动投入	资金投入	R&D 支出占地区 GDP 比重 X_1（%）
		教育支出占地区 GDP 比重 X_2（%）
	人力投入	R&D 的活动单位数目 X_3（个）
		每万名劳动力中 R&D 人员折合全时当量 X_4（人）
创新驱动支撑	经济支撑	人均 GDP X_5（元）
		财政收入 X_6（亿元）
	教育支撑	高等院校数目 X_7（个）
		每万人普通高校在校大学生人数 X_8（人）
		每万人普通高校专任教师人数 X_9（人）

续表

一级指标	二级指标	三级指标
创新驱动支撑	产业支撑	高新技术产业增加值占地区 GDP 比重 X_{10}（%）
		第三产业产值占地区 GDP 比重 X_{11}（%）
		规模以上工业产值占地区 GDP 比重 X_{12}（%）
	金融支撑	高新技术企业贷款额增长率 X_{13}（%）
		社会融资额规模占地区 GDP 比重 X_{14}（%）
	公共支撑	卫生机构数 X_{15}（个）
		移动（互联网）用户数 X_{16}（户）
		公共图书馆总藏书量 X_{17}（万册）
创新驱动绩效	直接产出绩效	规模以上工业高新技术企业出口额 X_{18}（亿元）
		培育创新型企业个数 X_{19}（个）
		培育高新技术企业个数 X_{20}（个）
		每万人发明专利拥有量 X_{21}（项）
		每万人科技论文发表数 X_{22}（篇）
		技术市场合同总额 X_{23}（亿元）
	间接民生绩效	农村居民可支配收入 X_{24}（元）
		城镇居民可支配收入 X_{25}（元）
		城乡居民社会养老保险人数 X_{26}（人）
	间接环境绩效	单位 GDP 能耗 X_{27}（亿元）
		废气处理率 X_{28}（%）
		污水处理率 X_{29}（%）
		绿化覆盖率 X_{30}（%）

（二）指标处理与数据说明

本章各项指标的原始数据主要来源于《福建省统计年鉴 2016》《福建省科技年鉴 2016》《福建省科技发展报告 2016》，以及福建省科技厅、福建省统计局等相关单位的年度数据，同时对基础指标进行正向化处理。

（三）评价方法选择

本章通过综合熵值法来确定各指标权重。"熵"最初表示一种能量在空间中分布的均匀程度，信息熵是对系统无序程度和随机性的一种度量。通过计算指标的信息熵，可判断指标的离散程度，测量不同影响因素对综合评价的影响程度。熵值法可以深刻反映出信息熵值的效用价值，从而确定权重，是一种客观的赋值方法。假设有 m 个待估项目和 n 项指标构成一个评估的原始数据矩阵，指标值的离散程度越大，信息熵 H 越小，该指标在综合评价中所占权重也就越大。

福建省内共有九地市，本章的评价体系中共有 30 个三级指标，用符号 x_{ij} 表示第 i 个市区的第 j 个指标的数值（其中 $i=1$，2，3，$\cdots$，9；$j=1$，2，3，$\cdots$，30）。

1. 定义初始评价矩阵，具体如下：

$$X=(x_{ij})_{mn}，即\ X=\begin{pmatrix} x_{11} & \cdot & \cdot & \cdot & x_{1n} \\ \cdot & \cdot & & & \cdot \\ \cdot & & \cdot & & \cdot \\ \cdot & & & \cdot & \cdot \\ x_{m1} & \cdot & \cdot & \cdot & x_{mn} \end{pmatrix} \tag{10-1}$$

其中，$m=9$，为待评估的对象数，此处为福建省九地市；$n=30$，为评价指标数，x_{ij} 为第 i 个样本第 j 项评价指标的数值。

2. 数据标准化处理。各指标的量纲、数据均有差异，需要对数据进行标准化处理，以便于消除不同量纲对评价结果的影响。

$$x_{ij}{}' = \frac{x_{ij}-x_{\min}}{x_{\max}-x_{\min}} \tag{10-2}$$

3. 计算指标值的权重，具体如下：

$$p(x_{ij}) = \frac{x'_{ij}}{\sum\limits_{i=1}^{9} x'_{ij}}，\ 0 < p(x_{ij}) < 1 \tag{10-3}$$

4. 计算各指标的熵值，具体如下：

$$h_j = -k \sum_{j=1}^{30} P(x_{ij}) \ln P(x_{ij}), \ j = 1,2,\cdots,30 \tag{10-4}$$

其中，$P(x_{ij})$ 代表 x'_{ij} 对应的值，$k>0$，一般取 $k = \dfrac{1}{\ln n}$（$n \neq 1$），从而 $0 \leq h_j \leq 1$。各评价对象的指标值 x_{ij} 间的差异程度越大，表明该指标对整个指标体系的贡献率越大，从而赋予的权重应该越大。

5. 指标权重的计算。指标权重反映了该评价指标对总体绩效的影响程度大小。

$$\omega_j = \frac{h_j}{\sum\limits_{j=1}^{30} h_j} \tag{10-5}$$

6. 计算评价值，具体如下：

$$U = \sum_{j=1}^{30} P(x_{ij}) \omega_j \times 100 \tag{10-6}$$

其中，U 为综合评价值，ω_j 为第 j 个指标的权重。U 值越大则表明该区域的创新驱动发展评价结果越好。

（四）结果分析

1. 综合发展能力比较

从综合得分可以看出，各地区得分差异较大，省内九地市的地区创新驱动发展水平参差不齐，说明福建省总体上尚未完全进入创新驱动发展阶段（见表10-2）。（1）在总量对比上，存在明显的区域差距。厦门、福州和泉州的创新驱动总得分均位于0.4分以上，其余地区则位于0.2分以下。厦门、福州和泉州以绝对的总量优势领先于其他地区，厦门的创新驱动发展能力更是位列福建省第一。同时在创新驱动投入、支撑和绩效三方面的综合比较中，福州、厦门和泉州在各方面均位列前三名。（2）在区域差距上，分层明显，总体呈现阶梯状分布。位列第一的厦门与位列最后的南平在创新驱动能力的综合得分上差距接近15倍，差距显著。位列第四的漳州与第三名泉州在综合得分上呈现 2 倍差距，与第七名的莆田市呈现 1 倍差距。参考落差倍数，将福建省九地市按创新驱动发展能力划分为三大梯队。厦门、福州和泉州属于第一梯队，是福建省内创新驱动发展能力最强的区域，城市发展水平高，在各项衡量指标中优势凸显；漳州单列第二梯队，属于福建省内创新驱动发展能力中强的地区，城市的发展水平较高，在部分衡量指标上具有比较优势；剩余的五大地区属于第三梯队，其创新驱动发展能力在福建省内处于较低水平，发展水平一般，在衡量指标上均处于劣势。

表 10-2　福建省九地市创新驱动发展能力综合评价结果

地区	综合得分	综合排名	创新驱动投入得分	创新驱动投入排名	创新驱动支撑得分	创新驱动支撑排名	创新驱动绩效得分	创新驱动绩效排名
厦门	0.8254	1	0.1536	1	0.3832	1	0.2786	1
福州	0.6370	2	0.0806	2	0.3520	2	0.2044	2
泉州	0.4723	3	0.0451	3	0.2804	3	0.1467	3
三明	0.1280	5	0.0137	6	0.0704	5	0.0439	4
龙岩	0.1139	6	0.0287	4	0.0480	6	0.0372	7
莆田	0.0678	7	0.0100	7	0.0202	9	0.0375	6
漳州	0.1409	4	0.0186	5	0.0809	4	0.0415	5
宁德	0.0544	9	0.0054	8	0.0294	7	0.0196	9
南平	0.0612	8	0.0021	9	0.0228	8	0.0363	8

2. 创新驱动投入综合比较

在资金和人才投入的对比中，拥有相对优势的是以厦门、福州等为代表的经济发展水平较高的地区，这些地区基础建设和资金实力更加雄厚，在教育、科研活动中可以提供更加丰富的资源，此外，福州和厦门作为高校和科研机构的聚集地，提供了人才储备和研究平台。三明、南平等地区，由于经济发展水平不及前者，资金较为缺乏，区域内的科研院校较少，无法发挥人才的带动作用，也无法为经济的发展提供相配套的支持。

3. 创新驱动支撑综合比较

在综合熵值法比较中，由于经济、历史等原因，厦门、泉州和福州的得分与其余地区拉开了明显的差距。厦门作为我国最早设立的经济特区之一，经济基础雄厚，高新技术产业发达，金融发展环境良好，文化氛围浓厚，创新意识领先，创新环境支撑力较强；泉州是工业发达的城市，2016年工业总产值位居福建省第一，其通过工业产业的集群作用和技术溢出效用提升了地区的创新发展能力；福州作为福建省的省会城市，又是中国（福建）自贸区三大片区之一，金融体系和公共设施完善，高校和科研机构的集中也为新技术的发展提供了坚实的人才基础。总体而言，排名靠前的城市主要分布在经济发达地区，在自贸区建设和"一带一路"背景下，这些地区获得了有利的制度、金融和市场环境，有足够的能力通过技术和人才研发新产品，推出新技术，并通过技术推广提高区域的投入要素的生产率，形成集约发展方式，其创新驱动发展的潜力也将提高。

4. 创新驱动绩效综合比较

在九地市的对比中，泉州、福州和厦门拥有绝对优势，南平、三明等地区则处于劣势地位，排名第一的厦门与排名最后的宁德创新驱动绩效差距约为13倍。在全面创新综合评价中，泉州、福州和厦门由于良好的创新驱动基础和强有力的创新驱动支撑，逐渐形成了行之有效的创新驱动机制，因而直接技术产出绩效和间接民生、经济绩效良好，成为省内创新驱动型经济体的典范。省内其余地区由于缺乏良好的资源条件与环境，也尚未形成行之有效的驱动机制，因此无法实现以人民生活水平大幅度改善和经济平稳有序发展为量化指标的创新驱动绩效的提升。

在创新绩效的地区对比中，排名较为特殊的是三明。三明在创新驱动投入及支撑方面的排名均位处后列，创新绩效却排在第四位，存在较大差距。究其原因，一方面与评价指标的选取相关，创新间接绩效的很大一部分指标是环境绩效，三明实行绿色发展战略，2016年11月更被列为国家级生态示范区、生态环境监察试点市和环保部绿色GDP 2.0试点市，生态环境良好，生态环境效益得分高，也提高了整体创新驱动绩效的得分；另一方面是由于三明市政府积极推动创新驱动发展战略，积极搭建与高校、科研机构、专家的合作平台，创新运作方式，提高科研成果的转化率，使产出绩效成果显著。

对比可发现，大多数地区的各项得分排名具有一致性，表明福建省创新驱动发展能力呈现出俱乐部收敛（即不同地区依其初始条件差异，会在发展上形成不同的俱乐部，俱乐部内部条件相似的地区在发展上会出现收敛）的特征。三大梯队在各方面得分均具有绝对的差距，这也是经济发展、科教文化等影响因子长期作用的结果，在短时间内难以彻底转变局面。此外，受地区实际情况影响，某些地区的某方面指标呈现特殊性。如何有针对性地解决各地区现存的问题，因地制宜地创建创新型省份，需要进一步的探讨。

四　福建省九地市创新驱动发展能力区域差异的原因探究

（一）经济发展水平

综合上述分析，福建省内各区域创新驱动发展能力的高低与当地的经济发展水平呈现正相关关系，创新能力处在领先水平的均为经济发展水平高、物质生活较为富裕的地区。一方面，经济发展水平高的地区有能力为该地区的发展提供充裕的资金和先进的技术，也可以凭借优惠政策吸引创新型人才和高新企业入驻，促进该地区创新实践的发展，优化产业结构，提升区域发展潜力；另一方面，区域的创新驱动发展能力越强，创新成果转化的效率也将越高，二者呈现为良性循环。

本章以地区人均 GDP、财政收入、R&D 支出占地区 GDP 比重等指标为代表来衡量地区经济发展水平（见表 10-3）。厦门、福州和泉州经济基础好，增长速度快，物质条件丰裕，财政资金富足，属于第一梯队；三明、龙岩、莆田、宁德和南平等地区经济基础处于较低水平，财政资金较为紧缺，属于第三梯队；漳州指标数据一般，属于第二梯队。

表 10-3　福建省九地市经济发展水平对比

梯队划分	地区	人均 GDP（元）	财政收入（亿元）	R&D 支出占地区 GDP 比重（%）
第一梯队	厦门	86832	5562111	2.94
	福州	69995	5108707	1.73
	泉州	68254	3801056	1.13
第二梯队	漳州	58685	1689911	0.96

续表

梯队划分	地区	人均 GDP（元）	财政收入（亿元）	R&D 支出占地区 GDP 比重（%）
	三明	54590	909210	1.27
	龙岩	52730	1198424	1.02
第三梯队	莆田	52890	1100982	1.15
	宁德	48369	989222	0.9
	南平	47044	809938	0.94

（二）人口整体素质

福建省创新驱动发展能力存在地区差异的原因之一在于人才的地区差异性分布。本章用高校在校大学生人数、高等院校数目和每万名劳动力中 R&D 人员折合全时当量等指标来表示地区的人口整体素质和创新型人才丰裕度（见表 10-4）。通过指标数据对比，地区人才丰裕度呈现阶梯断层状分布。厦门、福州和泉州的高校在校大学生人数、高等院校数目以及研究人员的数量占据绝对优势。厦门拥有省内唯一一所"985"高校，福州拥有一所"211"高校，是高等学府数目和科研机构总数最多的 2 个地区，科教文化发展水平高，人口的整体素质发展较快，进一步影响了区域实施自主创新的能力和潜力，处于第一梯队，同处于第一梯队的还有泉州市；漳州的高校在校大学生人数、高等院校数目在数量上比第一梯队少，但远多于其余地区，属于第二梯队；三明、龙岩、莆田、宁德和南平等地区在高校在校大学生人数、高等院校数目的对比上均处于劣势地位，人才分布稀疏，创新型人才培育不足，短期内难以实现质的飞跃，属于第三梯队。

表 10-4　福建省九地市创新型人才对比

梯队划分	地区	普通高校在校大学生人数（人）	高等院校数目（个）	每万名劳动力中 R&D 人员折合全时当量（人）
	厦门	158346	17	141
第一梯队	福州	320844	32	88
	泉州	122159	18	37
第二梯队	漳州	69525	7	27

梯队划分	地区	普通高校在校大学生人数（人）	高等院校数目（个）	每万名劳动力中 R&D 人员折合全时当量（人）
第三梯队	三明	24318	3	29
	龙岩	17146	2	37
	莆田	20644	2	27
	宁德	9868	2	22
	南平	23664	4	22

（三）企业创新能力

企业是市场中最活跃的因素，企业的创新研发是连接基础科研与市场的重要环节，对于生产的经济效益有着关键的作用。企业作为创新市场的主体，在区域创新发展中扮演着关键角色。大体而言，经济水平越高的地区，二、三产业越发达，规模以上高新技术企业的总量也越多，区域总投入的研发费用也就越多，区域的实践力也就越强。通过数据对比，可以认为规模以上工业企业和高新技术企业的科研投入与创新产出效率呈现明显的正向变动关系，与区域的创新驱动发展能力也呈现正相关关系，企业成为地区创新的重要力量。本章用高新技术企业个数、高新技术企业产值和高新技术企业产值增长率等指标来衡量地区的创新型企业的丰裕程度（见表 10-5）。根据统计结果，可以将九地市高新技术企业的丰裕度分为三大梯队，厦门、福州和泉州三个城市创新型人才集中，创新型企业的分布也最为密集，地区的创新驱动发展实力也最为雄厚；漳州的创新型企业分布处于中等偏上的水平，具有一定的创新驱动发展能力和潜力；三明、龙岩、莆田、宁德和南平等地的创新型企业分布稀少，目前创新驱动发展实力薄弱，创新基础差，提升地区的创新能力仍需要长时间的努力。

表 10-5　福建省九地市企业创新能力对比

梯队划分	地区	高新技术企业个数（个）	高新技术企业产值（万元）	高新技术企业产值增长率（%）
第一梯队	厦门	820	2049.68	0.5
	福州	342	1434.04	9.3
	泉州	210	1037.19	11.4

续表

梯队划分	地区	高新技术企业个数（个）	高新技术企业产值（万元）	高新技术企业产值增长率（%）
第二梯队	漳州	97	477.90	10.8
第三梯队	三明	39	103.34	2.0
	龙岩	59	250.17	12.9
	莆田	26	93.08	15.8
	宁德	26	139.54	1.9
	南平	19	82.47	-1.2

五　福建省九地市创新驱动发展能力的提升对策

（一）发挥资源禀赋条件，发展区域经济

　　福建省内各区域创新驱动发展能力呈现不均衡性，以现有的优势资源为基础，以创新驱动为主要手段，采用创新思维来进一步优化资源配置，最终创建创新型省份，必须针对不同区域的发展水平和发展条件采取不同的措施。

　　厦门作为著名港口城市，一方面要利用自贸区的机缘做大做强港口优势，另一方面要发挥先进制造业对周围产业的增长极带动作用；福州作为省会城市，发展高新技术产业的优势不可比拟，应该致力于形成"福建硅谷"和"科技长廊"的示范作用；泉州是省内民营经济最为发达的地区，要善于调动民营经济的创新积极性，提高产业附加值；制造业是三明发展的支柱产业，要提高工业水平，在保持生态良好的基础上向制造强市迈进；龙岩的有色金属、机械等资源型产业占据绝对优势，要发挥主导产业优势，延长产业链条，支持传统产业的改造提升；莆田拥有港口优势，要加快港口开发步伐，形成"以港兴市"的发展路径；漳州既要保持"大农业"的核心竞争力，又要加快工业化进程，发挥对台优势，提高产业结构的合理度；宁德作为扶贫开发重点地区，要利用好政策优势，在"六新宁德"的建设中扶持山区发展；生态环境是南平独有的竞争力，要积极引入优质产业，探索"生态美"与"百姓富"的和谐发展之路。只有针对地区的资源禀赋条件，发挥地区的比较优势，才能加快区域经济社会发展，提高物质生活水平，进而加大

创新投入力度，提升地区的创新驱动发展能力。

（二）强化企业主体地位，提高科研创新投入力度

区域创新驱动发展能力的提升很大程度上依赖于创新型企业。对于目前发展水平不一的区域创新驱动发展能力，要采取不一样的发展对策。第一梯队创新基础夯实，要加强研发实力，健全以企业为主体的创新体系，强化产学研的结合，加速科技成果转化；第三梯队创新基础薄弱，在短期内提高自主创新能力具有较大难度，因而可以鼓励实力薄弱的地区前期模仿发达地区的现有成果，并通过科研资金、教育资源、创新基础设施的加大投入逐渐提高自主创新能力，后期进行企业的自主研发；第二梯队创新实力中等，一方面可以鼓励有能力的企业进行自主研发，另一方面也可以鼓励区域内产业结构较为落后的企业先模仿再创新，双管齐下，逐渐完成向第一梯队的过渡。

（三）加快创新人才培养，改善人力资本

面对人才不足和智力资本分布不均的现状，应有针对性地提升各区域的智力资本的数量和质量。省内的创新人才呈现阶梯状分布，为最大化提升区域创新驱动发展能力，要依地区的发展情况采取不同的措施。对于人才基础较为薄弱的第二梯队和第三梯队，要持续加强对基础教育的建设，逐渐改进和完善多层次的教育体系，形成灵活有效的教育制度，发展高水平的职业技术教育，提高科教文化水平，从根本上提升人口整体素质；对于创新型人才较为丰裕的第一梯队，由于创新型人才既包括科研人员，也包括高素质的生产者和管理者，为培育多层次的创新型人才和调动人才积极性，需要建立完善的奖罚机制，形成尊重人才、尊重知识的文化氛围；为缩小区域发展差距和促进福建省整体创新水平的提升，三大梯队间要善于吸引高素质人才在不同领域和产业之间流动，协调区域间合理的创新人才分布，特别注重较不发达地区人才的分布，为福建省的长久发展构筑扎实的智力资本基础。

（四）扩大对外开放度，加强区域合作与交流

区域差异的研究目的在于促进区域的协调发展。不同创新驱动发展水平的区域间的交流，不仅可以实现技术创新和人才创新的溢出效应，也可以使

各项资源利用效率最大化，发挥地区的比较优势，从整体上提升区域的发展速度与发展质量。对此，一方面，要积极利用好福建作为自由贸易试验区和21世纪海上丝绸之路核心区的现有资源平台，积极谋求与省内、省外不同区域之间的交流，特别是提高工程技术服务领域和专业技术服务领域的开放度，以交流促合作，深化福州、厦门和泉州等自贸区和核心区的引领、示范和辐射作用，带动整个福建省综合创新发展力的提升。另一方面，要促进产学研三方面的合作，加强企业、高校、科研机构的对接并建立紧密的研发与培育联系，只有进一步推动知识的交流和技术的研发，才能进一步促进福建省创新驱动水平的整体发展。目前，清华海峡研究院、北大创新研究院、厦龙山海协作经济区等合作交流平台的不断开拓，表明建设"创新型福建"的实践正在大步前进。

第十一章 我国省域创新驱动发展战略实施的制约因素及路径选择[①]

一 我国省域创新驱动发展战略实施的制约因素

（一）各方力量自成体系，区域资源浪费严重，区域协调力度欠缺

国家创新驱动系统的建设是一项十分复杂的系统工程，需要全方面、全要素、全方位的投入。但在国家创新驱动系统中，我国囿于思维的限制，陷入了局部性的创新改革，各方面科技力量自成体系，大学、科研机构、政府等与企业的合作不够，没有构成一个统一的系统，各方力量在创新链条上的各个环节无法成功衔接，缺乏形成产业技术创新链条的合作，难以形成利益共享、风险共担的运行机制。与发达国家相比，我国部分地区在产业层次、资源配置效率和发展质量效益上仍然有显著的差距，科技资源分散现象严重，科技创新对经济社会发展的支撑引领作用尚未得到充分体现。[②] 从第四章分析中可以看出，当前区域与区域之间在发展过程中存在较大的差距，东部地区无论是科技环境的建设、科技资源的投入、科技产出、高技术发展上还是在促进经济社会发展上都明显优于中部、西部和东北地区，沿海的一些发达省份如北京、上海、广东、江苏、浙江等的发展水平均远远地高于其他省份，甚至有些指标是中部片区、西部片区整个片区所有省份之和，省份与省份

---

① 本章的部分内容已经发表在《经济研究参考》2014 年第 58 期（文章标题为《"十二五"以来我国省域创新驱动发展战略实施成效分析》）和《福建江夏学院学报》2012 年第 4 期（文章标题为《后危机时代中国国家创新竞争力的提升战略与实施路径》）。

② 黄茂兴：《"十二五"中期创新驱动战略实施中存在的问题》，《学习时报》2014 年 3 月 17 日第 007 版。

之间的发展存在巨大的差距。因此，促进区域的协调发展仍然是当今发展的重大任务。

（二）研发经费投入不足，研发结构仍需大力改善，研发科技人力资源强度不够

从 R&D 经费来看，经过近 10 年的发展，我国的 R&D 经费有较大程度的提高，与发达国家之间的差距也在逐步缩小。2002 年我国 R&D 经费分别仅相当于美国、日本、德国的 5.61%、12.54%、30.97%（见表 11-1），2013 年，我国 R&D 经费有了较大幅度的增长，首次超过 GDP 的 2%，但与其他国家相比还有一定差距，研发经费投入仍然有待进一步增强。

另外从研发经费具体的承担机构来看，发达国家大部分的研发经费是通过民间融资的方式来筹集的，如日本研发经费占 GDP 的比重为 3.67%，其中有 70% 是由民间企业承担的，比例高于美国、德国、英国等发达国家。[1] 据统计，2011 年我国本土企业中，国有企业的 R&D 内部经费支出占当年价总产值的比重高达 4.63%，而非国有企业的 R&D 内部经费支出占当年价总产值的比重只有 1.51%，国有企业仍然是创新的主体。我国企业 R&D 经费占销售收入的比重平均为 0.5%，远远低于发达国家 3%~5% 的水平。发达国家经验表明，企业 R&D 经费投入只有达到其销售收入的 5% 以上，才具有较强的竞争力，2% 只能维持企业的基本生存，1% 的企业极难生存。[2]

此外，从 R&D 经费投入的具体活动类型来看，我国投入试验发展中的比例高达 84.6%，投入基础研究的比例只占到 4.7%，而西方一些发达国家投入基础研究和应用研究的比例较高，如美国基础研究的比例占到 16.5%，法国基础研究的比例占到 24.4%，意大利基础研究的比例也达 24%（见表 11-2），因此，研发结构仍需大力改善。

---

① 陈新：《世界各国科技研发投入的分析与思考》，2016 年 5 月 8 日，http：//www. 360doc.com/content/16/0508/18/31712952_ 557339297. shtml。

② 辜胜阻：《创新驱动战略与经济转型》，人民出版社，2013，第 16 页。

表 11-1 世界上主要国家 R&D 经费及其占 GDP 比重的情况

单位：%，亿美元

	年份	2002	2003	2004	2005	2006	2007	2008	2009	2010	2011	2012	2013	2014
中国	R&D 经费	155.56	186.01	237.61	298.98	376.66	487.67	664.3	849.33	1043.2	1344.5	1631.6	1912.1	—
	占 GDP 比重	1.07	1.13	1.23	1.42	1.39	1.40	1.47	1.70	1.76	1.84	1.98	2.01	2.05
美国	R&D 经费	2770.5	2897.4	3008.4	3238.53	3509.2	3775.9	4036.68	4015.8	4089*	4152	4535	—	—
	占 GDP 比重	2.66	2.66	2.59	2.62	2.64	2.70	2.84	2.90	2.83*	2.77	2.81	—	2.8
法国	R&D 经费	324.95	390.16	442.85	455.89	475.50	537.93	601.55	592.98	577.89	624	590.8	626	—
	占 GDP 比重	2.23	2.17	2.15	2.13	2.11	2.08	2.12	2.26	2.26	2.24	2.26	2.23	—
德国	R&D 经费	502.22	615.53	682.86	693.28	737.37	841.48	974.57	930.97	924.58	1039	1000.1	1095	—
	占 GDP 比重	2.49	2.52	2.49	2.48	2.54	2.53	2.69	2.82	2.82	2.88	2.92	2.94	—
韩国	R&D 经费	138.48	160.02	193.7	235.87	286.41	336.84	313.04	297.03	379.35	450	192.2	541	—
	占 GDP 比重	2.53	2.63	2.85	2.98	3.01	3.21	3.36	3.56	3.74	4.03	4.36	4.15	—
日本	R&D 经费	1240.3	1352.8	1458.8	1512.7	1485.3	1507.9	1681.25	1690.5	1789*	1998.0	1992.1	1709.1	—
	占 GDP 比重	3.17	3.20	3.17	3.33	3.40	3.44	3.45	3.36	3.26*	3.39	3.34	3.49	—

资料来源：中国科技部，OECD《主要科学技术指标 2014/2》，巴西科技部，联合国教科文组织，OECD《主要科学技术指标 2011/1》，科技统计资料汇编 2014；加*的数据来源于《世界各国科技研发投入的分析与思考》，2016 年 5 月 8 日，http：//www.360doc.com/content/16/0508/18/31712952_557339297.shtml。"—"表示数据值缺失。

表 11-2 部分国家 R&D 经费投入（按照活动类型分）

单位：%

国别	中国 （2013 年）	美国 （2012 年）	法国 （2011 年）	意大利 （2011 年）	日本 （2011 年）	韩国 （2011 年）	俄罗斯 （2012 年）
基础研究	4.7	16.5	24.4	24.0	12.3	18.1	16.5
应用研究	10.7	19.2	36.9	49.0	21.0	20.3	19.7
试验发展	84.6	64.3	34.8	27.0	62.1	61.6	63.8

资料来源：中国科技部，OECD《研究与发展统计 2013》。

虽然国家近年来加大了对企业自主创新的支持力度（参见表 11-3），但是大部分的资金主要集中于国有企业，占企业总数不足 5% 的国有企业获得了银行将近 70% 的贷款，而广大的中小企业面临着融资困难、融资渠道单一等问题，使企业在科技创新方面和科技人才方面投入不足，影响了企业发展创新的能力，使企业整体的抗风险能力较弱，导致我国在全球经济分工体系中尚处于劣势地位，无法获得优势和主动权。[①]

表 11-3 部分国家 R&D 经费支出执行部门划分

单位：%

国别	中国 （2013 年）	美国 （2012 年）	法国 （2013 年）	英国 （2013 年）	日本 （2013 年）	韩国 （2012 年）	俄罗斯 （2013 年）	德国 （2013 年）
研究与开发机构	16.2	12.3	13.1	7.3	9.2	11.3	30.3	14.7
企业	76.6	69.8	64.8	64.5	76.1	77.9	60.8	67.8
高等学校	7.2	13.8	20.7	26.3	13.5	9.5	9	17.5
其他	1.1	4	1.35	1.88	4.0	1.3	0.13	0

衡量一个国家、一个企业的技术创新能力强弱的标准之一是人员状况，如受高等教育或者培训的人员的比例，专业人才的知识结构等。尽管我国科技人力资源总量保持持续增长态势，但按照投入强度来分，我国每万名劳动力中研究人员数量在国际上仍然处于落后水平，2013 年我国每万名劳动力中研究人员数量为 45 人，仅相当于美国的 39.82%，法国的 30.61%，韩国 2012 年水平的 29.03%，远远低于其他国家的科技人力资源投入强度，如表 11-4 所示。

[①] 李新男：《推动产业技术创新联盟构建，提升国家自主创新能力》，《中国科技产业》2009年第 12 期。

表 11-4　世界主要国家研究与发展活动人力及与劳动力人口的比例

国家	年份	R&D 人员 （千人年）	每万名劳动力中 R&D 人员 （人年）
中国	2013	3532.8	45
美国	2013	362.1	113
法国	2013	420.6	147
德国	2013	604.6	142
韩国	2012	396.0	155
日本	2013	865.6	132
意大利	2013	252.6	99
加拿大	2011	223.9	118
俄罗斯	2013	826.7	109

（三）科技引文总体质量有待提升，科技成果转化率低，自主创新能力较弱

尽管我国科技产出总量位居世界前列，如表 11-5 所示，我国的论文 SCI 收录数已位居世界第二，但与世界第一位的美国仍然相去甚远。论文的影响力和总体质量尚待提高。由于在科学研究过程中长期受到科研行政化思潮的影响，大中小型院校、科研机构在职称评聘、考核过程中非常强调的是论文的发表数量以及发表的期刊档次。一些机构为了晋升、考核不得不花费大量的时间来炮制论文，为了提高论文引用率，出现了鼓励同事间互引或者自引的现象，科学研究过于急功近利。

另外从科技产出的质量来看，与发达国家还存在一定差距，虽然每年政府投入转化工作的资金很多，但是转化的效果不明显，转化的比例很低，科技研发和生产需求相脱节，产学研之间的合作不通畅。据不完全统计，我国每年的科技成果大概有 3 万项，但转化成产品的不到 20%，而真正形成产业的恐怕不到 5%。据不完全统计，我国科技转化率为 15% 左右，技术进步对经济增长的贡献率只有 29%，远远低于发达国家 60%～80% 的水平。[①] 近 10 年来，我国国际科技论文平均每篇被引用 5.2 次，而世界平

---

① 陈占勇、李斌、王红江：《非对称信息条件下技术转移的成本分析》，《科技进步与对策》2005 年第 9 期。

表 11-5　世界主要国家科技活动情况

论文 SCI收录数（篇）	2002 年	2003 年	2004 年	2005 年	2006 年	2007 年	2008 年	2009 年	2010 年	2011 年	2012 年	2013 年
美国	313613	359610	342261	417177	378690	387172	406252	397511	398000	419000	432000	474110
英国	87916	96280	94357	111367	97942	106805	113023	114231	114000	118000	125000	133410
日本	81315	92448	83484	93746	88486	89333	91890	91745	92000	88000	90000	95857
德国	74552	85591	79373	95256	88850	93852	105693	107130	107000	109000	114000	118655
法国	52142	59762	54756	65648	61565	63532	63042	75187	75000	76000	79000	83439
意大利	38064	45882	43647	51852	50546	54894	63042	64011	64000	65000	69000	74233
俄罗斯	26539	26968	25581	27367	23033	27212	29710	31549	32000	30000	30000	32258
中国	40758	49788	57377	68226	71184	89147	116677	127532	12000	144000	193000	232070
印度	20405	23136	23336	28477	30273	32740	42689	44674	45000	50000	53000	59540

均值为 10.06 次,[①] 我国科技成果转化率不足 20%，专利转化率不超过 10%，转化为生产力的不足 5%，美国则有 10% 的专利能转化为创新成果。[②] 我国的国际专利申请数量由 2009 年的 7900 件增加到了 2010 年的 12339 件，总数位列美国（44855 件）、日本（32156 件）和德国（17171 件）之后，但在申请国际专利的前 50 名学术机构中，美国大学占了 30 个，日本大学占了 10 个，没有中国大学入选。[③]

我国高技术产业规模快速增长，在全球高技术产业中的地位不断提升。如表 11-6 所示，2012 年我国高技术产业出口额为 5056.5 亿美元，位居世界第一。但我国高技术产业的劳动生产率和自主创新能力仍然处于较低水平，2010 年制造业的劳动生产率仅为美国、日本、德国和法国的 1/3 还不到，高技术的 R&D 投入强度也远远低于其他国家，仅为美国和日本的 1/3 还不到。

表 11-6　2012 年部分国家高技术产业出口额

单位：亿美元

国别	中国	德国	美国	新加坡	日本	韩国	法国	加拿大	印度
金额	5056.5	1833.5	1487.7	1282.4	1234.1	1213.1	1083.6	240.4	124.3

资料来源：世界银行《世界发展指标 2014》。

在国家创新系统中，我国过多地借鉴国外经验，注重模仿创新，而对引进的技术没有进行消化吸收再创新，更谈不上自主创新，缺乏与本国实践的融合。当前大多数企业还处于自主创新意识的启蒙阶段，没有真正意识到自主创新的内涵。有研究表明，我国拥有自主知识产权核心技术的企业仅为 0.3‰，[④] 申请专利数量为 0 的企业占比为 99%，没有自己商标的企业达到 60%，我国规模以上工业企业研发投入占销售额的比重为 0.78%，而国外企业一般都在 4% 左右，甚至更高。[⑤] 据统计，高收入国家获得了全

① 韩忠朝：《国家自主创新战略须"产学研用"紧密结合》，《中国产业》2010 年第 5 期。

② 刘春雨：《从引领创新型国家建设出发设置"十二五"规划科技核心指标》，《中国经贸导刊》2010 年第 20 期。

③ 项勇、张冰冰：《创新型国家视野下大学生创新素质与创新能力培养》，《辽宁农业职业技术学院学报》2011 年第 2 期。

④ 李振京、张林山：《"十二五"时期科技体制改革与国家创新体系建设》，《宏观经济管理》2010 年第 6 期。

⑤ 金喜成、赵凤霞：《金融危机下企业自主创新策略研究》，《中国软科学》2009 年第 S2 期。

球技术转让和许可收入的 98%，美国、欧盟和日本拥有了生物工程、药物领域 95% 的专利。有数据显示，目前我国关键技术的对外依存度高达50%，而美国、日本仅为 2%~5%，我国高科技含量的关键部件主要依靠进口，如高端医疗设备 95% 以上依赖进口，光纤设备和电视机、手机、DVD 的"心脏"几乎全部进口。①

（四）科技创新体制环境不完善，相关法规和政策体系尚待完善

目前，我国所面临的科技创新环境的制约因素，在很大程度上是由体制所造成的。法律制度不健全，或是对于法律制度（例如专利法等）执法不严，这些都对科技创新的发展造成一定的阻碍。企业自身的现代企业制度尚未真正建立起来，使企业难以成为研究开发的主体，导致了产权不清、政企不分，进一步制约了企业的创新动力，导致企业自主开发的产品少，缺乏竞争力。

科技投入只是科技创新的保障，增加投入固然可以体现国家重视科学研究，但要实现从科技投入大国变为科技创新大国，科技体制改革的作用不容忽视。目前，我国所面临的科技创新环境的制约因素，在很大程度上是体制造成的。我国在创新人才的量和质、创新资源的分布以及管理体制上与发达国家存在诸多不同，首先，我国尚未形成完整的知识产权保护体系，当前我国在产学研中普遍存在知识产权保护意识淡薄的现象，对知识产权相关知识了解甚少，一旦受到侵害，不懂得从法律的角度进行保护。另外，整体的知识产权管理制度仍不完善，高校等科研机构有技术研发方面的合作但是缺少相关的保护措施。这些都影响了产学研合作的效率和质量。对于大部分中小企业而言，没有独立的主管机构和主管人员可以进行相应的知识产权工作，导致知识产权无法及时得到申请，当碰到知识产权侵权时，无法进行维权。例如：2012 年我国拥有自主知识产权的企业仅有2000 多家，仅达全国企业总数的万分之三，申请专利为零的企业比重达99%。其次，目前还没有一部有关国家创新体系和企业自主创新的基本法，已有的《科技进步法》已经不能适应国家快速发展的现状和自主创新对法

① 《2012 年中国发展报告·科技——破解创新驱动难题》，http：//www. datanggroup. cn/templates/T_ NewContent/index. aspx？nodeid＝22&page＝ContentPage&contentid＝4100。

律的需求。再次，现阶段的金融体系与企业创新相互脱节，金融业的发展滞后于企业创新活动的实际需求。这些政策体制都在一定程度上制约了科技创新的步伐。部分重要资源的价格不能反映资源的稀缺性和外部性，导致低水平重复建设和片面追求速度，导致企业创新动力不足。企业自身的现代企业制度尚未真正建立起来，使企业难以成为研究开发的主体，导致了产权不清、政企不分，进一步制约了企业的创新动力，导致企业自主开发的产品少，缺乏竞争力。最后，高层次人才稀缺。在高校等科研机构培养的人才中，虽然人才总规模扩大了，但是高层次的人才十分短缺，能够跻身国际前沿，参与国际竞争的战略性科学家更是稀少。由于缺少优越的工作环境和教育培训机制，即便有了人才也极有可能流失。如我国在人才培养投入上，教育投入尚不能适应教育规模发展的需要。培养体制中过分强调正规学历教育，而缺乏职业培训、继续教育、终身教育等多元化教育内容，用人单位在人才引进过程中受到行政部门干预的比例高，缺乏构建人才评价、引进的自主性。中国目前的创业环境还有待改善，尤其在金融支持、研究开发转移、商务环境和创业教育等方面与发达国家相比差距仍然很大，这些都有可能成为制约中国创业活动的重要瓶颈因素。国内创新文化氛围不浓，以创新为主的价值观尚未成为普遍的风尚，功利化、工具化的科技观较为严重。

二　我国实施创新驱动发展战略的路径选择

目前，距成为创新型国家的目标完成设定时间仅余最后三四年，时间紧迫，任务艰巨，必须加快构建创新驱动发展战略的社会系统工程，着眼于增强创新驱动发展的社会内生动力。

（一）整合创新资源，提高创新系统整体效能

创新驱动战略的实施是个系统工程，是个需要"国家—区域—产业—企业"四位一体全面发展的重点工程。因此，要树立全面创新的理念，深刻认识创新驱动在当前经济和社会发展中的战略价值和意义，既要充分发挥知识创新、技术创新的优势，又要充分发挥体制创新、管理创新、文化

创新的特点。要以科技创新作为推动经济发展的主要动因，理论创新作为其余各方面创新的来源根基，文化创新作为创新发展的环境支撑，制度创新作为文化创新与理论创新的外在表现，促进各大领域创新紧密衔接，全方位把握创新驱动发展理念，要实现由深刻认识到强烈要求再到自主创新的意识觉醒和转变。

从国家层面来说，要将其与经济发展方式转变以及经济体制方面的重大变革结合起来。从区域经济发展来看，各个地区在科技创新能力上的发展要全面围绕国家创新体系来展开，围绕创新型国家的建设目标，全方位推动知识、技术、文化、商业模式以及管理等各大领域的创新，构建科技中介服务体系，整合区域创新资源，优化资源配置，协同推进区域创新。充分了解和定位每个创新主体在实现创新驱动过程中的功能与作用：政府是制度创新的主体，企业是技术创新的主体，高校与研究机构是知识创新的主体，各类主体相互联系，密不可分。从产业层面来说，要将发展高技术作为带动经济社会发展的战略突破口，大力培育和发展战略性新兴产业，以关键核心技术和产品的研发推广应用为重点，充分发挥市场机制的作用，促进产业结构调整。[①] 从企业层面来说，要尽快确立企业的创新主体地位，掌握自主知识产权和自有品牌，尽快占领产业技术前沿和市场，真正引导企业通过科技增强抗风险能力和未来发展的能力。

（二）对接产业链与创新链，推进科技创新与产业结构优化升级紧密结合

技术创新是创新驱动战略的核心和关键，在创新驱动战略实施过程中要形成市场导向；将科技创新与产业结构优化升级紧密结合；以科技创新支撑引领产业发展；围绕产业链部署创新链；围绕创新链完善资金链；促进产业链向两端延伸；着力推进产业高端升级；加快构建以高新技术产业为主导的现代产业体系。适应新常态和供给侧改革的需要，以信息技术、新材料、高端装备制造等新兴产业领域为重点发展方向引导创新链。推进产业技术创新战略联盟建设，以产业链延伸为基础，构建产业技术创新

---

① 万钢：《提高自主创新能力建设创新型国家若干问题的思考》，《中国科技产业》2010 年第 11 期。

链。坚持科技创新与应用创新相结合，设立代表科技和产业发展方向的重大战略工程项目，拉动市场需求。建立技术成果产业化与创新主体所联结的创新链之间的系统整合机制和衔接配套机制，提高创新链各环节的政策制定以及科技规划的有效协调度，防止科技资源重复投入造成效率低下。强化政府科技创新计划的引领和整合作用，充分激发创新链上各创新参与主体的主动性与积极性。以突破产业核心技术和共性技术为目标打造产学研合作的新型产业组织，围绕战略性新兴产业进行积极培育和发展，集中力量加强攻关，突破技术瓶颈制约。积极支持国家自主创新示范区先行先试，有序推动省级高新区升级，建设一批特色产业基地，打造具有国际竞争力的创新集群和产业集群。[①] 加快推动由以高技术制造业为核心向以知识和技术密集型的现代科技服务业为核心转变。要使科技与金融进行深度的结合，充分发挥风险投资公司的作用，使每一个创新成果都有足够的创新投入，能够迅速转化为新技术。

（三）鼓励产学研政合作，提高科技成果转化率

科技成果转变为现实的生产力需要一系列过程，基础科学→技术科学→应用技术→投入生产→产品制造→市场销售。这是一个复杂的过程，只有将每一步实施到位，才能确保成果的成功转化。在这一过程中，要充分发挥高校、科研院所、政府、企业的叠加优势，引导高等院校、科研院所面向企业、面向市场开展技术创新活动，特别是瞄准经济社会和城市发展的重大紧迫需求，显著提高科技创新成果的转化和产业化水平。支持和鼓励各创新主体根据自身特色和优势，探索多种形式的协同创新模式。引导社会资本积极参与自主创新，加快科技成果转化，以科技和金融的融合发展着力促进科技型中小企业的成长。积极开展协同创新、开放式创新，着力提高科技研发能力和成果转化能力，实现创新要素和生产要素的有机衔接。通过借鉴发达国家的做法，充分发挥政府的协调组织功能，鼓励和推动企业、高校和科研机构结合，推动共建科技创新中心，提升科技成果

---

① 《中共科学技术部党组关于深入贯彻落实科学发展观开创十二五科技工作新局面的意见》，科技部，2011 年 2 月 22 日，http：//www. most. gov. cn/fggw/zfwj/zfwj2011/201102/t20110224_ 84979. htm。

转化效率。充分利用高校研究生的科研优势，推进科研成果重心"由量转质"。促进科技成果的研发、转化以及产业化过程紧密衔接，使科研成果的产生、实验环节与技术开发、产品开发后续环节有效结合，引导社会资金和资本市场提高在科技成果转化为现实生产力要素这一环节的投入比重，加强各类高新技术产业化载体建设，增强高新区、产业化基地、大学科技园、科技企业孵化器等的服务功能，完善从企业创业孵化到产业化的全链条支撑服务体系。

（四）增加财政科技投入，优化科技投入结构

研发投入是一个高科技企业良性成长和发展的基本保障，在科技创新中要继续加大财政科技投入，要按照《科学技术进步法》中的规定，保证国家财政科技投入的增长幅度高于国家财政经常性收入的增长幅度。[①] 落实中央财政科技经费的稳定增长机制，有效带动和促进地方财政加大科技投入力度。政府应进一步增加财政科技投入，优化科技投入结构，尤其要加大在基础研究、发明专利方面的投入，高度重视原始创新和源头技术的研发，加快掌握关键核心技术和前沿新兴技术。构建政府引导下的多渠道的投入体系，加大金融机构、风险投资机构等对创新型行业的投入力度，激励企业增加在资金和人力方面的研发投入。增加科技人员在成果转化环节上的收益分享比重，最大限度地激发科研人员研发成果转化的热情和活力。在创新科技投入结构上，要不断优化资金在各个区域、各个行业之间的投放比例，一方面要继续保持对发达区域和基础研究的资金投入，另一方面更要注重兼顾落后区域以及战略性新兴产业的高技术研究，促进全社会资金对科技创新的投入，提高科技创新投入效率。提高科技创新体系与金融体系之间的有机融合度，以完善的金融体系为支撑基础探索多样化的融资方式，为科技创新提供多种融资渠道，加快培育和壮大创业投资和资本市场，构建支持创新驱动发展的良好有序的市场环境。发挥国家新兴产业创业投资引导基金、国家科技成果转化引导基金、科技型中小企业创业投资引导基金和省股权投资引导基金等促进创新创业基金的作用，带动社

---

① 《国家"十二五"科学和技术发展规划》，科学技术部，2011 年 7 月 13 日，http：// www. most. gov. cn/kjgh/201107/t20110713_ 88239. htm。

会资本支持战略新兴产业和高科技产业早中期、初创期新型企业发展。①

（五）强化企业在技术创新中的主体地位，激发技术创新的内源动力

在科技创新体系中，科研机构作为知识、技术的创新主体，作为企业技术创新的源泉和后盾，应该利用科技体制改革契机，对科研机构在发展中的作用进行重新定位，对科技资源进行整合，使改革成为振兴科技的动力和契机，通过改革重组形成一批精干的新型科研机构，打造知识创新的基地。② 以培育自主知识产权为核心，以加强知识产权保护为重点，大力实施知识产权战略，加大对《知识产权法》的宣传力度，加强专利保护部门和技术监督、工商管理等部门，及公司司法部门的协作与联合，加大打击侵犯知识产权违法行为的力度，为企业自主创新提供一个社会制度健全、全员鼓励与支持的环境与氛围。增强企业的创新主体地位，促进创新要素向企业集聚，政府科技经费投入向企业倾斜，鼓励企业提高研发投入比重。鼓励引导企业加大研发投入，激发中小企业创新活力，发挥企业家和科技领军人才在科技创新中的重要作用。支持企业通过设立、兼并或收购等各种途径纳入国内甚至国外科研机构，鼓励其在研发领域积极开展国际合作与交流。推动资金、人才、技术等创新资源向企业聚集，加快培育具有自主知识产权的专利技术和拥有自有品牌的企业产品，做大做强一批有影响的创新型企业和高新技术企业。要进一步增强企业自主创新能力，促进创新要素向企业集聚，引导社会资本积极参与自主创新，以科技和金融的融合发展促进科技型中小企业的成长。支持行业骨干企业与科研院所、高等学校签订战略合作协议，鼓励产学研政合作，充分发挥高校、科研院所、政府、企业的叠加优势，构建以企业为主导的产业技术创新战略联盟。③

---

① 河南省社科联课题组（课题主持人：李庚香、王喜成；课题组成员：李新年、宋淑芳、聂世军、齐善兵；策划：张光辉；执行：孙德中）：《以改革创新精神实施创新驱动发展战略》，《河南日报》2015年10月30日第005版。

② 万娜：《我国科技创新体系建设带来的思考》，《科技创新导报》2011年第27期。

③ 国务院办公厅：《国务院办公厅关于强化企业技术创新主体地位全面提升企业创新能力的意见》，2013年2月14日，www.gov.cn。

（六）深化科技体制改革，增强自主科技创新活力

改革是创新驱动的内在动力要求，在科技创新体系中，科研机构是知识、技术的创新主体，是企业技术创新的源泉和后盾，应该利用科技体制改革契机，对科研机构在发展中的作用进行重新定位，对科技资源进行整合。优化政府科技资源配置，改进科技经费管理办法，提高公共资源的利用效率。进一步深化科研机构改革和重组，推进科研去行政化，建立学术共同体，实行基于学术本位的管理和评价，促进产学研协同创新。[①] 在管理体制、投融资机制、绩效考评制度、激励促进机制、人力资源开发机制、知识产权制度以及各种创新、创业服务平台的构建与完善方面给予支持。建立健全科技决策和宏观调控机制，促进区域内科技资源合理配置，健全科技创新投入机制，健全知识产权工作机制。完善以科技支撑产业的转型、升级和发展的机制。完善区域创新的协同机制，利用多样化的区域特色充分发挥各地区的创新主导作用，加强创新资源在各区域间的流动进而优化资源配置，建立协同的区域创新体系。优先发展教育事业，完善人才培养和激励机制，营造人才成长良好环境，造就规模宏大、结构合理、素质优良的创新型科技人才队伍，为创新型国家建设提供强大的人才保障和智力支持。[②] 建立以市场机制为主、政府参与为辅的体制机制，遵循"市场进行基础性配置，政府对其引导与支持"的原则，推动创新资源要素合理流动与优化配置。建立科技创新的主体协同与成果评价机制，以减少和抑制科技资源配置过程中的固步自封以及创新成果难以转化等现象，充分激发研发人员的创新积极性和主动性。

（七）构建科技中介服务体系，营造良好科技创新环境

完善的中介服务体系可以为企业提供包括技术、资金、管理、市场营销、人才、法律等在内的多项创新支持服务，是开展科技创新活动的物质支撑基础。根据党的十六大对科技工作提出的新任务、新要求，结合我国在服务中介组织方面存在的问题，要建立起有利于各类科技中介组织健康

---

① 万娜：《我国科技创新体系建设带来的思考》，《科技创新导报》2011 年第 27 期。
② 朱步楼：《深入实施创新驱动发展战略》，《新华日报》2012 年 12 月 25 日。

发展的组织制度、运行机制和政策法规体系，要以加强自主创新能力建设为目标，优化科技资源配置，推进科技资源开放共享和高效利用，基本建成满足科技创新需求的资源和条件支撑体系。① 以现有的技术转移服务平台为依托，做好技术成果管理、技术合同登记、技术需求以及难题招标等工作，为科技创新提供完善、开放、共享的技术创新基础平台与技术创新服务平台，提高平台的公共服务能力。尤其是在信息、生物等重点领域以及其他新兴学科领域，平台建设要以服务开放性、资源共享性、知识集成性为重点，对科技资源进行整合优化，提高共享度和开放度；同时，建立健全与平台相关的运行管理机制和评价机制。搭建服务于产业转型发展的公共平台。政府应着力打造互联互通网络和各类公共平台，包括国家（地区）工程研究中心、国家（地区）科技基础条件平台、公共研发平台、产业共性技术服务平台、技术转移转化服务平台等。② 在法律方面，可以在对现有相关法规政策进行梳理分析的基础上对产学研协同创新的形式、各方的法律地位和权利义务等进行明确的规定。大力发展科技中介组织，建立通畅高效的信息通道。制定中长期的产学研合作发展规划，完善与高校产学研协同创新相关的财政、税收、价格、信息等政策。政府部门加快创新资源市场的建设，完善创新资源市场的信息机制、评估机制和交易机制。

（八）优化创新创业生态环境，激发创新创造活力

创新驱动发展战略的实施必须以良好的创新创业生态环境为基础条件。"人才是创新活动的关键要素，加紧集聚大批高端人才是推进我军改革创新的当务之急。"③ "人才是创新的根基，创新驱动实质上是人才驱动，谁拥有一流的创新人才，谁就拥有了科技创新的优势和主导权。"④ 对国防和军队建设是如此，对经济建设亦是如此。"人才者，求之则愈出，置之则愈匮。"集聚创新型人才必须以人才制度创新为着力点，发挥政策制度

---

① 闫淑萍：《国家"十二五"科学和技术发展规划》（摘选）（续二），《河北化工》2011年第12期。

② 《新常态下如何实现创新驱动与转型发展》，中国改革论坛，2015年11月26日，http://www.chinareform.org.cn/Economy/Macro/Practice/201511/t20151126_239187.htm。

③ 桑林峰：《人才是创新的核心要素》，《解放军报》2016年3月16日第005版。

④ 李庚香、王喜成：《新常态下推进创新驱动发展研究》，《区域经济评论》2016年第2期。

和体制机制在创新型人才培养、开发、引进、保留以及评价中的主力作用。同时，坚持"在创新实践中发现人才、在创新活动中培育人才、在创新事业中凝聚人才"，大力培养造就规模宏大、结构合理、素质优良的创新型科技人才队伍，为人才发挥作用、施展才华提供更加广阔的天地，为实施创新驱动发展战略夯实人才基础。① 坚持人才强国战略，深入实施中长期人才发展规划，依托自贸区人才建设工程，营造有利于吸引并留住人才的工作环境，培养和集聚高端人才。加大高层次人才、领军人才的引进培养力度，支持企业与院校合作开展"订单式"人才培养工作。建立健全支持创新的金融体系。鼓励民间资本参与科技投融资体系和科技金融生态圈的建设，加快搭建多种形式的科技金融合作平台，优化金融结构，加大金融改革力度，引导银行加大对企业的支持力度，降低中小企业的融资成本，提高科技金融服务实体经济的能力。打造包容多元化的文化氛围。充分尊重科研人员在创新项目研究上的自主性，大力倡导敢为人先、允许失败、宽容失败的创新创业文化，为自主创新营造良好、宽松的环境。建设创新创业的公共服务平台，形成有利于大众创业、万众创新的文化环境。

---

① 《把创新驱动发展战略摆在突出位置》，《南方日报》2016 年 3 月 14 日，http：//opinion. people. com. cn/n1/2016/0314/c1003-28197025. html。

参考文献

[1] 艾琳、刘春雨：《科技创新驱动经济转型发展的思考》，《宏观经济管理》2013 年第 12 期。

[2] 安宇宏：《创新驱动型经济》，《宏观经济管理》2014 年第 9 期。

[3] 白春礼：《致力重大创新突破服务创新驱动发展》，《求是》2012 年第 16 期。

[4] 白津夫、刘中伟：《经济新常态亟须创新驱动发展》，《中国党政干部论坛》2015 年第 4 期。

[5] 白少君、白冬瑞、耿紫珍：《中国企业创新驱动典型案例分析》，《科技进步与对策》2015 年第 22 期。

[6] 白元龙：《创新驱动下物流企业的经营战略模式研究》，《南京社会科学》2014 年第 4 期。

[7] 毕功兵、梁樑、杨锋：《两阶段生产系统的 DEA 效率评价模型》，《中国管理科学》2007 年第 2 期。

[8] 毕新华、李建军：《创新驱动对经济发展的制度设计研究》，《学习与探索》2015 年第 11 期。

[9] 蔡甜甜、潘华峰、严艳、叶晓宪、王正、赖秋华：《创新驱动下实验设备转型升级新机遇》，《实验技术与管理》2016 年第 6 期。

[10] 蔡银寅：《规模扩张与创新驱动效应的直觉错误——一个基于行业分析的证据》，《科技管理研究》2016 年第 12 期。

[11] 蔡乌赶、周小亮：《企业生态创新驱动、整合能力与绩效关系实证研究》，《财经论丛》2013 年第 1 期。

[12] 曹志鹏：《创新驱动发展模式下我国科技资源配置效率》，《企业经济》2013 年第 8 期。

[13] 陈彪：《资源型地区创新驱动发展面临的问题与对策》，《经济问题》2015 年第 9 期。

［14］ 陈建成：《发达国家研究型大学创新人才》，《科技管理》2009 年第 1 期。

［15］ 陈建武、张向前：《适应创新驱动的中美科技人才发展协同机制研究》，《科技进步与对策》2015 年第 19 期。

［16］ 陈建武、张向前：《我国"十三五"期间科技人才创新驱动保障机制研究》，《科技进步与对策》2015 年第 10 期。

［17］ 陈劲：《国家创新系统：对实施科技发展道路的新探索》，《自然辩证法通讯》1994 年第 5 期。

［18］ 陈劲等：《科学、技术与创新政策》，科学出版社，2013。

［19］ 陈劲、贾根良：《理解熊彼特：创新与经济发展的再思考》，清华大学出版社，2013。

［20］ 陈继勇、余罡：《发达国家与新兴经济体政府在国家创新体系建设中的实践及启示》，《理论月刊》2011 年第 10 期。

［21］ 陈华：《创新范式变革与创新生态系统建构——创新驱动战略研究的新视角》，《内蒙古社会科学》（汉文版）2015 年第 5 期。

［22］ 陈玮、吴建伟：《创新与职能耦合：创新驱动系统价值产生路径》，《科技进步与对策》2015 年第 12 期。

［23］ 柴玉珂、顾晓敏：《"互联网＋"创新驱动下企业运行机制研究：基于重复博弈的视角》，《科技进步与对策》2015 年第 21 期。

［24］ 陈琦：《新兴大国经济转型的创新驱动机制：基于全要素生产率的分析》，《湖南师范大学社会科学学报》2015 年第 6 期。

［25］ 陈强、陈凤娟、刘园珍：《韩国创新驱动发展的路径与特征分析》，《科学管理研究》2015 年第 3 期。

［26］ 陈强、余伟：《英国创新驱动发展的路径与特征分析》，《科学管理研究》2015 年第 3 期。

［27］ 陈晓文：《"科教兴湘"战略与创新型人才培养机制研究》，《中南林业科技大学学报》2009 年第 6 期。

［28］ 陈曦：《创新驱动发展战略的路径选择》，《经济问题》2013 年第 3 期。

［29］ 陈伟等：《中国区域创新系统创新效率的评价研究》，《情报杂志》2010 年第 12 期。

［30］ 陈勇星、屠文娟、季萍、胡桂兰：《江苏省实施创新驱动战略的路径选择》，《科技管理研究》2013 年第 4 期。

［31］ 陈潭、杨孟：《创新驱动发展：理论逻辑与实践图景》，《广州大学学报》（社会科学版）2016 年第 8 期。

［32］ 陈宇学：《创新驱动发展战略》，新华出版社，2014。

［33］ 陈一恋：《中国省市创新驱动效率的影响因素研究——基于 CES 生产函数》，上海师范大学硕士学位论文，2015。

［34］ 成琪：《创新驱动发展战略的哲学思考》，华南理工大学硕士学位论文，2015。

［35］ 程郁、陈雪：《创新驱动的经济增长——高新区全要素生产率增长的分解》，《中国软科学》2013 年第 11 期。

［36］ 迟红刚、徐飞：《从技术创新到社会技术系统转型——工业革命先导产业创新驱动发展的历史启示》，《科技管理研究》2016 年第 24 期。

［37］ 车旭：《创新驱动下的上海开发区转型问题研究》，《城市规划学刊》2012 年第 S1 期。

［38］ 陈雪颂：《设计驱动式创新机理与设计模式演化研究》，浙江大学博士学位论文，2011。

［39］ 程宇：《创新驱动下战略性新兴产业的金融制度安排——基于"适应性效率"的分析》，《南方金融》2013 年第 3 期。

［40］ 迟梦筠、龚勤林：《基于创新驱动的后发地区战略性新兴产业发展》，《贵州社会科学》2015 年第 5 期。

［41］ 崔也光、唐玮：《生命周期对 R&D 投入的影响——基于创新驱动视角》，《中央财经大学学报》2015 年第 9 期。

［42］ 崔有祥、胡兴华、廖娟、谢富纪：《实施创新驱动发展战略测量评估体系研究》，《科研管理》2013 年第 S1 期。

［43］ 崔泽田、李庆杨：《马克思科技创新驱动生产力发展思想及其当代价值》，《理论月刊》2015 年第 5 期。

［44］ 邓江年：《广东产业升级的创新驱动路径研究》，《南方经济》2016 年第 6 期。

［45］ 邓衢文、李纪珍、褚文博：《荷兰和英国的创新平台及其对我国的启示》，《技术经济》2009 年第 8 期。

［46］《邓小平论科学技术》，科学出版社，1997。

［47］《邓小平文选》（第 2 卷），人民出版社，1994。

［48］《邓小平思想年谱》，中央文献出版社，1998。

［49］范德成、蔡文科：《中部六省高技术产业创新驱动绩效分析——基于熵值和 TOPSIS 法物元评判模型》，《工业技术经济》2016 年第 10 期。

［50］范晓莉、郝寿义：《创新驱动下规模经济与经济增长的动态关系研究——基于新经济地理学视角的解释》，《西南民族大学学报》（人文社会科学版）2016 年第 4 期。

［51］樊华、周德祥：《中国省域科技创新效率演化及其影响因素研究》，《科研管理》2012 年第 1 期。

［52］樊杰、刘汉初：《“十三五”时期科技创新驱动对我国区域发展格局变化的影响与适应》，《经济地理》2016 年第 1 期。

［53］方健雯、朱学新、张斌：《长江三角洲技术创新驱动机制的比较分析》，《软科学》2008 年第 2 期。

［54］房宏君、汪昕宇、陈雄鹰：《21 世纪中国创新驱动研究经典文献、主题热点及其演进历程》，《科技进步与对策》2016 年第 13 期。

［55］方亮、徐维祥：《创新驱动对区域经济增长的影响：高新区例证》，《重庆社会科学》2015 年第 11 期。

［56］冯之竣：《转型发展创新驱动：战略研究与发展路径》，浙江教育出版社，2013。

［57］付一凡：《河南创新驱动发展的现状及战略研究》，《改革与战略》2015 年第 9 期。

［58］公磊：《西安市统筹科技资源实现创新驱动发展的现实考察与路径选择》，《科技管理研究》2016 年第 20 期。

［59］郭欢：《企业技术创新效率驱动机制研究》，北京交通大学硕士学位论文，2015。

［60］国家发改委产业经济与技术经济研究所课题组、姜江、韩祺：《“十三五”时期我国创新驱动发展的思路与任务》，《经济研究参考》2016 年第 27 期。

［61］付英彪：《创新驱动发展的评析、反思与展望》，《学习与探索》

2016 年第 12 期。

[62] 傅兆君：《中国发展道路的创新驱动特征研究》，《南京理工大学学报》（社会科学版）2012 年第 3 期。

[63] 高伟：《实施创新驱动发展战略的思考》，《宏观经济管理》2016 年第 5 期。

[64] 葛秋萍、李梅：《我国创新驱动型产业升级政策研究》，《科技进步与对策》2013 年第 16 期。

[65] 辜胜阻、刘江日：《城镇化要从"要素驱动"走向"创新驱动"》，《人口研究》2012 年第 6 期。

[66] 辜胜阻：《实施创新驱动战略需完善多层次资本市场体系》，《社会科学战线》2015 年第 5 期。

[67] 辜胜阻、杨嵋、庄芹芹：《创新驱动发展战略中建设创新型城市的战略思考——基于深圳创新发展模式的经验启示》，《中国科技论坛》2016 年第 9 期。

[68] 辜胜阻、韩龙艳、何峥：《供给侧改革需加快推进国企创新驱动战略——来自于央企的调查研究》，《湖北社会科学》2016 年第 7 期。

[69] 辜胜阻、刘伟、庄芹芹：《大力发展科技金融实施创新驱动战略——以湖北为视角》，《江汉论坛》2015 年第 5 期。

[70] 辜胜阻：《创新驱动战略与经济转型》，人民出版社，2013。

[71] 顾晓燕、刘丽：《知识产权贸易促进创新驱动发展的模式选择与实现路径》，《现代经济探讨》2016 年第 7 期。

[72] 官建成、何颖：《基于 DEA 方法的区域创新系统的评价》，《科学学研究》2005 年第 2 期。

[73] 郭铁成：《创新驱动发展战略的基本问题》，《中国科技论坛》2016 年第 12 期。

[74] 韩凤芹、樊轶侠、赵伟：《创新驱动：现实、趋势与重点》，《经济研究参考》2015 年第 62 期。

[75] 韩秋明、袁立科：《创新驱动导向的技术评价概念体系研究》，《科技进步与对策》2015 年第 24 期。

[76] 何莉娟：《关于建设区域科技创新信息服务平台的思考》，《科技情报开发与经济》2012 年第 12 期。

［77］ 何岚：《制造业创新驱动发展的影响因素》，《重庆社会科学》2016
年第 8 期。

［78］ 何雄：《以技术创新驱动转型发展》，《求是》2015 年第 4 期。

［79］ 洪银兴：《现代化的创新驱动：理论逻辑与实践路径》，《江海学刊》
2013 年第 6 期。

［80］ 洪银兴：《关于创新驱动和协同创新的若干重要概念》，《经济理论与
经济管理》2013 年第 5 期。

［81］ 洪银兴：《论创新驱动经济发展战略》，《经济学家》2013 年第 1 期。

［82］ 洪银兴：《创新型经济：经济发展的新阶段》，经济科学出版
社，2010。

［83］ 洪银兴：《论创新驱动经济发展》，南京大学出版社，2013。

［84］ 洪银兴等：《产学研协同创新研究》，人民出版社，2015。

［85］ 侯海燕：《创新型省份创新驱动发展关键要素识别研究》，西安工程
大学硕士学位论文，2016。

［86］ 胡达沙、王辉、王智源、李潇颖：《创新驱动发展战略背景下文化与
科技创新有机融合问题研究》，《科技管理研究》2014 年第 22 期。

［87］ 胡凯、朱惠倩：《我国区域创新体系：基于 DEA 的绩效评价》，《商
业研究》2009 年第 5 期。

［88］ 胡继成、王宪明：《科技金融支持创新驱动发展的路径与措施》，《经
济研究参考》2015 年第 39 期。

［89］ 胡婷婷、文道贵：《发达国家创新驱动发展比较研究》，《科学管理研
究》2013 年第 2 期。

［90］ 胡学勤：《新常态下创新驱动经济的理论思考》，《现代经济探讨》
2015 年第 11 期。

［91］ 胡勇、乔元波：《诸种商业模式与创新驱动的关联度》，《改革》
2016 年第 6 期。

［92］ 胡钰：《增强创新驱动发展新动力》，《中国软科学》2013 年第
11 期。

［93］ 胡振华、杨琼：《创新驱动的双重路径与后发赶超——基于技术经济
范式演化视角的分析》，《学习与实践》2014 年第 5 期。

［94］ 胡志伟、彭迪云：《新兴产业创新驱动下科教资源低丰裕度地区大院

名校汇流研究——以深圳、苏州、无锡为例》，《科技管理研究》2015 年第 4 期。

［95］ 黄东兵、刘骏：《中小型高新技术企业创新驱动成长机制研究》，《科技进步与对策》2015 年第 21 期。

［96］ 黄剑：《论创新驱动理念下的供给侧改革》，《中国流通经济》2016 年第 5 期。

［97］ 黄茂兴、王珍珍等：《中国（福建）自贸试验区发展报告（2015～2016）》，社会科学文献出版社，2016。

［98］ 黄茂兴：《"十二五"中期创新驱动战略实施中存在的问题》，《学习时报》2014 年 3 月 17 日。

［99］ 黄茂兴、王珍珍等：《国家创新竞争力：理论、方法与实证》，中国社会科学出版社，2012。

［100］ 黄宁燕、王培德：《实施创新驱动发展战略的制度设计思考》，《中国软科学》2013 年第 4 期。

［101］ 黄锐、任锦鸾、张殊、黄欣竹、王晶：《创新驱动发展机理分析与实证研究》，《中国科技论坛》2016 年第 8 期。

［102］ 黄晟：《宁波实现由投资驱动向创新驱动转变的路径研究》，宁波大学硕士学位论文，2009。

［103］ 霍慧智：《京鄂皖苏等地创新驱动政策分析——基于内容分析法的探讨》，《科技进步与对策》2015 年第 12 期。

［104］ 霍慧智：《以京沪深为样本的创新驱动政策研究》，《科技管理研究》2016 年第 11 期。

［105］ 季良玉、李廉水：《基于制造业发展进程的创新驱动轨迹分析——基于江苏省 2004～2013 年数据的分析》，《江苏社会科学》2015 年第 6 期。

［106］ 金桂荣：《提升我国中小企业节能减排效率的创新驱动研究》，《科学管理研究》2014 年第 3 期。

［107］ 金哲松、陈方、韦苏健：《文化产业创新驱动发展战略差异化研究——基于国别比较的视角》，《现代管理科学》2015 年第 5 期。

［108］ 姜长云：《创新驱动视野的农业发展方式转变》，《改革》2015 年第 12 期。

［109］姜军、武兰芬、李必强等：《发达国家政府在创新体系中的作用方式及启示》，《科学学研究》2004 年第 4 期。

［110］姜黎辉：《突变性技术创新驱动下政策组合链条研究》，《科技进步与对策》2014 年第 24 期。

［111］江湧、陈敏、刘佐菁：《"五位一体"视角下的广东实施创新驱动发展战略路径研究》，《科技管理研究》2017 年第 2 期。

［112］《江泽民文选》（第 3 卷），人民出版社，2006。

［113］江泽民：《全面建设小康社会，开创中国特色社会主义事业新局面》，人民出版社，2002。

［114］江泽民：《论科学技术》，中央文献出版社，2001。

［115］蒋绚：《资源、机制与制度：美国创新驱动发展研究与启示》，《学海》2016 年第 3 期。

［116］蒋绚：《政策、市场与制度：德国创新驱动发展研究与启示》，《中国行政管理》2015 年第 11 期。

［117］蒋秀兰、沈志渔：《基于波特假说的企业生态创新驱动机制与创新绩效研究》，《经济管理》2015 年第 5 期。

［118］蒋玉涛、招富刚：《创新驱动过程视角下的创新型区域评价指标体系研究》，《科技管理研究》2009 年第 7 期。

［119］姜照华、刘建华、刘爽、陈禹、赵帅：《创新驱动增长模式的共协理论分析：以中兴通讯为例》，《科技管理研究》2014 年第 9 期。

［120］康继军、孙彩虹：《创新驱动经济增长：创客模式与传统创新模式比较研究》，《科技进步与对策》2016 年第 2 期。

［121］金相郁、张换兆、林娴岚：《美国创新战略变化的三个阶段及对中国的启示》，《中国科技论坛》2012 年第 3 期。

［122］兰宏、聂鸣、邹德文：《战略高技术产业对国家创新能力的创新驱动——基于武汉光电子产业的分析》，《改革与战略》2008 年第 5 期。

［123］李春浩、张向前：《我国创新驱动战略对科技人才发展的需求与趋势》，《科技管理研究》2016 年第 15 期。

［124］李国璋、陈南旭：《创新驱动下技术引进与东西部地区工业结构优化》，《甘肃社会科学》2016 年第 6 期。

[125] 李洪文：《我国创新驱动发展面临的问题与对策研究》，《科学管理研究》2013 年第 3 期。

[126] 李健：《创新驱动城市更新改造：巴塞罗那普布诺的经验与启示》，《城市发展研究》2016 年第 8 期。

[127] 李健：《创新驱动空间重塑：创新城区的组织联系、运行规律与功能体系》，《南京社会科学》2016 年第 7 期。

[128] 李俭国、肖磊：《创新驱动与我国经济发展方式转变》，《当代经济研究》2015 年第 8 期。

[129] 李建平、李闽榕、赵新力主编《二十国集团（G20）国家创新竞争力发展报告（2011~2013）》，社会科学文献出版社，2013。

[130] 李建平、李闽榕、赵新力：《G20 国家创新竞争力黄皮书》，社会科学文献出版社，2015。

[131] 李建平、李闽榕、赵新力：《G20 国家创新竞争力黄皮书》，社会科学文献出版社，2016。

[132] 李建平、李闽榕、黄茂兴：《二十国集团（G20）经济热点分析报告（2015~2016）》，经济科学出版社，2015。

[133] 李惠娟、朱福兴、刘宁宁：《创新型省份自主创新能力的模糊综合评价》，《科技进步与对策》2009 年第 12 期。

[134] 李海超、李美葳、陈雪静：《高科技产业原始创新驱动因素分析与实现路径设计》，《科技进步与对策》2015 年第 6 期。

[135] 李建钢、李秉祥：《后发企业迈向创新型企业过程中创新驱动特征分析——以中兴通讯公司为例》，《科技进步与对策》2014 年第 2 期。

[136] 李景海、周松兰：《异质性个体、知识创造与创新驱动政策转向》，《学习与实践》2015 年第 11 期。

[137] 李琳、戴姣兰：《中三角城市群协同创新驱动因素研究》，《统计与决策》2016 年第 23 期。

[138] 李石勇、马卫华、蓝满榆：《广东高校科技创新与区域创新的联结效应及深化对策》，《科技管理研究》2011 年第 16 期。

[139] 李华：《创新驱动发展战略下研发支出资本化的会计选择研究——来自 A 股制造业的经验证据》，《华东经济管理》2016 年第 7 期。

［140］李梅：《我国创新驱动型产业升级政策研究》，华中科技大学硕士学位论文，2012。

［141］李楠、龚惠玲、张超：《区域创新驱动发展关键影响因素研究》，《科技进步与对策》2016 年第 12 期。

［142］李蒇、王宏起：《区域科技创新平台体系建设与运行策略》，《科技进步与对策》2012 年第 6 期。

［143］李晓冬、王龙伟：《市场导向、政府导向对中国企业创新驱动的比较研究》，《管理科学》2015 年第 6 期。

［144］李晓萍、李平、江飞涛：《创新驱动战略中市场作用与政府作为——德国经验及其对我国的启示》，《产经评论》2015 年第 6 期。

［145］李燕萍、毛雁滨、史瑶：《创新驱动发展评价研究——以长江经济带中游地区为例》，《科技进步与对策》2016 年第 22 期。

［146］李旭辉、王刚刚：《创新驱动战略下中小企业 R&D 投资的创新效应研究》，《科学管理研究》2016 年第 2 期。

［147］李应生：《科技创新成果转化的难点与对策研究》，《河南科技》2012 年第 2 期。

［148］李宇：《嵌入大学科技园的紧密型产学研结合机制及区域创新驱动模式研究》，《科技进步与对策》2013 年第 1 期。

［149］李政、任妍：《"新常态"下民营企业的创新驱动发展战略》，《理论学刊》2015 年第 10 期。

［150］梁龙武、袁宇翔、付智、余国兴：《区域创新驱动全要素生产率测度及其影响因素研究——基于 Malmquist-Tobit 方法的实证分析》，《科技管理研究》2016 年第 10 期。

［151］林念修：《改革释放活力创新驱动发展》，《宏观经济管理》2015 年第 7 期。

［152］凌峰、戚湧、石志岩：《区域科技资源市场化配置机理与江苏创新驱动发展建议》，《科技管理研究》2016 年第 18 期。

［153］凌捷：《供给侧改革与中国创新驱动发展战略研究》，《改革与战略》2016 年第 7 期。

［154］柳卸林：《技术创新经济学》，清华大学出版社，2014。

［155］孔德议、张向前：《我国"十三五"期间适应创新驱动的科技人才

激励机制研究》，《科技管理研究》2015 年第 11 期。

[156] 孔令丞：《科技支撑创新驱动和转型发展的政策研究》，《理论学刊》2014 年第 12 期。

[157] 孔宪丽、米美玲、高铁梅：《技术进步适宜性与创新驱动工业结构调整——基于技术进步偏向性视角的实证研究》，《中国工业经济》2015 年第 11 期。

[158] 李俊江、孟勐：《基于创新驱动的美国"再工业化"与中国制造业转型》，《科技进步与对策》2016 年第 5 期。

[159] 刘爱文：《创新驱动发展战略的自然依归》，《郑州大学学报》（哲学社会科学版）2015 年第 2 期。

[160] 刘爱文：《创新驱动发展战略的民主依归》，《现代经济探讨》2015 年第 3 期。

[161] 刘爱文：《创新驱动发展战略中三重体认》，《社会科学》2015 年第 3 期。

[162] 刘爱文：《创新驱动发展战略中三重境域》，《贵州社会科学》2015 年第 1 期。

[163] 刘城：《区域创新驱动发展的核心载体培育——以广东惠州仲恺高新区为例》，《科技管理研究》2016 年第 15 期。

[164] 刘春晖、赵玉林：《创新驱动的航空航天装备制造业空间演化——基于演化计量经济学的实证分析》，《宏观经济研究》2016 年第 5 期。

[165] 刘焕、吴建南：《创新驱动先前实践对建设目标的影响——来自中国省级面板数据的实证研究》，《科技进步与对策》2016 年第 12 期。

[166] 刘瑞波、边志强：《基于两阶段关联 DEA 的高速公路上市公司经营效率研究》，《山东财政学院学报》2011 年第 3 期。

[167] 刘若霞、李宇飞：《我国新能源产业创新驱动发展路径研究》，《科技进步与对策》2015 年第 17 期。

[168] 刘群彦、刘艳茹：《创新驱动视角下我国知识产权保护制度研究》，《中州学刊》2015 年第 12 期。

[169] 刘顺忠、官建成：《区域创新系统创新绩效的评价》，《中国管理科

学》2002 年第 1 期。

[170] 刘新民、董啸、王垒：《资源整合视角下企业家集群创新驱动经济发展作用研究》，《商业研究》2015 年第 9 期。

[171] 刘雪芹、张贵：《创新生态系统：创新驱动的本质探源与范式转换》，《科技进步与对策》2016 年第 20 期。

[172] 刘英基：《我国产业高端化的协同创新驱动研究——基于产业共生网络的视角》，《中国地质大学学报》（社会科学版）2013 年第 6 期。

[173] 刘新竹：《知识创新驱动经济发展方式转变的机理》，《技术经济与管理研究》2016 年第 3 期。

[174] 刘燕华、王文涛：《新常态下的创新驱动——对创新服务体系的认识》，《工业技术经济》2016 年第 1 期。

[175] 刘阳、隋顺雨：《创新结构及创新驱动的经济学分析》，《黑龙江社会科学》2016 年第 6 期。

[176] 刘贻新、朱怀念、张光宇、杨诗炜：《创新驱动战略下创新资源共享机制博弈仿真分析》，《科技管理研究》2014 年第 18 期。

[177] 刘姿媚、谢科范：《创新驱动的系统动力学模拟——以武汉东湖国家自主创新示范区为例》，《科技进步与对策》2016 年第 14 期。

[178] 刘志彪：《从后发到先发：关于实施创新驱动战略的理论思考》，《产业经济研究》2011 年第 4 期。

[179] 刘志彪：《以科技创业推动城市的创新驱动发展》，《学术界》2015 年第 6 期。

[180] 刘忠艳：《创新驱动发展背景下的政府人才治理：内涵、发展困境及应对策略》，《中国人力资源开发》2016 年第 17 期。

[181] 龙静、贾良定、孙佩：《技术创新驱动要素协同与能力构建——10 家高科技企业典型事件分析法的案例》，《经济管理》2014 年第 5 期。

[182] 龙云凤：《典型国家全球竞争力指数分析及对广东创新驱动发展的启示》，《科技管理研究》2016 年第 9 期。

[183] 龙云凤：《江苏省创新驱动政策体系研究及对广东的启示》，《科技管理研究》2016 年第 7 期。

［184］卢现祥：《供给侧结构性改革：从资源重新配置追赶型经济转向创新驱动型经济》，《人文杂志》2017年第1期。

［185］罗能生、黄雄智：《政府人力资本对区域创新驱动发展影响研究》，《工业技术经济》2016年第10期。

［186］罗晓梅：《我国创新驱动发展战略的理论基础和学术渊源》，《探索》2016年第5期。

［187］罗兴鹏、张向前：《我国"十三五"期间创新驱动战略实施与科技人才发展互动耦合研究》，《科技进步与对策》2015年第17期。

［188］罗亚非：《我国中部6省和京、沪、粤区域技术创新绩效比较研究》，《科技进步与对策》2006年第1期。

［189］卢超、尤建新、郑海鳌：《创新驱动发展的城市建设路径——以上海创新型城市建设为例》，《科技进步与对策》2016年第23期。

［190］吕富彪：《优化辽宁产业技术创新驱动耦合效应的措施选择》，《科学管理研究》2015年第5期。

［191］吕富彪：《加快辽宁装备制造业创新驱动协同发展的对策研究》，《科学管理研究》2016年第4期。

［192］吕薇主编《创新驱动发展与知识产权制度》，中国发展出版社，2014。

［193］《马克思恩格斯选集》（第1卷），人民出版社，1995。

［194］《马克思恩格斯选集》（第2卷），人民出版社，1995。

［195］《马克思恩格斯选集》（第3卷），人民出版社，1995。

［196］《马克思恩格斯文集》（第5卷），人民出版社，2009。

［197］《马克思恩格斯全集》（第2卷），人民出版社，1972。

［198］《马克思恩格斯全集》（第19卷），人民出版社，1972。

［199］《马克思恩格斯全集》（第25卷），人民出版社，1974。

［200］《毛泽东文集》（第7卷），人民出版社，1999。

［201］《毛泽东文集》（第8卷），人民出版社，1999。

［202］马述忠、吴国杰：《全球价值链发展新趋势与中国创新驱动发展新策略——基于默会知识学习的视角》，《新视野》2016年第2期。

［203］马一德：《创新驱动发展与知识产权战略实施》，《中国法学》2013年第4期。

[204] 毛冠凤、陈明艳、殷伟斌：《经济特区中后发展区域从投资驱动向创新驱动转型研究：以深圳龙岗为例》，《科技进步与对策》2016年第22期。

[205] 缪珊珊：《企业内部动力驱动系统与创新绩效的关系研究》，浙江工业大学硕士学位论文，2012。

[206] 欧阳峰、曾靖：《基于主成分——粗糙集方法的战略性新兴产业创新驱动绩效评价——以战略性新兴产业上市公司为样本》，《工业技术经济》2015年第12期。

[207] 潘建红、武宏齐：《论科技社团推动创新驱动发展战略的实践选择》，《求实》2016年第9期。

[208] 潘恩荣：《〈资本论〉及其手稿中"创新驱动发展思想"哲学研究述评》，《自然辩证法研究》2015年第8期。

[209] 房爱博：《世界强国之路与创新驱动发展战略研究》，北京交通大学硕士学位论文，2014。

[210] 裴小革：《论创新驱动——马克思主义政治经济学的分析视角》，《经济研究》2016年第6期。

[211] 彭刚、李逸浩：《利用创新驱动跨越中等收入陷阱》，《河北经贸大学学报》2015年第6期。

[212] 戚耀元、戴淑芬、葛泽慧：《基于技术创新与商业模式创新耦合关系的企业创新驱动研究》，《科技进步与对策》2015年第21期。

[213] 齐建国、梁晶晶：《论创新驱动发展的社会福利效应》，《经济纵横》2013年第8期。

[214] 齐琳琳：《论创新驱动发展战略下高校知识产权管理体系的构建》，《湖北社会科学》2016年第10期。

[215] 齐秀辉、武志勇：《创新驱动视角下大中型工业企业创新能力动态综合评价》，《科技进步与对策》2015年第21期。

[216] 乔章凤：《基于创新驱动战略的创新型城市建设研究》，《理论与改革》2016年第6期。

[217] 邱生荣、朱朝枝：《福建省农业科技成果转化机制研究》，《农业经济与科技》2008年第11期。

[218] 仇景万：《英国创意产业发展对我国创新驱动发展战略的启示》，

《现代管理科学》2016 年第 5 期。

[219] 钱丽、陈忠卫、肖仁桥：《安徽省高技术产业创新效率研究——基于两阶段价值链视角》，《技术经济》2012 年第 8 期。

[220] 曲泽静、张慧君：《新常态下价值链升级的创新驱动系统研究》，《技术经济与管理研究》2016 年第 1 期。

[221] 任保平、郭晗：《经济发展方式转变的创新驱动机制》，《学术研究》2013 年第 2 期。

[222] 任胜钢、彭建华：《基于 DEA 模型的中部区域创新绩效评价与比较研究》，《求索》2006 年第 10 期。

[223] 任耀、牛冲槐、张彤进、姚西龙：《专用设备制造业创新驱动系统的协同度研究》，《中国科技论坛》2015 年第 8 期。

[224] 沙世葵：《市场导向的中国高校技术创新驱动机制研究——基于美英日成功经验的研究与构建》，《科学管理研究》2016 年第 5 期。

[225] 沈坤荣、赵倩：《创新驱动发展的国际经验及其对中国的启示》，《学习与探索》2015 年第 11 期。

[226] 盛园：《普林斯顿大学本科课程及管理研究》，湖南师范大学硕士学位论文，2011。

[227] 盛亚、杨虎：《组织创新驱动因素国外研究评介与展望》，《科技管理研究》2014 年第 7 期。

[228] 邵传林、王丽萍：《创新驱动视域下科技金融发展的路径研究》，《经济纵横》2016 年第 11 期。

[229] 邵传林、王丽萍：《高投资率、制度环境质量与创新驱动发展》，《广东财经大学学报》2016 年第 3 期。

[230] 邵传林、徐立新：《创新驱动发展的制度性影响因素研究——基于中国省际层面的实证检验》，《北京邮电大学学报》（社会科学版）2015 年第 4 期。

[231] 沈坤荣、赵倩：《创新驱动发展的国际经验及其对中国的启示》，《学习与探索》2015 年第 11 期。

[232] 史修松、赵曙东、吴福象：《中国区域创新效率及其空间差异研究》，《数量经济技术经济研究》2009 年第 3 期。

[233] 舒元、才国伟：《我国省际技术进步及其空间扩散分析》，《经济研

究》2007 年第 6 期。

[234] 栗献忠：《新兴国家创新驱动模式与比较研究》，《科学管理研究》2014 年第 5 期。

[235] 宋平：《中日韩三国科技创新能力的比较与启示》，《山东社会科学》2012 年第 7 期。

[236] 宋晶、陈劲：《全球价值链升级下中国创新驱动发展战略的实施策略》，《技术经济》2016 年第 5 期。

[237] 苏华：《实施创新驱动发展战略必须构建创新型技术技能人才培养模式》，《教育与职业》2016 年第 14 期。

[238] 孙斌、魏守华、王有志：《创新驱动经济发展：从企业创新到创新型经济》，经济管理出版社，2013。

[239] 孙庆梅、李兆友、李有刚：《论产学研合作中的"创新驱动失灵"》，《科技进步与对策》2014 年第 7 期。

[240] 孙薇、郁钰：《中国制造业创新驱动的重大背离现象分析》，《科技管理研究》2016 年第 18 期。

[241] 孙晓、张少杰：《创新驱动产业国际竞争力提升的策略研究》，《经济纵横》2015 年第 5 期。

[242] 谈力、李栋亮：《日本创新驱动发展轨迹与政策演变及对广东的启示》，《科技管理研究》2016 年第 5 期。

[243] 石冠飞：《中国制造业创新效率：分解与驱动分析——基于随机边界分析和上市公司面板数据》，暨南大学硕士学位论文，2011。

[244] 孙兆刚：《面向创新驱动战略的创新质量分析》，《工业技术经济》2015 年第 2 期。

[245] 唐建荣、石文：《基于 BMA 的企业技术创新驱动因素分析》，《财经科学》2015 年第 11 期。

[246] 唐小飞、成立、王春国、鲁平俊：《新经济环境下技术创新驱动与品牌关系驱动影响力对比研究》，《科研管理》2015 年第 11 期。

[247] 陶卓、王春艳：《人才与产业耦合：创新驱动下西部人才培养路径》，《科技进步与对策》2015 年第 22 期。

[248] 田建荣、尹达：《基于创新驱动的高校课堂改革路径》，《深圳大学学报》（人文社会科学版）2016 年第 6 期。

[249] 田兴国、吕建秋、杨立群、孙雄松、蒋艳萍：《创新驱动发展背景下广东高校的基础研究管理机制改革探讨》，《研究与发展管理》2016年第4期。

[250] 万钢：《优化科技资源配置实施创新驱动发展战略》，《人民论坛》2014年第S2期。

[251] 万钢：《创新驱动与转型发展》，《中国流通经济》2013年第6期。

[252] 万钢：《紧紧抓住重大战略机遇努力实现创新驱动发展》，《求是》2012年第16期。

[253] 汪冰：《创新、创新驱动和创新驱动战略》，《甘肃理论学刊》2013年第4期。

[254] 王必好：《创新驱动发展中企业技术创新效率研究》，南京大学博士学位论文，2016。

[255] 王聪、何爱平：《创新驱动发展战略的理论解释：马克思与熊彼特比较的视角》，《当代经济研究》2016年第7期。

[256] 王川、赵俊晔、张峭：《创新驱动我国科技发展的作用分析》，《农业科技管理》2013年第4期。

[257] 王峰、王永刚、赵海燕：《我国体育旅游产业创新驱动与路径研究》，《沈阳体育学院学报》2016年第4期。

[258] 王冠凤：《创新驱动上海高端服务业结构优化》，《中国流通经济》2016年第10期。

[259] 王佳宁、罗重谱、白静：《西部地区创新驱动发展与重庆的比较优势》，《改革》2016年第9期。

[260] 王君：《创新驱动发展：理论探索与实践》，北京理工大学出版社，2014。

[261] 王娟：《创新驱动传统产业转型升级路径研究》，《技术经济与管理研究》2016年第4期。

[262] 王海兵、杨蕙馨：《创新驱动与现代产业发展体系——基于我国省际面板数据的实证分析》，《经济学（季刊）》2016年第4期。

[263] 王殿华、莎娜：《京津冀科技创新驱动产业转型发展研究》，《科学管理研究》2016年第4期。

[264] 王海龙、丁堃、沈喜玲：《科技服务业创新驱动效应研究——以辽

宁投入产出表为例》，《科技进步与对策》2016 年第 15 期。

[265] 王海燕、郑秀梅：《创新驱动发展的理论基础、内涵与评价》，《中国软科学》2017 年第 1 期。

[266] 王进富、侯海燕、张爱香：《创新型省份创新驱动发展关键要素识别研究——以陕西为例》，《科技管理研究》2016 年第 20 期。

[267] 王进富、黄鹏飞：《共同演化视角下创新驱动发展协同动力与路径选择》，《改革与战略》2015 年第 4 期。

[268] 王俊：《创新驱动和绿色发展的体制机制改革研究》，《经济体制改革》2016 年第 6 期。

[269] 王珺：《创新驱动发展与上市激励机制》，《学术研究》2015 年第 12 期。

[270] 王开盛：《创新驱动型经济增长激励机制研究》，西北大学硕士学位论文，2007。

[271] 王垒、刘新民、董啸：《我国企业家集群创新驱动沿海省域经济增长的实证分析》，《科技管理研究》2016 年第 21 期。

[272] 王利：《中国大中型工业企业创新驱动增长的测度与分析》，《数量经济技术经济研究》2015 年第 11 期。

[273] 王利：《企业创新驱动增长的测度与实证分析》，《统计研究》2015 年第 8 期。

[274] 王莉：《技术创新驱动的转型发展研究——基于新能源汽车产业》，《科学管理研究》2016 年第 5 期。

[275] 王冉冉：《"创新驱动发展战略"下制度供给促进技术创新的作用机理分析——以美国电影产业为例》，《学术论坛》2015 年第 12 期。

[276] 王山、奉公：《农业虚拟产业集群："互联网+"创新驱动农业产业链融合的新模式》，《上海经济研究》2016 年第 6 期。

[277] 王涛、邱国栋：《创新驱动战略的"双向驱动"效用研究》，《技术经济与管理研究》2014 年第 6 期。

[278] 王薇：《中国经济增长中创新驱动的区域差异研究》，《西北大学学报》（哲学社会科学版）2015 年第 1 期。

[279] 王维、金娜、钟川：《不同所有制下装备制造企业创新驱动要素差异化比较研究——以东北老工业区企业为例》，《科技进步与对策》

2015 年第 21 期。

[280] 王文寅、梁晓霞：《创新驱动能力影响因素实证研究——以山西省为例》，《科技进步与对策》2016 年第 3 期。

[281] 王新红、李世婷：《基于改进熵值法的中国制造业创新驱动能力评价研究》，《商业研究》2017 年第 1 期。

[282] 王璇：《创新驱动湖北发展战略研究》，武汉理工大学硕士学位论文，2013。

[283] 王延飞、赵柯然、于洁：《创新驱动战略情报保障的概念关系辨析》，《情报理论与实践》2016 年第 11 期。

[284] 王叶军、李建伟：《中国典型高技术产业创新驱动模式——以北京市为例》，《科技进步与对策》2016 年第 12 期。

[285] 王玉民、刘海波、靳宗振、梁立赫：《创新驱动发展战略的实施策略研究》，《中国软科学》2016 年第 4 期。

[286] 王志标、杨盼盼：《创新驱动价值链重构作用机理探究》，《科技进步与对策》2015 年第 21 期。

[287] 王志刚：《扎实推进创新驱动发展战略》，《求是》2012 年第 23 期。

[288] 王珍珍：《"十二五"以来我国省域创新驱动发展战略实施成效分析》，《经济研究参考》2014 年第 58 期。

[289] 魏明、王超：《信息生态平衡视角下创新驱动陕西省制造业转型升级研究》，《科技进步与对策》2015 年第 21 期。

[290] 卫兴华：《创新驱动与转变发展方式》，《经济纵横》2013 年第 7 期。

[291] 卫兴华：《社会主义经济理论研究集萃 2013 创新驱动的中国经济》，经济科学出版社，2014。

[292] 吴春雷：《新常态下创新驱动发展战略中的政府职能定位》，《云南社会科学》2015 年第 6 期。

[293] 吴金希：《理解创新文化的一个综合性框架及其政策涵义》，《中国软科学》2011 年第 5 期。

[294] 吴琨、熊成扬、林蓉：《创新驱动背景下知识主导型技术联盟利益分配路径研究》，《科技进步与对策》2015 年第 21 期。

[295] 吴晗晗、刘传江、胡威：《创新驱动下武汉市研发产业发展研究》，

《科技进步与对策》2016年第2期。

[296] 吴军：《创新驱动要素的维度体系、协同发展及路径模式研究》，东北财经大学硕士学位论文，2015。

[297] 吴太胜：《推进区域内生经济增长的创新人才培育机制探索——以台州经济发展、资源建设与高等教育的关系为例》，《工业技术经济》2008年第10期。

[298] 吴雪、胡伟清：《"创新驱动"背景下中小企业的创新发展研究》，《人民论坛》2013年第11期。

[299] 巫强、陈梦莹、洪颖：《加拿大食品检验署风险管理的创新驱动机制研究与启示》，《科技管理研究》2014年第18期。

[300] 吴祥佑：《创新驱动改革试验区对研发的作用机制研究》，《科学管理研究》2014年第5期。

[301] 习士磊：《基于创新驱动战略的我国科技政策构建研究》，河北师范大学硕士学位论文，2014。

[302] 谢建国、周露昭：《中国区域技术创新绩效——一个基于DEA的两阶段研究》，《学习与实践》2007年第6期。

[303] 夏天：《创新驱动过程的阶段特征及其对创新型城市建设的启示》，《科学学与科学技术管理》2010年第2期。

[304] 肖奎喜、谢玥玥、徐世长：《创新驱动背景下实现中国科技金融突破性发展的制度安排及政策建议——基于发达国家和地区科技金融体制创新的借鉴》，《科技进步与对策》2016年第23期。

[305] 肖亮：《中部地区科技成果转化机制的问题及对策研究》，《科技情报开发与经济》2010年第22期。

[306] 肖元真：《全球科技创新发展大趋势》，科学出版社，2000。

[307] 熊彼特：《经济发展理论》，商务印书馆，1991。

[308] 徐光耀、宋卫国：《2011~2012全球竞争力指数与中国的创新型国家建设》，《中国科技论坛》2012年第7期。

[309] 徐可、王瑞：《我国中小纺织企业科技创新驱动探讨——基于知识、技术和管理视角研究》，《理论与现代化》2014年第6期。

[310] 许楠、王立岩：《创新型城市科技创新系统运行机制与效率测度》，《统计与决策》2012年第13期。

[311] 徐天舒、朱天一：《创新驱动发展战略下优势传统企业的创新特性——基于苏州 200 家优秀科技创新企业的实证分析》，《科技管理研究》2016 年第 15 期。

[312] 许宪春、郑学工：《改革研发支出核算方法更好地反映创新驱动作用》，《国家行政学院学报》2016 年第 5 期。

[313] 许正中：《创新驱动战略：从追随者到引领者》，《学术前沿》2013 年第 7 期。

[314] 薛澜、赵静：《关于"十三五"时期创新驱动发展的时代意义与战略思考》，《国家行政学院学报》2016 年第 5 期。

[315] 薛曜祖、黄蕾、马克卫：《创新驱动导向评价体系研究及展望》，《科技管理研究》2016 年第 14 期。

[316] 严成樑、胡志国：《创新驱动、税收扭曲与长期经济增长》，《经济研究》2013 年第 12 期。

[317] 闫俊周：《新常态下战略性新兴产业创新驱动发展的路径选择》，《企业经济》2016 年第 5 期。

[318] 闫坤、张鹏：《当前宏观经济形势分析与财政政策取向——全球经济再失衡态势初显与中国创新驱动战略》，《财经问题研究》2015 年第 7 期。

[319] 闫丽平、谷立霞、陈晔：《创新驱动战略下高技术产业发展能力评价》，《企业经济》2016 年第 6 期。

[320] 闫帅、武博：《研究联合体研发创新驱动产业结构发展演化研究》，《科技进步与对策》2015 年第 15 期。

[321] 严全治、赵冉：《创新驱动区域经济可持续发展研究——新常态下看河南》，《商业经济研究》2015 年第 32 期。

[322] 杨多贵、周志田：《创新驱动发展的战略选择、动力支撑与红利挖掘》，《经济研究参考》2014 年第 64 期。

[323] 杨骏、邢科：《经济新常态、创新驱动和金融改革——"十三五"期间我国金融业改革的逻辑和重点问题》，《上海金融》2015 年第 5 期。

[324] 杨琳：《破除机制障碍助力创新驱动——陕西创业投资引导基金的运作实践》，《西安财经学院学报》2016 年第 5 期。

[325] 杨涛、赵琳:《基于 SEM 的民营企业创新驱动发展路径模式构建——以山东省民营企业为例》,《企业经济》2015 年第 8 期。

[326] 杨静:《产业共性技术:撬动我国中小企业创新驱动的支点》,《经济研究参考》2013 年第 63 期。

[327] 杨卫:《为创新驱动发展固本强基》,《求是》2013 年第 14 期。

[328] 杨卫、赵雯、张彦、吕军:《创新驱动发展的供需战略及相关思考》,《中国科学基金》2016 年第 2 期。

[329] 杨武、杨淼:《基于产业创新系统的创新驱动发展案例研究》,《科技进步与对策》2015 年第 17 期。

[330] 杨武、杨淼:《基于科技创新驱动的我国经济发展与结构优化测度研究》,《软科学》2016 年第 4 期。

[331] 杨武、杨淼:《基于景气状态的中国科技创新驱动经济增长时序性研究》,《管理学报》2017 年第 2 期。

[332] 杨阳、霍国庆、顾春光:《基于 AHP 的区域创新驱动发展关键要素的研究》,《现代管理科学》2015 年第 8 期。

[333] 杨晓玲:《创新驱动、经济的非均衡运行与马克思经济学时代化研究》,《马克思主义研究》2015 年第 7 期。

[334] 杨轶:《试论创新驱动型产业政策》,《改革与战略》2008 年第 2 期。

[335] 叶松:《创新驱动背景下生产力与生产关系的变革》,《科学管理研究》2016 年第 5 期。

[336] 尹猛基:《我国省级行政区域创新驱动发展水平评价研究》,《工业技术经济》2015 年第 12 期。

[337] 易蓉、盛振江、罗永泰:《创新驱动顾客价值实现的路径选择》,《兰州大学学报》(社会科学版)2014 年第 6 期。

[338] 雍兰利、赵朝霞:《面向创新驱动发展战略的中国创新政策重构》,《科技进步与对策》2015 年第 11 期。

[339] 由玉坤:《创新驱动下的山东省休闲农业发展模式研究》,《农业经济》2016 年第 9 期。

[340] 俞宪忠:《全球化竞争与制度创新驱动》,《现代经济探讨》2016 年第 12 期。

［341］俞燕、李艳军：《区域品牌创新驱动的传统农业集群价值链功能升级策略》，《统计与决策》2014 年第 18 期。

［342］余日昌：《西欧国家的创新个性》，《世界经济与政治论坛》2006 年第 6 期。

［343］余永泽：《我国高技术产业技术创新效率及其影响因素研究》，《经济科学》2009 年第 4 期。

［344］远德玉：《中日企业技术创新比较》，东北大学出版社，1998。

［345］岳书敬、刘朝明：《人力资本与区域全要素生产率分析》，《经济研究》2006 年第 4 期。

［346］张贵、徐杨杨、梁莹：《京津冀协同创新驱动因素及对策建议》，《中国高校科技》2016 年第 10 期。

［347］张晶：《创新驱动区域经济可持续发展研究——基于 1996～2014 年江苏省的数据检验》，《广西社会科学》2016 年第 10 期。

［348］张晶：《创新驱动经济可持续发展效率分析——基于 2003～2013 年北京、上海与江苏三地数据》，《商业经济研究》2016 年第 5 期。

［349］张宏丽、袁永：《基于 GIS 的创新驱动发展战略量化指标构建及广东实证研究》，《科技管理研究》2016 年第 14 期。

［350］张来武：《论创新驱动发展》，《中国软科学》2013 年第 1 期。

［351］张蕾：《中国创新驱动发展路径探析》，《重庆大学学报》（社会科学版）2013 年第 4 期。

［352］张岭、张胜：《金融体系支持创新驱动发展机制研究》，《科技进步与对策》2015 年第 9 期。

［353］张孟军：《美国科技创新政策—国外科技创新政策》，《科技日报》2005 年 11 月 28 日。

［354］张然：《创新驱动与中国产业转型升级战略探析》，《改革与战略》2016 年第 11 期。

［355］张述存：《论深入实施创新驱动发展战略的"三引擎"》，《经济体制改革》2016 年第 1 期。

［356］张伟、柴张琦：《新兴技术企业协同创新驱动因素及绩效研究》，《湘潭大学学报》（哲学社会科学版）2017 年第 1 期。

［357］张武军、韩愉东：《创新驱动下专利运营法律问题研究》，《科技进

步与对策》2016 年第 24 期。

[358] 张亚明、刘海鸥：《协同创新驱动的云计算服务模式与战略》，《中国科技论坛》2013 年第 10 期。

[359] 张远军、黎琳：《创新驱动战略下承制军品民营企业科技资源配置效率分析及优化》，《科技进步与对策》2016 年第 23 期。

[360] 张元萍、杨哲：《创新驱动经济增长的动力机制及其实现路径研究——基于中国省级面板数据分析》，《经济体制改革》2016 年第 6 期。

[361] 张向阳、张长生：《广州科技型小微企业"创新驱动"实证调研》，《科技进步与对策》2013 年第 18 期。

[362] 张霄宇：《创新驱动发展战略中的政府与市场——基于新结构经济学的分析范式》，《改革与战略》2016 年第 12 期。

[363] 张银银、邓玲：《创新驱动传统产业向战略性新兴产业转型升级：机理与路径》，《经济体制改革》2013 年第 5 期。

[364] 张银银、黄彬：《产业承接、创新驱动与促进区域协调发展研究》，《经济体制改革》2015 年第 6 期。

[365] 张志元、李兆友：《创新驱动制造业转型升级对策研究》，《中国特色社会主义研究》2015 年第 4 期。

[366] 赵丹妮：《"一带一路"创新驱动科技金融"试验田"运行模式研究》，《科学管理研究》2015 年第 4 期。

[367] 赵迪、张宗庆：《服务出口贸易发展研究：成本抑或创新驱动？——跨国经验实证及对中国的启示》，《经济问题探索》2016 年第 4 期。

[368] 赵海：《政府政策扶持、创新驱动对我国农业产业化龙头企业发展的影响——基于 894 家国家重点龙头企业的实证分析》，《技术经济》2012 年第 8 期。

[369] 赵静、薛强、王芳：《创新驱动理论的发展脉络与演进研究》，《科学管理研究》2015 年第 1 期。

[370] 赵培：《以创新驱动助推京津冀协同发展》，《理论视野》2014 年第 10 期。

[371] 赵曙明、白晓明：《创新驱动下的企业人才开发研究——基于人力

资本和生态系统的视角》，《华南师范大学学报》（社会科学版）2016 年第 5 期。

[372] 赵峥：《科技创新驱动中国城市发展研究》，《学习与探索》2013 年第 3 期。

[373] 郑晓娟：《论创新驱动发展战略下的科技评价体系改革》，《科技管理研究》2016 年第 4 期。

[374] 郑烨：《基于引文分析的国外创新驱动研究的知识图谱》，《科技管理研究》2014 年第 24 期。

[375] 祝影、王飞：《基于耦合理论的中国省域创新驱动发展评价研究》，《管理学报》2016 年第 10 期。

[376] 曾繁华、何启祥、冯儒、吴阳芬：《创新驱动制造业转型升级机理及演化路径研究——基于全球价值链治理视角》，《科技进步与对策》2015 年第 24 期。

[377] 曾繁华、杨馥华、侯晓东：《创新驱动制造业转型升级演化路径研究——基于全球价值链治理视角》，《贵州社会科学》2016 年第 11 期。

[378] 曾繁华、侯晓东：《包容性创新驱动武汉经济发展指标构建与实证分析》，《科技进步与对策》2016 年第 5 期。

[379] 曾世宏、高亚林：《互联网技术创新驱动服务业转型升级的机理、路径与对策》，《湖南科技大学学报》（社会科学版）2016 年第 5 期。

[380] 章文光、JiLu、LauretteDubé：《融合创新及其对中国创新驱动发展的意义》，《管理世界》2016 年第 6 期。

[381] 中共中央文献研究室编：《十六大以来重要文献选编（下）》，中央文献出版社，2011。

[382] 中共中央文献研究室编：《十七大以来重要文献选编（上）》，中央文献出版社，2013。

[383] 中共中央文献研究室编：《十七大以来重要文献选编（下）》，中央文献出版社，2013。

[384] 中国生产力学会课题组（郑新立、高铁生、翟立功、陈胜昌、常义）：《实施创新驱动发展战略和建设创新型国家的提出及现状分

析》,《经济研究参考》2015 年第 14 期。

[385] 周济:《"中国制造"迎来创新驱动的春天》,《求是》2015 年第 15 期。

[386] 周娟:《中国农村养老服务模式:创新、驱动因素与趋势研究》,《福建论坛》(人文社会科学版)2016 年第 9 期。

[387] 周柯、唐娟莉:《我国省际创新驱动发展能力测度及影响因素分析》,《经济管理》2016 年第 7 期。

[388] 周娟、张玉:《产业创新驱动发展中的基础研究主体——以物理学领域专利权人结构为例》,《科技进步与对策》2016 年第 11 期。

[389] 周明、喻景:《创新驱动工业结构优化升级、转换能力及影响因素的实证研究——以重庆市为例》,《中国科技论坛》2016 年第 3 期。

[390] 周伟:《北京建设世界城市、实施创新驱动的路径研究——基于高新技术产业发展的视角》,《经济研究参考》2013 年第 53 期。

[391] 卓泽林:《国际化视野下高等教育创新驱动型人才的培养》,《高校教育管理》2015 年第 6 期。

[392] 朱北仲:《论中国农业装备制造业创新驱动体系建设》,《现代经济探讨》2015 年第 3 期。

[393] 朱恬恬、艾洪山:《高校教育服务国家创新驱动发展的策略分析》,《中国行政管理》2016 年第 9 期。

[394] 朱云飞、张硕:《河北省传统产业转型升级的创新驱动研究》,《经济研究参考》2016 年第 19 期。

[395] 庄志彬:《基于创新驱动的我国制造业转型发展研究》,福建师范大学博士学位论文,2014。

[396] 邹宝玲、李华忠:《交易费用、创新驱动与互联网创业》,《广东财经大学学报》2016 年第 3 期。

[397] Ahuja, Gautam. Collaboration Networks, Structural Holes, and Innovation: A Longitudinal Study. *Administrative Science Quarterly*, 2000 (3): 425-455.

[398] Alan West. *Innovation Strategy*. Prentice, 1992.

[399] Amin A. An Institutionalist Perspective on Regional Economic Development. *International Journal of Urban and Regional Research*,

1999, 23: 365-378.

[400] Autant-Bernard C. , LESAGE J P. Quantifying Knowledge Spillovers Using Spatial Econometric Models. *Journal of Regional Science*, 2011, 51 (3): 471-496.

[401] Bogliacino, F. & Pianta, M. Profits, R&D and innovation—a model and a test [J]. Industrial and Corporate Change, 2012, 22 (3): 649-678.

[402] Braczyk H J, Cooke P, Heidenreich M. *Regional Innovation Systems: Designing for the Future.* London: UCL Press, 1998: 49-54.

[403] Brown W B. *The Management of Technological Innovation: An International and Strategic Approach.* Oxford University Press, 1989.

[404] Carlsson B, Jacobsson S, Holmenm, et al. Innovation Systems: Analytical and Methodological Issues. *Research Policy*, 2002 (31): 233-245.

[405] Carney, M. , Gedajlovic, E. East Asian Financial Systems and the Transition from Investment - driven to Innovation - driven Economic Development. *International Journal of Innovation Managenment*, 2000, 276.

[406] Chung S. Building a National Innovation System through Regional Innovation Systems. *Technovation*, 2002, 22 (8): 485-491.

[407] Cook P. Regional Innovation System: Competitive Regulation in the New Europe. *Geoforum*, 1992 (23): 365-382.

[408] Cook. , Brackzyk and Heiderneich. Regional Innovation Systems: The Role of Regional Government Management on the Background of Globality. *Technovation*, 1996: 72-78.

[409] Curtis B. Is the Primary National Strategy Transforming or Ossifying English Primary Schools? *Education-Line*, 2006.

[410] Dasgupta P, Stiglitz J. Industrial Structure and Nature of Innovative Activity. *Economic Journal*, 1980 (90): 266-293.

[411] D. M. Amidon Rogers. *Innovation Strategy for the Knowledge Economy: the Ken Awakening.* Boston: Butterworth-Heineman, 1997. 7.

[412] Dodson M, Gann D M, Salter A J. The Intensification of Innovation. *International Journal of Innovation Management*, 2002 (1): 53-83.

[413] Drucker P F. *Innovation and Entrepreneurship*. Harper Business, 2006.

[414] Edquist C. Systems of Innovation Approaches - Their Emergence and Characteristics. *Systems of Innovation: Technologies, Institutions and Organizations*. 1997: 1-35.

[415] Egbetokun A, Siyanbola WO, Sanni. 2009. What Drives Innovation? Inferences from an Industry-wide Survey in Nigeria. *International Journal of Technology Management*, (45): 123-140.

[416] Feldman, M. P. R. Florida. The Geographic Sources of Innovation: Technological Infrastructure and Product Innovation in the United States, *Annals of the Association of American Geographers*, 1994, 84 (2): 21-29.

[417] Freeman C. , Networks of Innovators: A Synthesis of Research Issues, *Research Policy*, 1991, (20): 10-15.

[418] Frenz, M. , Ietto-Gillies, G. The Impact on Innovation Performance of Different Sources of Knowledge: Evidence from the UK Community Innovation Survey. *Research policy*, 2009 (7): 1125-1135.

[419] Fritsch M. Measuring the Quality of Regional Innovation Systems: a Knowledge Production Function Approach . *International Regional Science Review*, 2002, 25 (1): 86-101.

[420] Griliches Z. Issues in Assessing the Contribution of R&D to Productivity Growth. *Bell Journal of Economics*, 1979, 10 (1): 92-116.

[421] Grossman, G. and Helpman, E. , *Innovation and Growth in the World Economy*, Cambridge: MIT Press, 1991.

[422] Hardaker G, Smith D C. e-Learning Innovation through the Implementation of an Internet Supported Learning Environment. *Educational Technology & Society*, 2000, 3 (3): 422-432.

[423] HASSINK R, WOOD M. Geographic "Clustering" in the German Opto - Electronics Industry: Its Impact on R&D Collaboration and

Innovation. *Entrepreneurship and Regional Development*, 1998, 10 (4): 277-296.

[424] Jaffe A. Real Effects of Academic Research. *American Economics Review*, 1986 (79): 957- 970.

[425] James M, Utterback. *Mastering the Dynamics of Innovation*. Boston, Massachusetts: Harvard Business Scholl Press, 1994.

[426] Keith Smith. Innovation as a Systemic Phenomenon: Rethinking the Role of Policy. *Enterprise & Innovation Management Studies*, 2000, 1 (1): 73-102.

[427] Kline, S. J. and Rosenberg, N. An Overview of Innovation, In Landon, R. Rosenberg N. (Eds.), *The Positive Sum Strategy*, National Academy Press, 1986.

[428] Lorenczik, C. , Newiak, M. Imitation and Innovation Driven Development under Imperfect Intellectual Property Rights. *European Economic Review*, 56 (7): 1361-1375.

[429] Lundvall, B. -A. (Ed.) . *National Systems of Innovation: Towards a Theory of Innovation and Interactive Learning* (London: Pinter), 1992.

[430] Lundvall & Sydow, *Innovation Networks: Spatial Perspectives*. London: Beelhaven Pinter, 1991: 314-315.

[431] Mansfield E. *Industrial Research and Innovation*. New York: w. w. Norton, 1968: 119-120.

[432] Martin M J. *Managing Technological Innovation and Entreprenurship*. Virginia: Reston, 1984.

[433] Mohan S, MARK A. The Influence of Intellectual Capital on the Types of Innovative Capabilities. *Academy of Management Jounal*, 2005, 48 (3): 450-463.

[434] Mowery D C, Rosenberg N. New Developments in U. S. Technology Policy: Implications for Competitiveness and International Trade Policy. *California Management Review*, 1989, 32 (1): 107-124.

[435] Nelson R, *National Innovation Systems: a Comparative Analysis*. OxfordUniversity Press, 1993.

[436] Romer P M. Endogenous Technological Change. *Journal of Political Economy*, 1990 (98): 72-102.

[437] Romijn, Henny, Manuel Albaladejo. Determinants of Innovation Capability in Small Electronics and Software Firms in Southeast England. *Research Policy*, 2002 (7): 1053-1067.

[438] Rothwell R. Successful Industrial Innovation: Critical Factors for the 1990. *R&D Management*, 1992, 22 (3): 221-239.

[439] Patel P, Pavitt K. *National Systems of Innovation Under Strain: the Internationalization of Corporate R&D*. England: Cambridge University Press (forthcoming), 1999: 223-225.

[440] Porter M E. *The Competitive Advantage of Nations*. New York: The Free Press, 1990: 55-58.

[441] Stem S, Porter M. E, Furman J. The Determinants of National Innovative Capacity. Cambridge: National Bureau of Economic Research Woring Paper, 2000.

[442] Wang C. H. , Gopal R. , Zionts S. . Use of Data Envelopment Analysis in Assessing Information Technology Impact on Firm Performance. *Annals of Operations Research*, 1997, 73: 191-213.

[443] Wiig K M. *Knowledge Management Methods: Practical Approaches to Manage Knowledge*. Arlington: Schema Press, 1995: 355-361.

附　录

附表 1　2003～2014 年我国各省区市 R&D 经费内部支出

单位：万元

年份 地区	2003	2004	2005	2006	2007	2008	2009	2010	2011	2012	2013	2014
北京	2562518	3173331	3820683	4329877	5053870	5503499	6686351	8218234	9366439	10633640	11850469	12687953
天津	404290	537501	725659	952370	1146921	1557166	1784661	2295644	2977580	3604866	4280921	4646868
河北	380530	438428	589320	766640	900165	1091113	1348446	1554492	2013377	2457670	2818551	3130881
山西	158256	233570	262814	363388	492506	625574	808563	898835	1133926	1323458	1549799	1521871
内蒙古	63898	77951	116956	164860	241982	338950	520726	637205	851685	1014468	1171877	1221346
辽宁	829699	1069142	1247086	1357857	1653989	1900662	2323687	2874703	3638348	3908680	4459322	4351851
吉林	278001	355065	393039	409212	508658	528364	813602	758005	891337	1098010	1196882	1307243
黑龙江	326765	353502	489073	570294	660437	866999	1091704	1230434	1287788	1459588	1647838	1613469
上海	1289187	1711168	2083538	2588386	3074569	3553868	4233774	4817031	5977131	6794636	7767847	8619549
江苏	1504625	2139777	2698292	3460695	4301988	5809124	7019529	8579491	10655109	12878616	14874466	16528208
浙江	752256	1155471	1632921	2240315	2816032	3445714	3988367	4942349	5980824	7225867	8172675	9078500
安徽	324219	379356	458994	593365	717914	983208	1359535	1637219	2146439	2817953	3520833	3936070

续表

年份 地区	2003	2004	2005	2006	2007	2008	2009	2010	2011	2012	2013	2014
福建	375019	458874	536186	674333	821721	1019288	1353819	1708982	2215151	2709891	3140589	3550325
江西	169772	215281	285314	377619	487867	631468	758936	871527	967529	1136552	1354972	1531114
山东	1038442	1421242	1951449	2341299	3123081	4337171	5195920	6720045	8443667	10203266	11758027	13040695
河南	341910	423556	555824	798419	1011299	1222763	1747599	2111675	2644923	3107802	3553246	4000099
湖北	548173	566204	749531	944297	1113179	1489859	2134490	2641180	3230129	3845239	4462043	5108973
湖南	300904	370442	445235	536174	735536	1127040	1534995	1865584	2332181	2876780	3270253	3679345
广东	1798393	2112055	2437605	3130433	4042910	5025577	6529820	8087478	10454872	12361501	14434527	16054458
广西	112389	118659	145947	182403	220030	328306	472028	628696	810205	971539	1076790	1119033
海南	12126	20870	15950	21044	26020	33479	57806	70204	103717	137244	148357	169151
重庆	174401	236525	319586	369140	469876	601525	794599	1002663	1283560	1597973	1764911	2018528
四川	794211	780122	965760	1078405	1391401	1602595	2144590	2642695	2941009	3508589	3999702	4493285
贵州	78853	86772	110349	145113	137434	189298	264134	299665	363089	417261	471850	554795
云南	110074	125061	213233	209187	258776	309909	372304	441672	560797	687548	798371	859297
陕西	679914	834788	924462	1013558	1217106	1432726	1895063	2175042	2493548	2872035	3427454	3667730
甘肃	127702	143946	196136	239530	257220	318014	372612	419385	485261	604762	669194	768739
青海	24070	30364	29554	33412	38093	39092	75938	99438	125756	131228	137541	143235
宁夏	23828	30513	31681	49749	74724	75490	104422	115101	153183	182304	209042	238580
新疆	37957	60134	64087	84760	100169	160113	218043	266545	330031	397289	454598	491587

附表 2 2003～2014 年我国各省区市用研发指数平减后的 **R&D 经费内部支出**

单位：万元

地区 \ 年份	2003	2004	2005	2006	2007	2008	2009	2010	2011	2012	2013	2014
北京	2562518.00	3095026.82	3676522.23	4187178.00	4869042.17	5110127.17	6503735.43	7815941.88	8632513.30	9827178.24	11054582.57	11855069.00
天津	404290.00	518723.22	697149.26	907404.03	1069478.16	1390389.12	1692002.36	2080019.33	2592081.31	3184334.90	3830521.14	4244993.68
河北	380530.00	399524.32	517493.76	666573.33	735705.20	780373.13	1056438.11	1131368.77	1366268.96	1729319.00	2021646.94	2319900.93
山西	158256.00	206461.59	214359.05	292939.40	371792.12	396376.01	548134.69	563300.85	663818.50	806728.54	1013120.01	1061316.12
内蒙古	63898.00	74579.98	107153.53	147149.59	204848.03	258756.79	409863.30	473620.44	589980.10	696850.61	817981.91	867029.70
辽宁	829699.00	1007009.51	1126958.81	1186306.46	1381974.43	1451214.97	1860980.76	2164062.37	2579080.36	2755293.25	3150401.29	3104798.99
吉林	278001.00	338786.32	361997.57	370914.57	446714.74	442138.22	701250.94	623255.13	695593.29	857288.43	936514.36	1024185.60
黑龙江	326765.00	319181.96	390658.36	420927.49	462839.12	540859.37	758576.06	758693.45	716529.21	807434.85	922769.74	922408.80
上海	1289187.00	1656824.17	1986440.74	2448899.44	2860422.29	3206840.51	4009090.28	4451070.84	5335117.09	6087994.75	7004565.50	7771771.34
江苏	1504625.00	2020563.74	2486737.76	3141708.46	3791092.21	4884843.99	6129576.44	7039392.47	8249632.24	10126371.72	11799482.75	13197291.80
浙江	752256.00	1103733.49	1528443.30	2033084.27	2485105.59	2910648.53	3517286.55	4127133.57	4751994.71	5827650.03	6640402.63	7400142.49
安徽	324219.00	353728.38	416331.85	524468.88	610133.77	774619.73	1135996.48	1272339.40	1549427.58	2050057.93	2581780.86	2931913.40
福建	375019.00	445660.18	517061.81	652876.37	780426.38	937970.42	1294589.19	1583318.81	1967896.35	2413632.12	2809141.36	3188251.97
江西	169772.00	199099.21	246355.75	302509.28	369049.74	449301.65	572479.50	584179.24	589235.02	708384.62	850341.89	973079.10
山东	1038442.00	1344218.29	1787893.26	2102666.13	2708275.53	3488803.38	4377070.66	5335387.40	6338683.39	7715284.10	8951164.64	9999776.31

续表

年份＼地区	2003	2004	2005	2006	2007	2008	2009	2010	2011	2012	2013	2014
河南	341910.00	388503.29	485037.31	672603.50	809473.39	882320.67	1314971.49	1487698.35	1744023.88	2047348.99	2352737.26	2675733.09
湖北	548173.00	536571.82	682165.76	837743.86	948501.51	1195920.81	1774030.28	2103354.29	2417632.63	2851057.63	3304762.32	3809267.83
湖南	300904.00	345247.56	395124.68	459291.36	594496.33	839315.95	1196935.58	1372478.54	1591475.09	1967895.61	2250047.82	2551103.89
广东	1798393.00	2070439.17	2349585.98	2973196.00	3767827.39	4514435.88	6090978.28	7314004.18	9080154.65	10693715.49	12508942.10	13931279.82
广西	112389.00	109466.55	129129.72	149923.36	172474.84	236686.84	360174.30	436492.93	521151.02	631519.66	706379.98	739662.42
海南	12126.00	20642.93	15776.22	20610.52	24668.55	30187.76	56065.98	63720.94	87142.08	113636.64	122300.29	140851.62
重庆	174401.00	228797.37	301712.65	340828.86	417970.72	505982.22	694634.70	849835.62	1044247.39	1292403.76	417560.78	472555.03
四川	794211.00	741296.59	887096.47	971018.73	1200144.47	1276920.95	1751861.51	2064952.55	2151604.18	2578246.80	886309.31	986283.10
贵州	78853.00	81072.60	97532.83	123650.50	111193.32	137609.73	200220.29	217877.49	250627.42	284082.96	103928.73	120507.30
云南	110074.00	115674.05	190103.43	179391.01	209856.33	237598.19	304979.68	336422.80	407796.17	504625.31	592400.40	643982.15
陕西	679914.00	785461.05	803921.79	817733.07	949942.12	1035729.41	1411719.13	1505574.26	1614957.41	1839075.95	2227540.98	2429550.30
甘肃	127702.00	129331.54	163483.52	184883.80	188187.69	220387.83	277223.45	277204.93	291772.49	371082.83	418002.96	490479.09
青海	24070.00	27800.13	25051.84	26284.87	28622.43	27164.81	56295.77	68017.25	80315.45	85259.70	90589.77	96480.85
宁夏	23828.00	28147.87	27807.49	41514.38	59910.84	54087.02	78428.64	80073.02	97960.26	118463.37	139069.28	162551.51
新疆	37957.00	53241.84	50234.12	59451.13	66186.60	92087.65	142326.47	143627.89	156967.50	192823.67	225742.83	251013.69

附表 3　2003～2014 年我国各省区市技术市场成交合同金额

单位：亿元

年份 地区	2003	2004	2005	2006	2007	2008	2009	2010	2011	2012	2013	2014
北京	265.36	425	489.6	697.3	882.6	1027.2	1236.25	1579.5	1890.28	2458.5	2851.7	3137.2
天津	42	45.03	51.71	58.86	72.34	86.61	105.46	119.34	169.38	232.33	276.16	388.56
河北	6.8	7.27	10.38	15.61	16.43	16.59	17.21	19.29	26.25	37.82	31.56	29.22
山西	3.23	6	4.8	5.92	8.27	12.84	16.21	18.49	22.48	30.61	52.77	48.46
内蒙古	10.85	10.41	10.99	10.71	10.98	9.44	14.77	27.15	22.67	106.1	38.74	13.94
辽宁	62.02	75.28	86.52	80.65	92.93	99.73	119.71	130.68	159.66	230.66	173.38	217.46
吉林	8.73	10.79	12.23	15.37	17.48	19.61	19.76	18.81	26.26	25.12	34.72	28.58
黑龙江	12.12	12.57	14.26	15.69	35.02	41.26	48.86	52.91	62.07	100.45	101.77	120.28
上海	142.78	171.7	231.7	309.5	354.9	386.17	435.41	431.44	480.75	518.74	531.68	592.45
江苏	76.52	89.79	100.8	68.83	78.42	94.02	108.22	249.34	333.43	400.91	527.5	543.16
浙江	53.04	58.15	38.7	39.96	45.35	58.92	56.46	60.4	71.9	81.31	81.5	87.25
安徽	8.8	9.07	14.26	18.49	26.45	32.49	35.62	46.15	65.03	86.16	130.83	169.83
福建	16.68	14.14	17.2	11.32	14.56	17.97	23.26	35.7	34.57	50.09	44.69	39.19
江西	8.33	9.37	11.12	9.31	9.95	7.76	9.79	23.05	34.19	39.78	43.06	50.76
山东	52.57	75.09	98.36	23.2	45.03	66.01	71.94	100.7	126.4	140.02	179.4	249.29

续表

地区 \ 年份	2003	2004	2005	2006	2007	2008	2009	2010	2011	2012	2013	2014
河南	19.27	20.32	26.37	23.73	26.19	25.44	26.3	27.2	38.8	39.94	40.24	40.79
湖北	41.25	46.17	50.18	44.44	52.21	62.89	77.03	90.7	125.69	196.39	397.62	580.68
湖南	36.93	40.83	41.74	45.53	46.08	47.7	44.04	40.1	35.4	42.24	77.21	97.93
广东	80.57	57.27	112.5	107	132.8	201.63	170.98	235.89	275.06	364.94	529.39	413.25
广西	4.18	9.1	9.41	0.94	1	2.7	1.77	4.14	5.64	2.52	7.34	11.58
海南	1.2	0.19	1	0.85	0.73	3.56	0.56	3.27	3.46	0.57	3.87	0.65
重庆	55.51	59.62	35.71	55.35	39.57	62.19	38.32	79.44	68.15	54.02	90.28	156.2
四川	12.87	16.56	19.08	25.93	30.39	43.53	54.6	54.74	67.83	111.24	148.58	199.05
贵州	1.79	1.35	1.05	0.54	0.66	2.04	1.78	7.72	13.65	9.67	18.4	20.04
云南	22.87	21.56	15.92	8.27	9.75	5.05	10.25	10.88	11.71	45.78	43.67	48.72
陕西	16.8	13.91	18.9	17.95	30.17	43.83	69.81	102.41	215.37	334.82	533.28	640.02
甘肃	7.76	11.96	17.72	21.45	26.21	29.76	35.63	43.08	52.64	73.06	99.99	114.52
青海	0.83	1.28	1.18	2.47	5.3	7.7	8.5	11.41	16.84	19.3	26.89	29.1
宁夏	1	1.28	1.41	0.53	0.66	0.89	0.9	1	3.94	2.91	1.43	3.18
新疆	12.04	13.34	8	7.61	7.17	7.4	1.21	4.52	4.38	5.39	3	2.82

附表 4　2003~2014 年我国各省区市大中型工业企业其他科技活动经费支出

单位：万元

年份\地区	2003	2004	2005	2006	2007	2008	2009	2010	2011	2012	2013	2014
北京	257667	670738	431325	831634	834425	659748	1136286	1256191	1253523	984901	1004296	969876
天津	494746	548601	898786	1491780	1432409	1611002	1366033	1219623	1057313	1068620	683506	501285
河北	832691	1213221	1023320	1352148	2212086	2649646	2154664	2054981	2135335	1820056	1556218	1502767
山西	549213	1398922	1329273	1296819	1796867	2056185	1367788	1375479	1399947	1719477	1466421	1038934
内蒙古	304619	377010	483962	639547	716448	819522	1017377	1612633	1479293	732010	842373	673621
辽宁	1185633	2249709	3011139	2519457	2770542	3056878	2813236	2355122	2444538	1730521	1708324	1990359
吉林	445498	525608	826963	815510	738971	611322	646562	276898	643653	625727	493264	1035820
黑龙江	806528	561990	758266	627997	701535	878217	695851	845653	750114	710720	548193	461228
上海	1482335	2242542	1903763	1952266	2450957	2295147	2505761	2356263	2201545	2324751	2450421	3265763
江苏	3080872	4393945	3367984	3268416	4516386	4858496	4601643	5478781	6355778	6851437	5999559	5764652
浙江	2679349	3744802	2752649	2873347	3311450	3422308	2750810	2692597	2425154	2313983	2359834	2376219
安徽	1496800	1325408	1724311	1947924	2544427	2198935	1384041	949082	1947481	1685937	1588118	1398385
福建	414015	469225	460941	712977	736754	670792	925775	1080112	1249613	1298545	1381313	1272229
江西	506301	601443	603898	796920	883203	1126351	568134	577666	688094	581700	854603	1109657
山东	2225272	3768826	2779156	2425446	3062477	3842715	3399892	3546748	3483122	3576718	3773610	3397642

续表

地区＼年份	2003	2004	2005	2006	2007	2008	2009	2010	2011	2012	2013	2014
河南	681784	1217308	1220586	1653822	2092311	1699328	1788154	1492428	1808649	1477638	1582163	1239637
湖北	874207	1469082	1360284	1744723	2597209	3824964	2800756	1568205	1029712	1154838	1137715	1137016
湖南	869550	1089950	963128	1011113	1258740	1814209	2092501	2945138	2393241	2635261	2438147	1972809
广东	1254225	1598724	1803639	2116155	2379253	2625098	2484187	2552086	2405063	2814207	3123972	2367474
广西	483328	606914	691385	480348	729060	1055590	1063520	1007899	1146868	1286845	1026080	720622
海南	2104	22165	39204	16335	6223	108154	9989	25051	13676	43832	181741	17547
重庆	372771	995002	566962	618223	640471	842408	789448	751839	825003	1016883	1261799	1080356
四川	858852	1419864	1503374	1551486	1876328	2202453	2280944	2693312	2145934	1704392	1334265	1296028
贵州	350891	530563	431214	598085	573908	732930	798689	579616	622749	1125302	867314	994538
云南	362534	279189	221038	508324	465489	481077	311693	561802	687170	475786	406540	383387
陕西	437746	721801	502029	436977	747963	1055367	1074020	1129049	931920	680531	569845	605539
甘肃	163033	355546	350879	425843	464602	653592	706515	595418	634570	956600	969123	900619
青海	8363	18681	21883	23677	43244	42262	49477	56865	21950	25222	6736	26516
宁夏	56051	156831	146799	119872	379607	588606	339119	310656	369010	137439	236715	636779
新疆	295648	369383	245716	235597	423361	319464	121172	165210	247666	144941	109959	208037

附表 5　2003～2014 年我国各省区市 RD-PI 平减后企业其他科技活动经费支出情况

单位：万元

年份 地区	2003	2004	2005	2006	2007	2008	2009	2010	2011	2012	2013	2014
北京	2557667.00	654187.07	415050.38	804225.98	803908.79	612591.40	1105252.10	1194698.96	1155300.75	910205.51	936846.72	906209.78
天津	494746.00	529435.44	863474.43	1421345.89	1335689.33	1438459.14	1295109.30	1105066.65	920425.74	943958.52	611593.67	457932.43
河北	832691.00	1105566.47	898597.90	1175657.14	1807938.75	1895048.94	1688068.46	1495627.81	1449029.13	1280667.23	1116220.13	1113510.93
山西	549213.00	1236561.48	1084195.27	1045409.80	1356452.48	1302839.33	927240.12	862014.15	819551.46	1048126.32	958614.93	724527.70
内蒙古	304619.00	360706.08	443399.52	570842.40	606503.62	625628.81	800777.18	1198634.58	1024737.35	502826.72	587984.81	478201.36
辽宁	1185633.00	2118968.64	2721087.09	2201150.88	2314899.43	2334022.10	2253047.88	1772924.58	1732835.88	1219872.91	1206888.88	1420008.28
吉林	445498.00	501510.42	761651.13	739187.86	648980.72	511557.98	557277.65	227674.15	502302.40	488546.11	385960.20	811533.90
黑龙江	806528.00	507428.73	605682.49	463517.42	491640.90	547857.48	483515.60	521435.12	417365.74	393165.81	306981.58	263680.78
上海	1482335.00	2171322.62	1815043.63	1847059.56	2280245.47	2071030.88	2372781.84	2177252.47	1965073.27	2082977.20	2209638.58	2944558.19
江苏	3080872.00	4149145.42	3103923.88	2967152.48	3980028.72	4085468.82	4018235.77	4495288.94	4920909.88	5387240.20	4759276.26	4602906.30
浙江	2679349.00	3577124.30	2576528.77	2607560.36	2922304.48	2890877.11	2425901.89	2248466.99	1926878.13	1866223.54	1917395.21	1936923.41
安徽	1496800.00	1235869.27	1564041.34	1721748.86	2162432.88	1732429.38	1156473.13	737564.29	1405807.84	1226517.45	1164546.19	1041633.90
福建	414015.00	455713.11	444500.58	690290.75	699729.29	617277.02	885272.19	1000690.09	1110131.48	1156581.55	1235533.68	1142483.31
江西	506301.00	556235.00	521438.63	638409.87	668103.89	801420.44	428554.01	387205.96	419056.26	362559.16	536324.54	705227.58
山东	2225272.00	3564575.81	2546228.10	2178236.60	2655720.92	3091064.91	2864087.12	2815944.62	2614789.00	2704564.94	2872778.27	2605356.54

续表

年份 地区	2003	2004	2005	2006	2007	2008	2009	2010	2011	2012	2013	2014
河南	681784.00	1116565.85	1065138.88	1393211.41	1674747.12	1226200.19	1345486.88	1051431.95	1192596.93	973434.17	1047609.38	829213.97
湖北	874207.00	1392197.87	1238026.40	1547850.92	2212992.39	3070326.83	2327781.33	1248869.95	770701.52	856256.19	842635.91	847763.02
湖南	869550.00	1015820.50	854729.86	866128.28	1017375.50	1351056.36	1631659.31	2166688.48	1633142.29	1802681.66	1677529.95	1367863.11
广东	1254225.00	1567222.82	1738511.74	2009863.67	2217366.85	2358104.67	2317235.25	2308008.58	2088819.83	2434520.61	2707230.02	2054379.15
广西	483328.00	559896.68	611717.60	394814.71	571488.02	761010.33	811503.91	699766.90	737703.95	836474.83	673113.95	476319.47
海南	2104.00	21923.84	38776.87	15998.52	5899.78	97521.63	9688.32	22737.80	11490.45	36292.45	149820.88	14611.39
重庆	372771.00	962493.77	535253.75	570808.47	569720.78	708604.75	690131.72	637242.40	671185.79	822431.55	298529.37	252920.77
四川	858852.00	1349199.67	1380920.48	1396990.90	1618415.30	1754877.80	1863245.65	2104503.49	1569937.58	1252453.11	295664.90	284480.17
贵州	350891.00	495714.29	381131.88	509627.03	464330.04	532801.70	605426.59	421422.09	429861.49	766137.08	191032.82	216024.26
云南	362534.00	258233.36	197061.81	435919.80	377491.78	368827.71	255329.07	427926.35	499691.14	349202.76	301657.32	287321.43
陕西	437746.00	679150.36	436569.65	352550.66	583779.52	762933.49	800086.63	781532.93	603562.12	435770.52	370348.69	401116.60
甘肃	163033.00	319448.34	292465.10	328691.49	339912.83	452947.74	525647.40	393559.53	381547.39	586971.14	605349.55	574622.65
青海	8363.00	17103.62	18549.42	18626.45	32492.81	29367.63	36679.21	38896.65	14018.61	16386.90	4436.59	17860.72
宁夏	56051.00	144674.71	128850.48	100030.39	304354.36	421723.98	254703.44	216115.41	235981.24	89309.54	157479.29	433855.38
新疆	295648.00	327046.79	192602.66	165249.04	279735.51	183737.05	79094.41	89023.35	117793.52	70346.91	54603.09	106227.59

附表6 2003~2014年我国各省区市大中型工业企业新产品销售收入

单位：万元

年份 地区	2003	2004	2005	2006	2007	2008	2009	2010	2011	2012	2013	2014
北京	4785479	9645363	8782024	12137823	23458794	24967085	19829168	24955309	25312024	23455417	27728969	33478588
天津	8017435	13027742	15456202	18865124	21430074	25897623	26215887	31704984	34028133	38764946	46705861	47663558
河北	2212139	3433635	4364557	6130657	7966486	10205695	10952204	13062233	17847622	23328506	27737143	29687749
山西	1274984	1848753	2841529	4041806	5199060	6380437	6081847	5970901	8383842	8817182	9929588	8674173
内蒙古	1068807	2615427	1870613	2295693	2519956	3398956	3188152	5261434	4987346	5542168	5922089	4876205
辽宁	6667503	8790693	9183210	12104654	14092440	17921367	23723458	21610398	25152946	28263427	38138986	37618065
吉林	622790	1478121	4479057	8213265	8623421	11442419	28070578	16541690	23339776	20835473	6273292	15838170
黑龙江	1498981	1879647	2959176	3027846	4370457	4307003	4911381	5519335	5311872	5190962	5360728	4809460
上海	21888701	26565552	31487202	41371705	45290856	47153459	50784738	61808136	71570613	68097036	71564151	76862454
江苏	17303532	24140530	26796653	32703283	49953133	65893529	72939425	93872085	132060772	154869714	167350872	196910551
浙江	10136713	15297779	21497764	29468344	40165796	47673633	45261993	62826183	75669560	86973554	109001193	116666475
安徽	1731512	3745446	4075444	5126821	6882902	9240921	12689634	19971178	27792518	31242088	35713715	42453750
福建	8283563	7648386	9904990	11296264	13495734	15707985	15279620	19853442	27482073	29118175	30095782	30835674
江西	1273105	1623717	2359925	3871219	4908385	5696891	4715900	7620428	8255230	11453702	14219100	15917923
山东	13715364	22261453	24805404	30738702	42127047	53800156	68376264	89056730	105286032	123919620	134630106	135491140

续表

年份 地区	2003	2004	2005	2006	2007	2008	2009	2010	2011	2012	2013	2014
河南	2569996	4070229	5949448	8377136	11126600	13567047	16312978	18287436	24166284	24482324	46303316	49832086
湖北	3622921	4491459	5906003	5419113	10915375	16573052	16505431	23301606	27684616	32751084	39783948	43948591
湖南	1944218	4024412	4574776	5446587	8022426	11461306	17731532	23501255	25880294	40465048	47875940	51139694
广东	20075977	30551860	33838765	42165345	47703380	71034758	78547987	113016974	136147034	144737159	169150660	190294006
广西	1797380	2608265	2670756	3313648	5016089	5610946	7818721	9515761	11297182	11515046	15025213	12517200
海南	556280	640052	91997	1119128	813863	603298	771888	940477	1310477	1224692	1318180	1208423
重庆	3614583	4883322	6000693	7438664	11077527	15325533	16889747	24780319	28709744	22589054	25145181	33885785
四川	345541	4421756	5558261	8212515	11015527	14680731	17785185	14357774	14534051	19073970	22630248	24573604
贵州	529511	673824	807378	1712378	1848784	1776191	1774830	3106451	3027404	2941100	3240611	3573373
云南	352063	634110	604351	1556440	3349172	2850309	2307527	2328834	3237017	3798099	3660925	4009599
陕西	1439536	2112417	2721400	3227901	4441316	4724005	6281446	8682771	9216000	8195306	9177407	10005960
甘肃	221936	409320	789934	1654715	2259022	2288384	2268508	3442373	4971241	5748711	5961623	6988229
青海	58646	36197	136809	383453	386045	484338	541425	170696	65434	95294	80492	51285
宁夏	152065	252705	236112	468508	474727	695037	898957	1012001	1328172	1758994	2666289	1690938
新疆	102546	399935	220481	439350	827286	1553986	949684	2559793	2447056	2673864	3227458	4505436

附表 7　2003~2014 年我国各省区市人均 GDP 变化情况

单位：元

年份 地区	2003	2004	2005	2006	2007	2008	2009	2010	2011	2012	2013	2014
北京	61274	52054	45993	41099	34892	64491	66940	73856	81658	87475	94648	99995
天津	47970	42141	37796	30575	25544	58656	62574	72994	85213	93173	100105	105231
河北	19662	16682	14659	12487	10251	22986	24581	28668	33969	36584	38909	39984
山西	17805	14497	12647	10742	8642	21506	21522	26283	31357	33628	34984	35070
内蒙古	26777	20692	16371	12767	10039	34869	39735	47347	57974	63886	67836	71046
辽宁	26054	21914	19074	15835	14270	31739	35149	42355	50760	56649	61996	65201
吉林	19383	15720	13348	11537	9854	23521	26595	31599	38460	43415	47428	50160
黑龙江	18580	16255	14440	12449	10638	21740	22447	27076	32819	35711	37697	39226
上海	68024	58837	52535	46338	39128	66932	69164	76074	82560	85373	90993	97370
江苏	34294	28943	24953	20223	16830	40014	44253	52840	62290	68347	753.54	81874
浙江	37358	31825	27661	24352	20444	41405	43842	51711	59249	63374	68805	73002
安徽	12039	9996	8666	7681	6375	14448	16408	20888	25659	28792	32001	34425
福建	25906	21384	18605	16469	14333	29755	33437	40025	47377	52763	58145	63472
江西	13322	11145	9440	8097	6624	15900	17335	21253	26150	28800	31930	34674
山东	27604	23603	19934	16413	13268	32936	35894	41106	47335	51768	56885	60879

续表

年份 地区	2003	2004	2005	2006	2007	2008	2009	2010	2011	2012	2013	2014
河南	16012	13172	11346	9201	7376	19181	20597	24446	28661	31499	34211	37072
湖北	16386	13360	11554	9898	8378	19858	22677	27906	34197	38572	42826	47145
湖南	14869	12139	10562	9165	7589	18147	20428	24719	29880	33480	36943	40271
广东	33890	28747	24647	20870	17795	37638	39436	44736	50807	54095	58833	63469
广西	12277	10121	8590	7461	6169	14652	16045	20219	25326	27952	30741	33090
海南	14923	12810	11165	9812	8592	17691	19254	23831	28898	32377	35663	38924
重庆	16629	13940	12403	9624	8091	20490	22920	27596	34500	38914	43223	47850
四川	12963	10613	8721	7895	6623	15495	17339	21182	26133	29608	32617	35128
贵州	7273	5932	5119	4317	3701	9855	10971	13119	16413	19710	23151	26437
云南	10609	8929	7809	7012	5871	12570	13539	15752	19265	22195	25322	27264
陕西	15386	12724	10594	8587	7028	19700	21947	27133	33464	38564	43117	46929
甘肃	10346	8757	7477	6566	5429	12421	13269	16113	19595	21978	24539	26433
青海	14506	11889	10045	8693	7346	18421	19454	24115	29522	33181	36875	39671
宁夏	15142	12099	10349	9199	7734	19609	21777	26860	33043	36394	39613	41834
新疆	16999	15000	13108	11337	9828	19797	19942	25034	30087	33796	37553	40648

附表 8 2003~2014 年我国各省区市高技术产品出口额变化情况

单位：亿美元

地区\年份	2003	2004	2005	2006	2007	2008	2009	2010	2011	2012	2013	2014
北京	36.69	54.28	77.24	114.72	143.59	151	141.03	151.56	133.54	190.2	203.54	187.5
天津	58	100.45	125.55	154.92	162.65	149.3	119.16	146.89	173.81	189.77	192.89	199.42
河北	1.02	1.55	2.64	5.2	11.09	22.11	21.23	36.43	38.76	31.06	28.11	27.54
山西	0.04	0.05	1.06	1.96	2.67	4.28	4.16	4.76	5.88	19.22	32.28	37.63
内蒙古	0.02	0.04	1.52	0.73	0.2	0.6	0.51	1.93	3.92	0.83	1.1	3.45
辽宁	26.7	29	26.46	31.65	38.28	42.31	37.67	54.52	58.29	50.89	54.3	51.22
吉林	0.49	0.63	0.91	1.4	1.74	2.03	1.95	2.62	2.58	2.54	3.86	3.54
黑龙江	0.68	0.87	1.15	2.28	3.17	1.75	1.78	1.76	1.63	2.69	2.96	3.36
上海	163.32	287.72	360.32	440.43	577.95	710.5	633.17	839.35	930.82	905.85	887.1	890.64
江苏	229.44	359.55	530.3	707.33	875.06	1054	939.6	1269	1303.42	1315.55	1279.65	1293.64
浙江	22.03	39.38	60.95	102.23	107.76	137.9	102.06	150.07	155.39	148.03	142.76	154.99
安徽	1.32	1.84	2.98	3.46	4.97	7.06	5.02	5.4	9.42	16.71	28.26	61.17
福建	46.49	68.16	77.98	88.86	100.51	128.8	103.44	130.33	134.45	140.11	155.27	150.43
江西	0.47	0.47	0.69	1.56	5.12	15.51	15.41	28.27	39.4	32.84	34.42	52.53
山东	15.37	24.94	42.28	63.96	83.53	137.6	137.9	180.41	154.88	144.44	173.94	205.9

续表

地区 年份	2003	2004	2005	2006	2007	2008	2009	2010	2011	2012	2013	2014
河南	0.47	0.66	0.95	1.24	2.45	4.23	4.58	7	57.55	163.15	207.26	221.56
湖北	2.96	3.3	4.42	9.57	14.05	20.82	20.42	37.65	43.21	47.15	52.09	63.11
湖南	0.47	0.63	0.99	1.54	2.42	3.25	4.44	6.67	8.57	13.83	16.6	24
广东	483.49	666.57	851.08	1062.4	1311.9	1519	1420.7	1788.6	2021.17	2213.61	2564.31	2310.56
广西	0.21	0.37	0.57	0.96	2.05	2.85	2.72	6.02	8.71	15.94	19.42	28.78
海南	0.11	0.19	0.39	0.71	0.63	0.71	0.58	1.61	3.13	5.14	5.71	3.32
重庆	0.73	0.96	1.37	1.35	1.81	2.05	2.12	8.3	58.92	149.32	248.36	310.84
四川	9.14	6.78	5.43	9.46	15.81	25.98	37.07	39.99	119.89	174.81	192.17	210.46
贵州	0.6	1.43	0.93	0.57	0.61	0.87	1.5	0.73	0.67	1.22	1.54	3.48
云南	0.56	0.63	0.73	1.01	1.48	1.86	1.15	1.94	2.03	5.5	20.19	14.46
陕西	1.81	1.85	2.68	3.63	5.31	8.13	8.25	19.51	20.68	26.41	47.39	80.37
甘肃	0.23	0.93	0.48	0.71	0.25	0.32	0.49	0.97	1.29	1.36	2.42	2.48
青海	0.07	0.01	0.03	0.01	0.01	0.01	0.01	0.01	0.04	0.15	0.24	0.14
宁夏	0.07	0.03	0.03	0.06	0.14	0.46	0.38	0.49	0.68	0.85	1.29	4.15
新疆	0.26	0.35	0.42	0.51	0.86	0.67	0.76	0.95	1.49	2.09	3.31	4.55

附表 9 2004~2014 年我国各省区市财政总支出情况

单位：亿元

地区\年份	2004	2005	2006	2007	2008	2009	2010	2011	2012	2013	2014
北京	898.276	1058.31	1296.84	1649.5	1959.29	2319.37	2717.32	3245.23	3685.31	4173.66	4524.67
天津	375.021	442.121	543.122	674.326	867.725	1124.28	1376.84	1796.33	2143.21	2549.21	2884.7
河北	785.559	979.164	1180.36	1506.65	1881.67	2347.59	2820.24	3537.39	4079.44	4409.58	4677.3
山西	519.057	668.751	915.57	1049.92	1315.02	1561.7	1931.36	2363.85	2759.46	3030.13	3085.28
内蒙古	564.112	681.877	812.133	1082.31	1454.57	1926.84	2273.5	2989.21	3425.99	3686.52	3879.98
辽宁	931.398	1204.36	1422.75	1764.28	2153.43	2682.39	3195.82	3905.85	4558.59	5197.42	5080.49
吉林	507.776	631.121	718.359	883.76	1180.12	1479.21	1787.25	2201.74	2471.2	2744.81	2913.25
黑龙江	697.552	787.785	968.526	1187.27	1542.3	1877.74	2253.27	2794.08	3171.52	3369.18	3434.22
上海	1382.53	1646.26	1795.57	2181.68	2593.92	2989.65	3302.89	3914.88	4184.02	4528.61	4923.44
江苏	1312.04	1673.4	2013.25	2553.72	3247.49	4017.36	4914.06	6221.72	7027.67	7798.47	8472.45
浙江	1062.94	1265.53	1471.86	1806.79	2208.58	2653.35	3207.88	3842.59	4161.88	4730.47	5159.57
安徽	601.528	713.063	940.233	1243.83	1647.13	2141.92	2587.61	3302.99	3961.01	4349.69	4664.1
福建	516.679	593.066	728.697	910.645	1137.72	1411.82	1695.09	2198.18	2607.5	3068.8	3306.7
江西	454.06	563.953	696.436	905.058	1210.07	1562.37	1923.26	2534.6	3019.22	3470.3	3882.7
山东	1189.37	1466.23	1833.44	2261.85	2704.66	3267.67	4145.03	5002.07	5904.52	6688.8	7177.31

续表

地区 年份	2004	2005	2006	2007	2008	2009	2010	2011	2012	2013	2014
河南	879.958	1116.04	1440.09	1870.61	2281.61	2905.76	3416.14	4248.82	5006.4	5582.31	6028.69
湖北	646.289	778.716	1047	1277.33	1650.28	2090.92	2501.4	3214.74	3759.79	4371.65	4934.15
湖南	719.544	873.418	1064.52	1357.03	1765.22	2210.44	2702.48	3520.76	4119	4690.89	5017.38
广东	1852.95	2289.07	2553.34	3159.57	3778.57	4334.37	5421.54	6712.4	7387.86	8411	9152.64
广西	507.472	611.481	729.517	985.943	1297.11	1621.82	2007.59	2545.28	2985.23	3208.67	3479.79
海南	127.201	151.242	174.537	245.197	357.971	486.062	581.338	778.8	911.67	1011.17	1099.74
重庆	395.723	487.354	594.254	768.389	1016.01	1292.09	1709.04	2570.24	3046.36	3062.28	3304.39
四川	895.253	1082.18	1347.4	1759.13	2948.83	3590.72	4257.98	4674.92	5450.99	6220.91	6796.61
贵州	418.418	520.726	610.641	795.399	1053.79	1372.27	1631.48	2249.4	2755.68	3082.66	3542.8
云南	663.635	766.312	893.582	1135.22	1470.24	1952.34	2285.72	2929.6	3572.66	4096.51	4437.98
陕西	516.305	638.963	824.181	1053.97	1428.52	1841.64	2218.83	2930.81	3323.8	3665.07	3962.5
甘肃	356.937	429.348	528.595	675.337	968.434	1246.28	1468.58	1791.24	2059.56	2309.62	2541.49
青海	137.336	169.755	214.663	282.199	363.595	486.746	743.403	967.47	1159.05	1228.05	1347.43
宁夏	123.018	160.251	193.209	241.855	324.606	432.362	557.529	705.91	864.36	922.48	1000.45
新疆	421.045	519.018	678.472	795.154	1059.36	1346.91	1698.91	2284.49	2720.07	3067.12	3317.79

附表 10　2004~2014 年我国各省区市政府教育支出情况

单位：亿元

年份 / 地区	2004	2005	2006	2007	2008	2009	2010	2011	2012	2013	2014
北京	121.388	145.87	175.18	263.004	316.296	365.668	450.216	520.08	628.65	681.2	742.1
天津	55.3991	67.203	81.583	110.025	141.699	173.606	229.565	302.32	378.75	461.4	517
河北	142.352	170.54	189.55	283.394	376.982	439.335	514.297	652.11	865.54	837.6	868.9
山西	80.2684	102.09	120.87	181.218	234.987	278.065	328.585	421.79	558.03	542.4	507.3
内蒙古	66.2206	78.665	95.033	153.567	206.402	243.48	322.107	390.69	439.97	456.9	477.8
辽宁	121.003	142.2	166.89	252.132	306.36	346.73	405.386	544.09	728.79	669.5	604.5
吉林	60.7409	74.147	91.275	144.416	188.035	216.99	250.203	319.82	451.05	422.1	407.1
黑龙江	91.8029	106.57	133.71	199.752	256.62	266.609	299.145	373.83	544.79	501.3	505.9
上海	155.35	182.94	205.46	283.334	326.063	346.952	417.278	549.24	648.95	679.5	695.6
江苏	214.371	258.24	298.23	492.897	592.603	680.629	865.362	1093.22	1350.6	1435	1505
浙江	200.08	231.55	269.04	383.889	453.99	519.33	606.543	751.42	877.86	950.1	1031
安徽	105.564	117.43	152.09	212.967	286.256	323.791	386.307	564.71	717.94	736.6	743.1
福建	100.896	111.51	136.24	183.655	233.292	277.553	327.768	406.73	562.3	574.9	634.6
江西	73.7127	87.925	103.76	173.808	206.858	251.929	297.496	474.43	622.06	664.5	711.7
山东	204.828	248.75	292.28	453.357	550.993	613.486	770.447	1047.9	1311.8	1400	1461

续表

地区＼年份	2004	2005	2006	2007	2008	2009	2010	2011	2012	2013	2014
河南	153.29	187.32	233.15	366.123	444.026	526.136	609.37	857.14	1106.5	1172	1201
湖北	104.508	118.85	145.47	217.199	284.194	317.291	366.567	488.16	732.37	690.6	773.4
湖南	104.329	123	142.26	228.52	311.26	357.578	403.098	540.83	807.58	809.5	833.3
广东	287.952	329.21	392.62	575.898	703.327	803.205	921.485	1227.87	1501.2	1745	1809
广西	90.5379	105.26	135.46	189.384	251.221	296.598	366.836	456.89	589.24	609.9	660.5
海南	17.9249	24.209	27.848	40.3268	55.6331	74.4989	98.3344	127.27	158.79	174.6	176
重庆	49.7847	60.66	78.638	121.547	153.495	190.282	240.461	318.7	471.49	437.3	470
四川	122.522	140.53	181.87	292.86	369.281	451.443	540.655	684.66	993.2	1036	1057
贵州	73.7679	93.371	111.92	166.271	229.767	256.721	292.057	376.86	500.51	560.7	637
云南	111.823	122.28	150.39	190.537	241.951	308.18	374.794	483	674.82	686	674.9
陕西	74.3497	99.313	128.01	184.516	264.906	310.965	377.788	529.46	703.34	710.1	693.8
甘肃	53.6579	67.483	87.482	123.965	182.926	206.357	228.233	284.33	367.92	377.1	401.3
青海	15.2629	20.313	24.376	34.8523	48.8084	61.8159	82.4664	130.11	171.81	121.5	156.3
宁夏	16.1044	19.52	24.618	47.3068	54.0553	63.5025	81.5869	103.02	106.45	113	122.7
新疆	61.3943	72.652	89.279	142.769	199.213	240.146	313.836	399.8	473.86	532.7	567.2

附表 11　2004～2014 年我国各省区市教育支出占财政总支出的比例情况

地区 \ 年份	2004	2005	2006	2007	2008	2009	2010	2011	2012	2013	2014
北京	0.13513	0.13783	0.13508	0.15944	0.16143	0.15766	0.16568	0.16026	0.17058	0.16321	0.164
天津	0.14772	0.152	0.15021	0.16316	0.1633	0.15442	0.16673	0.1683	0.17672	0.18098	0.17922
河北	0.18121	0.17417	0.16059	0.1881	0.20034	0.18714	0.18236	0.18435	0.21217	0.18996	0.18576
山西	0.15464	0.15266	0.13202	0.1726	0.17869	0.17805	0.17013	0.17843	0.20222	0.17902	0.16442
内蒙古	0.11739	0.11536	0.11702	0.14189	0.1419	0.12636	0.14168	0.1307	0.12842	0.12393	0.12314
辽宁	0.12992	0.11807	0.1173	0.14291	0.14227	0.12926	0.12685	0.1393	0.15987	0.12881	0.11898
吉林	0.11962	0.11748	0.12706	0.16341	0.15933	0.14669	0.13999	0.14526	0.18252	0.15378	0.13974
黑龙江	0.13161	0.13528	0.13805	0.16824	0.16639	0.14198	0.13276	0.13379	0.17178	0.14878	0.14732
上海	0.11237	0.11113	0.11443	0.12987	0.1257	0.11605	0.12634	0.1403	0.1551	0.15005	0.14129
江苏	0.16339	0.15432	0.14813	0.19301	0.18248	0.16942	0.1761	0.17571	0.19218	0.18401	0.17762
浙江	0.18823	0.18297	0.18279	0.21247	0.20556	0.19573	0.18908	0.19555	0.21093	0.20084	0.19982
安徽	0.17549	0.16469	0.16175	0.17122	0.17379	0.15117	0.14929	0.17097	0.18125	0.16934	0.15932
福建	0.19528	0.18803	0.18697	0.20168	0.20505	0.19659	0.19336	0.18503	0.21565	0.18734	0.19191
江西	0.16234	0.15591	0.14899	0.19204	0.17095	0.16125	0.15468	0.18718	0.20603	0.19149	0.18331
山东	0.17222	0.16965	0.15942	0.20044	0.20372	0.18774	0.18587	0.20949	0.22217	0.20926	0.20357

续表

地区＼年份	2004	2005	2006	2007	2008	2009	2010	2011	2012	2013	2014
河南	0.1742	0.16784	0.1619	0.19572	0.19461	0.18107	0.17838	0.20174	0.22102	0.20986	0.19928
湖北	0.1617	0.15262	0.13894	0.17004	0.17221	0.15175	0.14654	0.15185	0.19479	0.15798	0.15673
湖南	0.14499	0.14083	0.13364	0.1684	0.17633	0.16177	0.14916	0.15361	0.19606	0.17256	0.16608
广东	0.1554	0.14382	0.15377	0.18227	0.18614	0.18531	0.16997	0.18293	0.2032	0.20742	0.19764
广西	0.17841	0.17214	0.18569	0.19208	0.19368	0.18288	0.18272	0.1795	0.19739	0.19009	0.18982
海南	0.14092	0.16007	0.15955	0.16447	0.15541	0.15327	0.16915	0.16342	0.17417	0.17264	0.15999
重庆	0.12581	0.12447	0.13233	0.15818	0.15108	0.14727	0.1407	0.124	0.15477	0.1428	0.14223
四川	0.13686	0.12985	0.13498	0.16648	0.12523	0.12572	0.12697	0.14645	0.1822	0.1666	0.15551
贵州	0.1763	0.17931	0.18328	0.20904	0.21804	0.18708	0.17901	0.16754	0.18163	0.18188	0.17981
云南	0.1685	0.15957	0.16831	0.16784	0.16457	0.15785	0.16397	0.16487	0.18888	0.16745	0.15208
陕西	0.144	0.15543	0.15532	0.17507	0.18544	0.16885	0.17026	0.18065	0.21161	0.19375	0.1751
甘肃	0.15033	0.15718	0.1655	0.18356	0.18889	0.16558	0.15541	0.15873	0.17864	0.16326	0.15788
青海	0.11114	0.11966	0.11355	0.1235	0.13424	0.127	0.11093	0.13448	0.14823	0.09895	0.11601
宁夏	0.13091	0.12181	0.12742	0.1956	0.16653	0.14687	0.14634	0.14594	0.12315	0.12244	0.12262
新疆	0.14581	0.13998	0.13159	0.17955	0.18805	0.17829	0.18473	0.17501	0.17421	0.17367	0.17096

附表 12 2004~2014 年我国各省区市每十万人在校高等教育学生数量情况（取对数）

年份 地区	2004	2005	2006	2007	2008	2009	2010	2011	2012	2013	2014
北京	8.73	8.79	8.84	8.83	8.82	8.77	8.73	8.63	8.62	8.61	8.60
天津	8.25	8.38	8.43	8.43	8.42	8.40	8.39	8.37	8.38	8.38	8.36
河北	7.22	7.27	7.40	7.45	7.50	7.53	7.58	7.60	7.63	7.65	7.65
山西	7.26	7.38	7.49	7.53	7.59	7.63	7.66	7.70	7.76	7.81	7.83
内蒙古	7.04	7.17	7.25	7.32	7.41	7.49	7.54	7.56	7.62	7.67	7.68
辽宁	7.53	7.67	7.77	7.82	7.87	7.89	7.89	7.91	7.94	7.97	7.98
吉林	7.55	7.67	7.77	7.82	7.89	7.90	7.91	7.94	7.97	8.02	8.06
黑龙江	7.41	7.54	7.64	7.70	7.76	7.79	7.80	7.79	7.80	7.84	7.85
上海	8.21	8.25	8.34	8.37	8.38	8.39	8.37	8.18	8.16	8.14	8.12
江苏	7.48	7.61	7.74	7.84	7.89	7.93	7.94	7.95	7.93	7.94	7.96
浙江	7.41	7.54	7.66	7.72	7.75	7.74	7.73	7.70	7.74	7.77	7.79
安徽	6.89	7.01	7.21	7.30	7.41	7.46	7.52	7.60	7.65	7.70	7.72
福建	7.08	7.26	7.41	7.49	7.57	7.62	7.67	7.70	7.74	7.80	7.83
江西	7.25	7.48	7.65	7.65	7.63	7.66	7.68	7.70	7.74	7.78	7.83
山东	7.22	7.38	7.50	7.56	7.64	7.67	7.70	7.69	7.71	7.74	7.79

续表

地区\年份	2004	2005	2006	2007	2008	2009	2010	2011	2012	2013	2014
河南	6.85	7.02	7.19	7.28	7.41	7.48	7.52	7.55	7.61	7.66	7.70
湖北	7.60	7.69	7.84	7.89	7.91	7.95	7.97	8.00	8.03	8.05	8.05
湖南	7.14	7.28	7.45	7.52	7.58	7.62	7.63	7.63	7.64	7.65	7.68
广东	7.16	7.29	7.37	7.45	7.51	7.58	7.62	7.59	7.64	7.70	7.76
广西	6.81	6.90	7.11	7.15	7.21	7.27	7.33	7.43	7.51	7.57	7.63
海南	6.88	7.03	7.23	7.38	7.50	7.60	7.62	7.64	7.70	7.72	7.75
重庆	7.15	7.30	7.55	7.62	7.69	7.75	7.79	7.83	7.91	7.97	8.01
四川	6.91	7.09	7.25	7.31	7.40	7.46	7.49	7.55	7.62	7.67	7.72
贵州	6.61	6.73	6.81	6.81	6.88	6.95	7.01	7.13	7.24	7.34	7.43
云南	6.68	6.81	6.95	6.99	7.07	7.17	7.24	7.33	7.36	7.42	7.46
陕西	7.66	7.76	7.84	7.89	7.97	8.02	8.07	8.13	8.17	8.19	8.20
甘肃	6.99	7.10	7.26	7.34	7.43	7.50	7.54	7.62	7.67	7.69	7.70
青海	6.79	6.81	6.84	6.84	6.94	6.98	7.02	6.99	7.03	7.06	7.11
宁夏	7.06	7.15	7.32	7.33	7.38	7.45	7.53	7.56	7.65	7.69	7.72
新疆	7.18	7.19	7.26	7.25	7.25	7.27	7.29	7.33	7.38	7.43	7.47

附表 13 2004~2014 年我国各省区市高新技术产业主营业务收入占 GDP 比重情况

地区 \ 年份	2004	2005	2006	2007	2008	2009	2010	2011	2012	2013	2014
北京	0.2593	0.3149	0.3489	0.3414	0.2863	0.2484	0.2362	0.2047	0.1997	0.1932	0.1946
天津	0.4839	0.5163	0.5234	0.4087	0.2925	0.2550	0.2484	0.2386	0.2735	0.2938	0.2723
河北	0.0297	0.0297	0.0285	0.0311	0.0337	0.0361	0.0433	0.0425	0.0453	0.0486	0.0513
山西	0.0143	0.0162	0.0196	0.0228	0.0225	0.0234	0.0254	0.0269	0.0513	0.0559	0.0622
内蒙古	0.0246	0.0264	0.0269	0.0253	0.0211	0.0237	0.0193	0.0217	0.0172	0.0204	0.0199
辽宁	0.0853	0.0760	0.0775	0.0872	0.0819	0.0851	0.0926	0.0854	0.0891	0.0868	0.0822
吉林	0.0365	0.0402	0.0440	0.0474	0.0560	0.0652	0.0741	0.0869	0.0954	0.1097	0.1208
黑龙江	0.0300	0.0569	0.0366	0.0381	0.0375	0.0415	0.0385	0.0376	0.0383	0.0423	0.0420
上海	0.4770	0.4403	0.4360	0.4636	0.4310	0.3845	0.4089	0.3680	0.3494	0.3127	0.2994
江苏	0.3277	0.3353	0.3466	0.3673	0.3767	0.3709	0.3903	0.3949	0.4229	0.4159	0.4012
浙江	0.1206	0.1296	0.1531	0.1480	0.1212	0.1118	0.1199	0.1116	0.1147	0.1155	0.1193
安徽	0.0281	0.0291	0.0333	0.0364	0.0372	0.0429	0.0535	0.0690	0.0848	0.0952	0.1215
福建	0.2208	0.2165	0.2117	0.1855	0.1776	0.1592	0.1748	0.1703	0.1639	0.1621	0.1508
江西	0.0500	0.0567	0.0668	0.0742	0.0802	0.0971	0.1100	0.1224	0.1434	0.1589	0.1662
山东	0.0790	0.0939	0.1044	0.1201	0.1248	0.1342	0.1314	0.1349	0.1545	0.1620	0.1718

续表

地区 \ 年份	2004	2005	2006	2007	2008	2009	2010	2011	2012	2013	2014
河南	0.0290	0.0281	0.0344	0.0369	0.0400	0.0461	0.0513	0.0755	0.1101	0.1331	0.1515
湖北	0.0452	0.0609	0.0668	0.0617	0.0701	0.0792	0.0787	0.0791	0.0911	0.0986	0.1077
湖南	0.0287	0.0315	0.0309	0.0331	0.0431	0.0472	0.0565	0.0749	0.0849	0.1042	0.1048
广东	0.4618	0.4665	0.4812	0.4589	0.4367	0.4244	0.4554	0.4365	0.4389	0.4461	0.4473
广西	0.0211	0.0231	0.0234	0.0236	0.0272	0.0302	0.0401	0.0460	0.0618	0.0779	0.0890
海南	0.0333	0.0340	0.0339	0.0282	0.0295	0.0305	0.0372	0.0365	0.0532	0.0382	0.0376
重庆	0.0401	0.0443	0.0398	0.0429	0.0469	0.0519	0.0641	0.1111	0.1651	0.2053	0.2407
四川	0.0691	0.0783	0.0834	0.0966	0.1027	0.1119	0.1225	0.1515	0.1660	0.1955	0.1923
贵州	0.0639	0.0646	0.0568	0.0594	0.0518	0.0626	0.0578	0.0535	0.0500	0.0460	0.0611
云南	0.0164	0.0172	0.0192	0.0192	0.0196	0.0213	0.0222	0.0212	0.0232	0.0246	0.0244
陕西	0.1196	0.1127	0.0984	0.0984	0.0834	0.0815	0.0855	0.0800	0.0857	0.0848	0.0932
甘肃	0.0216	0.0203	0.0190	0.0184	0.0170	0.0167	0.0185	0.0174	0.0199	0.0223	0.0238
青海	0.0107	0.0126	0.0130	0.0158	0.0118	0.0139	0.0158	0.0129	0.0204	0.0239	0.0248
宁夏	0.0209	0.0259	0.0196	0.0207	0.0190	0.0211	0.0183	0.0171	0.0136	0.0123	0.0136
新疆	0.0042	0.0040	0.0044	0.0054	0.0043	0.0045	0.0047	0.0047	0.0023	0.0025	0.0029

附表14 2004～2014年我国各省区市高校R&D经费内部支出来自企业经费情况

单位：万元

地区\年份	2004	2005	2006	2007	2008	2009	2010	2011	2012	2013	2014
北京	205146	291558	311960	336845	376630	211295	273188	354634	378032	397842	427589.1035
天津	44022	46763	49198	54011	66738	80093	87813	122167	164091	222816	249720.3906
河北	35046	33594	38155	41160	51027	27918	29337	32784	31184	28885	33510.7291
山西	11392	12645	15391	15180	19519	22872	21944	23196	27029	32577	23871.7718
内蒙古	2333	6454	6848	7936	8800	4175	5956	5026	5441	7330	7610.2058
辽宁	103400	117556	136901	151486	172868	129066	126995	163908	196671	200161	202453.0929
吉林	24959	37477	44118	46722	53897	40656	43880	47858	60803	33677	36146.2228
黑龙江	96265	62687	101702	81270	93124	53258	91693	106034	106764	148881	168646.7623
上海	171713	193883	239304	246788	281342	136841	154640	182673	194047	226995	258468.4785
江苏	164287	185001	208862	230912	312673	193574	214942	276532	298122	328030	339845.9696
浙江	105033	104687	114869	126142	127520	94852	109909	148357	153554	167642	176451.6885
安徽	29079	41553	43325	40807	46461	34837	38805	39942	49669	62820	50758.6038
福建	8362	7817	11316	14069	21457	16749	13261	15102	19940	27314	24018.5668
江西	14461	21582	25301	26206	30622	25770	31695	27814	28087	21955	21752.9481
山东	27818	43173	54182	57825	73408	47990	61621	78285	83923	111485	107914.5051

续表

地区 ＼ 年份	2004	2005	2006	2007	2008	2009	2010	2011	2012	2013	2014
河南	9703	10399	19938	30571	48439	31878	30479	28508	36357	36225	34443.7849
湖北	87899	101801	113758	137555	162651	104823	122112	134684	141139	159039	164034.16
湖南	59395	56288	60721	66994	72405	57994	63422	68383	65610	73694	64419.5786
广东	41684	56405	61004	79925	91081	58527	68237	91065	95379	121717	138043.7664
广西	10652	9817	10655	16775	17627	15748	16086	18777	20000	15113	16587.4385
海南	84	52	162	335	1056	738	945	499	1157	903	973.4322
重庆	31154	34964	42070	40201	48508	44823	8776	41867	78857	73132	65609.9636
四川	77686	91777	100948	155380	179246	161352	178654	259036	201077	222387	211758.27
贵州	792	1826	2184	5089	4986	6016	9222	10826	8609	10104	10110.8932
云南	5299	7213	8211	10122	23392	16248	22162	15989	25688	23500	16000.3787
陕西	105429	134141	131859	144824	160061	79821	78742	100960	100977	115670	152560.6794
甘肃	12718	17105	19976	25474	21000	17545	28086	31551	27605	16773	19632.1326
青海	23	45	168	152	198	59	201	324	536	645	1276
宁夏	55	156	200	492	505	329	511	956	1448	1636	970.6291
新疆	327	442	695	762	1816	857	2263	1367	2963	3742	1604.6562

附表15 2004~2014年我国各省区市高校R&D经费内部支出来自企业经费比重情况

地区\年份	2004	2005	2006	2007	2008	2009	2010	2011	2012	2013	2014
北京	0.3289	0.3612	0.3457	0.3190	0.3042	0.3017	0.2480	0.2875	0.2761	0.2911	0.2936
天津	0.4003	0.3256	0.2816	0.2758	0.2813	0.3713	0.3487	0.3845	0.4070	0.4385	0.4370
河北	0.4882	0.4465	0.4210	0.4290	0.4345	0.4114	0.3933	0.3884	0.3257	0.2831	0.2992
山西	0.2574	0.2615	0.2603	0.2458	0.2931	0.3845	0.3500	0.3232	0.3034	0.2648	0.2234
内蒙古	0.1709	0.3589	0.3208	0.3370	0.3101	0.2087	0.2405	0.1620	0.1562	0.1852	0.1859
辽宁	0.4680	0.5494	0.5704	0.5666	0.5476	0.5408	0.5192	0.5028	0.5279	0.4840	0.4785
吉林	0.3689	0.4330	0.4050	0.3582	0.3640	0.3321	0.3045	0.2873	0.2944	0.1675	0.1684
黑龙江	0.5448	0.3022	0.4658	0.3071	0.2971	0.2714	0.3652	0.3922	0.3421	0.4096	0.4814
上海	0.4293	0.3937	0.4285	0.3735	0.3658	0.3402	0.3377	0.3332	0.3145	0.3175	0.3610
江苏	0.4086	0.4172	0.4358	0.4115	0.4437	0.4380	0.3862	0.4524	0.4081	0.4063	0.3843
浙江	0.4586	0.3863	0.3650	0.3604	0.3198	0.3968	0.3181	0.3636	0.3434	0.3546	0.3546
安徽	0.2169	0.2819	0.2668	0.2387	0.2471	0.2580	0.2475	0.2132	0.2038	0.2098	0.1909
福建	0.1895	0.1468	0.1866	0.1752	0.2033	0.2818	0.1910	0.2000	0.2515	0.2464	0.2107
江西	0.3293	0.3870	0.3615	0.3377	0.3305	0.4099	0.4277	0.3479	0.3278	0.2308	0.2159
山东	0.2527	0.3016	0.2926	0.2873	0.2981	0.2979	0.3001	0.3287	0.2904	0.3336	0.3256

续表

地区 \ 年份	2004	2005	2006	2007	2008	2009	2010	2011	2012	2013	2014
河南	0.2745	0.1789	0.3231	0.3578	0.4813	0.4230	0.3324	0.2544	0.2402	0.2276	0.2026
湖北	0.3877	0.3996	0.4137	0.4144	0.3829	0.4165	0.3439	0.3576	0.3386	0.3562	0.3489
湖南	0.4477	0.4073	0.3657	0.3245	0.2738	0.2901	0.3022	0.3080	0.2635	0.2813	0.2395
广东	0.2140	0.2439	0.1912	0.2490	0.2501	0.2440	0.2388	0.2335	0.2167	0.2656	0.2771
广西	0.2976	0.3180	0.2142	0.2647	0.2836	0.2875	0.2399	0.2789	0.2670	0.1825	0.1781
海南	0.0142	0.0096	0.0260	0.0484	0.1272	0.1030	0.0991	0.0516	0.0919	0.0611	0.0595
重庆	0.4331	0.4155	0.3990	0.3366	0.3102	0.4155	0.0612	0.3604	0.4577	0.4171	0.3899
四川	0.4851	0.4734	0.4655	0.5749	0.5584	0.5883	0.4918	0.5787	0.5193	0.5186	0.4821
贵州	0.1161	0.1614	0.1670	0.2812	0.1892	0.2570	0.3181	0.2770	0.2142	0.2068	0.1657
云南	0.2340	0.2744	0.3196	0.2843	0.4149	0.3339	0.4057	0.2979	0.3869	0.3389	0.1850
西藏	0.0000	0.0000	0.0000	0.0000	0.0015	0.0000	0.0004	0.0000	0.0244	0.0276	0.0507
陕西	0.3639	0.4411	0.4092	0.3677	0.3440	0.3828	0.3177	0.3469	0.3392	0.3337	0.4000
甘肃	0.4403	0.3646	0.4472	0.4987	0.4169	0.3939	0.4483	0.4599	0.3909	0.2851	0.2687
青海	0.0077	0.0146	0.0213	0.0310	0.0238	0.0107	0.0377	0.0401	0.0573	0.0430	0.1057
宁夏	0.0300	0.0744	0.0464	0.0784	0.0647	0.0701	0.0853	0.0818	0.1226	0.1267	0.0464
新疆	0.0542	0.0447	0.0546	0.0576	0.1092	0.0761	0.1238	0.0640	0.1104	0.1146	0.0492

附表 16　2004~2014 年我国各省区市研发机构 R&D 经费内部支出来自企业经费情况

单位：万元

年份 地区	2004	2005	2006	2007	2008	2009	2010	2011	2012	2013	2014
北京	78084	71108	42719	68466	66662	71442	81318	78456	75393	156745	124089.3
天津	229	281	2156	2034	3852	338	7397	5792	8112	5591	2780.6
河北	25	6758	50	149	91	76	51	1961	130	516	205.6
山西	3372	2601	2453	1247	6638	5685	5331	9454	9342	7617	6542.9
内蒙古	440	23	55	266	1103	759	1790	964	472	7876	2360.8
辽宁	5949	8071	11193	23319	20702	27400	22126	28492	43051	51794	49919.3
吉林	2812	1926	2343	5095	1819	2367	2319	2010	2347	3252	11890.3
黑龙江	3203	2319	3355	10379	560	2726	1398	614	1060	1927	1137.6
上海	36786	29944	26092	10788	24355	28650	66077	68549	38465	77930	62854.9
江苏	11569	12293	31024	60334	40574	93539	49643	19674	32874	60282	105889.2
浙江	3094	1581	1805	944	7047	5690	4892	10451	12288	15959	11270
安徽	2249	1714	2906	859	6016	3779	2837	3621	11622	13978	13650.2
福建	739	406	417	639	592	1260	3949	3017	5426	6048	10718.1
江西	633	167	205	216	462	339	92	84	166	70	342
山东	2114	2635	2596	3417	5485	7839	13455	10498	16646	14364	14066.8

续表

地区 \ 年份	2004	2005	2006	2007	2008	2009	2010	2011	2012	2013	2014
河南	19305	687	38	927	709	1786	9957	12150	1654	4879	9988
湖北	21194	5398	11057	18652	16383	9148	15752	8675	15422	25584	35295.9
湖南	4575	7211	4122	8498	21167	2926	1586	18874	60675	32452	22898.8
广东	8235	4394	3961	7358	5271	8406	8244	10938	17943	26192	24167.6
广西	321	385	390	501	1576	2298	5479	9363	3512	2027	2871.2
海南	76	42	28	38	9	4	7	191	3	178	330.5
重庆	313	594	631	354	261	583	1207	37572	10449	6999	5186.8
四川	4815	6711	11767	24480	6294	9219	19680	28068	54983	40645	38221.8
贵州	451	933	757	780	123	2068	50	3336	850	6476	7722
云南	1710	1344	1344	2094	3150	4077	5865	5039	12781	15274	13665.9
陕西	6584	4928	6447	5650	36642	1474	6653	10211	23538	11380	31285.5
甘肃	4180	1374	1414	2819	2860	3310	4479	9568	12933	10459	8093.5
青海	223	195	443	494	708	723	326	849	834	1575	1568.1
宁夏	204	202	327	409	864			0	342		0
新疆	564	215	795	463	864	414	490	657	843	1427	1926.6

附表 17　2004~2014 年我国各省区市科研机构 R&D 经费内部支出来自企业经费的比重情况

年份 地区	2004	2005	2006	2007	2008	2009	2010	2011	2012	2013	2014
北京	0.0503	0.0391	0.0225	0.0288	0.0256	0.0222	0.0202	0.0181	0.0154	0.0260	0.0194
天津	0.0027	0.0031	0.0219	0.0217	0.0204	0.0019	0.0302	0.0225	0.0280	0.0134	0.0072
河北	0.0003	0.0528	0.0003	0.0007	0.0005	0.0003	0.0002	0.0087	0.0005	0.0020	0.0007
山西	0.1066	0.0686	0.0541	0.0246	0.0897	0.0604	0.0625	0.0771	0.0805	0.0526	0.0533
内蒙古	0.0313	0.0014	0.0025	0.0120	0.0354	0.0143	0.0346	0.0152	0.0074	0.0899	0.0364
辽宁	0.0371	0.0448	0.0562	0.0932	0.0723	0.0878	0.0501	0.0623	0.0807	0.0917	0.0922
吉林	0.0331	0.0193	0.0262	0.0442	0.0144	0.0143	0.0129	0.0099	0.0095	0.0125	0.0450
黑龙江	0.0977	0.0438	0.0481	0.1237	0.0039	0.0132	0.0099	0.0052	0.0059	0.0063	0.0041
上海	0.0850	0.0667	0.0482	0.0186	0.0302	0.0329	0.0627	0.0513	0.0213	0.0405	0.0271
江苏	0.0362	0.0387	0.0787	0.1338	0.0754	0.1456	0.0631	0.0257	0.0357	0.0592	0.0874
浙江	0.0670	0.0137	0.0146	0.0069	0.0508	0.0443	0.0318	0.0578	0.0563	0.0660	0.0416
安徽	0.0296	0.0177	0.0248	0.0059	0.0334	0.0182	0.0135	0.0162	0.0428	0.0383	0.0289
福建	0.0406	0.0173	0.0146	0.0190	0.0139	0.0206	0.0604	0.0443	0.0589	0.0561	0.0830
江西	0.0220	0.0048	0.0053	0.0041	0.0067	0.0045	0.0010	0.0010	0.0018	0.0006	0.0030
山东	0.0341	0.0412	0.0306	0.0319	0.0387	0.0354	0.0498	0.0328	0.0446	0.0361	0.0307

续表

地区＼年份	2004	2005	2006	2007	2008	2009	2010	2011	2012	2013	2014
河南	0.1934	0.0061	0.0003	0.0063	0.0043	0.0088	0.0405	0.0458	0.0049	0.0163	0.0318
湖北	0.1400	0.0269	0.0449	0.0582	0.0466	0.0229	0.0388	0.0186	0.0308	0.0448	0.0553
湖南	0.1226	0.1533	0.0635	0.1229	0.2230	0.0255	0.0130	0.1132	0.2982	0.1928	0.1363
广东	0.1195	0.0547	0.0474	0.0656	0.0432	0.0478	0.0386	0.0355	0.0459	0.0585	0.0451
广西	0.0285	0.0256	0.0216	0.0192	0.0484	0.0432	0.0734	0.0942	0.0253	0.0156	0.0224
海南	0.0152	0.0073	0.0033	0.0028	0.0005	0.0002	0.0002	0.0059	0.0001	0.0055	0.0097
重庆	0.0166	0.0246	0.0283	0.0120	0.0081	0.0086	0.0133	0.2436	0.0571	0.0548	0.0599
四川	0.0146	0.0175	0.0288	0.0459	0.0097	0.0101	0.0159	0.0219	0.0357	0.0242	0.0203
贵州	0.0321	0.0623	0.0536	0.0468	0.0057	0.0560	0.0018	0.1158	0.0199	0.1044	0.1144
云南	0.0322	0.0140	0.0130	0.0159	0.0240	0.0316	0.0414	0.0338	0.0713	0.0802	0.0786
西藏	0.0000	0.0048	0.0000	0.0000	0.0000	0.0000	0.0000	0.0000	0.0000	0.0000	0.0000
陕西	0.0156	0.0093	0.0118	0.0084	0.0462	0.0015	0.0062	0.0090	0.0184	0.0073	0.0202
甘肃	0.0695	0.0220	0.0232	0.0405	0.0307	0.0274	0.0372	0.0707	0.0738	0.0554	0.0387
青海	0.0357	0.0419	0.0814	0.0688	0.1011	0.0692	0.0251	0.0585	0.0518	0.0938	0.0743
宁夏	0.1036	0.0784	0.1082	0.0977	0.0000	0.0000	0.0000	0.0000	0.0394	0.0000	0.0000
新疆	0.0286	0.0115	0.0426	0.0221	0.0336	0.0108	0.0111	0.0114	0.0121	0.0173	0.0261

附表 18   2004～2014 年我国各省省区市外商投资占全社会固定资产投资比重情况

年份 地区	2004	2005	2006	2007	2008	2009	2010	2011	2012	2013	2014
北京	0.1545	0.1538	0.1548	0.1579	0.1137	0.0954	0.0728	0.0924	0.0797	0.1114	0.0857
天津	0.1444	0.1413	0.1628	0.1471	0.1071	0.0808	0.0718	0.0695	0.0598	0.0568	0.0621
河北	0.0681	0.0648	0.0539	0.0511	0.0538	0.0352	0.0260	0.0280	0.0267	0.0262	0.0226
山西	0.0152	0.0217	0.0264	0.0369	0.0303	0.0222	0.0181	0.0175	0.0187	0.0120	0.0143
内蒙古	0.0206	0.0192	0.0210	0.0260	0.0312	0.0262	0.0182	0.0101	0.0121	0.0073	0.0101
辽宁	0.0928	0.1034	0.1068	0.1113	0.1100	0.1142	0.1068	0.1029	0.0878	0.0837	0.0653
吉林	0.0936	0.0739	0.0618	0.0550	0.0475	0.0376	0.0332	0.0364	0.0301	0.0180	0.0150
黑龙江	0.0245	0.0255	0.0303	0.0275	0.0276	0.0272	0.0241	0.0198	0.0168	0.0100	0.0139
上海	0.2684	0.1709	0.1763	0.1650	0.1633	0.1273	0.1445	0.1533	0.1519	0.1617	0.1849
江苏	0.1473	0.1549	0.1745	0.1876	0.1876	0.1415	0.1300	0.1241	0.1200	0.1078	0.0988
浙江	0.0746	0.0906	0.1262	0.1277	0.1260	0.1024	0.0923	0.0857	0.0806	0.0907	0.0800
安徽	0.0479	0.0621	0.0621	0.0581	0.0568	0.0484	0.0391	0.0379	0.0390	0.0316	0.0311
福建	0.2291	0.2055	0.2039	0.1707	0.1609	0.1365	0.1337	0.1236	0.0997	0.0837	0.0680
江西	0.0681	0.0641	0.0724	0.0831	0.0828	0.0794	0.0521	0.0472	0.0387	0.0306	0.0263
山东	0.0847	0.0780	0.0869	0.0818	0.0707	0.0653	0.0561	0.0490	0.0444	0.0342	0.0335

续表

地区\年份	2004	2005	2006	2007	2008	2009	2010	2011	2012	2013	2014
河南	0.0546	0.0564	0.0471	0.0388	0.0323	0.0213	0.0244	0.0235	0.0204	0.0176	0.0099
湖北	0.0692	0.0768	0.0740	0.0717	0.0600	0.0504	0.0442	0.0454	0.0407	0.0320	0.0283
湖南	0.0421	0.0417	0.0476	0.0465	0.0361	0.0256	0.0231	0.0297	0.0289	0.0204	0.0199
广东	0.2310	0.2403	0.2413	0.2432	0.2300	0.1673	0.1481	0.1434	0.1516	0.1292	0.1204
广西	0.0692	0.0796	0.0760	0.0835	0.0721	0.0573	0.0489	0.0444	0.0392	0.0295	0.0274
海南	0.1911	0.0990	0.1214	0.1241	0.1723	0.1181	0.1275	0.1177	0.1202	0.1100	0.1040
重庆	0.0683	0.0609	0.0590	0.0733	0.0760	0.0585	0.0616	0.0642	0.0693	0.0746	0.0714
四川	0.0328	0.0404	0.0510	0.0660	0.0591	0.0364	0.0409	0.0426	0.0456	0.0378	0.0291
贵州	0.0188	0.0200	0.0250	0.0224	0.0269	0.0306	0.0230	0.0269	0.0277	0.0152	0.0149
云南	0.0232	0.0231	0.0118	0.0170	0.0267	0.0271	0.0193	0.0214	0.0179	0.0167	0.0177
陕西	0.0229	0.0294	0.0360	0.0400	0.0340	0.0301	0.0233	0.0231	0.0239	0.0311	0.0331
甘肃	0.0246	0.0353	0.0307	0.0180	0.0166	0.0176	0.0172	0.0083	0.0073	0.0027	0.0042
青海	0.0311	0.0286	0.0200	0.0214	0.0197	0.0151	0.0229	0.0288	0.0196	0.0138	0.0193
宁夏	0.0235	0.0334	0.0194	0.0188	0.0124	0.0144	0.0124	0.0159	0.0186	0.0088	0.0076
新疆	0.0163	0.0161	0.0119	0.0185	0.0140	0.0119	0.0110	0.0133	0.0077	0.0081	0.0110

附表 19 2004~2014 年我国各省区市贸易专业化指数（TSI）

年份 地区	2004	2005	2006	2007	2008	2009	2010	2011	2012	2013	2014
北京	-0.5650	-0.5081	-0.5197	-0.4930	-0.5767	-0.5494	-0.6325	-0.6971	-0.7078	-0.7058	-0.6999
天津	-0.0077	0.0279	0.0391	0.0658	0.0473	-0.0634	-0.0869	-0.1394	-0.1644	-0.2373	-0.2144
河北	0.3809	0.3596	0.3851	0.3321	0.2495	0.0591	0.0726	0.0660	0.1707	0.1277	0.1928
山西	0.4991	0.2725	0.2493	0.1283	0.2856	-0.3377	-0.2521	-0.2640	-0.0672	0.0127	0.1016
内蒙古	-0.2721	-0.2725	-0.2818	-0.2388	-0.1945	-0.3164	-0.2361	-0.2143	-0.2948	-0.3176	-0.1215
辽宁	0.0993	0.1430	0.1705	0.1879	0.1616	0.0619	0.0680	0.0630	0.1136	0.1272	0.0306
吉林	-0.4950	-0.2444	-0.2427	-0.2509	-0.2842	-0.4678	-0.4686	-0.5469	-0.5129	-0.4782	-0.5620
黑龙江	0.0843	0.2690	0.3123	0.4173	0.4532	0.2424	0.2762	-0.0825	-0.2320	-0.1650	-0.1087
上海	-0.0812	-0.0263	-0.0015	0.0171	0.0504	0.0212	-0.0204	-0.0416	-0.0530	-0.0746	-0.0989
江苏	0.0242	0.0790	0.1297	0.1652	0.2136	0.1761	0.1616	0.1586	0.1991	0.1939	0.2131
浙江	0.3647	0.4304	0.4502	0.4506	0.4616	0.4171	0.4236	0.3986	0.4374	0.4816	0.5397
安徽	0.0918	0.1379	0.1168	0.1064	0.1261	0.1336	0.0228	0.0912	0.3618	0.2413	0.2805
福建	0.2370	0.2807	0.3170	0.3416	0.3438	0.3388	0.3144	0.2937	0.2548	0.2577	0.2790
江西	0.1308	0.2003	0.2117	0.1525	0.1348	0.1532	0.2411	0.3903	0.5031	0.5330	0.4989
山东	0.1819	0.2021	0.2309	0.2265	0.1766	0.1433	0.1020	0.0659	0.0484	0.0069	0.0451

续表

地区 \ 年份	2004	2005	2006	2007	2008	2009	2010	2011	2012	2013	2014
河南	0.2613	0.3172	0.3547	0.3101	0.2265	0.0901	0.1810	0.1795	0.1472	0.2004	0.2123
湖北	-0.0002	-0.0218	0.0645	0.0993	0.1310	0.1569	0.1138	0.1632	0.2138	0.2554	0.2380
湖南	0.1413	0.2490	0.3851	0.3453	0.3410	0.0822	0.0857	0.0456	0.1483	0.1774	0.2937
广东	0.0728	0.1130	0.1455	0.1647	0.1845	0.1748	0.1548	0.1646	0.1667	0.1659	0.2003
广西	0.1155	0.1103	0.0777	0.1036	0.1102	0.1751	0.0827	0.0668	0.0492	0.1389	0.1999
海南	-0.3576	-0.1956	-0.0334	-0.2235	-0.2990	-0.4639	-0.4634	-0.6015	-0.5621	-0.5053	-0.4431
重庆	0.0841	0.1743	0.2253	0.2119	0.2019	0.1099	0.2053	0.3580	0.4498	0.3625	0.3287
四川	0.1591	0.1900	0.2021	0.1971	0.1877	0.1725	0.1525	0.2165	0.3009	0.2992	0.2774
贵州	0.1450	0.2239	0.2838	0.2910	0.1293	0.1775	0.2204	0.2215	0.4935	0.6613	0.7449
云南	0.1967	0.1138	0.0897	0.0845	0.0388	0.1216	0.1326	0.1819	-0.0466	0.2387	0.2691
西藏	0.3029	0.6098	0.3534	0.6589	0.8479	0.8676	0.8444	0.7416	0.9597	0.9697	0.8633
陕西	0.3159	0.3445	0.3543	0.3576	0.2921	-0.0510	0.0260	-0.0394	0.1693	0.0161	0.0181
甘肃	0.1302	-0.1704	-0.2107	-0.3994	-0.4746	-0.6195	-0.5575	-0.5054	-0.1970	-0.0861	0.2336
青海	0.5804	0.5640	0.6393	0.2610	0.2169	-0.1415	0.1818	0.4328	0.2592	0.2080	0.3131
宁夏	0.4232	0.4224	0.3118	0.3730	0.3391	0.2357	0.1939	0.3995	0.4807	0.5863	0.5833
新疆	0.0813	0.2692	0.5685	0.6772	0.7373	0.5679	0.5141	0.4747	0.5372	0.6159	0.6971

附表 20　两阶段 DEA 运行结果

第一阶段

Random-effects tobit regression

Group variable: region

Random effects u_i ~ Gaussian

Log likelihood = 95.458439

					Number of obs = 300
					Number of groups = 30
					Obs per group: min = 10
					avg = 10.0
					max = 10
					Wald chi2 (10) = 97.40
					Prob > chi2 = 0.0000

div1	Coef.	Std. Err.	z	P>|z|	[95% Conf. Interval]	
finance	.8590602	1.202058	0.71	0.475	-1.496929	3.21505
edu	-.1722548	.5925803	-0.29	0.771	-1.333691	.9891813
infor	-.7940217	.439294	-1.81	0.071	-1.655022	.0669787
bank	-1.553173	.3821902	-4.06	0.000	-2.302252	-.8040938
industry	1.058371	.2187002	4.84	0.000	.6297267	1.487016
link1	.4164443	.2862419	1.45	0.146	-.1445796	.9774681
link2	-.4344518	.1483703	-2.93	0.003	-.7252522	-.1436514
link3	.0039763	.0151165	0.26	0.793	-.0256514	.033604
tsi	-.0568548	.0571384	-1.00	0.320	-.168844	.0551344
fdi	.7053975	.4733693	1.49	0.136	-.2223892	1.633184
_cons	.4838111	.1240332	3.90	0.000	.2407105	.7269116
/sigma_u	.1608448	.0249489	6.45	0.000	.111946	.2097437

续表

第一阶段

	Coef.	Std. Err.	z	P>|z|	[95% Conf. Interval]	
/sigma_e	.136955	.0063203	21.67	0.000	.1245675	.1493425
rho	.5797082	.0802969			.4201907	.7269783

Observation summary:

0 left-censored observations

277 uncensored observations

23 right-censored observations

第二阶段

Random-effects tobit regression

Group variable: region

Random effects u_i ~ Gaussian

Log likelihood = 143.34521

Number of obs	=	300
Number of groups	=	30
Obs per group: min	=	10
avg	=	10.0
max	=	10
Wald chi2 (10)	=	91.67
Prob > chi2	=	0.0000

div2	Coef.	Std. Err.	z	P>|z|	[95% Conf. Interval]	
finance	2.470747	1.079647	2.29	0.022	.3546775	4.586816
edu	.0309388	.51455	0.06	0.952	-.9775607	1.039438
infor	.3255695	.3826596	0.85	0.395	-.4244296	1.075569
bank	-.9783109	.3258332	-3.00	0.003	-1.616932	-.3396896
industry	1.083607	.2011465	5.39	0.000	.689367	1.477847

续表

第二阶段

link1	.6711295	.2346901	2.86	0.004	.2111454	1.131114
link2	-.3269448	.1303308	-2.51	0.012	-.5823885	-.0715011
link3	.0259304	.0137108	1.89	0.059	-.0009422	.052803l
tsi	-.1302538	.0516458	-2.52	0.012	-.2314777	-.02903
fdi	.5799137	.4444057	1.30	0.192	-.2911054	1.450933
_cons	.2046231	.1120479	1.83	0.068	-.0149867	.4242328
/sigma_u	.2267928	.0346766	6.54	0.000	.158828	.2947576
/sigma_e	.1105543	.0050609	21.84	0.000	.1006352	.1204734
rho	.807999	.0498364			.6959905	.890312

Observation summary:
0 left-censored observations
271 uncensored observations
29 right-censored observations

整体阶段

Random-effects tobit regression

Group variable: region

Random effects u_i ~ Gaussian

Number of obs =	300
Number of groups =	30
Obs per group: min =	10
avg =	10.0
max =	10

续表

整体阶段

Log likelihood	= 148.19303			Wald chi2 (10)	= 109.91	
				Prob > chi2	= 0.0000	
oe	Coef.	Std. Err.	z	P>|z|	[95% Conf. Interval]	
finance	1.680536	1.019668	1.65	0.099	-.3179766	3.679048
edu	-.0915507	.4978599	-0.18	0.854	-1.067338	.8842369
infor	-.2357056	.3605109	-0.65	0.513	-.9422939	.4708827
bank	-1.225091	.3122275	-3.92	0.000	-1.837046	-.6131366
industry	1.083798	.1891795	5.73	0.000	.7130131	1.454583
link1	.5298589	.233136	2.27	0.023	.0729207	.9867972
link2	-.3665166	.1270728	-2.88	0.004	-.6155746	-.1174586
link3	.0137007	.0125254	1.09	0.274	-.0108487	.0382501
tsi	-.0953401	.0488504	-1.95	0.051	-.1910852	.000405
fdi	.5642441	.4054711	1.39	0.164	-.2304647	1.358953
_cons	.342633	.1054426	3.25	0.001	.1359694	.5492966
/sigma_u	.1750312	.0259358	6.75	0.000	.1241979	.2258645
/sigma_e	.1106486	.0050851	21.76	0.000	.100682	.1206152
rho	.7144733	.0641869			.5778007	.8255516

Observation summary:

0 left-censored observations

277 uncensored observations

后 记

此书是我国家社科基金项目"我国省域创新驱动发展的效率评价与路径选择研究"的最终研究成果。在成果即将脱稿付印之际心中难免思绪万千。曾记得，两年前我出版了自己人生中的第一本专著——《制造业与物流业的联动发展：机理、模式及效率评价》。当初为了修改书中的数据、模型，经常熬夜到两三点。而今，这部著作又是耗费了无数的心血和时间。记得这一课题是在2014年6月获得立项的。2015年9月，上天送给我一份厚礼：我有宝宝了！甚是欢喜的同时也意味着要更好地协调工作、生活、学习的关系，尤其是宝宝出生后，马上就面临着国家社科基金中期检查、调研等一系列很具体的工作。为了能够如期顺利结题，经常是晚上先把宝宝哄睡后立马爬起来加班。好在项目如期结题，并因前期有政策建言获得省领导的重要批示，最终还以免于鉴定的方式通过。这一路走来，要感谢的人着实太多太多。在书稿付梓之际，谨向全力支持我进行研究工作的老师、家人、朋友表示深深的谢意！

首先，我要感谢福建师范大学经济学院各位领导、老师、同事多年来对我工作上给予的帮助和支持。要特别感谢福建师范大学黄茂兴院长多年来的指导和帮助。记得2011年我有幸在黄院长的面试下进入了福建师范大学经济学院，并且非常荣幸地成为他所带领的全国竞争力研究中心团队的成员之一。也正是这样的平台让我在毕业以后可以迅速地开启工作模式，可以在接下来的七年时间里毫不懈怠；让我能够在当前的时局下把握研究的风向标，跟紧团队的脚步一起进步。可以说，没有黄院长给予的机会和平台，我很难取得今天的成绩，尤其是在国家社科基金选题的凝练和论证方面，黄老师也毫无保留地给了诸多指导。

其次，我还要特别感谢参与本课题的课题组成员，在课题前期工作中，他们帮我收集了大量的原始资料，认真核实了数据，还帮我做了格式方面的规范和文字的校对等工作。尤其要感谢我的学生不辞辛苦参与了书稿中部分章节的撰写，其中，第三章由王珍珍和甘雨娇负责（共计1.7万字），第四章由王珍珍和王谧语负责（共计1.5万字），第五章由王珍珍和陈婷负责（共计4.5万字），第六章由王珍珍和刘东华负责（共计1.2万字），第七章由王珍珍和刘东华负责（共计0.68万字），第八章由王珍珍和甘雨娇负责（共计1.2万字），第九章由王珍珍和张璇负责（共计1.3万字），第十章由王珍珍和许婉婷负责（共计1.0万字），其余部分均由本人独立完成。

再次，特别要感谢我的家人，感谢我的先生、儿子对我工作上的理解和支持。儿子带给我们的欢乐远大于我们的付出，很多时候，正是通过跟孩子的交流、陪伴和沟通，我明白了更多的人生大道理。他是我们生活中的润滑剂、开心果。感谢我的父亲、公婆、兄弟姐妹在我繁忙的工作过程中给予的理解、关心和支持。

最后，特别感谢社会科学文献出版社为本书的出版所提出的诸多修改意见，尤其是书中有大量的公式、图表，在校对的过程中给他们增加了很多的工作量，在此，一并向他们表示由衷的谢意。

仅以此书献给赐给我生命的伟大的母亲，在为人母的同时，更是对您百般思念。在教儿子识字的时候，有时候看到"外公"两个字，他接下来就会说"外婆"。其实，这时候内心很想跟他说他有一个在这世界上最爱他、最疼他的外婆。在离开您的第三十六个年头里，女儿每时每刻都在感受着您的气息。"想你的时候，就抬头微笑，你知道不知道"，这是与您沟通的一种最简单、最朴实的方式。因为，您一直在我身边，不曾离去，像风像雨像空气一直将我包围，鼓励我，呵护我；因为，您一直在我身边，让我虔诚地相信"心活着，一切都不会远去"；因为，您一直在我身边，让我明白生命的来之不易，让我明白"爱是一种信仰"；因为，您一直在我身边，让我学习像您一样要有一颗真挚善良的心；因为，您一直在我身边，让我执着地追求"明天不一定会更美好，但更美好的明天一定会来到"；因为，您一直在我身边，让我永怀感恩的心，感谢生命中所有关心、支持和帮助过我的老师、朋友和亲人们！好人一生平安！

由于水平所限，本书难免存在纰漏和不足之处，敬请读者批评指正！

王珍珍

2018年3月于重庆飞往福州的飞机上

图书在版编目（CIP）数据

创新驱动发展：效率评价与路径选择／王珍珍著
. -- 北京：社会科学文献出版社，2018.6
ISBN 978-7-5201-2775-2

Ⅰ.①创… Ⅱ.①王… Ⅲ.①国家创新系统-研究-
中国 Ⅳ.①F204②G322.0

中国版本图书馆 CIP 数据核字（2018）第 103595 号

创新驱动发展：效率评价与路径选择

著　　者／王珍珍

出 版 人／谢寿光
项目统筹／赵慧英
责任编辑／赵慧英

出　　版／社会科学文献出版社·社会政法分社（010）59367156
　　　　　地址：北京市北三环中路甲 29 号院华龙大厦　邮编：100029
　　　　　网址：www.ssap.com.cn
发　　行／市场营销中心（010）59367081　59367018
印　　装／三河市尚艺印装有限公司

规　　格／开本：787mm×1092mm　1/16
　　　　　印张：22.75　字数：370 千字
版　　次／2018 年 6 月第 1 版　2018 年 6 月第 1 次印刷
书　　号／ISBN 978-7-5201-2775-2
定　　价／98.00 元